깨어있음

지금 이 순간에 대한 탐구

We Walk the Path Together by Brian J. Pierce

깨어있음

지금 이 순간에 대한 탐구

틱낫한과 에크하르트,
마음챙김으로 여는 일상의 구원

브라이언 피어스 지음
박문성 옮김

불광출판사

어둠과 죽음의 그늘에 앉아 있는 이들을 비추시고
우리 발을 평화의 길로 이끌어 주실 것이다.

(루카복음 1장 79절)

| 추천사 |

브라이언 피어스 신부Brian Pierce, OP가 추천의 말을 부탁했을 때, 나는 흔쾌히 응했다. 친애하는 벗이며 동료 수도자인 브라이언을 도울 수 있어 행복했다. 그런데 책을 아주 재미있게 읽어 내려가면서 내가 도움을 받고 있음을 깨달았다. 내가 잘못 생각했던 것이다. 나는 첫 장을 읽고 나서 책을 손에서 내려놓을 수 없었다. 브라이언은 점진적으로 나를 새로운 삶의 세계로 초대했다. 그의 웃음소리가 들리고 미소 띤 얼굴이 보일 것처럼 생생하고 유쾌하게 내용을 전개하면서도, 그는 자기가 다루려는 핵심 주제를 깊게 다루었다.

브라이언에게 영감을 준 두 명의 영성 대가는 14세기 독일의 도미니코 수도회 마이스터 에크하르트Meister Eckhart, 1260년경-1327년경 신부와 현대 베트남 불교의 틱낫한Thich Nhat Hanh, 1926년-현재 스님이다. 브라이언은 시대적으로 동떨어진 한 사람과 아주 다른 종교적 전통에 속해 있는 다른 한 사람 사이의 대화를 시도하고자 한다. 이런 대화는 시급하다. 많은 서구인이 불교에서 평정과 평화를 발견하곤 한다. 그것은 분주하게 살아가는 현대인에게 반드시 필요한 것이다. 그래서 그리스도교가 알려 줘야 하지만 전달에 어려움을 겪는 주제다. 그러나 서구인이 불교에 마음을 여는 것도 그리 쉽지만은 않다. 불교와 그리스도교는 실재reality를 보고 이해하는 관점이 많이 다르기 때문이다. 더욱이 아브라함이라는 같은 믿음의 조상을 둔 유대교 또는 이슬람교를 상대로 대화하는 것과는 차원이 다르다. 그러면 어떻게 대화를 시작해야 할까?

브라이언은 관대함magnanimity을 지닌 위대한 영혼으로 시작한다. 관대함은 이웃의 이야기에 귀를 기울일 수 있게 한다. 그것이 브라이언의 탁월한 미덕이다. 그는 일생 동안 존재 또는 세계를 새롭게 이해하려고 노력해 왔다. 그는 자기가 세운 가설에 언제나 의문을 제기한다. 이 여정은 그의 가족이 갖고 있던 다른 그리스도교 교파에 대한 개방적 태도와 함께 시작되었다. 그리고 마지못해 수강한 스페인어 수업에서 라틴아메리카에 대한 애정이 싹튼다. 그 후로 그는 이웃 종교가 지닌 영성적 풍요로움을 계속 발견해 왔다. 브라이언은 언제나 학생처럼 새로운 진리를 배우려 한다. 온두라스의 렝카 인디언과 일할 때나 인도 아쉬람에서 명상할 때도 그랬다. 브라이언은 자신에게 다가올지 모르는 모든 은총을 위해 귀와 눈을 겸손하고 예민하게 열어 두고 있다.

브라이언 피어스 신부는 자기가 이 분야의 전문가가 아니기에, "복잡하고 미묘한 모든 신학적 문제를 파악"하고 있는 것은 아니라고 단언한다. 그는 고대문헌에 대한 전문지식이 없지만 자기만의 방식으로 종교간 대화에 정통하다. 그는 예리한 감각과 순수한 마음을 지니고 있다. 따라서 이웃 종교 문헌의 권위와 가르침을 쉽게 흡수할 수 있다. 그는 다양한 종교의 성전을 읽었을 뿐 아니라 오랫동안 명상수행을 실천했다. 따라서 그는 영성여정의 가이드로 적합한 자질을 갖추었다.

우리는 그의 권위에 신뢰를 가져야 한다. 그는 비슷하지만 차별성을 지닌 마이스터 에크하르트 신부와 틱낫한 스님의 가르침이라는 깊은 물 속으로 우리를 안내한다. 그는 이웃 종교들이 핵심적 통찰과 신념을 공유할 수 있다고 확신한다. 나는 본서를 읽기 전에는 그것을 의심했지만 지금은 확신한다. 마음챙김mindfulness, 즉 지금 현재의 순간을 사는 것에 대한 장은 매우 감동적이다. 분주하고 바쁜 삶을 살던 나는 깨달았다. 조바심에서 벗어나 영원한 현재를 살아가는 삶에 대한 동경을 강하게 느꼈다. 그 순간 나의 하느님이 새롭게 다가왔다. 에크하르트 신부는 말한다. "오늘은 무엇인가? 영원!" 틱낫한 스님이 세운 녹야원 사원Deer Park Monastery의 문설주에는 "하느님 나라는 바로 지금이다.The Kingdom of God is now or never"라는 푯말이 걸려 있다.

브라이언은 그리스도교와 불교가 지금 여기 현전하는 것에 눈을 뜨고 각성하는 영성에서 비슷하다고 강조한다. 불교는 영성수련에 필요한 바른 호흡법을 재발견하게 해 준다. 그것은 그리스도교의 깊숙한 전통에 잠들어 있어 쉽게 발견되지 않는다. 또한 그리스도교와 불교는 고통 자체에 대한 이해와 현실로 겪는 고통에 대한 대처법을 가르치는 점에서 통한다.

브라이언은 종교간 대화에서 신앙의 견해 차이에 직면하는 것을 두려워하지 않는다. 불교도들은 십자가를 보았을 때 불편함을 느끼지만 브라이언은 그들을 이해하려고 노력한다. 자신도 페루에서 처음 피범벅이 된 예수의 십자가를 보면서 비슷한 당혹감을 느꼈기 때문이다. 그는 페루의 농민들이 광신적 예배행위를 한다는 잘못된 선입견을 지닌 경험이 있다. 그는 그런 경험을 바탕으로 불교도와 그리스도인이 가질 수밖에 없는 십자가를 둘러싼 견해 차이를 중재한다. 그는 학생처럼 언제나 배우는 자세로 불교와 그리스도교를 가르는 깊은 골짜기를 건널 방법을 제안한다. 본서에서 가장 감명 깊은 부분은 알제리에서 선교하다 순교한 시토수도회 수사들의 이야기다. 그들은 이슬람교 근본주의자들에게 처형당할 것을 뻔히 알면서도 지역 주민과 함께 남기로 결정함으로써 결국 순교했다. 이 비극적 소식에 접한 그리스도인과 불교도는 상반된 반응을 보인다. 불교도는 순교한 수도자들이 근본주의자들을 자극하여 폭력행위를 하게 만든 것을 이해할 수 없다고 했다. 예상치 못한 불교도의 반응에 브라이언도 큰 충격을 받았다. 그러나 그는 불교도 벗들도 이해할 수 있도록 그것을 연민의 관점에서 명료하게 설명할 방법을 찾기 위해 노력한다.

이 책은 관대함magnanimity으로 시작해서 평정심equanimity으로 끝맺는다. 이 책은 도량이 넓은 영혼을 가지라는 권유로 시작하여 마지막에는 균형 잡힌 존재가 되기를 열망하라고 권유한다. 평온을 지향하는 영성여정은 토머스 머튼Thomas Merton의 죽음을 전하는 이야기에서 절정을 이룬다. 머튼은 생애 마지막 순간에 스리랑카 폴론나루와Polonnaruwa를 여행했다. 그곳에서 옆으로 누워 있는 불상에 매료되어 평화에 대한 영감을 얻는다. 하지만 그는 10일 후 죽음을 맞이했다.

책 읽기를 마치자 내 마음은 헤아릴 수 없는 기쁨으로 벅차올랐다. 그것은 현명한 벗과 함께한 시간과 이 책을 다 읽고 나면 벗이 되었다고 느낄 대부분의 독자와 함께한 시간에 대한 기쁨이다. 하지만 나는 조용하고 평온하게 가야 할 여정이 남아 있다는 느낌 또한 갖게 되었다. 이 여정은 다음 비행기를 타기 위해 전력질주하는 사람처럼 달려가는 것이 아니라, 하느님 나라는 오직 지금뿐이라는 것을 알고 매 순간들을 살아가는 것이다.

—

티모시 래드클리프Timothy Radcliffe, OP (전 도미니코수도회 총장, 순회 설교사, 신학 교수)

| 한국어판 추천사 |

❖

미국의 영향력 있는 가톨릭계 출판사인Orbis Books는 세계적 신학자 폴 니터의 책을 비롯하여 종교간 대화에 대한 많은 책을 내고 있다. 이 출판사에서 나온 책을 불교서적 전문인 불광출판사에서 번역하기로 한 것에 축하의 박수를 보내고 싶다. 이 자체가 종교간 대화를 위한 노력을 보여 주는 상징적인 사건이라고 여겨지기 때문이다.

저자 브라이언 피어스 신부는 가톨릭 전통의 관상기도뿐 아니라 세계 여러 곳에서 다양한 영성수행을 직접 체험한 후, "위대한 영성전통들을 연결하는 지하수맥을 응시하게 되었다."고 고백한다.

틱낫한 스님의 글을 접한 저자는 "불교의 가르침이 그리스도인으로 하여금 자기 전통을 재발견하게 한다."고 한다. "죽음 이후의 삶을 과도하게 염려"하여 윤리적 측면을 지나치게 강조하는 그리스도교의 일반적 경향성 때문에 "영성생활을 통한 자유와 환희를 만끽할 수 없는 위험"을 경고하며, 지금 이 순간에 천국을 체험하게 하는 '마음챙김'의 영성수행을 강조한다. 그는 이런 수행이 그리스도교 전통에도 있지만, 특히 중세의 위대한 신비주의 신학자인 마이스터 에크하르트의 가르침과 일맥상통한다는 것을 밝히고 있다.

이 책이 불교와 그리스도교를 이어 주는 교량 역할을 하게 되리라 믿는다. 이는 종교들이 심층에서는 서로 통한다는 필자의 평소 지론이기도 하다. 이 책의 출판을 크게 기뻐하며 적극 추천하고 싶다.

—

오강남 (캐나다 리자이나 대학 비교종교학 명예교수. 『살아계신 붓다, 살아계신 예수』 역자)

❖

곳곳에서 보석들이 빛나고 있었다.

"나는 종교간 대화의 여정 덕분에 더 나은 예수의 제자가 되었다고 확신한다."
"이해는 열쇠다. 그것은 고통이라는 감옥의 문을 열 수 있다."
"이웃과 함께하는 것이 곧 하느님과 함께하는 것이다."

마지막 장을 덮으며 책과의 대화가 막을 내렸다. 그 사이에 내 인생의 키가 훌쩍 자라 있음을 느낀다. 종교평화 없이 세계평화는 없다. 붓다는 평화를 위해 침묵으로 전쟁 한복판에 앉아 있었다. 그 역사 앞에 서면 지금 내가 종교인이라는 사실이 부끄럽다. 이렇게 된 이유는 생명평화의 삶과 세상을 실현하고자 하는 종교 본연의 참모습에 대한 무지 때문이 아닌가 싶다.

삶의 기적은 만남과 대화로 이루어진다. 붓다께서 깨달음을 이룬 다음 처음 하신 일은 옛 동료들을 만나 대화하는 것이었다. '교진여'가 깊이 이해하고 공감했을 때, 붓다께서는 환호하며 감격스러워했다. 붓다를 그토록 환호하게 만든 기적은 종교간의 만남과 대화였다. 분단 70년. 어떤 공격과 방어도 일희일비를 반복하게 했다. 그런데 2018년의 남북정상회담은 특별했다. 당시 7천만 겨레와 지구촌 시민들이 감동했다. 말 그대로 기적이지 않은가? 삶의 기적이 만남과 대화를 통해 이루어짐을 우린 무수히 경험하고 있다. 그래서 "말 한마디로 천냥 빚을 갚는다."는 옛말이 진리로 전해 오는 것이다.

—

도법 (실상사 회주, 인드라망생명공동체 상임 대표. 『붓다, 중도로 살다』 저자)

❈

"하나가 모두요, 모두가 하나인즉 이처럼만 한다면 무엇을 이루지 못할까 걱정하랴?"(『신심명』에서)

"이제부터 그대들은 외국인도 아니고 뜨내기도 아니고 오직 성도들과 같은 시민이며 하느님의 한 가족입니다."(『관옥 이현주의 신약 읽기』 가운데 로마서에서)

지구별에 산들이 수없이 많지만 깊이 들어가 보면 어느 것 하나 에베레스트 자락을 벗어나지 못한다. 뭍이, 저 바다와 더불어, 천상천하에 오직 하나뿐이라서 그렇다. 경계를 벗어나지 못하는 육안으로는 오대양 육대주라 하지만 착각에서 나온 말이다. 산에 오르는 길들은 수없이 많아도 꼭대기에 닿으면 모두가 한 길의 여러 코스들이다.

예수 그리스도는 크리스천이 아니고 석가모니 붓다는 불교 신자가 아니다. 종교의 마지막 목적은, 암탉이 알을 품어 병아리로 부화시키듯, 제 안에 있는 생명을 건강하게 성숙시켜 종교의 틀 밖으로 내보내는 데 있다.

바야흐로 이런 종류의 책이 대중의 손에 잡힐 때가 되었나 보다. 흐르는 세월과 더불어 변하는 세상을 누가 말릴 것인가? 고맙고 반가운 일이다. 피어스 신부는 세계의 여러 종교 가운데 불교와 기독교 사이를 토머스 머튼 신부와 틱낫한 스님을 모델로 내세워, '마음챙김'이라는 공통의 가교로 이어주고 있다. 그의 탁견이 독자들의 마음을 어렵지 않게 울려 줄 것이다.

—

이현주 (목사, 번역가. 『지금 이 순간이 나의 집입니다』 역자)

이 책은 오늘날 어떻게 종교 간 대화를 해야 하는지에 대한 참된 진수를 보여 주고 있다. 그것은 바로 "수행의 길"이다. 진정한 종교간 대화를 위해, 토머스 머튼은 "관상적 대화는 반드시 오랜 침묵과 오랜 명상수행을 통해 진지하게 영적 훈련을 해 온 이들에게 유보되어야 한다."고 강조했다. 이러한 준비 없는 종교간 대화는 자기중심적인 수준에 머물고 말기 때문이다. 틱낫한은 외적 평화를 위해서는 먼저 "평화의 존재"가 되어야 한다고 주장한다.

수행을 통한 내적 깨어남에 이를 때, 비로소 우리는 관대함, 경계를 초월하는 개방성, 상호의존과 연대를 제대로 이해할 수 있게 된다. 머튼과 틱낫한은 종교를 넘어 서로를 형제라고 여겼으며, '깨달음을 얻은 불자'와 '신화한 그리스도인a divinized Christian'이 '다양성 안에서 일치'를 이루는 영적 가족이 될 수 있음을 일깨워 준다.

깨어난 이들은 자신과 이웃과 세상을 바라보는 눈이 달라진다. "내가 하느님을 보는 눈은 하느님께서 나를 보는 같은 눈이다."라는 마이스터 에크하르트의 표현은 불교의 반야가 전하는 선禪의 의미를 정확히 묘사하고 있다. 머튼은 하느님의 무無와 비움에 관한 에크하르트의 신비적 직관인 "신성한 텅 빈 바탕"이 불교의 공空의 반야와 조화될 수 있다고 믿었다. 마음의 비움mind-emptiness과 채움mind-fulness은 하나인 것이다.

이 책은 불자 혹은 그리스도인이 다른 종교적 체험으로 '건너감'을 가능하게 할 것이다. 그리고 이 체험에 의해 새로운 통찰과 함께 자신의 종교로 '되돌아옴'에 이르게 하는 좋은 길잡이가 될 것이다.

—

박재찬 안셀모 (성 베네딕도회 왜관 수도원 사제. 『토마스 머튼의 수행과 만남』 저자)

나는 전 생애에 걸쳐 이 책을 썼다. 삶의 모든 순간이 은총으로 점철된 현재 순간들의 기나긴 연속이었다. 이 순간들이 나에게 말로 표현할 수 없는 위대한 신비에 마음을 여는 다양한 방식을 가르쳐주었다. 하느님의 사랑은 은총으로 생명을 주었을 뿐만 아니라 스스로 인간이 되었다. 그런 하느님의 사랑을 보여 준 신앙선조들에게 감사한다. 또한 나의 형제와 가족 그리고 살면서 만난 선한 벗들에게 감사한다.

신앙여정에서 다양한 영성전통을 포용하는 빛을 비춘 분들께 감사한다. 도미니코수도회 수사와 수녀들에게 감사한다. 특별한 배려로 나를 격려해 준 노스캐롤라이나 롤리의 성 마르티노 데 포레스St. Martin de Porres 수도원의 수사들에게 감사한다. 그들은 저술할 시간을 허락했고 관상하느님을 직관적으로 인식하고 사랑하는 행위 설교자로 살아가는 의미를 알게 했다. 또한 도미니코수도회 수사 짐 버넷Jim Barnett, OP, 케빈 캐롤Kevin Carroll, OP, 그리고 온두라스의 도미니코수도회 제3회 회원과 벗들에게 감사한다. 그들을 통해 오랫동안 가난한 이들에게 봉사하는 소명실천과 관상기도그리스도교 전통은 소리기도, 묵상기도, 관상기도를 하는데, 그중 관상기도는 직관을 통한 기도를 의미함를 통합하는 방법을 익혔다. 도미니코관상수도회 수녀들에게 감사한다. 그들은 내게 지속적이고 신앙심 깊은 증언을 했고, 침묵의 언어로 하느님을 찬양하는 법을 계속 가르쳤다. 존경하는 동료 수사이며 스승인 티모시 래드클리프Timothy Radcliffe, OP에게 감사한다. 그는 현대에 살아 있는 성 도미니코를 드러내 주는 삶을 살았다.

이전 관구장수도회에서 일정한 구역을 관할하는 장상이었던 알베르토 로드리게즈 Alberto Rodriguez, OP에게도 감사한다. 그는 내가 오클라호마의 평화의 숲 아쉬람Forest of Peace Ashram에서 일 년 반 동안 지내도록 배려했다. 많은 '숲의 벗들', 특히 성 베네딕도수도회의 파스칼린 코프 수녀Sr. Pascaline Coff, OSB, 프리실라 트로스트 수녀Sr. Priscilla Trost, OSB, 실라 프로벤쳐Sheila Provencher에게 감사한다. 그들은 다양한 방식으로 내 삶에 영향을 미쳤다. 두 명의 도미니코수도회 동료 수사에게 진심으로 감사한다. 오랜 벗 도널드 고어겐Donald Goergen, OP과 멘토인 폴 필리베르Paul Philibert, OP는 인도를 함께 순례했다. 그들은 본서의 난해한 신학적 문제를 해명하고 헤쳐 나가는 데 중요한 통찰을 제공했다. 참선수행을 하면서 하느님을 사랑하는 방법을 가르쳐 준 루벤 하비토 박사Dr. Ruben Habito에게 감사한다. 그의 삶 자체가 동양과 서양을 가로지르는 희망의 다리다. 나의 벗들 바브 펙Barb Pegg, 밥 던지스Bob Doenges, 멜 윌리암스Mel Williams, 위Huy와 투 레Thu Le에게 감사한다. 여정 동안 성심성의껏 기술 지원과 아이디어를 제공한 것에 감사한다.

예수와 붓다의 길을 모두 사랑하는 팝 데Phap De에게 감사한다. 2004년 겨울 안거安居. 불교 수행자들이 한 곳에 모여 수행하는 것. 가톨릭교회의 피정과 비슷함에 초대한 다르마Dharma의 진정한 벗 틱낫한 스님과 승단에 감사한다. 또한 손Son과 안나 레Anna Le, 그리고 녹야원 사원에서 안거에 동참할 수 있도록 도와준 이들에게 감사한다. 사우스캐롤라이나에 있는 멥킨 수도원Mepkin Abbey의 트라피스트 수도자들에게 감사한다. 그들은 참나무 숲을 잘 가꾸고 오랜 수도원

전통인 침묵을 잘 지켰다. 그렇게 순례 설교사들이 잠시 쉬면서 다음 여정을 위한 단상을 정리할 수 있도록 배려했다.

마지막으로 베데 그리피스 승단Bede Griffiths Sangha 10주년 행사에서 우연히 만난 셜리 뒤 불레Shirley du Boulay에게 감사한다. 그는 편집자 로버트 엘즈버그Robert Ellsberg 및 오르비스 북스Orbis Books의 유능한 스텝과 처음으로 만나는 것을 도와주었다. 억지로 한 것이 아무것도 없음에도 불구하고 얼마나 놀라운 일이 일어났는지 모르겠다. 영성여정의 각 단계는 하느님이 무상無償으로 펼쳐 준 선물이었다.

| 목차 |

| 일러두기 |

본문 가운데 나오는 용어에 대한 한자·영어·산스크리트어·팔리어 병기와 번역자의 설명은 해당 용어에 위 첨자로 넣었다.

-

미주 가운데 나오는 용어에 대한 한자·영어·산스크리트어·팔리어 병기는 해당 용어 다음에 괄호를 쳐서 넣었다.

-

본문 가운데 언급되는 책 제목은 국내에 번역된 책일 경우 국내에 번역된 도서명으로 쓰고, 국내에 번역되지 않은 책일 경우 원제목을 한국어로 풀이하여 썼다.

-

틱낫한 스님의 저서 가운데 미주에서 자주 언급되는 *Living Buddha, Living Christ*는 본문에서 『살아계신 붓다, 살아계신 예수』로, *Going Home: Jesus and Buddha as Brothers*는 본문에서 『귀향』으로 표기했다. 두 권 모두 본문에서 언급되는 제목의 책으로 국내에 출판되었다. 이 두 책의 한국어 번역본에 대한 정보는 다음과 같다.

- 틱낫한 지음, 오강남 옮김, 『살아계신 붓다, 살아계신 예수』, 솔바람, 2013.
- 틱낫한 지음, 오강남 옮김, 『귀향』, 모색, 2001.

-

미주에 나오는 문헌 참조 관련 페이지 표기는 원저자가 참조한 책을 기준으로 한다. 단, 미주에서 아우구스티누스의 『고백록』 참조 관련 페이지 표기는 한국어 번역판을 기준으로 한다.

-

『성경』(2005), 『제2차 바티칸 공의회 문헌』(2018), 『가톨릭 교회 교리서』(2020), 가톨릭교회 공식 문헌, 교황 메시지는 '한국천주교주교협의회·한국천주교중앙협의회(https://cbck.or.kr)'가 번역·출판하고 한국천주교회 주교협의회가 공인한 것을 사용한다.

-

『고백록』(경세원, 2016) 등 가톨릭교회의 고전 중 한글 번역서가 출판된 경우는 번역서를 참조한다.

관통 '관통breakthrough'은 에크하르트 사상의 핵심 개념 중 하나다. 그는 인간 영혼은 하느님에게서 나와서 하느님에게로 돌아간다고 주장한다. 인간은 의지의 영역에 머무르는 한 하느님의 선함만으로 만족할 수 있다. 그러나 직관 또는 통찰의 영역에서는 그것만으로 부족하고, 하느님의 본성 차원까지 꿰뚫고 들어가야만 한다. 즉 관통해야 한다. 그리고 관통은 관상기도를 통해 가능하다. 수행자는 관상기도를 통해 유한성을 초월하여 하느님의 신성 자체와 합일한다. 그것은 두 단계로 성취되는데, 첫째는 인간 영혼 안에서의 '하느님의 탄생', 즉 '그리스도의 탄생'이다. 그것은 일상적 '나'를 넘어, 신이 삶의 중심이 되는 '참된 나'를 발견하는 것이다. 중세 신비주의자들이 '신격화神格化, deification'라고 부른 것이다. 둘째는 관통의 단계다. 그것은 하느님에 대한 모든 관념 또는 상징을 꿰뚫고 들어가서 실재 자체로 나아가는 것이다. 즉 하느님 개념 너머의 하느님을 체험하는 것이다.

마음챙김 사려 분별 없이 현재 순간에 머무는 것을 추구하는 '마인드풀니스mindfulness'는 틱낫한 스님의 핵심 가르침이다. 마인드풀니스는 산스크리트어로는 '스므리티smṛti'이고 팔리어로는 '사티sati'이다. 그것들의 1차적 의미는 '기억하는 것'이다. 인도 요가학파에서 스므리티는 마음작용 중 하나인 "경험한 대상을 잃지 않는 것"(요가수트라 1장 11송), 즉 '기억'을 가리킨다. 불교에서 사티는 팔정도八正道의 7번째 요소인 "모든 행동을 무의식적으로 하지 않고 완전히 자각하는 것", 즉 바른 주의집중 혹은 정념正念을 지시한다. 여기서 유래한 마인드풀니스에 대한 한글 번역어로는 '마인드풀니스', '마음챙김', '마음다함', '마음집중', '깨어 있음', '주의집중', '마음새김', '알아차림' 등이 가능하다. 근래에는 일반적으로 '마음챙김'으로 번역하는 경향이 있지만, 번역어 '마음챙김'에 대한 학술적 논쟁의 여지는 남아 있다.

불이일원론 '불이일원론nonduality, nondualistic'의 원어는 제5장에서 언급된 산스크리트어 '아드바이타advaita'다. 이것은 절대존재와 현상세계, 신과 자아, 붓다의 세계와 중생의 세계, 진제眞諦와 속제俗諦가 둘도 아니고 하나도 아니라는 것을 의미한다. 불교는 절대 진리와 세속 진리가 둘이 아니라 하나라고 하면서 이 개념을 사용한다. 인도의 아드바이타 베단타학파가 불이일원론을 주장하는 대표적 학파다. 그러나 본서에서 번역어로 사용한 '불이일원론'은 특정 학파에서 주장하는 이론을 지칭하는 것은 아니다. 그것은 보다 넓은 의미에서 '둘도 아니고 하나도 아니다' 혹은 '절대존재와 현상세계가 하나이지만 분별된다', 즉 이원론도 아니고 일원론도 아니라는 것을 의미한다. 불이일원론에 따르면, 현상세계는 절대존재 혹은 공으로부터 생겨나고 유지되었다가 파괴되어 절대존재로 돌아가는 순환과정을 반복한다. 이것은 저자와 틱낫한 스님의 '고향으로 돌아간다'는 문장이 의미하는 바이고, 에크하르트가 '흘러넘침'과 '귀환'이라는 개념으로 설명한 '흐름의 형이상학'과 유사하다.

상호의존적 존재 '인터비잉interbeing'은 틱낫한 스님이 연기법을 설명하기 위해 만든 조어로서 '상호의존적 존재'로 번역될 수 있다. 불교의 가르침에 따르면, 현상세계는 고정 불변하는 것이 아니라 끊임없이 생겼다가 없어진다. 그러나 무질서하게 발생하거나 미리 결정된 것이 아니라, '상호 의존하여 일어나는 것', 즉 연기緣起하는 것이다. 산스크리트어로 '프라티트야삼우

트파다pratītya-samutpāda'로서, "이것이 있으면 저것이 있고, 이것이 생김으로 저것이 생긴다. 이것이 없으면 저것도 없고, 이것이 소멸하면 저것도 소멸한다."라는 의미다.

이웃 종교 '이웃 종교other religious tradition'는 '타종교 전통' 혹은 '타종교'로 번역될 수 있지만, 종교간 대화를 주제로 하는 본서의 취지에 따라 '이웃 종교'로 번역한다.

이해 '이해understanding'의 원어는 산스크리트어 '프라즈냐prajñā'다. 프라즈냐는 '지혜wisdom', '예지intelligence', '이해understanding' 등으로 번역될 수 있는데, 대상과 타인의 실상을 깊이 있게 있는 그대로 본다는 의미에서 '이해'로 번역한다.

접촉 영어 단어 'touch'는 틱낫한 스님과 저자 브라이언 피어스 신부가 자주 사용하는 단어다. '만지다', '접촉하다', '인접하다', '관계하다', '영향을 끼치다'라는 의미를 지닌다. 본서에서는 '접촉하다', '접하다'를 기본 번역어로 사용하고, 문맥에 따라 '어루만지다' 등으로 번역한다.

하늘나라/하느님 나라 '하늘나라 또는 하느님 나라Heaven, the Kingdom of God, the Reign of God'는 성경에서 '하늘나라'로 번역된 부분과 그와 관련된 서술을 제외하고 일괄적으로 '하느님 나라'로 번역한다.

틱낫한 스님은 『귀향*Going Home: Jesus and Buddha as Brothers*』을 때 묻지 않은 소박함과 능숙한 요리사의 예술적 재능이 조화를 이룬 문장으로 끝맺는다.

> 붓다와 예수는 우리 각자의 내면에서 매 순간 만나야 한다. 우리 각자는 붓다의 영과 예수의 영이 드러나도록 매일의 수행에서 그러한 영들에 접촉해야 한다.…… 그것은 요리와 같다. 프랑스 요리를 좋아하는 것이 중국 요리를 금하는 것을 의미하지 않는다. …… 그대는 사과를 좋아할 수 있다. 그렇다. 그대는 사과를 좋아할 권리가 있다. 그러나 그 무엇도 그대가 망고를 좋아하는 것을 방해하지 않는다.[1•]

사과와 망고. 예수와 붓다. 그들은 너무 다르지만 공통점도 너무 많다. 위대한 스승이면서 종교의 창시자들은 풍요로운 신앙유산과 심오한 영성적 가르침에 대한 보존과 전달의 책임을 제자와 영성전통에 맡겼다. 마이스터 에크하르트 신부와 틱낫한 스님은 그런 제자다. 그들은 본서가 지향하는 종교간 대화로 우리를 초대한다.

마이스터 에크하르트 신부는 1260년경에 독일의 호크하임Hochheim

에서 태어났다. 어린 시절이 거의 알려지지 않은 그는 스무 살이 되기 전에 수도회에 입회했다. 그가 입회한 도미니코수도회는 중세 그리스도교의 개혁 탁발수도회가톨릭교회의 절대 청빈과 완전 무소유를 서원하고 탁발과 순회설교를 한 수도회였다. 그 수도회는 당시 유럽의 광범위한 지역, 특히 남부 독일 라인란트에서 새롭게 확산되고 있던 신비주의에 빠르게 영향받았다. 젊은 수사 신부였던 에크하르트는 운 좋게도 당시 도미니코수도회의 위대한 두 신학자인 토마스 아퀴나스Thomas Aquinas와 대 알베르투스Albertus Magnus를 스승으로 모셨다. 그들은 아리스토텔레스 철학 및 과학과 신비체험 분야에서 새 지평을 연 독보적 선구자들이다. 예리한 지적 능력을 지닌 에크하르트 신부는 일찍부터 마이스터라는 영예로운 칭호를 얻었다. 그는 선천적으로 신비체험과 내적통찰에 열려 있었으며, 그것을 바탕으로 방대한 영성적 가르침이 담긴 설교를 했다.

이 시기에 에크하르트 신부를 포함한 도미니코수도회 수도자들은 새롭고 혁신적인 신비주의를 지향하는 영성운동과 밀접한 관계를 맺는다. 그것은 이미 유럽 전역에서 유행하고 있던 것이다. 예를 들면 여성 관상가관상기도를 하는 사람 공동체 베긴the Beguines, 그리고 성직자와 평신도가 동참한 독일 신비주의 운동인 하느님의 벗들the Friends of God이 있었다. 에크하르트는 신비주의적 쇄신의 중심 도시인 스트라스부르에

소재한 수녀원의 영성지도자로 임명되었다. 도미니코수도회에 속하는 그곳은 베긴 출신의 수녀가 많은 관상수녀회였다. 당시의 신비주의적 쇄신운동은 개인의 신비체험을 장려하는 한편, 그러한 체험에 대한 교회의 검증을 경시하는 경향이 있었다. 더불어 교회의 위계질서와 일부 구성원에 대한 거부감을 드러내기도 했다.[2•] 그런 분위기에서 에크하르트 신부는 많은 설교를 했고, 그 상당수를 수녀들이 받아 적었다. 뿐만 아니라 수녀들은 동료 신학자에게 고발당한 에크하르트 신부가 신학적 정통성에 대한 소명을 해야 할 때도 위험에 빠진 그의 설교록을 보호했다. 최근 학자들은 그가 수녀들의 영성생활에 영향을 미친 것은 사실이지만 수녀들이 그에게 미친 영향도 크다는 데 일치된 견해를 보인다. 실제로 그는 수녀들의 신비체험에서 신학적 성찰의 중요한 영감을 받았다.

역설과 부정의 신학을 갖추고, 신비체험의 영역으로 나아간 에크하르트 신부의 대담한 여정은 당시 교회의 특정 분야를 위협하는 것이었다. 신비체험은 종종 논리를 무시하고, 그렇기 때문에 쉽게 오해되기도 하고 위험한 것으로 성급하게 낙인찍히기도 한다. 그러나 700년이 지난 현대에는 에크하르트 신부가 시도한 과감한 영성여정이 새롭게 평가받는다. 그는 오늘날 종교간 대화 증진을 위해 투신하는 구도자들을 격려하고 인도하는 훌륭한 유산을 남겼다. 1968년에 사망한 미국 수도자이며 종교간 대화 운동으로 유명한 토머스 머튼은 에크하르트 신부를 이렇게 평가했다. "그는 생기를 잃은 정통 신학의 교의에 자신의 생명력을 끊임없이 불어넣었다. 에크하르트의 매력과 열정을 통해 정통 교의가 일반인도 즐겁게 귀담아들을 수 있는 것이 되었다."[3•]

그가 지닌 '매력과 열정'은 베네딕도 관상수녀원 및 당시 평신도 영성운동과 밀접하게 관련된다. 하지만 불행하게도 그것은 그가 말년에 교회의 정통 가르침에서 벗어났다는 의혹과 비난을 부채질한 꼴이 되었다.[4•] 긴장이 고조되면서 노골적으로 그를 비난하던 사람들은 그가 저술한 서적들의 신학적 정통성을 조사했고, 결국 14개의 주장명제가 오류로 분류되었다. 그러나 주장명제에 대한 역사적인 오류판정에도 불구하고, 에크하르트 신부 본인은 이단으로 정죄되지 않았다.[5•] 종교간 대화 차원에서 에크하르트 신부는 동시대의 일본 도겐道元 선사와 비교된다. 그의 가르침과 설교는 선사와 여러 면에서 닮았다. 그는 청자가 예수의 복음 메시지를 자유로운 태도로 철저하게 파고들어 깨우치도록 충격요법을 사용한다.

한편 틱낫한 스님은 현대의 영성 대가이며 관상가다. 그는 영성수련 식탁에 풍성한 만찬을 준비해 놓고 전 세계 수백만 명의 사람과 수행의 결실을 기꺼이 공유한다. 틱낫한 스님은 베트남 출신으로 그곳에서 불교 승려로서 수행했다. 1966년에 '화해의 친교the Fellowship of Reconciliation' 단체가 베트남 국민이 겪는 고통을 알리기 위해서 미국으로 초대하기 전까지 그는 거의 알려진 바가 없었다. 틱낫한 스님은 정치성향 탓에, 그리고 화해와 평화를 위해 적극적으로 활동한 탓에 지난40년 동안 베트남 입국이 금지되었다. 그래서 그동안 세계를 유랑하면서 붓다의 영성적 근본 가르침을 전했다. 그는 마음챙김mindfulness 수행을 통해 영성여정 중에 있는 많은 순례자에게 영감을 주는 한편 세계평화 증진을 위해 투신해 왔다. 또한 그는 불교 금욕주의와 서구 사회참여 정신의 통합을 시도했으며, 그것을 현실화하는 과정에서 유럽과 미국에

세 개의 큰 사원을 세우는 데 중심적인 역할도 했다.

본서에서 틱낫한 스님과 마이스터 에크하르트 신부의 목소리는 영성여정을 따라 걷는 다른 벗들의 목소리와 섞인다. 사실 그것이 본서에서 다루는 대화의 중심 내용이다. 본서의 고찰을 위한 기본 자료는 세 권의 책이다. 월시M. O'C. Walshe가 번역하고 편집한 마이스터 에크하르트 신부의 『설교와 강설*Sermons and Treatises*』과 예수와 붓다에 대한 틱낫한 스님의 책인 『살아계신 붓다, 살아계신 예수*Living Buddha, Living Christ*』(1995)와 『귀향*Going Home: Jesus and Buddha as Brothers*』(1999)이다. 때때로 너무나 다른 목소리가 화해 불가능한 멜로디처럼 느껴질 수도 있다. 종교간 대화 전문가들은 그것을 극히 정상적인 것이라고 한다. 따라서 고유하고 아름다운 멜로디들을 인위적으로 같은 화음으로 만들려고 노력할 필요는 없다. 어느 순간 대화의 목소리가 절묘한 화음으로 어우러지기도 할 것이다. 그 순간에 할 것은 우선 멈추어 서서 눈을 감은 채 깊게 숨을 쉬면서 깊이 감사하는 마음으로 듣는 것이다.

나는 종교간 대화의 전문가는 아니다. 오늘날 흔한 영성적 구도자일 뿐이다. 나는 서로 분열시키는 차별성을 강조하기보다 조화로운 친교의 순간을 즐기며 동참하는 경향이 있다. 내 삶에 감동을 준 선각자들의 지혜와 가르침에 깊이 감사한다. 베데 그리피스Bede Griffiths 신부, 달라이 라마Dalai Lama, 토머스 머튼Thomas Merton, 아비식타난다 Abhishiktananda, 루벤 하비토Ruben Habito, 태이Thây. 이하에서 틱낫한 스님을 태이로 칭한다. 그의 제자들이 스승에 대한 존경을 표현한 정겨운 애칭이다에게 감사한다. 나는 생명의 물이 샘솟는 위대한 종교가 간직한 지혜가 이끄는 여정을 걸어왔다. 지난 몇 년 동안 걸어온 여정의 충실한 동반자였던 베네딕도수도회

파스칼린 코프Pascaline Coff, OSB 수녀에게 애정 어린 감사를 표한다.

이들뿐 아니라 여러 현인과 선각자가 위험을 무릅쓰고 동양과 서양의 골을 메꾸는 견고한 다리 건설에 노력해 왔다. 이웃 종교의 영성유산이 비추는 빛에 많은 이가 서로 도움받는다. 그것을 토대로 자신의 영성전통의 풍요함을 재발견하면서 더 큰 감동을 받기도 한다. 대가들은 지혜를 지녔을 뿐만 아니라 자기 전통에도 충실하다. 그것이 오늘날 종교간 대화의 지평을 "물기 없이 마르고 메마른 땅"(시편 63편 1송)이 아니라 아름다운 정원처럼 느껴지게 만든다.

이 책에 서술한 고찰은 나의 벗인 실라 프로벤처Sheila Provencher와 태이의 책 『귀향』을 읽기로 했을 때 싹텄다. 그리고 그것은 책의 내용에 대한 통찰과 의견을 나누는 과정에서 숙성되었다. 당시 나는 중앙아메리카에 살았기 때문에 사이버 공간에서 태이의 책을 연구한 것은 우리를 지리적으로 연결하는 다리였다. 그리고 우리는 그것을 통해 그리스도인과 불교도가 상호이해할 수 있는 다리를 놓는 법을 배웠다. 오르비스 북스Orbis Books는 두 영성 대가에 대한 고찰을 출판 가능한 형식으로 정연하게 편성해 달라고 요청했다. 그때 나는 몇 가지 의문에 직면하게 되었다. 누구에게 말할 것인가? 어떤 언어로 대화를 할 것인가? 다리의 어떤 부분을 건설하는 것을 도울 것인가?

나는 예수의 제자 신분, 즉 그리스도인으로서 종교간 대화에 참여해 왔다. 이것을 확실히 밝혀야만 한다. 나는 태이의 저술과 불교 전통이 보여 주는 지혜를 매우 존중한다. 그러나 나의 모든 고찰은 언제나 그리스도인의 관점에서 출발할 수밖에 없다. 이 글을 쓰는 첫째 이유는 내가 맛본 기쁨을 그리스도교의 많은 형제자매도 체험하길 바라기 때문이다. 나는 우리 그리스도교의 영성전통을 불교가 선사하는 신선한 통찰 및 구체적 영성수련과 함께 만날 때 그러한 기쁨을 경험했다. 여러 해 동안 나는 불교 영성 관련 경전을 읽고 선불교 전통의 명상수련에 참여했다. 그것은 나의 그리스도교 신앙의 뿌리에 물을 주는 지하수와 같다. 나는 이러한 대화로 인해 내가 더 나은 그리스도인으로 성숙했다고 믿는다.

둘째 이유는 불교의 형제자매들과 그리스도교의 영성유산인 사랑을 나누려는 마음이다. 이 모험은 진심으로 겸손하게 시작했다. 머리말을 시작하며 나는 프랑스 요리와 중국 요리 둘 다 좋아할 수 있다는 태이의 글을 인용했다. 나는 요리를 좋아하지만 전문 요리사는 아니다. 따라서 본서의 성찰을 새로운 요리법을 시도하는 아마추어 요리사의 음식 정도로 받아들이길 희망한다.

나는 마이스터 에크하르트가 남긴 저술을 통하는 방법 외에 다른 방법으로 그를 만나는 것은 단념한 상태에서 이 책을 계획하기 시작했다. 그와 나 사이에는 수 세기의 시간적 격차가 존재하기 때문이었다. 하지만 나는 언젠가 태이를 직접 만날 수 있으리라는 희망만큼은 오랫동안 키워 왔다. 그런데 그 희망은 현실로 이루어질 것 같다가도 결국에는 매번 무산되곤 했다. 태이와의 마음챙김 수행 안거를 계획할 때마다, 모든 계획이 눈앞에서 수포가 되곤 했다. 결국 나는 만남을 포기하고 서둘러 책을 쓰기로 마음먹었다.

그렇게 2003년 가을에 저술을 시작했을 때, 베트남 친구 손과 안나 레로부터 편지를 받았다. 놀랍게도 2주 동안 태이와 동안거를 할 수 있다는 희소식이었다. 캘리포니아 남부에 있는 녹야원 사원에서 태이와 300명이 넘는 승려 및 평신도들이 동안거를 준비하고 있었던 것이다. 얼마나 심오하고 감동적인 경험이었는지 모른다. 인간적 노력을 내려놓고 아무것도 하지 않자 오히려 꿈이 현실이 되었다. 몇 년 전에 포기했다면 더 빨리 기회가 왔을지도 모른다. 태이 및 그의 수행 공동체와 만나서 마음챙김 수행을 한 것은 내게 너무나 소중한 선물이었다. 그리고 그것은 나로 하여금 전혀 뜻밖의 방식으로 에크하르트와 대면하게 해 주었다. 태이라는 한 사람을 통해 나는 경애하는 두 스승의 발치에 앉아 그들의 가르침을 온 마음으로 음미하는 큰 기쁨을 맛보았다.

이제 나는 알고 있다. 미지의 세계를 향해 나가는 방식으로 가르침을 공유하고 직접 실천해야만 태이의 가르침을 이해할 수 있다는 것을 말이다. 아름다운 식물원에 관한 책을 읽는 것과 아름다움을 보고 향기를 맡는 것은 완전히 다르다. 태이의 마음챙김 수행에 대한 가르침을 지성만으로 이해할 수는 없다. 그를 만나고 '영성수련'이란 단어가 완전히 새롭게 다가왔다. 그때의 안거는 개인적으로 매우 은혜로운 것이었다. 특히 서로가 지닌 영성수련과 통찰력에 대한 대화를 시작하게 만든 스님들과 재가 불자들의 개방성에 감사한다. 그것이 앞으로 지속될 오랜 우정의 시작이 되길 바란다.

제
1
장

관대함

-

믿기 어려울 만큼 서로 다른 우리가
실은 진실로 한 몸이라는 것을 알게 될 것이다.

대화의
음악

1

본서의 내용은 내 마음과 생각을 스쳐 지나간 성찰이다. 따라서 내가 종교간 대화에 참여하게 된 계기를 말하는 것이 좋겠다. 그것을 배경으로 위대한 영성 대가들과 내가 함께 길을 걷고 있음을 깨달았기 때문이다.

나는 로마 가톨릭교회의 신자이며 도미니코수도회의 수도자다. 700년 전 에크하르트도 같은 수도회에서 수도생활을 했다. 나는 1983년에 첫 수도서원그리스도교 수도자는 일반적으로 복음적 권고에 따라 청빈, 정결, 순명서약을 함을 하고 신학공부를 시작했다. 그때는 내가 불교명상을 하며 아쉬람에 살면서 종교간 대화에 참여할 날이 올 줄은 꿈에도 생각하지 않았다. 참으로 삶은 놀라움으로 가득 찬 것이다. 불교 승려와 도미니코회 수도자는 영성전통은 다르지만 일상은 크게 다르지 않다. 이것이 종교간 대화를 더욱 흥미롭게 만든다.

캘리포니아의 녹야원 사원에서 스님들과 생활한 적이 있다. 그때 나눈 대화를 통해 나는 진리의 기쁨을 발견했다. 내게 매우 특별하게 느껴진 어떤 한 순간이 있다. 수백 명의 그룹이 저녁 명상을 하기 위해 '평화의 바다 명상센터Ocean of Peace Meditation Hall'에 모였다. 종이 울리고 침묵 속에 정적만이 흘렀다. 젊은 승려가 베트남어 불교 경전을 독송하는 청아한 목소리가 침묵을 깼다. 예부터 전해 온 단순하지만 심오한 독경의 청아함이 홀을 꽉 채웠다. 순간 눈에서 눈물이 흘러내렸다. 위대한 종교 및 영성전통은 영성수련과 문화와 예술과 음악 등 세상에 나눠줄 것이 너무 많다는 것을 깨달았다. 시간을 초월하여 마음 깊은 곳에서 울려 퍼지는 젊은 승려의 독경은 시간을 초월한 듯했다. 그것을 들으며 나는 구약성서의 시편을 노래하는 시간전례그리스도교 수도자가 매일 정해진 시간에 바치는 공적인 기도. 성무일도가 일상생활의 중심이 되는 내가 속한 도미니코회 전통을 인식하고 그것의 진가를 새롭게 알아볼 수 있었다. 저 승려의 삶처럼 내 삶도 풍요롭고 충만하고 아름답다. 우리는 서로에게 그리고 세상을 향해 아주 많은 것을 건넬 수 있다. 마음을 열고 서로의 값진 것을 나누지 않았던 역사는 부끄러운 것이다. 이어지는 젊은 승려의 독경을 들으면서 침묵과 찬가가 어울리는 그곳에서 종교간 대화가 시작된다는 것을 확신했다. 서로의 성스러운 찬가를 들으면서 서로를 갈라놓는 경계를 넘어 영성적 교감을 했다.

태이는 『살아계신 붓다, 살아계신 예수』에서 순진무구한 아이들과 만났던 스리랑카 해변 이야기를 한다.

> 아주 오랜만에 산업공해가 전혀 없는 푸른 섬에서 맨발로 뛰노는 아이들을 만났다. …… 아이들이 나에게 달려왔다. 서로의 언어를 몰랐지만 여섯 명의 아이 모두를 내 품에 안고 한동안 그대로 있었다. 그러다 불현듯 생각했다. 초기불교 언어인 팔리어로 불경을 암송하면 아이들이 알아들을 수 있겠구나. 그래서 "붓담 사라남 갓차미.buddham śaranam gacchāmi"라고 암송했다. "나는 부처님께 귀의歸依. 돌아가 믿고 의지함합니다."라는 뜻이다. 놀랍게도 아이들

> 은 그것을 알아들었다. 그리고 이어지는 경구를 암송했다. 그런데 아이들 중 넷만 합장한 손으로 암송하고 다른 두 아이는 경건하게 서 있기만 했다. …… 나는 암송하지 않는 두 아이에게 함께 암송하자고 권유했다. 그러자 두 아이는 미소를 지으며 손을 합장하고 팔리어로 암송하였다. "나는 성모하느님의 모친 마리아께 귀의합니다." 그들이 기도한 노랫가락은 불교도 아이들이 한 것과 같았다. …… 나는 아이들 모두에게 크게 감동받고 아이들에게서 깊은 평온과 평화를 느꼈다. 1•

"그들이 기도한 노랫가락은 불교도 아이들의 것과 같았다." 이것은 감명 깊은 경험담이다. 태이는 천진난만한 아이들과 만난 사건을 심오한 차원에서 해석한다. 언어는 다를지라도 우리 모두를 거쳐 그리고 우주 전체를 거쳐 같은 가락으로 찬가가 흐른다. 서로 다른 것이 아니라 비슷하고, 서로 분리된 것이 아니라 하나다.

도미니코수도회와 그리스도교 수도회의 수도자들은 매일 정해진 시간에 모여서 시편 찬가를 그룹별로 번갈아 노래하는 시간전례를 한다. 두 그룹이 마주 보고 찬가 구절을 주고받으며 합송하는 것이다. 시작한 초기에는 앞뒤 구절을 주고받으며 합송하는 것을 단지 실용적 목적이 있는 것으로 치부했다. 즉 2-3구절마다 서로에게 숨을 쉴 기회를 주기 위한 것으로 생각했다. 그러나 시간이 흘러 수도회 전통을 체득하면서 그것이 하느님의 거룩한 말씀을 서로 주고받는 대화라는 것을 깨달았다. 한 그룹이 합송하면 다른 그룹은 침묵한 채 귀 기울여 들으며 마음에 성스러운 구절을 받아들인다. 다음 그룹은 받은 것을 같은 방식으로 되돌려준다. 서로 주고받는 순환의 고리 하나가 그렇게 완성된다. 그리고 다시 시작한다. 이것은 종교간 대화에 대한 훌륭한 은유다. 종교간 대화는 기도가 담긴 찬가를 서로 나누는 것이다.

그것은 고대 영성전통의 음악에 근거한 대화다. 종교간 대화가 성과를 거두려면 집중하고 서로 주의 깊게 들어야 한다. 태이가 '귀 기울여 듣기deep listening'라고 표현한 것이다. 그러나 전혀 익숙하지 않은 선물에 자기 자신을 개방하는 것은 쉽지 않다. 따라서 대화가 지닌 취약함을 어느 정도 감수해야 한다. 종교간 대화는 찬가가 전하는 위대한 신비가 지닌 통찰을 주고받는 것이다. 그렇게 이웃이 전하는 소중한 선물에 자기를 개방하는 것이다. 이웃 종교들이 성스러운 주고받음에 함께 투신하면 이 세계는 어떻게 되었을까? 서로를 하나로 엮어 주는 음악을 발견하고 영성의 풍요로움을 나누면서 세계의 분쟁을 해소할 날을 꿈꿀 수 있지 않을까? 유대인과 그리스도인과 회교도가 매일 아침 고유하고 성스러운 음악과 찬가를 나누기 위해 한자리에 모이면 오늘날의 예루살렘은 어떠할까? 그것이 너무 비현실적인가? 나는 상상의 나래를 좀 더 넓게 펼쳐도 좋다고 생각한다.

2004년 초 녹야원 사원에 머무는 동안 비구와 비구니들이 나를 초대했다. 각자가 속한 종교전통의 영성수련과 공동생활의 다른 모습을 나누는 자리였다. 태이는 평소에 『베네딕도 규칙서』6세기 초 성 베네딕도가 작성한 베네딕도수도회에 속한 수도자를 위한 규칙서를 인용해서 설법했다. 그래서 비구와 비구니들은 도미니코수도회의 규칙과 생활방식도 알고 싶어 했다. 나는 그들의 청을 듣고 매우 기뻤다. 그들의 삶과 수행법을 배우려고 녹야원 사원에 갔는데, 예상치도 않게 그들이 내가 걷는 영성여정에 진지한 관심을 보였기 때문이다. 두 차례에 걸쳐 오랫동안 이야기를 나누면서 나는 그들과 강한 일치를 느꼈다. 한번은 요한복음 20장 19-23절을 읽고 묵상하고서 질문을 받았다. 예수가 제자 공동체에 성령의 숨을 불어넣는 장면이었다. 스님 중 한 명이 손을 들고 제안했다. "브라이언 형제여. 프랑스에 있는 플럼 빌리지Plum Village에서 성경 강의를 해 주시지 않겠습니까?" 이 말에 나는 깊은 감동을 받았다. 그 순간에 조화와 상호존중이 만들어 낸 멋진 세계를 깊고 생생하게 체험했다. 서로의 경계를 넘어 참된 해방을 경험한 친교였다. 이 시대에 종교간 대화를 중심으로 하는 영성수련이 얼마나 값진 것인지를 깨달았다. 조화와 평화의 세계를 건설하려는 진솔한 마음을 지닌 사람에게는 더욱 그렇다.

구즈만의 성 도미니코가 13세기에 창설한 도미니코수도회의 수도자인 나는 예수의 발자취를 따르는 삶을 선택했다. 수도자는 초기 몇 년 동안 양성기간초기 양성기간은 지원기와 청원기와 수련기를 합하여 3-4년을 거쳐 첫 수도서원을 한다. 이후 수도회가 정한 유기서원자有期誓願者로서의 양성기간을 거치면 남은 생애를 수도회 가족으로 살 것을 공적으로 약속하는 종신수도서원을 한다. 그런데 도미니코회 수도자는 일반 수도회와 달리 청빈과 정결서원을 하지 않고 순명서원順命誓願. 수도자가 자기 자유의지를 봉헌하고 하느님 말씀에만 순종한다는 서약만 한다. 흔히 오해하듯 순명서원은 자유를 포기하는 것이 아니다. 그것은 개별성이란 환상을 깨려는 선택이다. 수도회라는 큰 몸의 개체로서 살겠다는 선택이다. 수도회가 부르는 합창에서 한 파트의 목소리로 살겠다는 선택이다. 순명서원은 혼자만 소리를 내는 것이 아니라 형제자매와 화음을 맞춰 노래하는 것이다. 그러면서도 자기 고유의 소리를 내며 노래하는 법을 체득한다. 세월이 흐르면서 나는 이 서원을 일상적인 수행으로, 서로에 대한 정중함과 존중에 기반한 사랑에 헌신하는 것으로 이해하게 되었다. 나는 순명을 통해 자기애ego라는 좁은 세계에서 해방되었다.

세계적으로 유명한 도미니코수도회 전임 총장 티모시 래드클리프Timothy Radcliffe는 도미니코수도회의 순명서약은 주의 깊게 듣는 것을 배우겠다는 서약임을 자주 상기시킨다. 그는 공동체의 삶을 구성하는 순명은 대화와 정중한 토의에 기초한다고 말한다. "'순명obedire'이란 단어의 어원은 '듣다'라는 뜻의 라틴어 '오바우디레obaudire'다. 형제자매가 말하도록 하고 그것을 듣는 것이 참된 순명의 시작이다."[2] 순명서약은 귀 기울여 듣는 삶을 서약하는 것이다. 이것이 종교간 대화의 기초다. 태이는 참된 대화를 위한 매우 감동적인 초대에 이러한 주제가 담겨 있다는 것을 간파한다.

> 참된 대화에서는 양쪽 편 모두가 변화를 마다하지 않는다. 자신이 속한 곳만이 아니라, 밖에도 진리가 있다는 것을 인정해야만 한다. 그것을 신뢰하지 않는 대화는 시간 낭비일 뿐이다. 진리를 독점하고 주도하려는 대화는 진심에서 우러나온 것이 아니다. …… 대화는 '자기를 내려놓은 것non-self'에 기초한 행위다. 다른 영성전통의 선한 것과 아름다운 것과 값진 것이 자신을 변화시키도록 허용하는 것이다.[3]

이것이 녹야원 사원의 허물없는 대화에서 실현되었다. 우리는 서로에게 말하고 서로에게서 들었다. 함께 노래하며 공통된 노랫가락을 수용함으로써 더 가까워지고 다른 영성전통이 지닌 선함과 아름다움을 발견했다. 대화를 함으로써 상대는 더 이상 남이 아니고 형제자매가 되었다.

태이는 새로운 영성전통에 자기를 개방하기 전에 반드시 해야 할 일을 강조한다. 그것은 자기 영성전통을 뿌리까지 깊게 체득하는 것이다. 태이는 다른 영성전통에서 개종하려는 승려 및 평신도 제자들에게도 똑같은 것을 요구한다. 불교의 값진 영성유산에 귀의하려면, 먼저 이전에 속했던 영성적 뿌리와 화해해야 한다. 그의 가르침은 매우 자유롭고 놀랍고 지혜롭다.

태이가 말하는 것을 눈을 감고 들으면서 내 영성유산을 떠올렸다. 그것은 유대-그리스도교에서 오랫동안 전승된 믿음과 실천에 깊은 뿌리를 내리고 있다. 그러나 다른 영성전통의 통찰과 가르침에서 좋은 점을 받아들이고 포용하면서 커 가는 거대한 참나무와 같다. 그렇다. 그것은 뿌리는 아주 깊게 내리지만 언제나 새롭게 자라고 더 굵게 자란다. 예수가 말한 겨자씨 비유는 이것을 감안한 것이다. "하늘나라천국 혹은 하느님 나라, 불교의 열반과 비슷함는 겨자씨와 같다. 어떤 사람이 그것을 가져다가 자기 밭에 뿌렸다. 겨자씨는 어떤 씨앗보다도 작지만, 자라면 어떤 풀보다도 커져 나무가 되고 하늘의 새들이 와서 그 가지에 깃들인다."(마태오복음 13장 31-32절) 세계의 종교적 전통이라는 큰 나무들은 여러 색깔을 지니고 다양한 노래를 지저귀는 많은 아름다운 새들에게 안식처를 제공해 왔다. 뿌리가 다르지만 끊임없이 친교를 나누며 얽힌 가지들이 큰 숲을 이룬다. 가지를 넘나드는 새들도 다양한 언어로 노랫가락을 지저귄다. 하지만 신비적 차원에서 노래는 모두 하나의 화음이다. 이러한 음악을 들을 때 우리는 우리 모두에게 울려 퍼지는 위대한 신비라는 고요한 음악을 보다 깊이 경험하게 된다.

에크하르트와 태이는 내게 다양하게 연주되는 하느님의 음악을 듣는 방법을 가르쳤다. 나는 그들을 통해 예수의 제자가 되는 참된 의미를 알았다. 1993년 멕시코 치아파스의 서점에서 처음으로 스페인어로 출판된 태이의 책을 샀다. 나는 『평화로움Ser Paz』이란 책 이름을 보는 순간 매료되었다. 온두라스에 있는 도미니코수도회의 새로운 공동체에 기거하면서 소임을 맡고 있던 나는 중앙아메리카의 가난한 이들과 함께 정의와 평화를 위해 열정적으로 투쟁했다. 예수의 가르침에 따라, 영성생활과 가난한 이들을 위한 일이 조화로운 균형을 이루도록 고군분투하던 때였다.

하지만 그와 동시에 나는 지속적인 내적 갈등 상태에 있는 자신을 발견했다. 세계 평화를 위해 일할수록 내적 평화는 감소했다. 지금 되돌아보면 이런 생각을 하게 된다. 태이의 글에서, 즉 그의 마음으로부터 흘러나온 음악에서 내가 발견하기 시작한 것은 평화를 위해 일하는 것 이상의 뭔가를 하는 것이 가능하다는 것이었다. 나는 실제로 평화롭게 되는 법을 배웠고 그 매력에 빠져들었다. 그것은 나로 하여금 산상수훈에 나오는 예수의 가르침을 보다 깊이 있게 통찰할 수 있도록 해 주었다. "행복하여라, 마음이 가난한 사람들! 하늘나라가 그들의 것이다. …… 행복하여라, 의로움 때문에 박해를 받는 사람들! 행복하여라, 평화를 이루는 사람들! 그들은 하느님의 자녀라 불릴 것이다."(마태오복음 5장 3-9절) 태이는 나로 하여금 내가 평화인 동시에 평화를 만들 수도 있음을 깨닫게 해 주었다. 그것은 예수가 선포한 '행복'을 지금 여기에서 사는 것을 통해 실현된다. 그 우연한 만남 이후로 틱낫한 스님의 가르침은 예수를 따르는 나의 영성여정에 지속적으로 큰 영감을 주고 있다.

몇 년이 지나고 에크하르트의 음악이 내 삶을 파고 들었다. 온두라스에서 5년을 지낸 후, 나는 온두라스 산속에 있는 작은 암자에서 일 년 정도 기도와 침묵에 전념하게 해 달라고 청했다. 그것은 내가 해 온 영성수련의 일부를 쇄신하려는 시도였다. 그 한 해가 끝날 무렵에 관구장은 내가 도미니코수도회가 지닌 풍요로운 관상기도 전통을 충분히 연구하고 뿌리내릴 수 있는 곳에서 그 과정을 계속하라고 격려해 주었다. 그래서 나는 1997년 1월에 종교간 대화를 지향하는 수도자들이 생활하는 오클라호마의 아쉬람으로 거처를 옮겼다. 그곳 평화의 숲 아쉬람 Forest of Peace Ashram은 거목들이 빽빽한 숲으로 둘러싸여 있었다. 그곳에서 일 년 동안 나는 베네딕도회 수녀 공동체와 도미니코수도회 수녀 몇 명 그리고 지역 평신도들과 함께 에크하르트의 저술과 설교를 연구했다. 그 과정에서 구체적 선율이 머리에 떠오르지는 않았지만 마음은 '드디어 고향에 돌아온 것'을 기뻐하면서 노래하고 있었다. 그때는 몰랐지만 태이가 가르치는 핵심 주제인 "나는 도착했다. 나는 고향에 돌아왔다."를 강하게 체험했다.

아쉬람에서 연구와 기도에 전념하면서 신학적으로 논리 정연한 에크하르트의 가르침과 온화하면서 단순한 태이의 가르침이 이루는 조화로운 화음을 체험했다. 영성적으로 메말라 신선한 물이 간절히 필요했던 그때, 이 두 영성스승은 영성적 자양분을 찾기 위해 어떻게 종교의 경계를 초월할 수 있는지를 동시에 내게 보여 주었다. 태이가 가르친 단순한 마음챙김 수행은 신학적으로 풍부하고 심오한 에크하르트의 설교를 이해하기 위한 튼튼한 뼈대가 되었다.

"하느님은 말씀[이지만] 발설되지 않은 말씀이다. …… 하느님은 스스로 발설되는 말씀이다. …… 하느님은 발설되기도 하고 발설되지 않기도 한다."[4•]라는 에크하르트의 말을 처음 듣고 나는 무슨 말인지 알 수 없어 고개를 저었다. 그런데 마음챙김 수행과 관상명상을 하면서 '발설되지 않은 말씀'을 들을 수 있었다. 태이가 가르치는 명상수행을 하면서 신비는 설명되는 것이 아니라 그저 맛보는 것임을 깨달았다. 나는 에크하르트와 태이를 형제로 받아들였다. 두 스승은 내가 그리스도교와 도미니코수도회 영성이 전해준 관상기도 전통에 뿌리내리고 견고하게 머물 수 있게 했다. 태이는 영성수련이 실제로 즐겁고 자유롭다는 것을 가르쳤다. 그는 붓다와 예수를 형제라고 부른다. 같은 맥락에서 에크하르트와 태이는 나의 형님들이다. 두 분 덕분에 나는 존재 깊숙한 곳에서 하느님의 음악을 듣게 되었다. 그리고 길에 새겨진 그들의 족적이 내가 홀로 길을 걷는 것이 아님을 일깨워 준다.

관대함의
실천

2

도미니코수도회는 플럼 빌리지에서 멀지 않은 남부 프랑스에서 1200년대 초에 창설되었다.[5•] 동시대에 활동하던 아시시의 성 프란치스코처럼 성 도미니코는 예수가 가르친 말씀과 비유를 주제로 설교하며 유랑하는 탁발 수도자로서 소박한 삶을 살았다. 불교 승려들도 오랜 기간 비슷한 삶을 살았다. 방대한 붓다의 가르침을 깨닫고 가르침을 이웃에게 전파하기 위해 유랑하며 탁발수행을 했다. 불교 승려와 그리스도교 관상가는 서로 다른 지역에서 수 세기에 걸쳐서 붓다와 예수가 남긴 영성 유산에 따라 수행했다.

나는 다행히도 이웃 종교를 존중하고 관용으로 대하는 삶에 익숙한 환경에서 성장했다. 나는 가톨릭 신자 어머니와 개신교 신자 아버지 사이에서 태어난 네 아들 중 하나다. 부모님은 종교적 신념을 서로 존중했기에, 가정에서 종교가 다른 것이 전혀 문제가 되지 않았다. 그리고 마치 삼투현상처럼 우리 형제들은 이웃 종교를 존중하는 법을 배웠다. 청소년기에는 친구들이 다니는 개신교 교회에 가곤 했다. 그러나 친척 일부는 점차 종교적 긴장을 키워 나갔고 그들의 편협한 견해는 나를 힘들게 했다. 그러나 그런 힘든 경험도 더 큰 목적을 위해 도움이 되었다. 나는 편협함이 지닌 추악한 얼굴을 알게 되었고, 이해 및 화해를 위한 치유여정에 헌신하는 것이 얼마나 중요하지 깨달았다.

고등학교에 입학해서 형들처럼 독일어 수강신청을 했다. 당시 학생들은 동네 독일 식당에서 자주 음식을 사 주는 독일어 선생님을 좋아했다. 그러나 불행히도 수강인원이 초과되어 의지와 상관없이 나는 스페인어 수업을 들어야만 했다. 심지어 스페인어 선생님인 홀란드 부인은 하느님보다 더 늙어 보였다. 나는 아무것도 배우지 않음으로써 그러한 강요에 저항하기로 결심했다.

물론 나의 반항은 아무 소용이 없었고, 며칠 지나지 않아 나는 그녀의 손바닥에서 놀아났다. 그녀는 수업시간에 기적을 일으켰다. 그녀가 가르치는 방식은 시험을 치르기 위해 단어를 반복적으로 외우게 하는 방식이 아니었다. 스페인과 라틴아메리카의 문화와 역사에 학생들이 마음을 열도록 유도했다. 우리는 위대한 예술가의 작품을 감상하고, 라틴 음악을 들으며 춤추고, 스페인과 라틴아메리카 음식을 요리해 먹었다. 홀란드 부인을 통해 우리는 낯선 세계의 정서와 문화를 체험했다. 그녀는 영성적 전문용어를 전혀 사용하지 않았지만 영성적 관점으로 세계를 보는 법을 가르쳤다. 우리는 이웃에게서 발견되는 신비와 아름다움에 자기를 개방하는 법을 배웠다. 다양한 문화 비평과 미학에 관련된 여러 가지 표현을 사용하여 관대함을 가르쳤다.

절대 배우지 않겠다고 버티던 나는 결국 3년 내내 스페인어 수업을 들었다. 2학년 때의 일이었다. 홀란드 부인이 학생 일부에게 외국 교환학생을 위한 장학금을 신청하게 했다. 그때는 그것이 무엇인지도 몰랐다. 그런데 놀랍게도 나는 학년 말에 교환학생을 위한 장학금을 받았다. 그리고 무슨 일이 일어났는지 알아차리기도 전에 열일곱 살의 몇 달을 남미 페루에서 생활하고 있었다. 이것이 내 삶을 근본적으로 변화시킨 경험이 되었다. 다양한 세계문화를 경험하는 것은 흥미진진했지만 정치적, 사회적 폭정의 추함도 알게 되었다. 나는 페루에서 경험과 가치관이 전혀 다른 사람들을 만났다. 그들은 나와 달랐지만 동시에 내 형제자매였다. 답이 없는 고민을 하며 조금은 우울했지만 세계를 향해 마음을 여는 방법도 배웠다. 이것이 내가 대학에서 정치학과 스페인어를 전공하게 된 계기였다. 당시에 나는 내가 외교나 국제관계 관련 일을 하며 살게 될 것이라고 생각했다.

그런데 대학을 졸업할 즈음에 새로운 영성적 세계를 알게 되었다. 내가 다니던 동부 텍사스에 있는 대학 근처의 도미니코 관상수녀회를 우연히 알게 되면서 그곳 수녀들과 친해졌다. 그것은 내게 필요했던 영성적 자극이었다. 나는 늘 기도하는 여성들이 모인 이 공동체에 끝없이 감사한다. 그녀들은 일생을 하느님의 고요한 목소리를 듣는 것에 전념했다. 나는 그녀들로 인해 처음으로 침묵을 사랑하게 되었다. 나는 수도원 경당에 앉아 하느님의 사랑이 지닌 깊은 침묵을 응시하는 그녀들을 하루 종일 바라보았다. 마침내 나는 내 마음속 깊은 곳에서 침묵을 발견했다. 그때부터 그 침묵이 내가 걷는 영성여정의 단계마다 자양분이 되었다. 수도자로서의 삶에 대한 수녀들의 권유를 받아들인 나는 졸업하자마자 가족과 친구들의 격려를 받으며 도미니코수도회에 수련자로 입회했다. 지금은 웃으면서 솔직히 고백하지만 그때는 내가 무엇을 하는지 전혀 몰랐다. 그것은 미지의 세계로 뛰어드는 것이었고, 지금까지도 끊임없는 놀라움이 계속 펼쳐진다.

수도원 입회 후 나는 의견 나누기, 대화하기, 새 언어로 말하기, 침묵에 침잠하기, 침묵에 감춰진 천상음악 듣기 등으로 구성된 섬세하면서도 어려운 양성과정을 거쳤다. 시간이 흐르면서 언어와 문화와 종교가 다른 세계로 나가는 여정이 추가되었다. 그 세계는 커지기도 하고 동시에 작아지기도 했다. 전혀 새로운 눈으로 세계를 보는 법을 배웠고, 이전에 들리지 않았던 음악을 듣게 되었다. 수련과정은 깨달음을 향한 영성여정과 크게 다르지 않았다. 내가 항상 인식하지 못하더라도 언제나 현존하는 세계와 삶을 발견하기 시작했다. 그리고 삶 전체를 관통해서 흐르는 큰 강의 달콤함도 맛보았다.

동시에 커지기도 하고 작아지기도 하는 세계에 대한 은유는 이웃과의 대화를 가리킨다. 대화를 하면 세계가 확장되고 마음은 넓어져서 모든 것을 품을 수 있게 된다. 관상가들은 이를 관대함magnanimity이라고 부른다. 너른 마음과 위대한 영혼을 지니고 사는 것이다. 전 세계를 품을 수 있는 큰마음과 영혼을 지닌 간디Gandhi에게 주어진 칭호 '마하트마Mahātmā'는 '위대한 영혼'을 뜻한다. 그러나 신기하게도 세계를 마음에 품어 안으면 세계는 아주 작고 연약해진다. 어머니가 갓 태어난 아기를 처음 품에 안 듯 부드럽고 경건하게 안을 정도로 작으면서도 가깝게 느껴진다.

이것이 광대함의 역설이다. 즉 확장되는 외연과 내적 친밀함을 동시에 지닌 세계를 경험하는 것이다. 그것은 놀랍고도 예상치 못한 방식으로 다가오는데, 우리가 사랑에 빠지는 것과 비슷하다. 페루에서 스페인어로 처음 대화할 때는 더듬거리면서 자주 말실수를 했다. 나는 많이 헤맸고 자신감도 잃었다. 그런데 불현듯 정확하게 말하고 듣게 된 한 단어 또는 한 문장이 모든 것을 바꿔 놓곤 했다. 낯설고 어색하게만 들렸던 목소리의 주인공과 친교를 나누는 경험을 했다. 내가 알아듣는다는 것을 알고 나는 환호했다. "나는 도착했다. 나는 고향에 돌아왔다." 몇 년 후 처음으로 좌선을 하느라 애를 먹고 있을 때도 비슷한 경험을 했다. 방석 위에 단정히 앉아 있으려고 노력했지만 등은 아프고 다리는 영원히 접혀 있을 것만 같았다. 그런데 한순간 말로 표현할 수 없는 친밀하고도 우주적인 일체감을 느꼈다. 그 순간 좌선하던 방석이 세계로 변했고 모든 것과 하나가 되었다.

관대함이라는 놀라운 은총은 낯선 지역을 모험할 때 경계를 풀고 자기방어를 느슨하게 만든다. 그리고 자신과 이웃이 실제로 하나라는 것을 알게 한다. 나는 살아오면서 쉽게 마음의 경계를 풀 수 있었던 것에 깊이 감사한다. 인도의 힌두교도와 함께 명상 및 찬가를 하면서, 파키스탄의 수피 성인의 사원에서 기도하면서, 멕시코 과달루페의 마리아 대성당을 순례하면서 관대함의 은총이 동반하는 영성적 기쁨을 만끽했다. 온두라스의 소작인들 및 과테말라의 마야 인디언을 대상으로 사목활동교회에서 인간 구원에 봉사하는 활동을 할 때도 그것을 자주 경험했다. 경계는 기대하지 않은 방식으로 갑자기 무너져 내리곤 했으며, 그들이 지닌 옛 지혜의 소소한 편린들이 영성적 지혜가 전달되는 것과 유사한 방식으로 내 마음 속으로 파고들었다.

나는 도미니코수도회 형제 돈 고어겐과 인도 다람살라를 방문했다. 그곳에서 달라이 라마와 사원의 승려들을 만난 것은 소중한 경험이다. 라마의 가르침은 유쾌하고 신명났으며 전염성도 있었다. 그는 삶에서 만나는 예상치 못한 경이와 슬픔에 대해 열린 마음을 강조했다. 그것을 통해 우리는 보편적 언어를 숙달하고 조화와 친교의 삶을 살게 된다.

달라이 라마는 그것을 '사랑의 종교'라고 이름 붙인다. 내가 은총으로 받은 관대한 삶은 계획한 것이 아니라 무상으로 받은 것이다. 그렇게 나는 꿈도 꾸지 못했던 것을 보고 듣고 배울 수 있게 되었다.

기억에 남는 특별한 체험이 있다. 다양한 영성전통이 지닌 공통 기반을 볼 수 있게 마음과 눈을 열어 준 체험이다. 몇 년 전 온두라스 렝카 인디언의 초대를 받아 고대 렝카 제식과 그리스도교 기도전례를 혼합한 토착 종교예식에 참여했다. 제식을 주례하는 주술사는 갓 자른 소나무로 만든 활을 잡고 예식을 거행했다. 나는 예식이 끝나고 주술사에게 렝카 예배에서 자주 사용하는 소나무가 지닌 상징적 의미를 물었다. 그는 검고 큰 눈으로 응시하며 말했다. "오! 그대는 모릅니까? 내가 말하지요. 태양도 떠오르지 않은 이른 새벽, 소나무 아래에 침묵하고 앉아 주의 깊게 귀를 기울여 보세요. 그러면 소나무가 하느님께 노래하는 소리를 들을 수 있습니다." 그가 말한 단순한 가르침을 듣고, 나는 아주 중요한 사실을 깨달았다. 내 마음에 '침묵하면서 듣는다'는 말이 울렸다. 침묵은 대학시절 도미니코수도회 관상수녀들과 만난 이후 내 영성지도자였다.

그리고 얼마 지나지 않아 나는 태이의 글을 읽었다. 그런 다음에야 주술사의 말을 완전히 이해했다. "십 년 전 수행처 뜰에 아름다운 히말라야 향나무 세 그루를 심었다. 그 옆을 지날 때마다 나는 절하고 뺨을 가져다 대고 품에 안는다. 마음을 다해 호흡하면서 아름다운 가지와 잎을 응시한다. 나무를 품에 안으면 큰 평화와 자양분을 얻는다."[6] 그때 스스로 '놀랍다'라고 감탄하던 것을 기억한다. 불교 승려와 온두라스 주술가가 나무가 지닌 영성적 힘을 말하지 않는가. 그리고 구약의 시편에 나오는 두 구절이 결정타가 되었다. 이를 통해 나는 멈추어 서서 세계의 모든 위대한 영성전통들을 연결하는 지하수맥을 응시하게 되었다. "하늘은 기뻐하고 땅은 즐거워하며 바다와 그 안에 가득 찬 것들은 소리쳐라. 들과 거기 있는 것들도 모두 기뻐 뛰고 숲의 나무들도 모두 환호하여라."(시편 96편 11-12송)

곧바로 나는 그들이 가르친 진리의 신봉자가 되었다. 렝카 주술사도 하느님께 노래하는 소나무를 말하지 않았던가. 나중에 에크하르트의 설교에서 이 모든 것을 요약한 구절을 발견했다. "모든 것은 하느님께 말한다. …… 모든 피조물은 자신의 모든 행위로 하느님에 대한 메아리가 된다."[7•] 나는 스스로 생각했다. 렝카 토착신앙의 나무와 불교의 나무와 구약성서의 나무와 그리스도교의 나무가 서로 화음에 맞춰 노래하고 있지 않은가. 그런데 인간이 못할 이유가 있는가. 온두라스 주술사의 소박한 가르침은 종교간 대화가 아름답고 보람 있음을 알게 했다. 그의 이력서에는 학사 학위도 없으며 읽고 쓸 줄도 모를 수 있다. 그러나 자기를 둘러싼 세계에 존재하는 하느님의 목소리를 듣는 방법은 안다. 그는 내게 세계의 종교들 아래와 그 너머에 존재하는 신비를 가르쳤다.

대화의
위험

3

종교간 대화의 초심자인 나는 대화를 향한 성지로 가는 길에 위험이 도사리고 있음을 안다. 경쟁심과 오만함은 그러한 섬세한 대화에서 요청되는 신뢰를 무너트린다. 나는 가톨릭교회가 근시안적 가치관과 겸손치 못한 태도를 지닌 시기가 있었음을 애석하게 생각한다. 그러나 내가 인류 역사에서 아주 특별한 시기에 사는 것에 감사한다. 종교간 대화는 역사상 다른 어떤 시기보다 내가 살아가는 이 시대에 많이 이루어지고 있다.

내가 복잡하고 미묘한 모든 신학적 문제를 파악하고 있다고 생각하지 않는다. 그것은 대화 과정에서 내가 누군가의 소중한 감정을 상하게 하는 것을 방지할 수 있는 것이다. 그럼에도 나는 그 위험을 감수하고자 한다. 나는 이런 종류의 존중 어린 참여가 갖는 가치를 깊이 신뢰한다. 나는 인간의 말과 경험이 지닌 연약함에도 불구하고, 서로 애정을 갖고 말하고 듣는 열망이 우리 모두가 갈구하는 이해와 친교를 형성시켜 나갈 것이라고 믿는다. 내가 종교간 대화를 위한 여정을 걷는 첫째 이유는 분리 장벽을 계속 쌓기에는 세계가 너무 좁고 너무 아름답기 때문이다. 전 세계 도미니코수도회 회원을 위한 문서는 이렇게 선언한다. "대화는 …… 서로 다른 세계에서 살기 위해 필수적인 것이다."[8•] 대화를 통해서만 영성전통의 다양한 아름다움과 깊은 통찰이 꽃필 수 있다.

예수는 대화의 여정에 놓인 위험을 받아들였다. 그래서 나도 그 위험을 기꺼이 받아들인다. 예수가 종교와 전통이 다른 비유대인이 사는 마을, 즉 티로와 시돈을 방문했을 때의 이야기다(마태오복음 15장 21-28절). 가나안 여인이 예수에게 다가와 악마에게 사로잡힌 딸을 치유해 달라고 청했다. 이방인 여인이 스승에게 접근하는 것이 좋지 않다고 판단한 제자들은 그녀를 돌려보내려고 했다. 그러나 예수는 당대의 문화적, 종교적 규율을 깨는 위험을 무릅쓰고 그녀에게 말을 건넸다. 예수는 여인에게 자기가 파견된 이유가 "이스라엘 집안의 길 잃은 양들"(15장 24절)을 돌보는 것이지 이방인을 돕는 것이 아니라고 말한다.

그녀는 존중하는 마음으로 예수의 말을 집중해서 듣는다. 그리고 그녀는 예수가 파견된 임무를 충분히 이해하지만 딸의 치유를 위해 사랑의 작은 부스러기라도 떨어트려 주면 만족하겠다고 겸손히 말했다. 즉 "그러나 강아지들도 주인의 상에서 떨어지는 부스러기는 먹습니다."(마태오복음 15장 27절) 예수는 그녀의 겸손한 품격에 깊은 감명을 받고 그녀가 지닌 아름답고 솔직한 믿음을 칭찬했다. "네 믿음이 참으로 크구나. …… 바로 그 시간에 그 여자의 딸이 나았다."(마태오복음 15장 28절)

여기서 무엇보다 중요한 것은 예수와 여인이 위험을 무릅쓰고 서로 대화를 시작한 것이다. 예수는 자신이 여인에게 어떤 도움이 될지 확신이 없어 머뭇거렸다. 하지만 그는 제한적이지만 주어진 도전을 회피하지 않았을 뿐만 아니라 대화에서 등을 돌리지도 않았다. 처음에는 관계가 어려웠지만, 여인과 대화를 하는 과정에서 이해를 하고 이해는 연민으로 이어졌다. 지금 세계에 절실히 필요한 치유여정에 요구되는 대화다.

예수의 이 일화가 아주 잘 보여 주는 바와 같이, 참된 대화에 전념한다는 것은 기꺼이 듣고자 하는 마음과 함께 시작된다. 그것은 항상 초보자처럼 듣는 것이고, 항상 새로운 뭔가를 배우기 위해 기존에 갖고 있던 신념을 내려놓을 준비를 하는 것이다. 유대-그리스도교 성서는 "한처음에"(창세기 1장 1절)라는 문장으로 시작한다. 하느님은 언제나 '한처음에' 존재한다. 우리는 반복되는 시작에 자신을 개방하고 언제나 '한처음에' 존재하는 하느님을 모방하고 참여해야 한다. 스즈키 순류鈴木俊隆 선사는 말한다. "수행의 목적은 언제나 초보자의 마음을 간직하는 것이다. …… 그것이 모든 것을 열게 한다. 초보자의 마음은 많은 가능성을 갖지만 전문가의 마음은 적은 가능성만 갖는다."[9] 나는 이 책의 책장들이 일생의 많은 시작 중에 또 하나의 시작이 되길 바란다.

머리말에서 인용했던 『귀향』의 한 구절에서 태이는 우리가 사과와 망고를 동시에 좋아할 수 있다고 말한다. 우리는 프랑스 요리와 중국 요리를 동시에 좋아할 수도 있다. 우리는 불교도와 그리스도인, 회교도와 힌두교도, 토착 주술가와 노래하는 소나무와 함께 명상하며 평화를 위해 활동할 수 있다. 수 세기 동안 종교간 대화의 여정에서 많은 이가 사과와 망고 그리고 키위와 오렌지를 공유했다. 나는 그 보편적 지혜의 바구니에 고향 텍사스와 사랑하는 라틴아메리카의 복숭아와 파파야를 넣고자 한다. 이러한 공유를 통해 모든 생명 있는 존재의 마음속에 깃든 조화와 평화를 우리가 깊이 맛보기를 기원한다.

논의를 계속하기 전에 나는 영성적 고향인 가톨릭교회와 도미니코 수도회에서 인용한 글을 공유하고자 한다. 그런 다음 개방과 대화에 대한 틱낫한 스님의 매우 감동적 초대를 공유할 것이다. 나는 종교간 대화의 가치와 실천을 깊이 신뢰하는 이들이 지닌 지혜에 동의하는 방식으로 이것을 공유할 것이다. 또한 나는 더 많은 이들이 이 테이블에 앉아 다른 영성전통에 속한 벗이 수 세기에 걸쳐서 일구어 낸 풍성한 신비통찰을 마음껏 향유하기를 희망한다. 지금 여기서 시작하는 여정에 과거의 실패와 무감각과 장벽이 걸림돌이 되어서는 안 된다.

요한 23세 교황은 세계를 향해 가톨릭교회를 개방하고 세계와 열정적으로 대화했다. 그는 지난 수 세기 동안 대화를 위해 노력한 교회 지도자들 중에서 독보적 인물이다. 그는 예언적이고 보편적이며 모든 것을 아우르는 비전으로 1962년 제2차 바티칸 공의회의 개시를 선포했다. 제2차 바티칸 공의회는 가톨릭교회의 쇄신과 사회문제를 주제로 현대세계와 대화하기 위해 1962년에 시작하여 1965년까지 계속되었다. 교황은 바티칸의 창문을 활짝 열고 신선한 공기가 교회 안으로 들어오게 했다. 그것이 세계를 향해 열려 있는 현재 가톨릭교회가 가진 모습의 발판이 되었다. 겸손한 요한 23세 교황과 그가 발족한 세계교회일치평의회는 이웃 종교와 대화하기 위해 전에 없이 겸손과 존중과 존경의 정신을 촉구했다. 이것은 가톨릭교회의 신앙과 윤리와 규범 등 종교적 문제를 다루는 주교들의 회합인 세계 공의회에서 합의한 내용을 발표한 『제2차 바티칸 공의회 문헌』에 잘 표현되었다.

> 가톨릭교회는 이들 종교에서 발견되는 옳고 거룩한 것은 아무것도 배척하지 않는다. 그들의 생활양식과 행동 방식뿐 아니라 그 계율과 교리도 진심으로 존중한다. 그것이 비록 가톨릭교회에서

주장하고 가르치는 것과는 여러모로 다르더라도, 모든 사람을 비추는 참 진리의 빛을 반영하는 일도 드물지는 않다. …… 그러므로 교회는 지혜와 사랑으로 이웃 종교의 신봉자들과 대화하고 협력하면서 그리스도교 신앙과 생활을 증언하는 한편, 이웃 종교인들의 정신적 도덕적 자산과 사회 문화적 가치를 인정하고 보호하며 증진하도록 모든 자녀에게 권고한다.[10•]

그로부터 40년 후, 성 교황 요한 바오로 2세는 종교간 대화는 사랑의 다른 표현이라고 강조했다.

사람들은 우리 모두가 지상의 순례자로서 한 형제자매이며 걷는 길은 서로 다르더라도 모두 같은 고향으로 가고 있다는 것을 깨닫도록 돕습니다. 하느님께서는 우리가 알지 못하는 방법들을 통하여 우리에게 끊임없이 이 길을 가르쳐 주십니다. 성실한 대화는 선교의 주요 방법입니다. …… "대화는 교활한 계략이나 이기적 관심에서 나올 수 없으며"(교회의 선교 사명, 56항), 그 자체로 목적이 될 수도 없습니다. 대신에 대화는 우리가 믿는 원칙들을 설명하고 기쁨과 희망과 삶의 의미라는 신앙의 가장 심오한 진리들을 사랑으로 선포하며, 다른 이들을 존중하고 이해하면서 말을 건넵니다. …… 진지하고 정중한 대화를 위한 노력은 하느님의 구원의 사랑을 참되게 증언하는 데에 결코 없어서는 아니 될 조건입니다.[11•]

한편 그리스도교와 회교도의 대화를 위해 파키스탄에서 40년간

헌신한 도미니코수도회 수사 크리스 맥비Chrys McVey는 최근 강연에서 종교간 대화를 "하느님이 우리를 품에 안은 것처럼 다른 이들을 품에 감싸 안고서, 그들을 향해 자기를 개방하는 위험하고 희생을 감수하는 내딛음"[12•]이라고 묘사했다. 맥비는 도니미코수도회가 2001년에 태국 방콕에 있는 방나에서 개최한 종교간 대화의 공식기록을 인용했다. 그리고 희생이 따르는 내딛음이 도미니코수도회 800년 전통에서 중요함을 언급했다.

> 도미니코수도회의 가르침과 설교 전통을 〔계승 발전시키기〕 위한 새천년을 시작하면서 이웃 종교와의 대화는 중요 과제다. … … 〔그것은〕 윤곽조차 희미한 낯선 세계를 향해 문을 여는 것이다. 하지만 그것이 우리가 속한 곳에 있기에, 그 여정은 우리를 고향으로 인도한다.
>
> 13세기에 성 도미니코는 격변하는 세계에서 사람들이 필요로 하는 것에 부응해 도미니코수도회를 창설했다. 성 도미니코와 불교 승려와 힌두교 고행자Saṃnyāsa. 일정한 거주지 없이 탁발하며 유랑하는 수행자처럼, 우리도 탁발 전통을 회복하는 여정을 유랑하는 것에 초대받았다. 우리 모두 진리 앞에 탁발하는 자다. 그것은 자기를 놀랍게 하는 것을 기다리는 것이다. 여정의 〔방향을 알려 주는〕 지도로서의 성령the Spirit을 신뢰해야 한다. 왜냐하면 …… 그리스도교가 전해지기 아주 오래 전부터 모든 문화와 종교에 머무는 성령은 대화를 위해 꼭 필요할 뿐 아니라, 성령을 통해서만 대화가 가능하기 때문이다.[13•]

제1장을 마치면서 베트남 출신의 겸손한 불교 승려이며 형제인 태이의 글을 인용한다. 그의 가르침에는 인간 내면을 뒤흔드는 강한 설득력이 있다.

> 프랑스에 있는 내 수행처 제단에는 붓다와 예수의 상이 함께 놓여 있다. 언제나 향을 피우고 영성의 선조인 그들을 어루만진다. 전통을 진정으로 대변하는 사람과 만나면, 그대는 단지 그의 전통과 접촉하는 것만이 아니다. 그것을 통해 자기의 전통과도 접촉한다. 이러한 자질은 대화에 필수적인 것이다. 영성전통을 대변하는 사람이 자기 전통의 정수를 몸으로 드러내면, 그가 걷고 앉고 웃는 모습에서 그의 영성전통을 알 수 있다. …… 유익한 대화를 위해 자기 전통을 충분히 몸으로 드러내야만 한다. 동시에 이웃의 말에 귀 기울여야 한다. 깊이 들여다보고 깊이 듣는 수행을 통해 자유롭게 되고, 영성전통들의 다양한 아름다움과 소중함을 알게 될 것이다.[14•]

위대한 스승들의 가르침에 격려받은 나는 이런 희망을 갖는다. 우리가 내는 다양한 목소리가 한데 어우러지게 하고 또 우리가 지닌 풍성하고 다양한 과실을 공유한다면, 믿기 어려울 만큼 서로 다른 우리가 실은 진실로 한 몸이라는 것을 알게 될 것이다. 우리는 그 여정을 함께 걷고 있다.

제
2
장

마음챙김과 영원한 현재

\-

마음을 다해 삶을 성심성의껏 살아가면서
매 순간을 깨어 자각하면 참된 삶을 맛본다.
이것이 삶에서 일어나는 참된 기적이다.

지금
이 순간

1

태이의 가르침 중에 마음챙김 수행이 영성수련을 하는 수많은 서구인에게 가장 큰 영향을 미쳤다. 마음챙김 수행은 아주 단순하지만 직접 수행하면 자기를 자유롭게 하는 멋진 수행법이다. "마음챙김은 당신이 일상의 각 순간을 철저히 생기 넘치고 깊이 있게 사는 것이다. 마음챙김은 자가 양육self-nourishment과 치유를 위한 생명의 경의를 접하게 한다. 그것은 또한 당신이 고통을 끌어안고서 기쁨과 자유로 탈바꿈하도록 한다."[1•] 삶의 매 순간에 철저히 생기 넘치고 싶지 않은 사람이 있겠는가? 누구나 양육과 치유와 기쁨과 자유를 갈망한다. 태이는 누구나 알아들을 수 있는 쉬운 언어로 충실하게 살아온 삶의 경험을 풀어놓는다.

그리스도교가 태이의 가르침에서 배울 점은 많다. 그리스도교 전통에 없어서가 아니라, 십계명의 압도적 힘에 그것들이 가려졌기 때문이다. 그리스도교에서 자유롭고 중립적이며 실천적인 영성에 대한 가르침은 우선순위가 뒤로 밀리는 경향이 있다. 그리스도교에게 태이의 마음챙김 수행은 모닝콜이 될 수 있다. 그리스도교는 '그대는 이런 것을 해서는 안 된다'는 윤리적 계명을 지나치게 강조하는 경향이 있다. 그리고 성숙한 신앙인의 영성생활이 즐겁고 마음 벅찬 삶이라는 것을 보여주지 못했다.

예수가 가르친 윤리적 계명과 모세의 십계명은 영성수련에서 중요한 역할을 한다. 그리고 유대-그리스도교는 복잡한 사회 환경에서 조화로운 삶을 위해 고대로부터 전해지는 도덕 체계를 계승해 왔다. 불교는 팔정도와 다섯 가지 마음챙김 수련을 가르친다. 태이는 또한 사미승이 지키는 열 가지 계戒뿐만 아니라 모든 출가자가 지켜야만 하는 프라티목샤prātimokṣa로도 알려진 계를 수정하고 현대화함으로써 불교를 세계화하는 데 큰 기여를 했다.[2] 태이는 영성생활에서 윤리적 계명의 역할을 설명한다. "세계의 미래를 위해 기본적 생활 규범이 필요하다. …… 계율 혹은 계명을 지키는 것은 자유를 제한하거나 속박하는 것이 아니다. [그것은] 경이로운 삶을 사는 법을 가르쳐 주고, 기쁜 마음으로 그것을 실천하게 한다."[3]

그러나 계율을 지키는 것만으로는 영성생활을 통한 자유와 환희를 만끽할 수 없다. 태이는 마음챙김에 대한 가르침을 통해 영성적 가르침을 구체적으로 일상의 수행에 뿌리내리게 했다. 이것은 균형 잡힌 영성생활을 위해 매우 중요하다. 태이는 영성생활을 입출금 내역이 적힌 통장을 보듯 해서는 안 된다고 강조한다. 즉 먼 미래에 사용할 충분한 잔고가 통장에 있으니 하느님이 구원할 것으로 기대하며 수행하면 안 된다. 영성생활은 먼 미래의 영원한 생명을 담보하는 저축이 아니다. 영성생활은 먼 미래가 아니라 지금 이 순간을 위해 충실하게 사는 것이다. "삶은 오직 지금 이 순간에만 유용하다. 그대가 산만하여 마음이 몸과 함께 있지 않는다면, 자신이 삶과 한 약속을 지킬 수 없게 된다. …… 마음챙김은 지금 이 순간을 사는 것이고 몸과 마음이 합일하는 것이다. 그것은 일상의 모든 순간을 깊게 사는 능력이다."[4]

삶과 약속한 것을 지키려면 현재를 성심성의껏 살아야 한다. 21세기에 바쁘게만 살아가는 우리에게 너무도 소중한 가르침이다. 기원후 2세기경, 초기 그리스도교에서 활동한 교부 성 이레네우스St. Irenaeus는 견고한 믿음을 갖고 하느님의 본성에 참여하는 삶을 이렇게 정의했다. "살아 있는 인간이 하느님의 영광이며, 하느님을 보는 것이 인간의 생명이다."[5•] 이것은 단순하지만 매우 심오한 정의다. 인간 삶의 충만함은 하느님의 본성에 참여하는 것이다. 그것은 영원한 현재인 지금 여기에서 인간이 하느님을 보는 은총을 누리는 것이다. 영성생활은 주일 아침 성당이나 안식일에 유대교 회당이나 회교도 모스크에서만 할 수 있는 것이 아니다. 그것은 지금 여기에서 온 힘을 다해 생기 넘치고 기쁘게 사는 것이다. 마음을 다해 삶을 성심성의껏 살아가면서 매 순간을 깨어 자각하면 참된 삶을 맛본다. 이것이 삶에서 일어나는 참된 기적이다.

> 기적은 지금 이 순간을 사는 것이다. 물 위를 걷는 것만이 기적이 아니다. 지금 여기에서 푸른 대지 위를 걷는 것이 기적이다. 지금 여기에서 자기에게 가능한 평화와 아름다움을 만끽하는 것이 기적이다. 평화는 우리를 둘러싼 전 세계와 자연, 그리고 우리 안의 몸과 영혼에 널려 있다. 평화를 감지하면 치유되고 변화하고 탈바꿈한다. …… 자기 몸과 마음을 지금 이 순간으로 끌어당기는 방법만 깨치면 된다. 그러면 생기를 되찾고 치유를 받으며 경이로운 경험을 한다.[6•]

도미니코수도회 수사 토머스 필립은 16세기 스페인에서 활동한 십자가 성 요한St. John of the Cross의 영성을 해석한다. "영성적인 사람은 지금 이 순간의 어둠에 점점 더 깊이 빠져들어 간다. ······ [하느님은] 그 사람을 가난하고 헐벗은 지금 이 순간에 머물도록 한다. 오직 그 방법을 통해서만 그가 하느님의 현존을 맛보면서 영원과 교감할 수 있기 때문이다."7• 이 통찰은 철저하게 유대-그리스도교 전통의 한 부분이다. 수많은 신비가종교적 황홀경에 드는 신비체험을 하는 사람와 관상가가 역사 안에서 그것을 체험했다. 지금 여기가 하느님을 만날 수 있는 유일한 시간과 공간이다. 17세기에 그리스도교 전통의 신비가로 활동한 가르멜수도회 로렌스 수사Brother Lawrence는 오랜 시간 수도원 주방에서 요리할 때라도 매 순간 모든 것을 아우르는 하느님의 현존을 느끼며 일할 수 있다는 단순하지만 심오한 가르침을 준다. 누구나 부산함에 주의를 빼앗기지 않고 집중하기만 하면 된다. 이 수행법을 통해 변모하고 탈바꿈한 로렌스 수사는 하느님의 현존 없는 삶을 상상할 수 없게 되었다.

> 신앙인이 하느님의 현존에 대한 〔명상〕수행을 하지 않고 어떻게 자족하며 살 수 있는지 이해할 수 없다. 나는 할 수 있는 한 내 영혼 속 가장 깊은 곳까지 스스로 물러난다. ······ 교회 건물 안에 있어야만 하느님과 항상 함께 있는 것은 아니다. 우리는 자신의 마음 안에 개인 경당성당은 모든 신자들을 위한 곳이고, 경당은 특정 공동체가 하느님을 경배하는 장소을 만들 수 있다. 하느님과 평화롭고 겸손하고 사랑스럽게 교감하기 위해 우리는 종종 그곳에 머물 수 있다. ······ 온전히 주의집중하며 하느님을 사랑스러운 눈으로 응시하면 하느님의 현존 안에 머물게 된다. 이것이 내가 말하는 실제적인 하느님

의 현존이고, 보다 명확하게 말하면 하느님과 영혼이 나누는 일상 적이고 고요하며 비밀스런 대화다.[8]

태이는 고유한 표현을 사용하여 비슷한 말을 한다. "마음챙김이 있는 곳에 참된 현존이 있다."[9] 에크하르트도 자주 이 주제를 다룬다. 그는 피조물은 스스로 존재하는 것이 아니라고 설교한다. "그들이 존재하는 것은 하느님의 현존 여부에 좌우되기 때문이다."[10] 『영적담화*Talks of Instruction*』에서 에크하르트는 하느님을 소유한 사람은 "신의 현존에 깊숙이 파고든다."[11]라고 한다. 필립과 로렌스 수사 그리고 태이와 에크하르트는 영원한 충만함, 즉 하느님의 현존이 우리를 과거와 미래에 얽매이는 근심 걱정에 끌려다니지 않게 한다는 것을 강조한다. 그것은 우리가 '지금 이 순간의 어둠'에 뿌리 내린 삶을 살 때 가능하다. 유대교와 그리스도교는 역사가 최종 정점을 향해 천천히 전개된다는 사고와, 현재 순간의 영원성과 역사의 최종 정점이라는 양자가 통합된 전체의 상호보완적 요소라는 개념을 공유한다. 이제 막 꽃봉오리를 터트리고 달콤한 향기를 내뿜는 아름다운 장미를 보며 아직 다 피지 않았으니 장미라고 하기 어렵다고 생각하지는 않는다. 개화하는 과정에서 꽃봉오리를 펼쳐 나가는 것도 장미이기 때문이다.

영원함이라는 것도 이와 같다. 우리는 신의 영원함에 침잠해서 살아가고, 그 영원한 현존은 서서히 펼쳐지면서 우리 안과 주변에 이미 존재하는 그것을 드러낸다. 우리는 영원한 생명을 죽은 다음에 시작하는 사후 세계로 오해하곤 한다. 이것은 하느님이 점심 식사를 위해 당분간 먼 우주로 갔다고 말하는 것과 같다. 하느님 나라에 산다는 것은 지금 여기에서 "생명을 얻고 또 얻어 넘치는"(요한복음 10장 10절) 것이라는 성서의 가르침을 완전히 잊어버린 결과다. 사실 유대-그리스도교에서 지금이라는 특정 순간은 영원으로 들어가는 문이다.

예수는 공생활에서 다양한 말씀과 비유를 통해 "때가 차서 하느님 나라가 가까이 왔다."(마르코복음 1장 15절)는 복음을 선포했다. 강생의 신비 하느님의 아들이 구원사업을 완성하기 위해 인간의 본성 취한 일. 육화의 신비라고도 함 전체는 하느님의 영원한 말씀이 인간의 역사 안에서 육신을 취한다는 것을 의미한다. 그것은 하느님의 말씀이 지금 여기에, 즉 역사상의 지금 이 순간 바로 이곳에 존재한다는 것과 우리가 하느님의 현존 안에 사는 경험을 하는 것을 하느님의 백성에게 보여 주는 것이다. 하느님 나라는 지금 여기에서 육신을 취한 신의 생명이다. 그것은 소리 없이 밀가루 반죽을 부풀어 오르게 하는 누룩 혹은 땅속에 깊이 숨겨진 보물과 같다. 그렇게 하느님 나라는 지금 여기에서 확실하게 볼 수는 없지만, 지금 여기에 현존하면서 서서히 모습을 드러낸다.

캘리포니아 녹야원 사원에 있는 정원 입구에 태이가 직접 쓴 "하느님 나라는 바로 지금이다."라는 명패가 걸려있다. 예수의 가르침에 따라 사는 그리스도인은 이 가르침을 마음 깊이 새겨야 한다. 태이가 속한 승단의 승려인 팝 데가 대화 중에 말했다. "태이는 늘 하느님 나라는 지금 여기에 열려 있다고 말합니다. 우리가 그곳에 들어갈 준비가 되었는지가 관건이지요." 그는 웃으면서 자기가 얼마나 쉽게 과거 사고방식으로 되돌아가는지를 말했다. "저는 혼잣말을 하곤 합니다. '대단한 가르침이로군. 나도 언젠가는 거기로 돌아가야 하겠어.'라고 말이지요." 이 가르침을 '비오는 날 해야 할 일'의 목록에 넣는 순간, 당연히 우리는 이것을 영원히 잊어버린다.

에크하르트는 "지금만 있다."[12] 혹은 '이것이 그것이다'라고 강조한다. 그는 영원을 죽음 이후의 삶으로 제한하여 이해하는 것을 이상하게 생각한다. 기도할 때 우리는 하느님의 영원함과 충만함이 현존하는 가운데 있지 않은가? 그러므로 영원은 '죽음 다음의 삶'이 아니고 '삶 다음의 삶'이라고 해야 한다. 지금 현존하는 하느님뿐 아니라, 죽은 다음에 현존할 하느님도 '이제와 항상 영원히' 현존한다. 하느님은 인간이 생각하는 시간과 공간에 한정되지 않는다. 이것은 하느님이 영원히 산다거나 모든 곳에 동시에 존재할 수 있다는 뜻이 아니다. 하느님의 영원한 현존은 인간의 숨과 같다. 우리는 숨을 만지거나 크기를 잴 수 없지만 숨을 쉬지 않고는 한 순간도 살 수 없다.

에크하르트는 말한다. "'되어감'이라는 것은 없다. 지금만이 있다. '되어감이 없는 되어감'이 있을 뿐이다. 즉 '새롭게 되지 않는 새로움'이다. 하느님은 되어감 자체다."[13] '되어감이 없는 되어감' 또는 '새롭게 되지 않는 새로움'이란 무엇을 의미하는가? 그것은 세상 만물과 인간이 새롭게 되는 것은 장미가 꽃봉오리를 피우는 것과 같다는 것이다. 우리는 이미 존재한다. 따라서 지금 존재하는 것과 다른 것이 될 필요는 없다. 되어가는 것은 없고 존재만 있다. 에크하르트가 보기에 우리가 하느님의 현존 안에 존재하는 것은 지금 이 순간을 살 때 실현된다. 하느님은 있을 뿐이다. '하느님이 있다'라고 말할 때 항상 동사 현재형을 사용한다.[14] 이것은 불교 및 힌두교 신자들과 공통된 통찰이다. 하느님의 현존은 언제나 현재다. 과거도 아니고 미래도 아니다. "첫째 날에 발생한 것 그리고 …… 마지막 날에 [발생할 것]은 모두 현재다."[15]

지금 이 순간을 마음을 다해 살라는 불교의 가르침이 그리스도인으로 하여금 자기 전통을 재발견하게 한다. 태이는 말한다. "불교에서는 니르바나Nirvāṇa 혹은 열반涅槃이라고 한다. 열반은 신과 같이 되는 것으로, 태어남도 죽음도 가는 것도 오는 것도 존재하는 것도 존재하지 않는 것도 없다. …… 그대가 열반이다. 그대는 하루 24시간 열반 상태에 있다."[16•] 선사 루벤 하비토는 말한다. "관심을 지금 여기에 끌어당겨 집중하는 선 수행은 복음이 지닌 본래 감동을 느낄 수 있게 한다. 하느님 나라는 다양한 일과를 행하는 매일의 삶 한가운데 이미 존재한다." [17•] 두 종교가 강조하는 철학적 주제는 명확히 다르다. 불교는 매 순간의 삶, 즉 찰나를 강조한다. 삶의 매 순간에 하느님이 존재한다는 궁극적 깨달음을 추구한다. 이 진리는 그리스도인에게 매우 중요하다. 이것이 그리스도교 신비전통에 본래 있던 옛 통찰을 떠오르게 하기 때문이다.

에크하르트에 따르면 죽음 이후의 삶을 과도하게 염려하는 것은 위험하다. 그것은 영성적 집착의 한 형태에 불과하다. 그렇게 계속 걱정하면 자유를 잃게 된다. 지금 여기에 하느님이 함께 있다는 것을 깨닫지 못하기 때문이다. "지금 여기에서 하느님을 섬길 자유를 잃게 만드는 일에만 집착하고, 그분이 무엇을 해야 할지 그대에게 알려 줄 것이라는 관점에서만 그를 따른다면 그대는 아무런 결실도 얻지 못할 것이다."[18•] 에크하르트의 통찰은 설득력이 있다. 지금 이 순간 혹은 지금 여기에 사는 것을 방해하는 모든 것은 영성생활에 해롭다. 구약의 시편은 노래한다. "주님 앞에 고요히 머물며 그분을 고대하여라. …… 격분하지 마라. 악을 저지를 뿐이다."(시편 37편 7-8송) 이것이 의미하는 바는 이렇다. 어제 이웃과 말다툼한 것에 격분하지 마라. 또는 아직 발생하지 않은 내년의 일을 걱정하지 마라. 그런 것들은 무의미한 모험일 뿐이다. 영원한 현재에 현존하는 하느님에게서 스스로 떨어져 나가게 만들기 때문이다. 일상생활에 비유하면 이렇다. 팝콘 먹기, 티브이 보기, 휴대전화로 수다 떨기 등을 동시에 한다면 영성적 충만함을 얻지 못한다. 매 순간 하나의 일에 충실하지 않고 여러 순간 또는 다양한 것을 한꺼번에 하려 하기 때문이다. 주위를 배회하면서 지나치게 많은 일로 바쁘게 산다면 위화감을 느낀다. 영성적 의미에서 고향으로부터 아주 멀리 떨어져 있는 것이다. 단지 우리가 "점심 먹으러 나갔다."고 말하는 편이 더 솔직할 것이다. 나는 독자들에게 이렇게 말하고 싶다. "저를 믿으십시오. 이 분야만은 내가 권위를 갖고 말합니다."

캘리포니아 녹야원 사원의 '평화의 바다 명상센터' 벽에는 커다란 원형 명판이 걸려 있다. 그곳에 베트남어로 '보 수Vô Sự'라고 적혀 있다. 대충 번역하면 '할 일 없는businessless'이라는 뜻이다. 그것을 '바쁠-것-없는busy-ness-less'이라고 이해할 수 있다. 2004년 동안거에서 태이는 비구와 비구니를 대상으로 설법을 했다. 그 대부분은 임제臨濟, ?-867년 선사의 가르침에 초점을 맞추었다. 그의 근본사상은 행복함 또는 충만함을 느낄 수 있는 것을 애써 찾아 나서는 것으로부터 자유롭게 되는 것이다. 우리는 그런 느낌을 추구하는 것에서 자유로워져야만 한다. 그것은 현대에 매우 중요한 것이다. 태이는 임제의 가르침을 다음과 같이 요약한다. "할 일 없는 사람businessless person은 온전히 자유롭고, 외관에 마음을 빼앗기지 않으며, 잘난 체하지 않고, 아무런 흔적도 남기지 않는다. …… 어떤 장소에 있든 바로 그 순간에 그는 고향에 있는 것이다. 따라서 더 이상 어떤 것도 찾아 나설 필요가 없다."[19•]

태이는 마음을 다해 지금 이 순간에 집중하는 것과 자유를 체험하는 것의 관계를 설명한다. "열반은 평화와 안정과 자유로 설명된다. 수행은 바로 지금 여기에서 평화와 안정과 자유를 성취할 수 있다는 것을 깨닫는 것이다. …… 단지 그것을 다루는 법만 알면 된다. 그렇게 의도하고 그렇게 결심하고 그렇게 실천하면 된다."[20•] 지금 이 순간에 자유를 성취할 수 있다. 내적 자유를 넓히려는 이들에게 얼마나 기쁜 소식인가. 그러나 자유를 위한 희생도 필요하다. 에크하르트와 태이 그리고 임제는 그것을 강조한다. 지금 이 순간 마음을 다해 자유롭게 살기를 원한다면 지금 이 순간에 결심하고 계율을 지키고 수행해야만 한다. 관상생활은 흔히 우리의 의식에 뜻하지 않게 일어나는 은총이기도 하지만, 그러한 뜻하지 않은 경이로움도 어떤 식으로든 그 기반이 적절하게 준비되었기 때문에 일어나는 것임을 알아야 한다. 이것이 태이가 가르치는 핵심이다. 매 순간 강한 의지로 마음을 다해 수행해야 한다. 그런 삶의 방식이 자유와 은총을 가져 온다.

도미니코수도회 수사 리처드 우즈는 에크하르트의 가르침이 현대 영성생활에도 유익하다고 평가한다. 관상기도를 심화시키는 과정에도 계율을 지키는 것은 중요하다. 즉 계율을 지키는 영성수련을 하면서 하느님 나라에서 사는 방법을 배우는 것이다. 우즈는 말한다. "우리는 기도하고 읽고 명상한다. …… 어떤 정신 자세와 마음 가짐을 얻기 위해서, 그리고 자연과 우리가 만나는 사람들의 얼굴과 삶에서 '흔들리는 금박의 광채와 같이' 불타오르는 하느님의 현존에 대한 친밀감을 얻기 위해서 말이다."[21•] 우즈는 에크하르트가 수련 수녀들에게 한 담화에서 글쓰기 비유를 사용한 것을 언급한다. 관상생활에서 평화와 안정과 자유는 끊임없는 수련을 통해 성취된다.

> 수련자는 어디에 있든지 누구와 함께 있든지 내면의 사막inward desert을 만드는 법을 익혀야 한다. 그것을 관통하여 그 안에서 하느님을 알아차리는 법을 배워야 한다. …… 그것은 글쓰기를 배울 때와 같다. 글쓰기를 배우는 방법은 직접 쓰면서 끊임없이 연습하는 것이다. 힘들고 고되어서 그것이 불가능할 것처럼 느낄 때도 있다. 〔그러나〕 성실하게 연습하며 꾸준히 노력하면 글쓰기에 숙달하게 된다. …… 그리고 그녀가 글쓰기를 완전히 습득하면 자유를 만끽한다. …… 그러고 나면 억지로 노력하지 않아도 하느님의 현존이 그녀에게 빛난다.[22•]

이곳이 열반이고 영원이고 하느님 나라다. 그리스도교 신비전통에서 영원한 생명은 미래의 하느님 나라가 아니다. 지금 여기에 현존하는 하느님이 영원이다. 바로 이 순간이 영원한 현재다. 사도 바오로는 하느님을 "우리가 그분 안에서 살고 움직이며 존재"(사도행전 17장 28절)하는 분이라고 묘사했다. 에크하르트는 "오늘을 무엇이라 말할까?"라고 자문하고 "영원"이라고 답했다.[23•] 영원은 매일 그리고 모든 순간의 지금이다. 하느님은 영원한 현재에 존재한다. 유대-그리스도교 전통의 핵심 가르침에 따르면, 영원한 현재는 완전하게 드러날 때까지는 점진적으로 펼쳐진다. 사도 바오로는 에페소 교회 신자들에게 보낸 서간에서 선포한다. "그리스도 안에서 미리 세우신 당신 선의에 따라 우리에게 당신 뜻의 신비를 알려 주셨습니다. 그것은 때가 차면 하늘과 땅에 있는 만물을 그리스도 안에서 그분을 머리로 하여 한데 모으는 계획입니다."(에페소 1장 9-10절) 하느님이 '만물을 …… 한데 모으는' 것은 지금 일어나면서 또한 영원히 일어난다. 바로 이것이 '때가 차면'이란 구절이 의미하는 것이다. 사도 바오로는 '충만함을 향해 꽃봉오리를 펼치는 지금'이 곧 영원이라고 한다.

태이와 동양 사상가들은 서구 영성전통에 이미 존재하는 신비주의에 우리가 다시 귀를 기울이도록 만든다. 마음챙김에 대한 태이의 가르침은 완전히 새로운 것은 아니지만 매우 신선해서, 많은 서구인이 그것을 통해 새로운 삶을 발견했다. 에크하르트는 '마음챙김'이란 용어를 사용하지 않지만 비슷한 취지로 말한다. "하느님을 진정으로 소유하는 것은 마음에 달렸으며, 또한 하느님을 향해 돌아서서 그분을 얻기 위해 분투하는 내적 지성에 달렸다."24• 에크하르트에 따르면 '하느님을 향해 돌아서는 것'은 지금 이 순간, 즉 영원한 현재에 성심성의껏 살 때만 가능하다. 충실한 제자는 그 순간에 인생이 지닌 참 맛을 맛본다. 지금 이 순간을 충실하게 사는 것을 에크하르트는 '탄생'이라 부른다. 그 순간에 하느님의 말씀이 인간 영혼에 탄생하기 때문이다. "하느님은 오직 영원한 현재에 역사役事. 하느님이 창조적으로 행함한다. 그의 역사하심이 아드님을 탄생시킨다."25• 영원한 현재에 현존하는 하느님이 인간 내면의 가장 깊은 곳에서 말을 건넨다. 따라서 지금 여기서 계시된 말씀을 주의 깊게 듣는 것이 영원한 하느님의 음악을 듣는 것이다.

충만한 삶은 지금 우리에게 열려 있다. 이것이 신비가들이 우리에게 가르친 것이다. 이것이 하느님과 관계를 맺는다는 것의 의미다. 태이는 말한다. "온 힘을 다해 그대의 하느님을 사랑하는 것은 무엇을 의미하는가? 일상적 삶에서 …… 그대의 현실과 다른 차원, 즉 궁극적 차원 또는 하느님의 차원에 접촉하는 것이다."[26] 루벤 하비토는 말한다. "우리는 모든 신비와 경이가 있는 바로 여기에서 삶을 만날 수 있다."[27]

귀향

2

태이는 플럼 빌리지 공동체에서, 그리고 대중강연을 할 때마다 단순한 마음챙김 수행을 활용한다. 그 수행 가운데 하나는 마음챙김의 종소리 수행이다. "종소리에 집중하십시오. …… 이 아름다운 소리가 나를 참된 고향으로 돌아가게 해 줍니다. 참된 고향은 누구나 돌아가길 원하는 바로 그곳입니다. …… 지금 여기가 당신의 고향입니다. 그것을 깨우치십시오."[28•] 얼마나 단순하고 멋진 가르침인가. 태이의 공동체와 한동안 같이 지내다 보면 마음챙김이라는 단순한 수행에 주목하게 된다. 시계 종소리와 알람 소리, 전화기 벨 소리, 손목시계의 '삑'하는 소리 등이 마음챙김 수행을 위한 종이다. 그런 것들이 지금 여기에 현존하는 고향으로 돌아갈 기회를 준다. 대학생 때 성심성의껏 관상기도를 하는 수녀를 만난 적이 있다. 그녀는 태이가 말하는 마음챙김 수행 또는 에크하르트가 말하는 하느님의 현존 안에 사는 법에 대해 말하지 않았다. 그녀는 제단에서 타오르는 양초 향기를 맡는 것만으로도 하느님의 현존을 느낀다고 했다. 나는 그녀의 말에 감동받았고, 그 후로는 타오르는 밀랍에서 나는 좋은 향기를 수도 없이 느끼게 되었다. 나는 그녀가 태이의 가르침에서 극히 중요한 그러한 종류의 관상적인 마음챙김을 경험했다고 생각한다.

마음을 다해 일상의 매 순간을 온전히 산다면, 우리를 둘러싼 모든 사람과 모든 것이 우리의 고향임을 깨닫게 된다. …… 나무들을 당신의 고향으로, 공기를 당신의 고향으로, 푸른 하늘을 당신의 고향으로, 당신이 딛고 있는 땅을 당신의 고향으로 보라. 이것은 오직 지금 여기에서만 이루어질 수 있다. 29•

모든 곳이 고향이면 그토록 많은 이가 상실감에 떨어지는 이유는 무엇인가? 고향에서 아주 먼 곳을 유랑하는데 어떻게 고향을 찾아갈까? 고향으로 돌아가는 첫 걸음은 소외감의 고통으로 속이 새까맣게 타들어가는 순간일 경우가 많다. 즉 자기 자신으로부터, 자신을 둘러싼 세계로부터, 하느님으로부터 소외감을 느끼며 몸서리치는 순간이 귀향길의 출발점이다. 그렇기에 소외감을 느끼는 순간은 너무나도 아프지만 동시에 아주 달콤한 순간일 수 있다. 그 순간은 고향으로 가는 여정의 출발점이고, 우리가 진정으로 살아 있는 우리 안의 깊은 곳으로 돌아가는 첫걸음이기 때문이다. 데이비드 워거너David Wagoner는 '길을 잃은 Lost'이라는 멋진 시에서 이렇게 읊는다.

가만히 멈추어 서라.
그대 앞의 나무, 그대 뒤의 수풀은 길을 잃지 않는다.
그대가 어디에 있든, 그곳의 이름은 '여기'이니,
그대는 그것을 낯선 이방인처럼 대해야 하고
그것을 알기 위해서는 또 그것에게 알려지기 위해서는
허락을 얻어야 한다.

숲은 숨을 쉰다. 들어보라. 그것이 대답하기를,
그대를 둘러싼 이 장소를 내가 만들었다.
그대는 떠났다가도 '여기'라고 말하며 돌아와도 된다.
큰 까마귀에게 두 나무는 똑같지 않고
굴뚝새에게 두 가지는 똑같지 않다.
나무와 수풀이 하는 일이 그대에게 영향을 미칠 수 없다면
그대는 정말로 길을 잃은 것이다.
가만히 멈추어 서라.
숲은 그대가 어디 있는지 알고 있다.
숲이 그대를 찾게 하라.[30•]

영성여정은 모두 고향을 향한 여정 또는 참된 자기를 향한 여정이다. 이것은 위대한 종교들의 공통 주제다. 제1장에서 언급했던 연설에서 성 교황 요한 바오로 2세가 다음과 같이 말했던 것처럼 말이다. "우리는 모두 한 형제자매이며 지상의 순례자로서 걷는 길은 서로 다르더라도 모두 같은 고향으로 가고 있다는 것을 깨닫도록 돕습니다."[31•]

루카복음(15장 11-32절)의 잃어버린 탕자 이야기는 예수가 가르친 비유 중 가장 사랑받는다. 탕자인 아들이 집에 돌아올 때 자비로운 아버지가 두 팔 벌려 환대하는 모습 때문에, 대개는 용서와 관련된 것으로 해석된다. 그러나 탕자 이야기는 더 큰 의미를 내포한다. 이 비유는 지금 여기에 있는 고향으로 돌아가는 것에 대한 이야기다. 내가 그렇게 이해할 수 있었던 것은 동서양 관상가들이 쓴 글을 읽고 나서다. 비유에서 잃어버린 아들인 탕자는 고향에서 멀리 떨어져 있다. 그러던 중 자신이

고통과 불행에 빠져 있음을 자각한다. 참된 자기로부터 소외감을 느껴 본 사람은 누구나 그 느낌을 알 것이다. 이것이 유대-그리스도교 전통에서 '죄'라는 용어가 의미하는 것이다. 그것은 최악의 비참함이다. 왜냐하면 자기 마음으로부터 버림받는 소외감을 느끼기 때문이다. 트라피스트수도회의 토머스 머튼은 말했다. "죄는 [본래의] 자기가 되는 것을 거부하는 것이다. 하느님의 신비에 감추어진 자기가 지닌 …… 영성적 실재를 부정하는 것이다."[32•] 탕자 이야기의 전환점은 누구도 굶주린 탕자에게 음식을 주지 않는 시점이다. "그제야 제정신이 든 그는 이렇게 말하였다. …… 일어나 아버지께 가서 이렇게 말씀 드려야지. …… 그리하여 그는 일어나 아버지에게로 갔다. 그가 아직도 멀리 떨어져 있을 때에 아버지가 그를 보고 가엾은 마음이 들었다. 그리고 달려가 아들의 목을 껴안고 입을 맞추었다."(루카복음 15장 17-20절)

이 비유에서 아버지는 하느님을 상징한다. 하느님은 모든 존재의 근거이고 단 하나뿐인 고향이다. 하느님으로부터 떨어져 있는 것은 참된 자기에게서 떨어져 있는 것과 같다. 그가 지금 이 순간의 충만함에서 떨어져 있기 때문이다. 그리스도인은 하느님으로부터 무조건적 사랑을 받는 자이기에, 고향인 하느님으로부터 멀리 떨어져 있으면 비참하다. 따라서 그리스도인은 참된 자기에게 돌아가는 여정을 시작할 때 비참함을 극복할 수 있다. 그리스도교는 니케아·콘스탄티노폴리스 신경 니케아와 콘스탄티노폴리스 공의회에서 공인된 그리스도인이 고백하는 신앙고백문. 불교의 삼귀의와 비슷함을 믿고 고백한다. 태이는 "한 분이신 하느님을 나는 믿나이다. 전능하신 아버지"라는 신경 구절을 잘 해석한다. 즉 이것은 신앙인이 "참된 자기 고향으로 돌아가려는 의지"를 표명하는 것이다.[33•] 비유 속에서 탕자는 바로 이것을 한다. 탕자는 기나긴 걷기명상을, 즉 영성여정을 시작한다. 그는 죄라는 소외로부터 벗어나 내면 깊숙한 곳에 있는 참된 자기인 고향으로 마음을 다해 한 걸음씩 나아간다. 비유에서 아버지의 포옹과 입맞춤은 기쁨과 평화를 상징한다. 지금 이 순간을 성심성의껏 살아가며, 다시 고향으로 돌아와서 참된 자기를 발견한 이를 위해 준비된 은총이다. 이것은 그리스도인뿐만 아니라 불교도에게도 진리다. 누구나 참된 자아인 고향을 갈망한다. 태이는 두 종교가 지닌 영성전통에 존경심을 표하며 요약한다.

> 그대가 그리스도인이라면 예수 그리스도를 고향으로 느낄 것이다. 예수를 그대의 고향으로 생각하는 것은 매우 편안하다. 그대가 불교도라면 붓다를 그대의 고향으로 생각하는 것이 합당하다. 그대의 고향은 지금 여기에서 성취된다. 그리스도가 그곳에 있다. 붓다가 그곳에 있다. 수행은 그들과 만나는 방법이고, 그대의 고향과 만나는 방법이다. 그리스도는 '살아 있는 그리스도'다. 그리스도인은 과거에 살았지만 더 이상 이곳에 존재하지 않는 그리스도를 믿는 것이 아니다. 그리스도는 언제나 지금 이 순간에 현존한다. 당신의 수행은 그를 만나는 방법이다. 그가 당신의 고향이다. 불교도라면 불교식으로 수행한다. 붓다를 만나는 수행법 중 하나로 붓다의 이름을 부르는 것이 있다. 자기 고향이 붓다임을 알기 때문이다. 살아 있는 그리스도 또는 살아 있는 붓다가 당신의 고향이다. [34•]

성 아우구스티누스St. Augustine, 354-430년는 『고백록Confessions』으로 유명하다. 그 책에는 그리스도교 영성역사에서 가장 아름다운 시로 평가되는 기도가 있다. 그는 고향인 하느님으로부터 멀리 떨어져 있었던 경험을 회고한다. 그리고 마지막 순간에 고향으로 돌아와서 맛본 형언할 수 없는 기쁨과 평화를 기도로 바친다.

> 늦게야 당신을 사랑했습니다. 이토록 오래되고 이토록 새로운 아름다움이시여, 늦게야 당신을 사랑했습니다. 또 보십시오. 당신께서는 안에 계셨고 저는 밖에 있었는데, 저는 거기서 당신을 찾고 있었고, 당신께서 만드신 아름다운 것들 속으로 제가 누추하게 쑤시고 들어갔습니다. 당신 안에 존재하지 않았더라면 아예 존재조차 하지 않았을 것들이 저를 당신께로부터 멀리 붙들어 놓고 있었습니다. 당신께서 저를 부르시고 소리 지르시고 제 어두운 귀를 뚫어놓으셨고, 당신께서 비추시고 밝히시어 제 맹목을 몰아내셨으며, 당신께서 향기를 풍기셨으므로 저는 숨을 깊이 들이키고서 당신이 그리워 숨 가쁘며, 맛보고 나니까 주리고 목이 마르며, 당신께서 저를 만져주시고 나니까 저는 당신의 평화가 그리워 불타올랐습니다.[35]

에크하르트도 아우구스티누스를 연상시키는 표현을 한다. 그는 하느님이 내재하는 현존, 즉 고향으로 돌아가는 관상여정에 대해 이렇게 말한다. "하느님은 나 자신보다 나에게 더 가까이 있다. 내 존재는 내 곁에 있는, 그리고 내게 현존하는 하느님에 의존한다. …… 하느님은 우리 곁에 있지만, 우리는 그로부터 멀리 있다. 하느님은 안에 있는데, 우리는 밖에 있다. 하느님은 [우리 안에 있는] 고향에 있는데, 우리는 타국 땅에서 헤맨다."[36]

태이는 '서로를 찾으며Looking for Each Other'라는 아름다운 시에서 비슷한 정서를 읊는다. 이 시구는 성 아우구스티누스 및 에크하르트의 글과 잘 어울린다.

세존世尊이시여,
저는 줄곧 당신을 찾았습니다.
제가 아직 아이였을 때부터
저는 처음 숨을 들이마시며
당신의 부르심을 들었습니다.
……
억겁의 생애 동안
저는 당신과 만나기를 갈망했습니다.
그러나 어디에서 당신을 볼 수 있는지 몰랐습니다.
하지만 저는 신비로운 방식으로
언제나 당신 현존을 느끼곤 했습니다.
……
거울에 비친 달을 보면서
저는 불현듯 저 자신을 보았습니다.
그리고 미소를 머금은 당신을 보았습니다.
세존이시여.[37]

하느님은

우리와 함께 있다

3

그리스도교는 고향인 하느님께 돌아가는 것을 목표로 한다. 동양에서는 이런 종교체험을 '깨달음'이라고 한다. '깨달은 자'를 뜻하는 '붓다Buddha'는 산스크리트어 동사 어근 '붓드budh'에서 유래한다. 태이는 불교도가 상대에게 경의를 표하는 이유가 여기에 있다고 말한다. "두 손을 연꽃 모양으로 합장하고 …… 그 사람 안에 있는 깨달음의 씨앗, 즉 불성Buddhahood을 받아들입니다."[38•] 온전히 깨어 있는 사람은 참된 고향에서 쉬며 생기 넘치게 산다.

온전히 깨어 있는 삶 또는 주의집중하는 삶은 예수의 가르침에 자주 등장하는 주제다. 그것이 다양하고 신비롭게 표현될 뿐이다. 이것이 매년 예수의 탄생을 기념하는 성탄절을 준비하는 대림시기성탄절을 준비하기 위한 4주간의 전례시기의 기본 정신이다. 대림시기의 독서와 전례는 마음을 다해 깨어 있는 삶을 촉구한다. 성탄절에 받게 될 은총을 향해 눈을 크게 부릅뜨는 것이다. 그런데 사실 그 은총은 성탄절에만이 아니라 매 순간 지금 여기에 이미 존재한다. 북반구의 대림시기는 추운 겨울이다. 예수의 탄생이 동지와 낮이 길어지기 시작하는 것과 관련되기 때문이다. 성탄절은 충만한 희망으로 주의를 집중하며 '우리 안에 있는 그리스도'가 오는 여명에 깨어 있을 것을 촉구하는 축제다. 헨리 데이비드 소로

Henry David Thoreau는 고전 『월든*Walden*』에서 아침이 밝아 오는 순간을 집중하여 바라보는 것을 묘사한다. "내가 깨어나면 아침이다. 내 안에 여명이 있다. …… 깨어 있는 것이 살아 있는 것이다. …… 우리는 여명에 대한 무한한 기대를 다시 일깨우는 법을 배워야 한다."[39•]

그리스도교의 성직자와 수도자 그리고 평신도 공동체는 새로운 아침 빛과 함께 깨어나는 이러한 기적에 대한 찬가를 아침마다 노래한다.

> 우리 하느님의 크신 자비로
> 높은 곳에서 별이 우리를 찾아오시어
> 어둠과 죽음의 그늘에 앉아 있는 이들을 비추시고
> 우리 발을 평화의 길로 이끌어 주실 것이다.
> (루카복음 1장 78-79절)

마음과 정신이 깨어 있기만 하면, 두 다리는 평화로 향하는 길을 안다. 태이는 '르네상스Renaissance'라는 시적인 산문에서 아침이 갖는 영성적 중요성을 강조한다.

> 오늘 아침에 맞이하는 새 날이 다른 어떤 날과 같지 않음을 안다. 오늘 아침은 유일무이하다. …… 삶을 순수하게 직면하면 매일 아침이 새로운 공간이고 새로운 시간이다. 태양은 다른 순간에 다른 지평을 비춘다. 충만한 의식은 백 개의 강 가운데 잠겨 있는 달과 같다. …… 아침은 문장들로 채울 수 있는 지면이 아니다. …… 아침은 교향곡이다. 왜냐하면 그것이 그곳에 있게 될지 없게

될지가 당신의 현존에 달려 있기 때문이다.[40]

마태오복음이 가르치는 종말론의 핵심은 '깨어 있음wakefulness'이다. 예수는 언제나 "깨어 있어라."라고 촉구한다. "그러니 깨어 있어라. 너희의 주인이 어느 날에 올지 너희가 모르기 때문이다. 이것을 명심하여라. 도둑이 밤 몇 시에 올지 집주인이 알면, 깨어 있으면서 도둑이 자기 집을 뚫고 들어오도록 내버려 두지 않을 것이다. 그러니 너희도 준비하고 있어라. 너희가 생각하지도 않은 때에 사람의 아들이 올 것이기 때문이다."(마태오 복음 24장 42-44절) 그런데 이것을 포함한 유사한 구절들은 지나치게 도덕적이고 편협하게 해석되곤 한다. 이것을 죄에서 자유롭지 못한 사람이나 특정 신조를 믿지 않는 사람은 누구나 파멸하게 된다는 경고로 해석하는 것이다. 마치 "너 조심해! 그렇지 않으면!"이라고 위협하는 것 같다. 이 가르침을 지옥 불을 연상시키는 방식으로 해석하는 이들은 불행히도 가르침의 의도를 잘못 이해하거나, 예수의 메시지가 갖는 해방의 진리를 모른 척하는 것이다. 그들은 이 문구를 마음챙김 수행 또는 하느님의 놀라운 친밀감에 눈을 크게 뜨고 지금 여기에서 하느님의 현존에 온전하고 의식적으로 머물라는 권유로 받아들이지 않는다. 일부는 그렇게 하기보다는 타인의 마음에 공포감을 심기 위해 이 문구를 선택한다.

예수는 복음서에서 도덕적 가르침에 근거한 거룩한 삶을 촉구하기도 한다. 도덕적 삶을 가르치는 것도 예수 그리스도의 소명에서 중요한 부분이다. 하지만 예수가 가르친 것을 도덕적 가르침으로 한정시키는 것은 예수가 선포한 복음이 지닌 가치를 폄하하는 것이다. 예수가 "깨어 있어라."라고 촉구한 것은 미래 사건에 대한 경고가 아니다. 그러한 해석은 우리를 구원하기 위해 투신한 예수의 사랑과 지혜가 지닌 참된 가치를 무시하는 것이다. 그것은 각오가 되어 있지 않은 사람에게 유죄판결을 내리는 가혹한 판사의 고루한 재판정에 자기를 세우는 것과 같다.

매 순간 하느님을 만날 수 있도록 우리를 준비시켜 주는 것은 공포가 아니라 사랑과 기대에 찬 기쁨이다. 우리는 이 축복받은 만남을 염원한다. 이것은 예수가 약속한 것을 실현시키는 것이다. 시편 저자는 노래한다.

> 나 주님께 바라네.
> 내 영혼이 주님께 바라며
> 그분 말씀에 희망을 두네.
> ……
> 파수꾼들이 아침을 기다리기보다
> 내 영혼이 주님을 더 기다리네.
> 이스라엘아, 주님을 고대하여라,
> 주님께는 자애가 있고
> 풍요로운 구원이 있으니.
> (시편 130편 5-7절)

이런 만남이 먼 미래에만 있는 것이 아니다. 하느님은 바로 지금 여기에서 한결같은 사랑을 베푼다. 단지 은총을 향해 눈을 뜨고 살기만 하면 된다. 은총은 일상의 소소함 안에서 예상치 않은 방식으로 드러난다.

아기의 미소 짓는 얼굴과 동료의 포옹과 배우자의 입맞춤과 친구가 보낸 편지 등이 은총이다. 그것은 충만함과 기쁨이라는 선물을 들고 우리를 당혹하게 만들기 위해 느닷없이 들이닥친다. 그대는 준비되었는가? 그대는 깨어 있는가? 그대는 주시하고 있는가?

그리스도인은 하느님의 현존 안에 사는 것, 하느님의 견고한 사랑에서 안식을 얻는 것이야말로 인간의 마음이 참으로 갈구하는 바라고 믿는다. 그런 사랑을 느끼려면 깨어 있는 상태로 주의를 기울이면서 살아야 한다. 태이가 가르치는 마음챙김 수행이 바로 그것이다. 매 순간에 자신이 '이제와 항상 영원히' 하느님의 현존 안에 존재함을 자각하는 것이다. 이것은 우리가 이러한 현존을 항상 온전히 경험한다는 뜻은 아니다. 가끔 우리가 그 현존을 다른 때보다 더 깊이 느낄 수도 있다. 그러나 그것이 우리가 항상 이 거룩한 현존 안에 머물지 않는다는 뜻은 아니다. 영국의 바실 흄Basil Hume, OSB 추기경은 말했다. "최적의 순간에 하는 [기도는] 캄캄한 방에서 어떤 사람과 사랑을 나누는 것과 같다. 그대는 상대를 볼 수 없다. 그러나 그 사람이 그곳에 있는 것을 그대는 안다."[41•] 지금 이 순간에 가끔 하느님의 현존이 충만함을 자각하는 것만으로도 충분히 위로받을 수 있다. 성 아우구스티누스는 하느님을 향한 기도에서 이것을 아름답게 표현한다. "당신을 향해서 저희를 만들어 놓으셨으므로 당신 안에 쉬기까지는 저희 마음이 안달합니다."[42•] 깨어 있다는 것은 하느님의 현존 안에서 쉬는 것이다. 그리고 우리의 마음이 크나큰 기쁨과 함께 "나는 도착했다. 나는 드디어 고향에 있다."라고 외치는 환호를 듣는 것이다.

동양과 서양의 신비주의 체험을 나누는 데 큰 공헌을 한 토머스 머튼은 깨어 있으면서 주시하는 것이 영성생활에서 중요하다고 강조한다.

> 영성적으로 생기 넘치는 삶을 지속하기 위해서는 끊임없이 믿음을 새롭게 해야 한다. 자욱한 안개 속을 항해하는 항해사는 뱃전의 짙은 어둠을 뚫어지게 주시하는 동시에 다른 배의 경적 소리에도 귀 기울이며 항해한다. 그처럼 경계를 늦추지 않고 항해를 해야만 무사히 항구에 도착할 수 있다. 영성생활에서 깨어 있음은 무엇보다 중요하다. …… 영성적으로 살아 있는 영혼은 내면 깊숙한 곳에서 마치 숨겨진 본능에 의한 것처럼 미약한 경고음을 보낸다. 그 미약한 소리에도 언제나 응답할 수 있도록 깨어 있어야만 한다.[43]

'축복받은 만남'에 깨어 있음은 구약성서의 탈출기에서 전해지는 기초적 이야기에서 극적으로 묘사된다. 그것은 예언자 모세가 광야에서 불타는 떨기나무 사이에서 하느님을 만나는 장면이다(탈출기 3장 1-15절). 모세가 "네가 서 있는 곳은 거룩한 땅이니"(탈출기 3장 5절) 신발을 벗으라는 말을 들을 정도로 그 만남은 거룩하다. '고향으로 돌아가는 것'은 모세처럼 거룩한 땅을 디디고 서는 것이다. 즉 이 순간과 이 장소에 있는 이 땅을 디디고 서는 것이다. 그리고 자신이 궁극적 실재의 현존 안에 있음을 자각하는 것이다. 태이는 걷기 명상수행을 가르치면서, 한 걸음 한 걸음을 내딛는 순간이 우주에서 가장 중요한 순간이라고 강조한다. 마음챙김 수행을 하며 걸으면 한 걸음 한 걸음이 거룩한 땅을 디디는 것이다. 매 발걸음을 하느님의 현존 속에서 내딛는 것이기 때문이다.

모세는 발에서 신발을 벗고 그의 진정한 자아라는 거룩한 땅에 선다. 신을 벗는 것은 하느님에 대한 그의 기존 생각과 개념을 파기하는 것이다. 그는 타오르지만 소진되지는 않는 이 위대한 신비 앞에서 말하자면 벌거벗게 된다. 이것이 토머스 필립이 앞에서 말한 '지금 이 순간의 헐벗음과 가난'이다. 모세는 하느님이 하늘 저편 어딘가에 있다는 이분법적 관념에서 해방되어, 하느님의 현존 안에 자기가 서 있다는 사실을 깨닫는다. 하느님의 말씀이 들리자, 모세는 자신이 고향에 도착했고 하느님의 목소리를 깊이 들을 수 있다는 것을 깨닫는다. 하느님의 말씀을 성심성의껏 듣고, 그는 이집트에서 종살이로 고통받는 민족을 해방시킬 지도자가 되라는 부르심을 받아들인다. 모세는 견고한 대지, 거룩한 땅에 굳건히 서서 두려움을 떨쳐 버리고 임무를 받아들인다. 말을 더듬는 부끄러운 약점을 지닌 모세는 하찮은 목동에 지나지 않았다. 그에게 민족의 지도자가 되라는 임무는 결코 가벼운 것이 아니었다.

하느님의 목소리를 들으면서 그곳에 서 있을 때, 모세는 이스라엘 백성들이 그에게 아무런 관심도 주지 않을 것이라며 걱정한다. 모세는 이미 과거에 그들의 돌같이 굳은 마음을 경험했다. 그래서 모세는 하느님에게 그분이 자기를 파견했다는 명확한 징표를 달라고 청한다. "제가 이스라엘 자손들에게 가서, '너희 조상들의 하느님께서 나를 너희에게 보내셨다.' 하고 말하면, 그들이 저에게 '그분 이름이 무엇이오?' 하고 물을 터인데, 제가 그들에게 무엇이라고 대답해야 하겠습니까?"(탈출기 3장 13절) 모세가 걱정하는 "그분 이름이 무엇이오?"라는 질문은 너무나도 중요한 것이다. 그런데 하느님은 그것을 한 단어로 답한다. 그리고 이 한 단어로 공표된 하느님의 이름은 이스라엘 백성들에게 그들이 공유하는 거룩한 역사에서 근본적인 신비체험이 된다. 하느님은 "야훼 YHWH"라고 대답하는데, 이 신성한 히브리어 단어는 "나는 있는 나다! AM WHO I AM"(탈출기 3장 14절)라는 뜻이다. 즉 지금 여기에 너와 함께 "내가 있다! AM"는 것이다. 하느님의 이름은 지금 여기에서의 현존을 의미하는 이름이다. 따라서 하느님을 향해 깨어 있는 것은 여기에 있다는 것이고, 우리가 그 "안에서 살고 움직이며 존재"(사도행전 17장 28절)하는 바로 그 하느님 안으로 침잠하는 것이다.

모세와 이스라엘 백성에게 주어진 계시는 하느님과 인간 사이의 매우 친밀하면서도 상징적인 관계를 시작하는 것이다. 마치 하느님이 이렇게 말하는 것 같다. "모세, 날 따라 해라. '있는 나다! I am'" 모세는 거룩한 이름을 복창한다. "있는 나다! I am" 그것이 전부다. 모세는 그 하나이고 유일한 단어에서 하느님의 이름과 그 자신의 가장 진실한 이름을 듣는다. 하느님이 "너희는 멈추고 내가 하느님임을 알아라."(시편 46장 10절)라고 명령한다. 지금 이 순간의 정적과 적나라한 단순성을 통해 "있는 나다."라는 성스러운 단어는 모세의 마음 깊숙한 곳에서 만트라가 된다. 그것이 모세 안에서 점점 광대하고 넓은 공간을 만든다. 마치 이렇게 말하는 것과 같다. "더 이상 내가 [사는 것이] 아니라, 거룩한 '있는 나', 즉 하느님이 내 안에 반향을 일으키며 [사는 것]이다."(갈라티아서 2장 20절 참조)

하느님의 말씀에 따라서 모세는 이스라엘 백성에게 갔다. 그들이 누가 그를 파견했는지 물었을 때, 그는 "있는 나"라고 대답한다. 그들 모두는 모세의 얼굴을 보면서 '있는 나'라고 불리는 하느님을 본다. 그들은 모세의 너른 마음 안에서부터 발산되는 하느님의 눈부신 영광을 본 것이다. 성서는 모세의 얼굴 전체가 타오르는 불처럼 빛났다(탈출기 34장 29절)고 전한다. 변모된 모세의 전 존재가 '있는 나'의 메아리가 된다. 하느님과 모세의 거리는 영원한 시작점부터 조금씩 좁혀져 왔다. 이제 남은 것은 '있는 나'뿐이다. 이후 모든 유대-그리스도교의 신비적 통찰은 이 원체험原體驗. 신앙적 바탕이 되는 체험에 근거한다. 우리가 하느님과, 그리고 서로와 분리된 것처럼 보이게 만드는 베일이 마침내 얼굴에서 떨어지게 되면, 남는 것은 오직 위대한 '있는 나'다.

하느님은 거룩한 현존이다. 하느님은 우리 안에 또는 전 우주 안에 현존한다. 가장 깊이 있고 가장 참된 자신이라는 고향으로 돌아갈 때, 우리는 숨을 쉴 때마다 '있는 나'라고 속삭이는 그분이라는 고향으로 돌아간다. 모세보다 몇 세기 후에 나타난 예언자 이사야는 하느님의 도유塗油를 받은 메시아가 올 것이라는 예언을 했다. 예언에 따르면 그 메시아는 "하느님이 우리와 함께 계시다."는 뜻의 임마누엘Immanuel(이사야서 7장 14절)이다. 나자렛 예수가 바로 그 임마누엘이다. 그는 인간의 모습으로 제자들을 모으고 "하느님이 우리와 함께 계시다."(마태오복음 1장 23절)는 것을 직접 보여주었다.

따라서 하느님의 이름 그 자체가 거룩한 현존이라는 고향에 있음을 의미한다. 또한 그것은 하느님이라고 불리는 위대한 신비와의 친밀하고도 불가분한 친교 안에 있음을 의미한다. 우리가 고향에 돌아와 있는 것은 거룩한 땅에 서 있는 것이다. 죽음 직전에 예수는 제자들을 안심시키기 위해 그들이 언제든 하느님이라는 고향으로 돌아갈 수 있다고 이야기한다. 그러한 귀향은 그의 말을 기억하는 것, 즉 그의 말에 마음챙김을 실천하면 실현된다. "누구든지 나를 사랑하면 내 말을 지킬 것이다. 그러면 내 아버지께서 그를 사랑하시고, 우리가 그에게 가서 그와 함께 살 것이다."(요한복음 14장 23절) 고향은 우리 마음속 가장 깊은 곳에 자리한다. 그곳은 하느님이 영원한 지금에 우리와 함께 머무는 곳이다.

대부분의 종교는 하느님, 알라, 붓다, 예수, 신, 아바타라化身[44] 등 자기가 믿는 신의 이름을 부르며 기도한다. 종교들이 신의 이름을 부르는 신앙행위를 발전시켜 온 것은 특이한 일이 아니다. 힌두교에는 신의 이름을 부르는 '나마자파nāmajapa. 신의 이름을 반복해서 부르는 수행'라는 수행법이 있다. 러시아 정교회에는 "주 예수 그리스도 하느님의 아들, 자비를 베푸소서."를 반복하는 '예수기도'라는 수행법이 있다. 태이는 이 수행에 대해 해설한다. "예수의 이름은 하느님의 힘인 성령을 그대의 존재 안으로 가져다 준다. …… 정토교 불교 신자도 비슷한 수행을 한다. 그들은 붓다의 이름을 부르는 동안 바른 집중을 유지하기 위해 무엇이 가장 중요한지 알고 있다."[45] 회교도는 가톨릭교회의 묵주와 비슷한 구슬로 엮은 기도 도구를 이용하며 알라의 아흔아홉 가지 이름을 부른다. 각 수행법에 사용된 언어와 형식은 다르지만, 거룩한 이름을 부르는 만트라식 수행은 비슷하다. 이것은 세계의 모든 영성전통에서 비슷한 목적으로 사용하는 수행법이다. 이러한 각각의 수행에서 거룩한 이름을 명상에 잠긴 채 반복하는 것은 수행자로 하여금 영성여정에 눈뜨게 한다. 그 영성여정은 내재하는 하느님의 현존이라는 고향으로 돌아가는 것이고, 모든 것 너머에 있으면서 또한 모든 것을 아우르는 궁극적 차원인 위대한 신비라는 고향으로 돌아가는 것이다.

봄으로서의
깨어 있음

4

인도 가톨릭교회의 안소니 드멜로Anthony DeMello신부는 인도문화에서 풍요로운 지혜를 인용하면서 가르쳤다. 그중 스승과 제자가 나누는 유쾌한 담화는 정신적으로 깨어 있음의 가치를 잘 보여 준다.

〔제자〕 제가 깨달음을 얻기 위해 스스로 무엇을 해야 합니까?
〔스승〕 아침에 태양이 떠오를 때 그대가 어떤 역할을 하는가?
〔제자〕 일출에 제가 무슨 역할을 할 수 있겠습니까?
〔스승〕 깨달음도 그렇다. 그러니 최소한의 것만을 행하라.
〔제자〕 스승님은 그렇다면 영성수련을 왜 가르쳐 주신 겁니까?
〔스승〕 그것은 태양이 떠오를 때, 그대가 잠들지 않게 하려는 것이다.[46•]

하느님의 빛을 보는 것과 깨어 있음이라는 주제는 밀접하게 관련된다. 에크하르트는 "신이 비추는 빛이 영혼에 떠올라 아침을 밝힌다."라고 설교한다.[47•] 영성여정을 하는 날이 경과할수록 우리는 외부로부터 비추는 빛을 점점 덜 필요로 한다. 그리고 마침내 저녁 잔치에서 "영혼의 불꽃은 신이 비추는 빛을 머금는다. …… 그리고 온전히 [그것을]

유지한다."[48] 언제나 현존하는 하느님이 비추는 빛을 보기 위해 눈을 부릅뜨는 것이 마음챙김mindfulness 또는 깨어 있음wakefulness 수행이다. 하지만 영성적 무지로 인해 우리는 불행하게도 그것을 항상 인식하지는 못한다. 에크하르트는 이 주제를 수련자에게 가르쳤다.

> 〔사람은〕 모든 행위와 모든 상황에서 자기 이성을 의식적으로 사용해야 한다. 그것은 모든 일에서 자기 자신과 자기 내적 존재에 대한 민첩한 인식perceptive awareness을 갖는 것이다. 그리고 모든 상황에서 하느님을 붙잡아야 한다. …… 그렇게 기다리는 사람들은 경계를 늦추지 않기 때문에, 그들이 기다리는 사람이 어디에서 오는지 보기 위해 쉼 없이 주위를 둘러본다. …… 이것은 상당한 근면함이 필요한데, 이 근면함은 모든 감각과 정신력을 다 쏟아붓는 노력을 요구한다.[49]

에크하르트는 마음챙김을 '민첩한 인식'이라고 정의한다. 민첩한 인식을 갖고 수행하면 모든 것 안에서 하느님을 인지한다. 다른 전통의 스승들처럼, 에크하르트는 눈을 크게 뜨고 정신을 집중한 채로 살아가는 것, 즉 현재의 순간에 숨겨진 경이로움을 보기 위해 방심하지 않고 주위를 둘러보는 것이 필요하다고 강조한다. 태이도 비슷하게 말한다. 그는 각각의 그리고 모든 순간에 깊이 들여다보기를 수행해야 한다는 것을 자신의 제자들에게 상기시킨다.[50] 태이는 이것이 이해로 이어진다고 말한다. "이해는 깊이 들여다보는 과정이다. 명상은 어떤 것을 깊이 들여다보는 것이고 어떤 것을 깊이 만나는 것이다."[51] 태이가 단순히 '보는 것'이라고 하지 않고 '깊이 들여다보는 것'이라고 한 것에 주목하자. 태이는 천천히 산책하다가 갑자기 멈추어 서서 허리를 굽히고 조심스럽게 꽃잎을 만지거나 꽃을 사랑스럽게 찬찬히 들여다본다. 그 모습을 보면 큰 감동을 받곤 한다. 구경꾼은 '깊이 들여다보기'가 의미하는 것을 한 번에 이해하지 않고는 배기지 못한다. 에크하르트가 언급했던 것처럼, 이런 종류의 바라봄은 우리의 모든 감각과 정신력을 집중하여 노력할 것을 요구한다. 비슷한 맥락에서 리처드 우즈는 관조contemplation를 '신으로서의 실재를 단호하지만 애정을 지닌 눈으로 들여다보는 것'이라고 정의한다. 에크하르트는 이것을 "모든 것 안에서 하느님을 보고 하느님 안에서 모든 것을 보는 것"[52]이라고 말한다.

그리스도교 복음은 지금 여기에 하느님이 오는 것을 놓치지 않기 위해 눈을 크게 뜨고 살아간다는 주제를 다룬다. 잠들면 하느님을 만나는 중요한 순간을 놓친다. 잠든 사람들은 하느님을 만날 수 없다. 전통적인 그리스도교 신학은 하느님 나라를 어떤 장소가 아니라 지복직관至福直觀, 즉 얼굴을 맞대고 하느님을 보는 것이라고 정의한다. 그렇기에 잠들면 하느님을 볼 수 없고, 하느님을 볼 수 없으면 하느님 나라에 들어갈 수 없다. 플레미시 신비가들 중 한 사람인 얀 반 뤼스브룩Jan van Ruusbroec은 에크하르트보다 30여 년 늦게 태어났다. 에크하르트와 당시 라인란트 신비가들을 연상시키는 뤼스브룩은 영성적으로 보는 것을 매우 강조한다. 그는 이것을 하느님의 '한 마디one word'라고 불렀다. 이것은 우리 바깥에서 하느님이 우리에게 하는 말이 아니라 우리 존재의 깊은 곳에서부터 발화되는 말이다.

하늘에 계신 아버지는 우리가 보기를 바란다. 당신이 "빛의 아버지"(야고보 1장 17절)이기 때문이다. 따라서 우리의 영혼 깊은 곳에서 그는 영원히, 끊임없이, 거치는 것 없이 깊이를 알 수 없는 한 마디만을 말한다. 그는 그 자신과 모든 것들을 이 한 마디를 통해 표현한다. 그것은 다름 아닌 "보다"라는 한 마디다. 이 한 마디는 모든 축복이 그 안에서 보이고 알려지는 영원한 빛으로서의 그 '아들'의 출산과 탄생이다.**53•**

뤼스브룩은 아버지가 아들에게 쏟아붓는 하느님의 생명 전체를 '보다'라는 한 단어로 요약한다. 보지 않는 삶은 어둠 속에서 사는 것이고 끝없는 고통으로 점철된 삶이다. 이것이 붓다가 모든 고통의 근원을 무명無明이라고 불렀던 이유다. 자신 안에 머무는 하느님의 빛에 무지한 것은 어둠 속에 잠들어 있는 것이다. 이것은 하느님과의 내적인 합일을 의식적으로 인식하지 못하는 상태로 살아가는 것이다. 우리가 고통을 겪는 것은 우리 자신이 하느님의 애정 가득한 품 안에 있음에도 불구하고 그것을 알지 못하기 때문이다. 일본 선방에서 부르는 찬가가 있다. 하쿠인 에카쿠白隱慧鶴, 1685년-1768년 선사가 지은 좌선화찬座禅和讃 또는 좌선찬가다. 이것은 찬가이면서, 동시에 깨어서 참된 진리를 볼 것을 촉구한다. 참된 진리는 우리를 똑바로 바라보고 있지만, 눈먼 우리에게는 숨겨진 것이다. 하쿠인은 노래한다.

진리가 그토록 가까이 있음에도 깨닫지 못하니,
중생이 그것을 멀리서 찾네. 아아 슬프도다.

그것은 이런 사람에 비길 수 있으니,
그는 물속에 있으면서 목마르다고 울부짖네.
그것은 부잣집 아들과 같으니,
그는 가난한 마을에서 길을 헤매네.
우리는 끊임없이 육도윤회를 하고 있으니,
우리 슬픔의 원인은 자아에 대한 망상이네.[54•]

불교와 그리스도교 신비주의자들은 영성적 슬픔과 무지로부터의 치유법을 가르친다. 뤼스브룩은 "하늘에 계신 아버지는 우리가 보기를 바란다."라고 말한다. 왜냐하면 하느님이 누리는 최고의 기쁨은 우리가 신의 본성과 결합되어 있음을 우리가 깨닫는 것이기 때문이다. 기원후 2세기에 활동한 성 이레네우스St. Irenaeus도 말한다. "빛을 보는 자는 자신의 광채를 공유해 주는 빛 안에 있다. 그처럼 하느님을 보는 자는 자신의 영광을 공유해 주는 하느님 안에 있다. 영광은 그들에게 생명을 준다. 하느님을 보는 것은 생명을 공유하는 것이다."[55•]

태이는 지금 이 순간이 참된 고향이라고 강조한다. 고향에서 사는 것을 방해하는 것은 영혼의 졸음과 태만이다. 그것은 우리 자신이 마음챙김의 반대인 산만과 태만에 의해 정복되도록 내버려 둔 결과다. 이렇게 되면 여래如來, 즉 '그렇게 간 자'[56•]의 집에서 더 이상 살 수 없다. 계속해서 태이는 습관적으로 정신이 산만한 사람에 대해 비판적이었던 13세기의 베트남 왕 쩐 태 통Tran Thai Tong의 말을 인용한다. "그대는 여래의 집에 머물도록 초대받았지만, 습관의 힘이 그대를 갈대숲에서 잠들게 만든다."[57•]

우리 모두는 산만, 태만과 같은 습관의 힘과 싸우는 것이 어떤 것인지를 알고 있다. 그리고 우리는 영성적 깨어 있음이 요구되는 바로 그 순간에 우리가 그러한 습관의 힘 때문에 잠들어 버리는 것을 걱정한다. 이런 연약함은 인간 모두에게 공통적이다. 따라서 대부분의 영성전통은 이것을 경고한다. 예수는 제자들에게 필요 없는 걱정을 하지 말라고 훈계한다. 근심걱정은 에너지를 흩어 버리고 기본적 신뢰를 잃게 한다. 예수는 자기 위치에서 눈을 크게 부릅뜨고 "첫째로 하느님 나라를 찾으라."라고 가르친다.

> 그러므로 내가 너희에게 말한다. 목숨을 부지하려고 무엇을 먹을까, 무엇을 마실까, 또 몸을 보호하려고 무엇을 입을까 걱정하지 마라. 목숨이 음식보다 소중하고 몸이 옷보다 소중하지 않으냐? 하늘의 새들을 눈여겨보아라. 그것들은 씨를 뿌리지도 않고 거두지도 않을 뿐만 아니라 곳간에 모아들이지도 않는다. 그러나 하늘의 너희 아버지께서는 그것들을 먹여 주신다. 너희는 그것들보다 더 귀하지 않으냐? …… 너희는 먼저 하느님의 나라와 그분의 의로움을 찾아라. 그러면 이 모든 것도 곁들여 받게 될 것이다. 그러므로 내일을 걱정하지 마라. 내일 걱정은 내일이 할 것이다. 그날 고생은 그날로 충분하다.(마태오복음 6장 25-26 : 33-34절)

"내일을 걱정하지 마라." 이것은 지금 이 순간에 자유를 만끽하며 사는 것이다. 즉 지금 여기에서 눈을 부릅뜨고 하느님의 현존과 섭리를 바라보는 것이다. 그리고 마음을 다해 살아가는 것이다. 태이는 마음의 산란함과 태만이 마음챙김 수행을 방해하는 적이라고 규정한다. 에크하르트는 집착이 지금 여기에서 하나님을 기다리는 자유를 앗아간다고 경고한다. 지금 여기에 깨어 있으면서 눈을 부릅뜨고 사는 것이 영성적 자유의 문을 여는 열쇠다.

예수는 마태오복음에서 세심한 주의집중을 강조했다. 그것을 밤늦게 오는 신랑을 기다리며 깨어 있는 열 명의 신부들에 비유했다. 그들 중 기름을 충분히 준비한 다섯 신부는 집에 계속 머물면서 신랑을 기다릴 수 있었다. 그러나 기름을 준비하지 못한 나머지 다섯 신부는 램프의 기름이 떨어질 것을 걱정해서, 기름을 사기 위해 집에서 멀리 떨어진 곳을 방황했다. 그 결과 그들은 신랑이 집에 도착했을 때 그를 맞이할 수 없었다. 비유는 이런 경고로 끝맺는다. "그러니 깨어 있어라. 너희가 그 날과 그 시간을 모르기 때문이다."(마태오복음 25장 13절) 눈을 감고 있으면 어둠이 덮여 태양이 떠오름을 볼 수 없다. 고향을 떠나는 것은 지금 이 순간을 떠나 방랑하는 것이다. 그리고 필요 없는 걱정을 함으로써 자기를 잃게 만든다. 그래서 자기 눈앞에 놓인 놀라운 은총의 선물과 소중한 존재와 만날 기회도 놓친다. 태이는 2004년 동안거에서 다니엘이란 사람의 이야기를 했다. 그는 사랑하는 안젤리나가 건넨 아름다운 선물을 보지 못했다. 그녀가 바로 앞에 있었음에도 말이다. 집착과 분노에 눈이 먼 나머지 현재 순간의 선물을 무시해 버렸던 것이다.

복음서는 계속해서 그리스도의 빛 안에 깨어 있으라고 강조한다. "그분 안에 생명이 있었으니 그 생명은 사람들의 빛이었다. 그 빛이 어둠 속에서 비치고 있지만 어둠은 그를 깨닫지 못하였다."(요한복음 1장 4-5절) '빛의 자녀'가 되는 것은 깨어서 하나님의 현존에 마음을 다해 집중하는 것이다. 엠마오 마을로 가는 두 제자 이야기도 같은 맥락이다. 엠마오로 가는 길에서 두 제자는 부활한 예수와 만났다(루카복음 24장 13-35절). 그러나 그때 두 제자는 '어둠' 안에 있었다. 그래서 길에서 만난 나그네가 예수라는 것을 알아보지 못했다. 예수의 죽음에 압도당한 결과로 그들은 어둠 속에 있고 슬픔 때문에 마음은 산란하고 눈은 멀었다. 죄가 그들을 눈멀게 한 것이 아니다. 마음챙김이 결여되어서 걱정과 슬픔에 압도된 것이다. 고통을 극복하지 못한 그들은 살아 있는 그리스도를 알아볼 수 없었다. 그러나 예수는 그들이 슬픔에 빠져 있도록 방치하지 않는다. 슬픔의 구렁텅이에서 그들을 끄집어내기 위해 예수는 함께 걷는다. 예수는 그저 그들과 함께 걷는다. 그들이 자기 자신 안에 존재하지 않을 때조차 예수는 그들 안에 현존한다. 예수와 함께한 걷기명상이 제자들이 지닌 마음챙김의 씨앗에 물을 주었다. 그리고 과거의 고통을 떨쳐 버리고 지금 이 순간에 있는 고향으로 돌아오라고 초대한다.

예수와 함께 걷는 동안 자기 마을에 도착한 그들은 나그네를 자기 집에 초대했다. 나그네를 초대하는 행위가 그들을 변모시킨다. 나그네를 환대하려는 마음과 행위가 산란함을 꿰뚫고 들어가 지금 이 순간에 있는 고향으로 돌아가게 만든 것이다. 그리고 차츰 상황이 좋아지면서 나그네에게 "우리와 함께 머무십시오."라고 구체적으로 청했다. 이 한 마디가 영원한 하느님의 현존을 기억하게 만든다. 하느님의 현존은 매순간 성령을 통해 이루어지는 것이다. 제자들이 거의 알아차리지 못한 사이에 변화가 시작된 것이다. 예수를 환대한 것을 통해 제자들은 마음챙김 수행을 시작한다. 그리고 그들은 자기들이 짊어진 고통이 갑자기 줄어드는 것을 체험한다. 그들은 슬픔과 태만으로부터 깨어났다. 태이는 이렇게 말한다. "마음을 다해 이해하고 사랑하면, 그때 고통을 덜게 된다."[58] 제자들은 나그네에게 함께 머물면서 같이 음식을 먹자고 초대했다. 그렇게 고향으로 돌아가는 내적 여정이 시작되었다. 사랑하는 벗이며 스승인 예수가 죽었다는 슬픔에 압도되어 멀었던 눈이 새로운 통찰의 길을 향해 밝아졌다.

제자들의 마음이 내적 고요와 평화를 찾기 시작하면서 그들의 눈도 열리기 시작한다. 태이는 말한다. "연민의 눈으로 보는 것을 연습하라. 그러면 그대의 고통이 줄어든다. …… '연민의 눈'은 보고 이해하는 눈을 의미한다."[59] 시에나의 성녀 가타리나는 말한다. "하느님이 베푸는 자애의 …… 심연을 보라. 보지 않고는 사랑할 수 없기 때문이다. 보면 볼수록 더 많이 사랑할 수 있다."[60] 루카복음도 같은 것을 가르친다. 식탁에서 예수가 빵을 떼어서 나누자, "그들의 눈이 열려 예수님을 알아보았다. 그러나 그분께서는 그들에게서 사라지셨다."(24장 30-31절) 두 제자는 분별없는 고통으로부터 마음을 다하는 연민으로 옮겨 간다. 눈멈과 고통이라는 어둠에 압도되었던 감정이 새롭게 보는 순간이다. 살아 있는 그리스도, 즉 부활한 예수의 현존을 성령 안에서 온전히 자각한다. 빵을 쪼개는 성찬례를 통해 명백해진 그리스도의 현존을 체험하는 것은 지금 이 순간에 새롭게 충만을 맛보게 한다.

제
3
장

성령의 숨결

-

우리는 성령의 숨이라는 고향으로,
현재 순간이라는 고향으로 돌아가면 된다.
그리고 사랑하는 마음이 우리를 고쳐
새롭게 만들도록 하면 된다.

숨쉬기를
다시 배우기

1

태이를 과소평가하는 것 같지만, 그는 평생 '다시 숨쉬기'를 가르쳐 왔다. 실제로 많은 이가 다시 숨쉬기를 배운 것에 깊은 감사를 표한다.

> 사미승으로서 처음 익힌 수행법은 숨쉬기였다. 즉 마음을 다해 매 호흡을 하는 것, 숨을 들이쉬고 내쉬는 것을 의식하는 것이었다. …… 지금 이 순간에 깊이 침잠하면 실재의 본질을 볼 수 있다. 그 통찰을 통해 고통과 번뇌에서 해방된다. 어느 정도의 평화는 이미 존재한다. 그것을 만나는 법을 알면 된다. 불교도에게 평화를 만나는 가장 기본적인 수행은 의식하며 숨쉬기다. [1•]

서구인이 호흡법을 다시 배울 때 동양의 수행법이 도움이 된다. 숨쉬기는 인간의 가장 기본적인 행위이고 현재 순간에만 할 수 있다. 어제 또는 내일 숨은 쉴 수 없고 지금 여기서만 숨쉬기가 가능하다. "인생살이로부터 또는 세상으로부터 상실감과 소외감과 낙오되었음을 느끼는 매 순간, 그리고 절망과 분노와 불안감에 당황하는 매 순간 고향으로 돌아가는 수행법을 익혀야 한다. 참된 고향으로 돌아가는 이동수단은 마음을 다한 숨쉬기다."[2•] 태이의 가르침은 단순하지만 생기가 넘친다. 일상의 분주함에 쫓기는 현대인은 하루에도 몇 번이고 숨을 가다듬는 수행을 반복해야 한다. 숨쉬기를 통해 참된 고향으로 돌아갈 수 있다. 현대인은 일중독에 빠져 노예처럼 바쁘게 살아간다. 마음을 다해 숨쉬기는 현대인이 노예 생활로부터 탈출하는 여정의 출발점이다.

도미니코수도회의 한 수사는 "오늘 해야 할 것"이라고 적힌 메모장을 자리에 놓아둔다. 이 메모장은 효율성을 높이거나 일중독을 촉발시키는 도구가 아니기 때문에 특별하다. 메모장의 "오늘 해야 할 것"에 이어지는 문장은 "숨을 들이쉬기. 숨을 내쉬기. 숨을 들이쉬기. 숨을 내쉬기. ……" 이렇다. 루벤 하비토 선사의 가르침과 비슷하다. "선禪의 영성은 호흡에 발맞추며 사는 것이다."[3•] 단순하지만 얼마나 유용한 수행법인가. 일상에서 좀 더 성심성의껏 살라는 초대다. 호흡에 따라 자연스럽게 살아가다 보면 전 우주의 숨을 따라 자연스럽게 살게 된다. 태이는 오랫동안 마음을 다해 숨쉬기라는 단순한 수행법을 가르쳤다.

> 숨을 들이쉬고 나는 몸을 고요히 한다.
> 숨을 내쉬고 나는 웃는다.
> 지금 이 순간을 살면서
> 나는 안다.
> 지금이 놀라운 순간임을.[4•]

호흡을 조절하며 기도하는 수행법은 영성생활의 상징과도 같다. 이것은 종교들을 깊이 연구하지 않아도 대개 쉽게 발견할 수 있는 수행법이다. 유대-그리스도교도 예외는 아니다. 단지 오랫동안 성장과 방치를 반복하면서 호흡수행법이라는 금광의 대부분이 덮여 버리는 불행을 겪고 있을 뿐이다. 정교회는 전통적 기도의 일환으로 성령의 숨에 더 주목해 왔다. 이것은 주로 '예수기도' 수행과 관련된다. 따라서 우리는 뒷마당을 파서 잃었던 보물을 찾기만 하면 된다. 태이와 동양의 영성 스승들이 그에 필요한 도구를 구할 수 있도록 도와준다. 근래 서양에서도 그리스도교 명상과 향심기도向心祈禱. "하느님을 만나려면 자기의 중심으로 들어가야 한다."는 토머스 머튼의 주장에 따라 인간 안에 현존하고 활동하는 하느님을 만나기 위해 자신의 내면, 즉 중심으로 들어가는 기도 모임을 통해 묻혀 있던 영성적 보물을 발굴하기 시작했다. 이것은 아주 희망찬 쇄신의 출발점이다. 존 메인, 토머스 키팅, 바실 페닝턴, 로렌스 프리맨과 같은 그리스도교 영성지도자들이 불꽃을 되살리기 위해 노력한 대표적인 인물들이다. 그들은 관상명상과 향심기도를 전파해 왔다.

유대-그리스도교 전통에서 영성수련으로서의 호흡이 갖는 중요성은 구약성서 창세기에 근거한다. 창세기에는 창조의 시작을 조명하는 두 가지 설화가 있다. 그중에서 하느님이 옹기장이처럼 손으로 진흙을 빚는 아름다운 이미지를 사용하는 둘째 설화는 인간의 창조를 이렇게 묘사한다. "주 하느님께서 흙의 먼지로 사람을 빚으시고, 그 코에 생명의 숨을 불어넣으시니, 사람이 생명체가 되었다."(창세기 2장 7절) 글자 그대로 흙에서 난 '아담adam'은 흙 혹은 땅을 의미하는 히브리어 명사 '아다마adamah'에서 파생된 것이다. 성서 저자는 하느님의 숨결이 생명을 부여하고 유지하며 지탱하고 향상시키는 것으로 묘사한다. 시편도 같은 것을 이야기한다. "주님의 말씀으로 하늘이, 그분의 입김으로 그 모든 군대가 만들어졌네."(시편 33편 6송) 욥도 하느님의 숨결에 대해 토로

했다. “하느님의 영이 저를 만드시고 전능하신 분의 입김이 제게 생명을 주셨답니다.”(욥기 33장 4절)

하느님뿐만 아니라 주변세계와도 관계를 갖게 하는 하느님의 숨결은 그리스도인 안에서 성령의 모습으로 지속적으로 현존한다. 베데 그리피스 신부는 말한다. “성령은 삼위일체하나의 실체, 즉 하느님 안에 성부와 성자와 성령이 세 위격으로서 존재함 하느님의 모성 원리다. 성령은 모든 피조물의 어머니다. 성령 안에 말씀의 씨앗이 심기고 성령은 그것을 양육하고 창조한다. 성령은 별과 원자 안에 있는 힘의 원천이며, 식물과 동물이 가진 생명의 원천이다. 그것이 우주 진화의 근원이다.”[5•] 태이는 그리스도교 신앙에서 성령의 역할에 깊은 감명을 받았다. 태이는 “성령을 만나면 개념이 아닌 살아 있는 실재로서의 하느님을 만나는 것이다.”[6•]라고 말한다. 숨결은 생명, 즉 인간과 모든 피조물에 현존하는 하느님의 실재를 상징한다.

요한복음은 부활한 예수가 제자들에게 강한 상징적 모습을 드러내는 이야기로 끝난다. 예수가 십자가 위에서 죽은 후 제자들은 두려움에 떨면서 문을 걸어 잠그고 숨어 있었다. 예수가 그들을 두려움에서 자유롭게 만들려고 그들 가운데 선다. “그런데 예수님께서 오시어 가운데에 서시며, ‘평화가 너희와 함께!’ 하고 그들에게 말씀하셨다. 이렇게 말씀하시고 나서 당신의 두 손과 옆구리를 그들에게 보여 주셨다. …… 예수님께서 다시 그들에게 이르셨다. ‘평화가 너희와 함께! 아버지께서 나를 보내신 것처럼 나도 너희를 보낸다.’ 이렇게 이르시고 나서 그들에게 숨을 불어넣으며 말씀하셨다. ‘성령을 받아라.’ 너희가 누구의 죄든지 용서해 주면 그가 용서를 받을 것이고, 그대로 두면 그대로 남아 있을 것이다."(요한복음 20장 19-23절) 요한복음은 예수가 성령의 숨결을 제자들에게 불어넣는 것으로 완성되는 예수의 죽음과 부활 사건을 창세기의 창조 설화와 대비시킨다. 그리고 요한복음 전체가 제자들에게 성령을 불어넣는 이 장면으로 완성된다. 창세기에서 하느님이 아담의 코에 숨을 불어넣듯이, 예수도 제자들에게 성령을 불어넣어 새 생명을 준다. 태이가 인정한 것처럼, 성령은 단순한 개념이 아니라 살아 있는 실재다.

히브리어는 영혼과 숨과 바람을 '루아ruah'라는 같은 단어로 표현한다. 이 단어는 "땅은 아직 꼴을 갖추지 못하고 비어 있었는데, 어둠이 심연을 덮고 하느님의 영이 그 물 위를 감돌고 있었다."(창세기 1장 2절)라고 전하는 창세기 시작 부분에서 사용된다. 예수를 따르던 제자들은 창세기의 시작 부분을 알고 있었다. 따라서 예수가 성령을 불어넣을 때, 그들은 하느님과 합일하는 것을 떠올렸다. 그것이 유대교 신앙과 아람어 예수와 제자들이 사용한 셈족 언어 문화적 배경에서 '한처음에' 있었던 창조와 직접 연계되는 개념이기 때문이다. 십자가에 못 박히고 죽었다가 다시 살아난 예수는 제자들과 함께하고 성령을 선물로서 불어넣는다. 그렇게 함으로써 예수는 '한처음에' 존재했던 하느님의 영이 지금 이 순간 재창조를 한다는 것을 떠올리게 한다. 즉 영원한 현재에 있는 거룩한 숨결이 지금 이 순간에 우리를 쇄신하고 재창조한다.

역경 속에서도 희망을 잃지 않고 기도에 집중한 제자 공동체는 성령을 충만하게 체험했다. 제자들은 스승이 살해당했다는 두려움에 압도되어 공포에 떨고 있었다. 그렇지만 제자 공동체는 흩어지지 않고 새롭게 시작될 희망을 갖고 계속 기도하며 기다렸다(사도행전 1장 12-15절). 그들은 존경하며 따랐던 스승의 가르침과 약속을 분명하게 기억하고 있었다. 그래서 제자들은 역경 속에서 서로를 의지하며 용기를 잃지 않았다. 그들은 스스로를 깊이 들여다보고, 성심성의껏 마음속에 살아 있는 그리스도를 발견하려고 노력했다.

예수가 제자들에게 성령의 숨을 불어넣는 순간 제자들의 내적 두려움은 사라졌다. 그리고 살아 있는 그리스도와 함께 떠나는 새로운 영성여정이 펼쳐졌다. 변함없는 하느님의 사랑이 현실에서 현존하고 있음을 알게 되었고, 다시 그 사랑을 느낄 수 있게 되었다. 오늘날 두려움을 떨쳐 버리는 법을 배우는 것이 얼마나 중요한가? 두려움은 모든 분노와 우울 그리고 폭력과 전쟁의 뿌리다. 마음을 다해 숨쉬기를 하면 이웃을 자기 안전을 위협하는 존재로 보지 않는다. 오히려 서로 하나라는 사실을 깨닫는다. 관상명상과 마음을 다해 숨쉬기를 하면 지금 이 순간에 있는 하느님의 현존에 굳건히 머물면서 두려움의 족쇄를 풀어 버릴 수 있다.

예수를 따르던 제자들은 이것을 경험했다. 예수가 믿음직하게 현존하는 은총 안에서 예수의 부활과 성령의 은총이 그들을 거듭나게 했다. 그리자 그들은 공포로 인한 마비에서 벗어났다. 태이는 말한다. "이웃에게 줄 수 있는 가장 귀중한 선물은 자기의 현존이다. 마음을 다해 사랑하는 이들을 품에 안을 때, 그들은 꽃처럼 활짝 피어날 것이다."[7•] 그리고 그들은 실제로 피어난다. 제자들은 스승 예수 그리스도의 부활사건을 명확하게 이해하고 새롭게 태어났다. 성령의 은총에 은신하면서 제자들은 철저한 자유를 체험하는 한 순간에 재창조된다. 그 한 순간은 매 순간이 하느님의 현존으로 가득 찬 것이다. 그들은 현재 순간에서 신뢰하는 법을 발견함으로써 두려움을 극복한다. 그들 가운데 희망이

재생한다. 하느님이 아담의 코에 불어넣었던 위대한 창조의 숨이 제자들에게 불어넣어진다. 그것은 자유와 새로운 삶을 창출하는 거룩한 숨결이다. 아담에게 불어넣은 숨결과 제자들에게 불어넣은 숨결은 하나이며 같은 하느님의 영, "생명의 증여자"다.[8]

예수는 하느님의 사랑과 성령을 통한 생명이 제자들에게 무상無償으로 주어지는 은총이라는 것을 강조한다. 모든 것이 은총이고 선물이라는 것은 창세기의 저자가 하느님이 아담의 코에 숨을 불어넣는 장면에서 전하려던 것이다. 이것이 유대-그리스도교에서 하느님의 영을 이해하는 중요한 개념이다. 성령은 언제나 창세기의 숨, 즉 무상으로 주는 첫 숨이라는 선물을 떠올리게 한다. 부활 이야기는 예수가 제자들에게 성령과 평화를 은총의 선물로 준다는 것을 드러낸다. 그렇게 모든 것은 무상으로 받은 은총의 선물이다. 따라서 자기가 생명의 원천으로서 우주를 움직이는 능력을 지녔다고 믿는 것은 우상숭배다. 모든 것이 무상으로 받은 은총의 선물이라는 것을 깨달으면 우상숭배에 빠지지 않는다.

사도 바오로는 코린토 교회 신자들에게 보낸 둘째 서간에서 '인간은 하느님의 숨결이라는 보물을 담은 질그릇'이라고 말한다(2코린토 4장 7절). 프랑스 출신 도미니코수도회 장-피에르 랭탕 신부는 숨을 쉴 때마다 무상으로 받는 생명을 강조한다. "흙으로 돌아갈 몸에 당신 숨 일부를 불어넣은 하느님께 나는 기도한다. 그리고 아주 적은 양이라도 매 순간 내 숨을 돌려주어야 한다. 그래야 나는 새로운 생명을 받는다."[9] 숨뿐만 아니라 성령도 매 순간 새롭게 받는 은총의 선물이다.

우리는 무상으로 성령을 받았기에 이웃에게 무상으로 주어야 한다. 예수는 제자들에게 성령을 불어넣기 직전에 말했다. "아버지께서 나를 보내신 것처럼 나도 너희를 보낸다."(요한복음 20장 21절) 그리고 숨을 불어넣고 나서 말했다. "성령을 받아라. 너희가 누구의 죄든지 용서해 주면 그가 용서를 받을 것이고, 그대로 두면 그대로 남아 있을 것이다."(요한복음 20장 22-23절) 예수가 성령의 숨을 불어넣은 것은 제자들이 자유와 화해를 누리고 이웃을 위한 치유의 여정을 떠나라는 초대였다. 이것은 매우 중요한 사실이다. 그래서 성령의 은사를 받은 제자들은 골방의 닫힌 문을 열고 밖으로 나가서 이웃을 치유하기 위해 사랑을 전파했다. 그 사랑은 부활한 그리스도가 두려움에 마비되고 의기소침하며 낙담했던 제자들에게 주었던 것이다.

제자들은 먼저 스스로 변모하고, 다음으로 이웃을 변모시키는 존재가 되었다. 이것이 영성적으로 생기 넘치는 모습이다. 자연스러운 생명력과 거룩함이 흐르는 성품을 지닌 멋진 사람을 만난 경험을 떠올려보자. 그들의 생명력과 거룩함은 자기도 모르게 이웃에게 전파된다. 이것이 우리가 일상에서 수행하는 마음을 다한 숨쉬기가 가져오는 결실이다. 무상으로 받은 은총의 선물인 하느님의 숨결을 이웃에게 전할 준비를 하는 숨쉬기다. 먼저 자기에게 주어진 은총의 선물인 생명을 주는 숨을 들이마시고, 다음으로 이웃을 위한 자애와 봉사를 내쉰다. 즉 먼저 은총을 들이마시고, 다음으로 자애와 봉사를 내쉰다.

1994년에 첫 위파사나vipaśyanā. 대상을 있는 그대로 관조하는 것명상 피정을 하던 때를 기억한다. 열흘 동안 거의 10시간씩 좌선명상을 했다. 좌선명상에 익숙하지 않은 나는 너무 고통스러웠다. 마지막 날은 기진맥진했고 그저 빨리 끝나기만을 바랐다. 그날도 걷기명상을 하는 30분의 휴식 시간이 있었고, 그 시간이 끝나면 명상센터로 돌아가 마지막 명상만

하면 피정가톨릭교회 신자가 일상생활에서 벗어나 고요한 곳에서 묵상과 기도를 하는 것. 불교의 안거와 비슷함이 끝나는 일정이었다. 마지막 일정은 '특별한 자애metta명상' 이었다. 일정표에서 '자애명상'이란 이름은 보았지만 사전지식은 전혀 없었다. 건물 밖으로 나와 걷기명상을 준비하며 다리를 풀고 있을 때, 나는 갑자기 경이로운 체험을 했다. 내 눈에서 눈물이 흐르며 세상의 고통받는 모든 사람에 대한 연민의 마음이 솟구쳤다. 내 마음이 사랑의 아픔으로 갈기갈기 찢기는 느낌이었다. 내가 고통 가득한 세계를 끌어안자 감정의 봇물이 터져 눈물을 멈출 수 없었다.

명상센터로 돌아온 나는 마음을 다잡고 좌선자세를 취했다. 명상 지도자는 자애명상을 인도하면서, 지난 10일 동안 침묵을 지키면서 키워온 연민을 품은 마음을 세상을 향해 내보내라고 했다. 그 말을 듣자, 내 눈에서 하염없이 눈물이 흘러나왔다. 그렇게 갑자기 눈물이 터져 나온 것은 내 몸과 내 마음이 이웃을 향해 사랑을 펼쳐야 할 때가 왔다는 것을 깨우쳤기 때문이다. 지금도 가끔 그때 경험을 돌이켜 보면 가슴이 벅차다. 첫 눈물이 터진 순간에는 자애명상에 대한 개념이 없었지만, 피정을 하는 동안 이미 서서히 자애를 품은 마음이 자라났던 것이다. 내가 인식하기도 전에 내 전 존재가 그것을 직관적으로 깨우친 것이다. 세상 고통에 제대로 마주하는 방법은 연민과 자애를 품은 마음을 갖는 것이다. 나는 자신도 모르게 열흘 동안 치유와 평화를 주는 은총을 들이마셨던 것이다. 그리고 눈물이 터진 순간 세상을 향해 그 은총의 선물을 내쉬었다.

"관상하라. 그리고 관상한 것을 이웃과 나누어라.Contemplari et contemplata aliis tradere" 이것이 내가 속한 도미니코수도회의 모토다. 관상은 이웃을 향한 자애의 형태로 흘러넘쳐야 참된 것이다. 우리가 우주에 널려 있는 영성적 힘을 모두 들이마시기만 하면 어떻게 되겠는가? 우리는 내적 붕괴 또는 영성적 자아도취에 빠질 것이다. 아시시의 성 프란치스코는 "주여, 저를 당신 평화의 도구로 써 주소서."라는 말로 '평화의 기도'를 시작한다. 성 프란치스코는 기도를 시작하면서 하느님과 신비적으로 일치하는 심오한 신앙체험을 청하지 않는다. 사방으로 퍼져 나가는 하느님의 평화와 사랑을 찬양하면서 자기를 그 도구로 써 달라고 기도할 뿐이다. 성령의 숨결 또는 마음을 다해 숨쉬기는 이웃에게 공짜로 주고 파종시키는 씨앗과 같다.[10•] 내가 '얼마나 많은 것을 들이마셨는가?'는 영성적 성숙의 평가기준이 될 수 없다. 중요한 것은 내가 '무엇을 내쉬었는가?'다. 예수는 말한다. "너희는 그들이 맺은 열매를 보고 그들을 알아볼 수 있다."(마태오복음 7장 16절) 태이도 마음챙김 수행을 평가하는 방법에 대해 유사하게 설명한다. "성령의 힘이 우리 안에 있을 때, 우리는 진정 살아 있게 된다. 그러면 우리는 타인의 고통을 이해하고 그 상황을 변화시키는 것을 돕고 싶은 열망에 자극받는다."[11•]

나는 부활한 예수가 제자들에게 성령의 숨결을 불어넣은 이야기(요한복음 20장)에서 간과해서는 안 될 마지막 세부 사항 하나를 덧붙이고자 한다. 즉 그것은 공동체적 맥락에서 발생했다. 예수는 한 개인의 소유물로서 성령의 은총을 남긴 것이 아니다. 대신 그는 불교에서 상가saṃgha. 4인 이상의 불교 승려들이 모여 수행하는 공동체. 승단(僧團)라고 부르는 제자 공동체에게 주었다. 성령강림 사건 직후, 예수는 육체적 차원에서 제자 공동체를 떠나 사라진다. 그리고는 궁극적 실재의 충만함으로, 하느님 마음으로 돌아간다. 그리스도인은 이것을 "승천"(루카복음 24장 50-51절)이라고 부른다. 예수는 육체적이고 역사적 차원에서 제자 공동체를 떠났지만, 부활한 그리스도의 현존 자체는 계속 유지된다. 하느님의 숨결인 성령을 통해 제자 공동체 안에서 그리스도는 살아 숨 쉰다. 제자 공동체가 그리스도의 신비적이며 영적인 몸이 되어 함께 숨을 쉰다. 사도 바오로가 남긴 서간들의 근본적 가르침은 "우리도 수가 많지만 그리스도 안에 한 몸을 이루면서 서로서로 지체가 됩니다."(로마 12장 5절)라는 것이다. 인간이 된 예수는 제자들과 함께 걷고 가르치며 병자를 치유하고 나병 환자와 죄인을 두 팔 벌려 품에 안았다. 그러나 육체를 지니고 제자들과 함께 살았던 예수는 더 이상 그곳에 없다. 하지만 그의 몸인 우리가 여전히 여기에 있다. 요한복음에서 예수가 "저는 더 이상 세상에 있지 않지만 이들은 세상에 있습니다."(요한복음 17장 11절)라고 말한 그대로다. 그렇게 살아 있는 그리스도는 제자 공동체에서 계속 숨을 쉬며 살아 있다.

흥미롭게도 태이는 붓다의 다시 오심을 비슷하게 묘사한다. "미래에 오실 붓다는 자비의 붓다인 마이트레야Maitreya, 彌勒. 미래에 출현하여 중생을 구제할 부처다. 수행의 목적은 붓다의 출현을 현실화 하는 것이다. 즉 자비의 붓다가 오기 위한 기반을 우리가 마련하는 것이다. 사실 자비의 붓다는 다름 아닌 승단이고 수행 공동체라 할 수 있다. 왜냐하면 자비는 공동체 차원에서 실천되기 때문이다."[12] 이것이 예수가 제자 공동체에 성령의 숨을 불어넣은 행위의 핵심적 의미다. 이제 공동체 차원에서 그리스도의 사랑을 실천하는 것은 우리의 몫이다. 우리가 성령을 구현해야 한다. 그리스도인들이 예수의 재림再臨. 부활하여 승천한 예수 그리스도가 최후 심판을 위해 다시 오는 것을 말할 때, 우리도 시야를 넓혀 예상치 못한 경이에 대해 열린 태도를 지녀야 한다. 예수의 재림은 우리 안에서 그리고 우리를 통해 이미 시작되었는지도 모른다. 결국 우리는 마음의 성전에 그리스도의 거룩한 숨을 보존한다. 지금 우리는 그의 몸이다. 살아 있는 그리스도는 그의 이름으로 모인 공동체, 상가saṃgha 안에 활기차게 살아 있다(마태오복음 18장 20절; 28장 20절을 볼 것).

하느님 마음에서 흘러넘치는 생명수

2

에크하르트는 성령에 대한 설교를 거의 하지 않는다. 하지만 그가 말한 것은 의미심장하고도 신선하다. 그는 성령을 성부와 성자를 묶어 주는 사랑의 힘이라고 정의한다. 성령은 모든 것을 하나로 묶어 준다. 에크하르트는 말한다. "한처음에 성부로부터 첫째 흘러넘침이 성자에게 흘러간다. 그리고 그것이 [예수] 탄생을 통해 완성된다. 둘째 흘러넘침은 결합을 통해 성령에게 흘러간다. 즉 성부와 성자의 사랑이 성령에게 흘러넘친다.[13•] 하느님으로부터 흘러넘치는 힘은 삼위일체를 내적으로 서로 묶어 줄 뿐만 아니라 하느님을 우주에, 영원한 것을 역사적인 것에, 물을 물결에 결합한다. 하느님의 영원한 존재와 성령의 활동 사이의 결합은 에크하르트의 설교 가운데 나오는 다른 비유에서 훨씬 더 명확하게 제시된다.

> 성부는 심장으로 상징된다. 그것은 하느님의 모든 행위의 원천이며 근원이다. 성자는 팔에 해당된다. 그것은 "그분께서는 당신 팔로 권능을 떨치시어"(루카복음 1장 51절)라고 성모의 노래예수 잉태 후 마리아가 사촌 엘리사벳을 방문했을 때 노래한 찬미가, 즉 마니피캇에 나오는 것처럼 말이다. 따라서 하느님의 힘은 몸과 팔로부터 성령을 상징하는 손으

로 나아간다.[14]

에크하르트는 성령을 하느님의 손에 비유한다. 그 손은 뻗어 나와서 우리의 삶과 호흡, 우리의 일과 놀이라는 평범함을 어루만진다. 달리 말해, 하느님은 성령의 결합시키는 힘을 통해 극적이고 특별한 방식이 아니라 일상의 평범한 것들로 우리를 어루만진다. 태이도 말한다. "성령은 하느님의 힘이다. …… 그렇기에 매일 마음을 다해 살아야 하며, 매 순간을 성심성의껏 살게 하는 성령과 함께해야 한다."[15] 태이는 임제臨濟 선사의 가르침을 인용하여 일상에서 실천하는 영성생활의 중요성을 강조한다. "해탈했다는 것 혹은 깨달았다는 것을 스스로 증명할 필요는 없다. 그저 일상에서 [그대로] 살면 된다. 그저 평범한 사람으로 살면 된다."[16] 성령은 하느님의 힘이다. 성령은 평범한 일상의 매 순간에 작용한다. 즉 우리가 숨을 쉴 때마다 작용한다. 따라서 의식적으로 하느님의 힘인 성령과 교류하며 마음을 다해 살아가는 법을 익혀야 한다. 그러면 매 순간이 하느님과 만나는 기회다. 어머니가 갓 태어난 아이의 볼을 쓰다듬듯 성령의 첫 손길은 부드럽다.

하느님의 힘이 일상을 어루만진다는 해석은 태이의 마음챙김 수행이 가르치는 바와 비슷하다. 그는 일상에서 성령과 함께하는 삶을 마음챙김 수행과 연결시킨다. "성령은 일종의 힘이다. 그것은 존재, 이해, 동의, 사랑, 치유 등을 가능케 하는 …… 마음챙김의 힘이다."[17] 태이는 성령과 마음챙김을 거의 같은 것으로 취급한다. 이것은 그리스도인에게 쉽게 받아들여질 수 없는 해석이다. 왜냐하면 그리스도인은 성령을 하느님으로부터 나와서 그리스도를 거쳐 무상으로 주어진 하느님 생명의 선물로 이해하고 믿기 때문이다. 그러나 하느님과 창조된 세계, 궁극적 실재 차원과 역사적 현상 차원의 접점이 되는 연결고리가 성령이라는 해석은 받아들일 수 있다. 이러한 하느님의 결합시키는 힘을 유념하며 사는 것은 지금 현재에 성심성의껏 살아가는 것이다. 그것이 하느님의 현존 안에서 충만히 사는 것이다.

에크하르트는 성령을 하느님이 손을 뻗어 우주를 어루만지는 모습으로 묘사한다. 이것은 영원한 현재에 계속되는 하느님의 창조행위에 그 초점이 있다. "하느님은 오늘 그리고 지금 이 순간 세계를 창조한다."[18•] 하느님이 '한처음에' 우주에 불어넣은 숨결이 성령의 창조적 힘을 통해 지금도 매 순간 흘러넘친다. 우리는 새로운 매 순간마다 하느님의 모상 하느님을 닮은 모습으로 인간을 창조하는 것. 하느님이 자신을 드러내는 수단으로 재창조된다(창세기 1장 27절). 예수는 제자들에게 성령을 불어넣음으로써 새로운 창조를 일으킨다. 그리스도교 성경은 이 주제를 묘사하는 장으로 끝맺는다.

> 나는 또 새 하늘과 새 땅을 보았습니다. …… 그때에 나는 어좌에서 울려오는 큰 목소리를 들었습니다. "보라, 이제 하느님의 거처는 사람들 가운데에 있다. 하느님께서 사람들과 함께 거처하시고 그들은 하느님의 백성이 될 것이다. 하느님 친히 그들의 하느님으로서 그들과 함께 계시고 그들의 눈에서 모든 눈물을 닦아 주실 것이다. 다시는 죽음이 없고 다시는 슬픔도 울부짖음도 괴로움도 없을 것이다. 이전 것들이 사라져 버렸기 때문이다." 그리고 어좌에 앉아 계신 분께서 말씀하셨습니다. "보라, 내가 모든 것을 새롭게 만든다."(요한묵시록 21장 1-5절)

요한묵시록이 사용하는 동사를 미래시제로 해석하려는 유혹에 빠져서는 안 된다. 사도 요한은 박해와 순교를 겪으면서 기가 꺾여 있던 신자들을 위해 이 글을 썼다. 즉 그는 박해와 순교로 아수라장이 되어버린 혼돈의 세계 한복판에서 새 하늘과 새 땅이 이미 모습을 드러내고 있음을 공동체가 볼 수 있도록 글을 썼다. 지금 이 순간뿐만 아니라 매 순간에 새로운 창조 행위가 일어난다. 매 순간에 장미 꽃봉오리가 터진다. 모든 숨은 성령이 재창조하는 행위를 드러낸다. 우주의 위대한 화가인 하느님의 손이 사람이 된 말씀의 활기찬 색채를 우주라는 화폭에 그린다. "보라, 내가 모든 것을 새롭게 만든다."

로마 시스티나 경당에 미켈란젤로가 그린 화려한 천지창조 벽화를 떠올려 보자. 하느님의 손이 아담의 손이 닿는 곳까지 뻗쳐 있다. 그것은 인간에게 하느님의 생명이 흘러드는 모습이다. 이 이미지를 현재시제로 바꾸어 보자. 그러면 하느님의 흘러넘침은 지금 이 순간에도 이루어진다. '한처음에' 했던 것처럼 지금도 강력한 창조적 힘이 작용한다. 성령 안에서 하느님의 영원한 손길과 끊임없는 영성적 교감이 이루어진다. 그 손길과 교감하면서 마음을 다해 살아가는 한 우리는 계속 재창조된다. 우리는 하느님의 힘인 성령에 언제나 둘러싸여 살아간다. 그리스도의 생명과 심장에서 흘러나온 성령이 새로운 피조물에 생명을 준다. 구약의 시편 저자와 함께 우리 또한 기쁨의 찬양 노래를 부른다.

> 주님, 당신의 업적들이 얼마나 많습니까!
> 그 모든 것을 당신 슬기로 이루시어
> 세상이 당신의 조물들로 가득합니다.

...

당신의 얼굴을 감추시면 그들은 소스라치고
당신께서 그들의 숨을 거두시면 그들은 죽어
먼지로 돌아갑니다.
당신의 숨을 내보내시면 그들은 창조되고
당신께서는 땅의 얼굴을 새롭게 하십니다.
(시편 104편 24-30송)

사도 바오로는 새로운 창조 혹은 새로운 탄생을 위해 반드시 출산의 진통이 필요하다고 전제한다. 그러나 진통을 통해 "하느님의 자녀들이 누리는 영광의 자유"(로마 8장 21절)를 얻게 된다는 것을 강조한다. "모든 피조물의 맏이"(콜로사이 1장 15절)인 그리스도는 "죽은 이들 가운데에서 맏이"(콜로사이 1장 18절)이기도 하다. 그가 우리에게 하느님의 성령을 불어넣는다. 그래서 "우리도 새로운 삶을 살아가게"(로마 6장 4절) 된다. 우리가 "영에서 태어"(요한복음 3장 6절)나면 새 삶을 산다. 육체로는 한 번만 태어나지만, 예수의 제자로서 부활을 기억하며 살면 매 순간 새롭게 태어난다.[19•] 예수는 영원한 현재인 바로 이 순간에 부활하고, 성령을 통해 생기를 불어넣는다. 그리고 그 한 순간에 죽음은 극복되고, 우리는 성령의 숨결을 통해 끊임없이 재창조되어 "위로부터 태어난다."(요한복음 3장 3절) 에크하르트는 이것이 우리와 무관하게 옛날에 한 번 일어났던 사건이 아니라고 강조한다. 지금 이 순간에 인간과 우주 안에서 하느님의 탄생, 즉 예수의 탄생이 발생한다. "그것이 나에게 발생하지 않는다면, [예수] 탄생이 항상 발생한다는 것이 나와 무슨 상관이란 말인가?"[20•]

새로운 생명의 길을 가려면 성령을 통해 하느님 안에서 새롭게 태어나야 한다. 이것이 그리스도교가 가르치는 영성생활이다. 태이는 하느님 안에서 사는 것과 세속 안에서 사는 것, 그리고 성령과 일상의 관계를 멋지게 설명한다. "마음을 다해 기도하면 성령이 그대 안에 있다. 끊임없이 기도하면 그대 안에 성령이 계속 존재한다. 다른 노력을 할 필요가 없다. 성령만 있으면 모든 것이 잘 된다. 그대가 하느님 안에 쉬면 하느님이 그대 안에서 활동한다. …… 성령은 하느님의 힘이다. 성령이 그대에게 길을 보여 주며 안내한다."[21]

베네딕도수도회 수도자 데이비드 스타인들-라스트는 불교와 그리스도교의 종교간 대화에 적극 참여했다. 그는 "틱낫한 스님은 탁월한 감각으로 성서가 가르치는 성령의 …… 근원이 순수 생명력이란 사실을 깨우쳤다."[22]라고 말했다. '순수 생명력'은 성령의 다른 이름이다. 하느님의 심장에서 흘러나온 성령의 숨결은 아담이 받은 생명력의 원천이다. 그리고 부활한 그리스도의 심장에서 흘러나온 성령의 숨결은 제자 공동체의 새로운 생명의 원천이다. 바로 그 성령의 숨결이 지금 이 순간 우리 안에서 활동한다. 순수한 생명력을 지닌 은총은 매 순간 새로운 인생을 걷는 법을 가르치면서 하느님이 우리에게 성령을 부어줄 때처럼 무상으로 다가온다.

다양한 소리,
그러나 하나의 성령

3

에크하르트는 성령을 하느님의 심장에서 흘러나온 힘을 전달하는 손으로 묘사한다. 이것은 개별과 보편의 합일을 이해하는 데 도움이 된다. 그런 합일을 동양에서는 '불이일원론不二一元論에 대한 체험'이라고 하고, 태이는 '상호의존적 존재inter-being'라고 한다.[23•] 우주의 한 점에 있는 성령과 접하는 것은 모든 생명체에 있는 하나의 영성적 힘과 접촉하는 것이다. 이것이 불교의 근본 가르침이다.

> 마음챙김의 상태에 있다면, 성령과 함께하고 있다면, 빵 한 조각을 먹더라도 전 우주와 깊이 접촉하며 먹을 수 있다. 빵 한 조각은 태양 빛을 머금고 있다. 이것은 이해하기 쉽다. 태양 빛 없이 빵 조각이 존재할 수 없다. 빵 한 조각은 구름을 머금고 있다. 구름 없이 밀은 자랄 수 없다. …… 하나는 모든 것을 머금는다. 마음챙김의 힘을 통해 깊이 들여다볼 수 있다. 즉 성령을 통해 깊이 들여다볼 수 있다.[24•]

에크하르트는 불이일원론적 깨달음을 통한 합일 체험을 설명하면서 언어적 한계를 느낀다. 그것은 영성적으로 높은 경지에 오른 관상가들의 공통된 고충이다. "하나만이 있다. 하나가 있는 곳에 모든 것이 있다. 모든 것이 있는 곳에 하나가 있다. …… 영혼이 일자一者를 보면 모든 것이 하나가 되는 일자 안에 그대가 머물 것이다."[25•] 여기서 에크하르트가 설명하는 개념은 태이가 말한 상호의존적 존재에 해당한다. 에크하르트는 태이와 유사하게 빵의 표상도 사용한다. "성령 안에서 …… 하나의 생명과 하나의 존재와 하나의 행위만이 있다. 그곳에서 많은 빵 조각들은 한 덩어리로 된다."[26•] 에크하르트에게 있어서 성령은 다양성을 지닌 모든 것이 하나로 되는 일치다.

성령이 갖는 불이일원론적 성격은 사도행전(2장 1-13절)에서 묘사되는 바와 같이 성령강림예수 부활 50일째 되는 날 제자들에게 성령이 내린 사건이라는 맥락에서 보다 더 공동체적이면서 보편적인 방식으로 표현된다. 여기서 성령은 조화와 평화를 이루는 일자一者의 강력한 힘으로 예수가 제자들에게 성령을 불어넣은 사건(요한복음 20장)과 비슷하다. 강한 돌풍이 집 안 전체를 꽉 채우듯 성령이 군중 안으로 세차게 파고든다. 그렇게 함으로써 다양성은 일치 안으로 녹아든다(사도행전 2장 2절). 성서 편집자는 독자들이 창세기의 창조 설화에 나오는 '루아ruah', 즉 영혼을 떠올리게 한다. 히브리 단어 '루아'는 바람이나 숨 또는 영혼으로 번역된다. 아직 꼴을 갖추지 못한 채 허공을 떠돌던 루아, 즉 영혼을 하나님이 아담의 코에 불어넣는다. 이 성령의 힘이 하나님을 전 우주와 결합시킨다.

오순절 축제밀 추수를 기념하는 이스라엘의 연례 축제로, 파스카 축제 후 50일째 날에 거행에 참여한 제자들은 아람어를 사용하는 유대인이었다. 그러나 성령으로부터 도유塗油를 받은 그들은 갑자기 세계 모든 나라에서 온 사람들이 알아듣는 다양한 언어로 말했다. 세상 모든 이에게 전달되는 보편적 소통과 교감은 전혀 예상치 못한 것이었기에, 그것을 보고 군중은 놀라워했다. 그중 한 사람은 놀라서 자문했다. "지금 말하고 있는 저들은 모두 갈릴래아 사람들이 아닌가? 그런데 우리가 저마다 자기가 태어난 지방 말로 듣고 있으니 어찌 된 일인가?"(사도행전 2장 7-8절) 다양한 국가와 문화에 속할 뿐 아니라 언어도 다른 사람들이 성령 안에서 일치했다. 그리고 그들은 공통된 유대감을 경험했다. 서로 강한 연대감을 체험했기 때문에, 현실적으로 혼란스러울 수 있는 상황에서 모두가 자유롭다. 성령의 힘을 통해 그들은 특수한 것과 보편적인 것, 비슷한 것과 비슷하지 않은 것이 둘이 아니라 하나라는 사실을 경험했다. 성령의 힘을 통해 발설된 목소리 각각이 고유한 소리를 내고 고유한 목소리들은 다시 하나로 통합된다.

시대를 불문하고 성령강림 사건은 그리스도인에게 풍요롭고 중요한 의미를 갖는다. 성령강림 순간에 예수를 따르던 제자들은 "성령을 따르는"(로마 8장 5절) 삶이 갖는 의미를 더욱 깊게 깨달았다. 그것은 새로운 탄생의 순간이었다. 하지만 그것은 단순히 인간의 영혼이라는 내면에서 하느님이 태어난 것만이 아니었다. 그것은 공동체가 태어난 것이었고, 하나로 통합된 보편성과 특수성이 태어난 것이었다. 오순절 축제에서 제자들에게 내려온 성령은 언어와 문화와 지역이 가로막은 벽을 무너트렸다. 그들은 다양성 안에서 일치를 경험한 것이다.

그들은 아주 심오하고 특별한 경험을 했다. 군중 안에서 한 사람이 조롱하듯 "새 포도주에 취했군."(사도행전 2장 13절)이라고 큰 소리로 외친다. 그러나 그들은 포도로 만든 포도주에 취한 것이 아니다. 그들은 성령이 조화와 평화로 만든 포도주에 취한 것이다. 사도 바오로는 "성령의 관심사는 생명과 평화"(로마 8장 6절)라고 가르친다. 그들은 상대에게서 공통된 언어와 공통된 경험과 공통된 영혼을 발견했다. 반드시 형체를 지닌 것은 아니지만, 그들은 한 마음으로 한 백성이 되는 것에 마음을 다하고 있었다.

토머스 머튼은 켄터키의 루이스빌 거리를 걷다가 이러한 신비로운 일치를 경험했다. 그것은 불이일원론적 일치였다. 그는 한 순간에 차별성을 잃은 모든 인류가 자기 안에서 일치하는 것을 느꼈다. "나는 그들과 하나다. 내가 홀로 있을 수 있는 것은 그들이 있기 때문이다. 내가 홀로 있을 때, 그들은 '그들'이 아니라 나 자신이다. 그곳에 이방인은 없다."**27•** 머튼이 그랬던 것처럼, 오순절 축제에 모인 제자들 역시 땅에서 뿜어져 나오는 온천수처럼 그들을 뚫고 나오는 보편적 힘을 경험했다. 그들에게 분열은 없어지고 진실하고 새로운 세계의 가능성만 남았다. 그리고 삶은 다시 현실과 일상으로 돌아왔다. 태이는 가장 깊은 곳에 있는 존재와의 친밀을 경험했다. 그것은 오랫동안 마음챙김 수행을 한 결과다. "평화를 감지하면 모든 것이 실재가 된다. 본래의 자기를 성취하면 지금 이 순간에 생기가 충만하게 된다. 그리고 나무와 자녀 그리고 그 밖의 모든 것이 화려하게 피어나서 스스로를 드러낸다."**28•**

성령은 모든 것을 완전히 살아 있게 하고, 완전히 실재하게 하고, 완전히 하나가 되게 하는 하느님의 힘이다. 그것을 위해 먼저 자기 내면의 순수 생명력과 접하는 법을 배워야 한다. 그러면 모든 사람 또는 모든 존재 안에 있는 순수 생명력과 접할 수 있다. 성령은 규율 또는 문화적 규범에 얽매이지 않고, 특정 종교의 전유물도 아니다. 예수는 담대하게 선포한다. "영에서 태어난 것은 영이다. 놀라지 마라. …… 바람은 불고 싶은 데로 분다. 너는 그 소리를 들어도 어디에서 와 어디로 가는지 모른다. 영에서 태어난 이도 다 이와 같다."(요한복음 3장 6-8절) 성령은 분열된 세계를 하나로 일치시킨다. 성령은 모든 경계를 자유롭게 넘나들면서 강하게 몰아치는 바람이다. 성령은 조화와 평화를 건설하는 거룩하고 보편적 영이다.

예수는 친애하는 벗인 제자들에게 마지막 선물로 성령을 약속했다. 그것은 십자가 위에서 죽음을 맞이하기 전날 밤에 나눈 최후만찬 때의 일이다. "보호자, 곧 아버지께서 내 이름으로 보내실 성령께서 너희에게 모든 것을 가르치시고 내가 너희에게 말한 모든 것을 기억하게 해 주실 것이다. 나는 너희에게 평화를 남기고 간다. 내 평화를 너희에게 준다."(요한복음 14장 26-27절) 제자들은 성령을 통해 예수의 가르침과 평화, 즉 마음챙김을 떠올린다. 태이는 평화롭게 현재를 살려면 예수가 준 선물을 마음까지 전달해 주는 성령이 필요하다고 말한다. "모든 태도와 미소, 그리고 말과 행위로 지금 이 순간에 평화를 실현할 수 있다. 그 평화는 끝이 아니다. 모든 걸음이 평화로 이어진다."[29]

성령강림 사건은 성령에 충만한 초기 그리스도교 공동체가 예수의 가르침과 평화를 실천하게 된 사건이다. "이웃 또는 세계와 평화롭게 사는 능력은 자신 안에서 평화를 구현하는 능력과 밀접히 관련된다. 따라서 깊이 들여다보는 명상수행은 매우 중요하다."[30] 초기 그리스도인들은 먼저 자기 안에 있는 성령의 힘을 깨우고, 다음으로 이웃 안에 있는 하느님의 평화와 현존을 감지했다. 한때 서로를 갈라놓았던 경계는 더 이상 문제가 아니다. 다양한 목소리가 일치된 하나의 화음으로 아름답게 울려 퍼진다.

일치의 경험은 초기 그리스도인의 삶에 다방면으로 영향을 준다.

강한 영향을 받은 "신자들의 공동체는 한마음 한뜻이 되어, 아무도 자기 소유를 자기 것이라 하지 않고 모든 것을 공동으로 소유하였다."(사도행전 4장 32절) 성령강림을 경험한 제자들은 자신과 이웃의 마음을 깊이 들여다본다. 그리고 이웃의 마음과 영혼이 자기와 다르지 않음을 깨닫는다. 이것이 성령의 열매다. 하느님은 나와 이웃을 갈라놓은 적이 없고, 현존하는 모든 것을 하나로 통합함으로써 공유하게 했다. 에크하르트는 "하느님이 모든 것 안에 현존한다는 것을 아는 …… 그 사람만이 평화를 안다."**31•**

오늘날 세계평화를 향한 영성여정은 지구의 생존을 위해 반드시 필요하다. 영성여정을 걷는 수행자는 먼저 자기가 속한 영성전통에서 가르치는 수행법에 따라 관용과 이해와 평화의 마음을 갖추어야 한다. 태이는 "마음챙김 수행을 하면 이해하고 …… 받아들이고 연민을 갖고 사랑할 능력이 생긴다."**32•**라고 말한다. 예수는 상대에 대한 이해와 연민, 그리고 일치와 평화를 근거로 새로운 세계, 즉 하느님 나라를 건설해야 한다고 가르쳤다. 그것이 예수가 가르친 모든 것의 핵심이다. 예수는 "너희는 먼저 하느님의 나라와 그분의 의로움을 찾아라. 그러면 이 모든 것도 곁들여 받게 될 것이다."(마태오복음 6장 33절)라고 권고한다. 예수에게 하느님 나라는 내적 실재인 동시에 외적 실재이고, 모든 다양성이 하나가 되는 것에서 비롯된 불이일원론적인 것이었다. 하느님 나라는 우리 안과 우리 사이에 동시에 존재한다(루카복음 17장 21절). 그리고 우리는 개인과 공동체, 그리고 우주적 차원에서 모든 존재와 근본적 일치를 이루어야 한다.

태이는 예수 또는 에크하르트의 가르침과 유사한 이야기를 하면서도 고유한 자기 견해를 밝힌다. 이것은 종교간 대화의 장에서 우리가 서로 하나임을 알게 한다.

> 하느님 나라는 겨자씨에 비유된다. …… 하느님이 우리 안에 있다고 자주 듣는다. 나는 그것을 하느님이 우리 의식 안에 있다는 뜻으로 이해한다. 불성佛性 또는 마음챙김의 씨앗은 우리 의식의 흙에 심겨 있다. 그것은 매우 작다. 그러나 그대가 그것에 물을 주고 키우는 법과 어루만지는 법을 익히고 수행하면, 시간이 흐를수록 그곳은 하늘의 모든 새들이 와서 쉬는 소중한 휴식처가 될 것이다. 그렇게 그것은 모든 것을 변모시키는 힘이 있다. [33•]

우리 안에 머무는 하느님, 모든 존재의 근거인 하느님과의 합일을 경험한다는 것은 성령의 신성한 손길을 통해 우리에게 찾아오는 은총이다. 태이가 언급했듯이 하느님의 현존에 집중하고 접하면 모든 것이 변모된다. 우주의 한 점에 있는 성령을 접하는 것은 우주 전체에서 성령과 접하는 것이다. 겨자씨 비유에서 살아 있는 모든 존재를 상징하는 공중의 모든 새는 일치 속에서 참된 고향을 발견한다.

태양과 구름과 땅을 머금은 작은 빵 한 조각에 현존하는 은총의 선물을 마음을 다해 받아들이자. 서로가 나눌 수 있는 선물이 우리 모두 안에 현존한다는 사실을 마음을 다해 받아들이자. 예수는 제자들에게 "오늘의 일용할 양식을 주소서."라는 기도를 가르쳤다. 하느님께 이 날과 이 순간을 살아가기 위한 빵 한 조각을 청하는 것이다. 마음챙김 수행을 하면서 깊은 감사의 마음으로 빵 한 조각을 먹는다면, 마음과 영혼에서 우리는 만물을 하나로 만드는 초월적 힘과 일치한다.

사랑의
마음

4

에크하르트는 성령을 주제로 한 설교를 많이 하지 않지만, 언제나 성령을 사랑과 관련시킨다. 하느님의 영혼이 건네는 신의 숨결을 자각하면서 성심성의껏 마음챙김 수행을 하는 것이 만나는 사람에게 사랑을 발산하는 삶이다. "우리가 누군가를 사랑하고 있다면, 그 사랑이 성령이다."[34•] 에크하르트는 아주 중요한 사실을 이야기한다. 사랑의 본질인 '그와 같음tathā'은 하느님에게 속한 것이다. 즉 그것은 성령이다. 달리 말해, 하느님의 사랑이 만든 깊은 우물물을 근거로 이웃에게 친절한 몸짓과 미소와 말을 건넬 수 있다. 굽이치는 강물도 지하의 깊은 샘이라는 수원지에 뿌리가 있듯, 우리 주변의 세계를 사랑하는 뿌리는 하느님이다. 그리스도교 성경, 특히 복음서와 사도 요한이 보낸 서간은 "하느님은 사랑이다."(1요한 4장 8절)[35•]라고 단순하게 표현한다. 여기서 사랑은 성령을 통해 성령 안에서 하느님과 합일하는 것이다.

삼위일체 하느님에 대해서는 제5장에서 다룰 것이다. 즉 성부와 성자와 성령은 사랑의 고리를 순환하는 불이일원론적 관계다. 베데 그리피스는 삼위일체에서 "성부와 성자의 일치가 곧 사랑의 힘"[36•]이라고 단언한다. 사랑의 힘은 곧 성령이다. 그리스도인이 이웃을 사랑할 수 있는 능력은 성령의 힘이다. 하느님이 사랑하는 힘인 성령이 우리를 통해 흘러넘친다. 하느님의 사랑이 우리를 먼저 사로잡고, 다음으로 우리를 사랑을 흘려보내는 통로로 만든다. 하지만 실제 삶에서는 어떻게 이것이 일어나는가? 태이가 가르친 마음챙김 수행의 진가는 이것과 관련해서 드러난다. 마음을 다해 자기를 통해 흘러넘치는 하느님의 선물을 발견해야 한다. 그것을 느끼지 못하면 하느님의 사랑과 평화를 전하는 통로가 될 수 없다.

> [바다의] 파도들은 서로 사랑을 나누는 듯하다. …… 그러나 자기가 물과 친밀한 관계이고 모든 파도의 근원이 물이라는 것을 모르면 파도는 고통과 고난에 속박된다. '온 힘을 다해 너의 하느님을 사랑하라'는 말은 무엇을 뜻하는가? 그것은 이것이다. …… 그대는 하느님 나라에 접촉하기 위해 [하루] 24시간을 투신해야 한다. 즉 그대 안 깊숙한 곳에 있는 궁극적 세계와 접촉하기 위해 투신해야 한다. 항상 배우는 학생 혹은 수행자로서 살아야 한다. 그래야만 그대가 온 힘을 다해 하느님을 사랑할 수 있다. …… 그대가 현상적인 것을 포기해야만 본체의 [궁극적] 차원과 접촉하는 것은 아니다. 그대가 역사적 차원을 파기하면 접촉할 궁극적 차원도 없어진다. 하느님의 피조물을 통해서만 하느님을 만날 수 있다. …… 이웃을 사랑하지 않으면 하느님을 사랑할 수 없다.[37•]

태이의 가르침은 하느님과 이웃을 함께 사랑하는 의무와 관련된다. 사도 요한이 보낸 첫째 서간은 초기 그리스도교 공동체가 사랑의 계명을 실천하기 위해 투신하도록 독려했다. 그 서간은 이렇게 말한다.

"우리가 사랑하는 것은 그분께서 먼저 우리를 사랑하셨기 때문입니다. 누가 '나는 하느님을 사랑한다.' 하면서 자기 형제를 미워하면, 그는 거짓말쟁이입니다. 눈에 보이는 자기 형제를 사랑하지 않는 사람이 보이지 않는 하느님을 사랑할 수는 없습니다."(1요한 4장 19-20절) 알다시피 일상에서 사랑에 대한 가르침을 실천하려 할 때마다, 우리는 매번 장애물을 만난다. 또 그것을 넘어가지 못하고 혼란에 빠지곤 한다. 태이는 매일 마음챙김 수행을 하면 그것을 극복할 수 있다고 말한다. 마음챙김 수행은 가장 깊은 곳에 있는 것과 만나는 법을 배우는 것이다. 그것을 통해 이웃이 지닌 마음과 만날 수 있다. 그것이 하느님을 만나는 것이다. 토머스 머튼은 그것을 '고독한 삶'이라고 표현한다. "내가 홀로 있을 때도 그들은 '그들'이 아니라 나 자신이다." 마음 깊은 곳에서 사랑을 느끼면 모든 세계와의 구분이 사라진다.

태이는 말한다. "지나치게 낙담해서 더 이상 사랑할 용기가 없는 사람이 있다. 사랑하려고 노력했지만 실패한 것만으로도 고통을 겪는 사람이다. …… 그에게 사랑이 가능하다는 메시지를 전해야만 한다."[38] 우리는 인류 역사상 가장 어려운 시대를 살고 있다. 따라서 사랑이 가능하다는 것을 알릴 필요가 있다. 사랑하려는 노력이 지닌 가치를 잊지 말아야 한다. 태이는 불교가 가르치는 자비의 마음, 즉 보리심菩提心, bodhicitta으로 주제를 옮겨 간다. 보리심은 스스로 깨달음을 얻고자 하는 마음과 깨달은 진리를 통해 중생을 교화하려는 마음이다. 우리는 그런 보리심에서 흘러넘치는 근원적 힘을 효율적으로 이용해야 한다. "사랑의 힘을 지니면, 즉 보리심을 지니면, 우리는 생명으로 충만하게 된다."[39] 이것이 인간 모두가 진정 갈망하는 것이 아니겠는가? 우리 모두가 사랑의 힘이 넘치는 생기 있는 삶을 원하지 않는가?

태이의 말을 들으면서 그리스도인인 나는 자연스럽게 "그리스도의 마음을 지니는 것"(1코린토 2장 16절)을 강조한 사도 바오로의 서간을 떠올린다. 예수는 이웃을 향한 사랑으로 매일 그리고 매 순간에 자기 생명을 기꺼이 내놓았다. 따라서 '그리스도의 마음을 지니는 것'은 사랑의 마음을 갖는 것이다. 자기 깊은 곳에서 하느님이 자기를 끌어안고 있음을 진하게 느껴야만 한다. 하느님께 안겨 있음을 진하게 느끼면, 그리스도가 무상으로 준 선물인 사랑의 마음을 갖게 된다. 하느님은 우리의 깊숙한 곳에서 성령의 힘인 손을 뻗는다. 그러므로 우리 자신이 그리스도의 마음을 잡는 것이 아니라, 그리스도의 마음으로 우리가 들어가는 것이다. 그렇게 우리는 사랑의 제자가 된다. 에크하르트는 "하느님의 사랑이 우리 안으로 들어오는 것이 아니다. …… 하느님의 사랑이 그 안으로 우리를 끌어당긴다. 그렇게 하느님의 사랑과 하나가 된다."[40•]라고 말한다. 이스라엘의 호세아 예언자는 사랑이 주도하는 체험의 전형을 보여 준다. "이제 나는 그 여자를 달래어 광야로 데리고 가서 다정히 말하리라. …… 나는 너를 영원히 아내로 삼으리라. 정의와 공정으로써 신의와 자비로써 너를 아내로 삼으리라."(호세아 2장 16, 21절) 보리심을 발하는 것은 사랑하는 마음과 하나 되는 것이다. 사랑 자체에 자기를 내어 맡기고 매 순간 딛고 서 있는 성역에서 마음을 다해 살아가는 것이다. 그러면 이웃을 사랑하는 것이 숨 쉬는 것처럼 자연스럽게 된다. 이것은 평생에 걸쳐 새롭게 시작하고 반복해야 하는 여정이다.

매일 하는 수행이 보리심의 지혜를 성숙시킨다. 그것은 사랑의 힘에 마음을 다하여 몰입한 채 성심성의껏 사는 이 순간이다. 에크하르트는 "우리가 누군가를 사랑하고 있다면, 그 사랑은 성령이다."[41•]라고 말한다. 우리는 매일 반복되는 일상에서 사랑을 배운다. 그것이 하느님이 일상에서 역사하는 모습이다. 성령은 현재 순간에 사랑과 생명의 힘을 성심성의껏 전하기 위해 내뻗는 하느님의 손길이다. 사도 바오로는 말한다. "육의 관심사는 죽음이고 성령의 관심사는 생명과 평화입니다. …… 하느님의 영이 여러분 안에 사시기만 하면, 여러분은 육 안에 있지 않고 성령 안에 있게 됩니다."(로마 8장 6, 9절) 매 순간과 매 호흡에 성령이 머물 수 있도록 자기를 개방해야 한다. 그러면 성령이 사랑에 빠진 우리 안에서 새로운 창조를 일으킨다.

성령의 마음, 즉 사랑하는 마음은 대부분 점진적 과정을 통해 자각된다. 따라서 여정 도중에 낙담해서는 안 된다. 자기 안에서 새로운 창조가 펼쳐지면, 우리는 더 깊은 내적 자유와 희열을 경험하게 될 것이다. 사도 바오로는 이것을 매우 사실적으로 표현한다. "피조물도 멸망의 종살이에서 해방되어, 하느님의 자녀들이 누리는 영광의 자유를 얻을 것입니다. 우리는 모든 피조물이 지금까지 다 함께 탄식하며 진통을 겪고 있음을 알고 있습니다. 그러나 피조물만이 아니라 성령을 첫 선물로 받은 우리 자신도 하느님의 자녀가 되기를, 우리의 몸이 속량되기를 기다리며 속으로 탄식하고 있습니다."(로마 8장 21-23절) 앞에서 태이가 말하듯이 자기 삶과 깊숙하게 접촉하지 못하면, 사랑의 시도가 실패하는 순간 또는 산란함과 태만으로 마음챙김의 상태를 놓치는 순간만을 반복할 것이다. 사도 바오로는 이것을 '탄식의 과정'이라고 표현한다. 그렇지만 성령은 한 순간도 마음챙김의 상태를 놓치지 않는다. 우리가 성령과의 접촉을 잊을지라도, 성령은 언제나 우리를 어루만지고 있다.

앞에서 언급한 지하로부터 뿜어져 나오는 샘의 이미지를 떠올려 보자. 우리는 알고 있다. 자애의 흐름이 그러한 것처럼 샘물은 터져 나오는 힘에 의해 지표면 밑으로부터 위로 솟구친다. 그래서 우리가 무분별한 산란함으로 그 샘의 입구를 막아 자유로운 흐름을 잠시 차단했을 때도 그렇게 된다. 에크하르트는 같은 이미지를 한계에 직면하더라도 희망과 인내를 잃지 말라고 권고하기 위해 사용한다.

> 하느님의 모상, 또는 하느님의 아들은 생명의 "물이 솟는 샘"(요한복음 4장 14절)처럼 영혼의 대지에 있다. 하지만 〔우리가〕 세속적 욕망이라는 흙을 그곳에 부으면, 〔그것이〕 흐름을 방해하고 막아버리며, 우리는 그것을 지각하거나 인식하지 못하게 된다. 하지만 샘 자체는 계속 물을 뿜어낸다. 그리고 〔우리가〕 그것을 덮고 있는 흙을 걷어 버리면, 그것이 드러나고 우리는 그곳에 샘이 있음을 알게 된다.[42•]

우리는 태만, 즉 세속적 욕망과 걱정에 사로잡혀 살아가는 때가 많다. 그러나 낙담할 필요는 없다. 바로 그 순간이 숨을 다시 쉴 수 있는 순간이고 현재의 순간이라는 고향, 성령의 힘이라는 고향으로 돌아갈 수 있는 순간이다. 태이는 말한다. "그대 안에서 힘의 원천인 생명력을 유지하면, 그대는 어떤 장애에 직면하더라도 극복할 수 있다. 그렇기에 보리심은 매우 중요하다. …… 사랑이라는 과정 속에서 그대는 많은 것을 배운다."[43•] 사랑의 샘은 영원하다. 우리가 사랑의 손을 뻗는 과정이 잠시 차단될 수 있다. 그러나 우리는 성령의 숨이라는 고향으로, 현재 순간이라는 고향으로 돌아가기만 하면 된다. 그리고 사랑하는 마음이 우리를 고쳐 새롭게 만들도록 하면 된다. 이것이 태이가 말하는 '다시 시작하기beginning anew' 수행이다. 매 순간이 다시 시작할 기회다.

사랑하는 법을 배우는 것은 수행과정이다. 마음챙김 수행을 하는 것처럼 사랑을 실천해야 한다. 에크하르트는 하느님의 숨결이라는 성서적 이미지를 잘 묘사한다. "영혼에 있는 사랑이 커질수록, 성령의 숨결이 강해진다. 더 완벽한 불꽃은 …… 한꺼번에 완성되는 것이 아니라 …… 성령이 불꽃에 점진적으로 숨을 불어넣으면서 완성된다."[44•] 이것은 수행자에게 희망을 주고 격려하는 가르침이다. 자기와 이웃을 사랑하는 법을 배우는 과정이 '한 순간에 한 번의 숨'을 불어넣어서 점진적으로 불꽃을 타오르게 하는 것이다.

작은 불꽃이 큰 불로 번지는 이미지는 성령강림 사건과 관련된 이야기의 일부다(사도행전 2장 1-13절). 예루살렘에 모여 있던 제자들은 각자에게 내려와 머문 '불꽃 모양의 혀들' 즉 성령을 체험했다. '세계 모든 나라에서 온' 큰 군중은 이 광경을 보고 놀라 경외심을 가졌다. 그들은 다양한 언어와 문화권에서 온 사람들에게 머무는 불꽃을 깊이 들여다보았다. 그러자 그들은 불 자체를 볼 수 있게 되었다. 그들은 다양한 불꽃들 안에서 사랑이라는 하나의 타오르는 불을 발견했다.

성령이 하나의 불이 다양한 불꽃으로 드러나는 신비에 눈을 뜨게 만들자, 그들을 갈라놓았던 장벽이 사라졌다. 그들을 일치시키는 사랑의 상징은 하나의 불이었다. 그들은 하느님과 그들 또는 그들이 서로 한마음 한뜻이라는 것을 깊게 경험했다. 에크하르트는 불의 이미지를 잘 사용한다. 불은 분열을 태워 없애고 일치를 낳는다. "불이 장작을 지피고 태울 때, 불은 나무가 지닌 견고함, 차가움, 부피, 습기를 빼앗아 원래 보다 매우 작게 만든다. 그리고 나무를 자신, 즉 불로 만듦으로써 …… 불은 나무에서 자기 자신을 산출한다."[45]

사도행전에서 성령강림은 하느님과 모든 피조물이 사랑의 마음에서 하나임을 깨우쳐 준 중요한 사건이다. 하느님의 영은 우리로 하여금 인간의 마음에서 자애라는 불꽃을 만나게 한다. 그 순간 우리는 사랑이라는 영원한 불을 만난다. 우리는 하느님을 만나고 평화를 경험한다. 불은 우리 안에서 스스로를 낳는다. 그리고 우리는 태이가 "사랑은 가능하다."라고 말한 것을 떠올리게 된다. 사랑하는 마음으로 사는 매 순간이 성령에게 개방된 순간이다. 성령은 점진적으로 숨을 불어넣어 마음 속에서 깜박거리는 작은 불꽃을 커다란 사랑의 불로 키운다. 그렇게 우리 한가운데에서 새로운 창조가 일어난다.

제
4
장

물과 물결

-

제단에 한정된 성사생활을 해방시켜야만 한다.
그것을 일상생활 영역으로 되돌려야 한다.

물에 흠뻑 젖은
근거

1

태이는 실재의 영원한(본체적本體的) 차원과 역사적(현상적現象的) 차원을 구분한다. 그리고 둘의 관계를 설명하며 물과 물결의 은유를 사용한다. "우리는 물결이지만, 물을 안에 품고 있다. 우리는 역사적 차원에서 살지만, 궁극적 차원도 품고 있다."[1•] 실재의 궁극적 혹은 영원한 차원에 접촉하는 목표는 불교도나 그리스도인이나 같다. 물결을 만지는 것은 곧 물을 만지는 것이다. 물은 내부로부터 용솟음치는 하느님의 생명의 참된 근원이다. 따라서 물결을 만지는 것은 물, 즉 생명의 근원을 만지는 것이다. 태이는 실재의 역사적 차원과 궁극적 혹은 영원한 차원 사이의 상호관계를 자각하는 방식을 설명한다.

> 불교는 궁극적 차원과 역사적 차원을 말한다. 나뭇잎의 역사적 차원을 예로 들어 보자. 나뭇잎은 4월에 태어나서 11월에 죽는 것처럼 보인다. …… 그것은 보는 방식 때문이다. 우리는 역사적 차원을 충분히 깊게 관찰하지 않는다. 역사적 차원을 충분히 깊게 관찰하면, 태어나지도 죽지도 않는 나뭇잎의 본성을 알게 된다. …… 그러면 다른 통찰도 생긴다. 즉 나뭇잎은 영원하며 불멸이다. 나뭇잎의 참된 본성과 그대의 참된 본성은 태어남도 죽음도 없다.[2•]

태이는 "우리가 [궁극적 차원을] 품고 있다."라고 표현한다. 이 표현은 사도 바오로가 코린토 교회에 보낸 서간에서 실재의 두 차원을 묘사한 것을 상기시킨다. "'어둠 속에서 빛이 비추어라' 하고 이르신 하느님께서 우리 마음을 비추시어, 예수 그리스도의 얼굴에 나타난 하느님의 영광을 알아보는 빛을 주셨습니다. 우리는 이 보물을 질그릇 속에 지니고 있습니다. 그 엄청난 힘은 하느님의 것으로, 우리에게서 나오는 힘이 아님을 보여 주시려는 것입니다."(2코린토 4장 6-7절)

사도 바오로가 말한 보물은 그리스도의 얼굴에서 나타난 하느님의 생명과 현존이다. 그 보물은 모든 인간의 영혼 깊숙한 곳에 있다. 그런데 여기에 엄청난 역설이 있다. 궁극적 실재로부터 나타난 현존이 깨지기 쉬운 질그릇 안에 대충 담겨 있다는 것이다. 영원한 빛이 인간의 역사적이고 제한된 세계 안에서 빛난다. 러시아 정교회의 가장 위대한 관상가인 샤로프의 성 세라핌St. Seraphim of Sarov은 사도 바오로와 비슷한 은유를 사용한다. 그리스도인은 하느님의 빛을 담는 '은총의 그릇'이다. 그는 이렇게 말한다. "성령의 은총은 우리 안에 머물면서 마음을 따뜻하게 하고, 마음을 깨우고, 대기를 성령의 향기로 채운다. 그리고 그 향기가 우리를 즐겁게 하여 형언할 수 없는 기쁨으로 가슴 벅차게 한다."[3•] 거대한 바다는 작은 파도들로 채워져 있다. 그처럼 인간이란 질그릇 전체를 성령의 향기로운 빛이 가득 채우고 있다.

에크하르트도 '하느님의 빛' 이미지를 사용한다. 그러나 전형적으로 자기의 고유한 방식에 의지한다. 즉 여기서 풀어내야 할 모순된 갈등 요소를 역설적 논리로 설명한다. 그는 어떤 경우에는 그 빛을 하느님과 관련시켜 이야기하고, 다른 경우에는 인간 영혼과 관련시킨다. 에크하르트는 이 빛나는 보물을 '성부의 마음에서 영원무궁토록' 비추는 그리스도에 비유한다. "그것은 하느님의 손길을 정확히 비추는 [영혼 안의] 빛이다. …… 그것은 전혀 차별이 없는 [신성神性]의 적막한 사막으로 들어가길 원한다."[4] 에크하르트는 '불꽃'을 '하느님의 빛'에 대한 명칭으로 사용한다. 영혼 깊숙한 곳에 숨겨진 그것이 "있는 그대로의 하느님을 갈망한다."[5] 다른 곳에서 그는 말한다. "영혼을 주도하는 지성의 불꽃은 …… 하느님의 본성의 작은 불꽃이며 하느님의 빛이다. 그리고 하느님의 본성에서 나온 빛살이며 하느님의 본성이 남긴 자국이다."[6]

하느님의 빛을 담은 보물은 항상 하느님이 자기희생을 한 결과다. 그것은 하느님 안에서 또는 인간 영혼 안에서 자신을 드러내거나 감춰져 있거나 한다. 그것이 드러나든 그렇지 않든 하느님이 자기희생을 한 결과라는 사실은 바뀌지 않는다. 하느님은 인간 영혼을 자신의 빛으로 비추면서 자유롭게 자기 생명을 나눈다. 이것이 태이, 사도 바오로, 성 세라핌, 에크하르트 등이 각자의 고유용어로 '영원', '궁극적 실재', '우리의 가장 참된 자아인 신의 정수精髓', '우리 존재의 근거' 등으로 부른 것이다. 인간은 영혼의 근거grunt der sele에서 하느님의 모상으로 각인된다. 에크하르트는 "하느님은 모든 정수를 포괄하는 정수다."[7]라고 말한다. 여기서 그는 창조되지 않은 것을 지시하는 용어로 '근거grunt'를 사용한다. 버나드 맥긴은 이것을 에크하르트의 탁월한 공헌이라고 평가한다. 창조되지 않은 근거에서 하느님과 인간 영혼은 하나다. "에크하르트는 '근거를 갖지 않는 근거gruntlos grunt'를 하느님에만 혹은 인간 영혼에만 한정하지 않는다. 그것은 양자 모두에 속한다."[8] 그래서 "하느님의 근거와 인간 영혼의 근거는 같다."[9]

이 주제를 다룬 종교간 대화에서 그리스도인과 불교도는 서로 다른 체험을 한다는 점을 감안해야 한다. 그래야만 태이가 불교적 관점에서 존재 근거를 설명하는 것을 알아들을 수 있다. 물론 불교에서는 '하느님의 근거'라는 주제를 언급하지 않는다. 붓다에게 '하느님' 혹은 '신'이란 이름을 붙일 리가 없기 때문이다. 하지만 태이가 말하는 것은 우리의 논의에서 이 개념을 이해할 수 있도록 돕는다는 점에서 중요하다.

> 참으로 태어남도 없고 생겨남도 없고 창조됨도 없고 형성됨도 없다. 태어남도 없고 생겨남도 없고 창조됨도 없고 형성됨도 없다는 것이 사실이 아니라면, 태어나고 생겨나고 창조되고 형성된 세계를 벗어날 수 없을 것이다.[10•]

붓다는 창조된 현상세계에서 벗어나 궁극적이고 창조되지 않은 참된 해방을 성취한 세계를 향한 움직임, 즉 '탈출'을 강조한다. 태이가 자주 언급하는 파도는 시간과 공간 안에서 생겨난다. 그러나 동시에 영원하고 창조되지 않은 바다로 되돌아가는 여정에 있다. 바다는 파도의 참된 고향이다. 에크하르트를 비롯한 많은 관상가는 이것을 다양한 용어로 풀이한다. '하느님의 탄생', '관통', '방사', '신성神性으로 회귀' 등은 붓다가 가르친 탈출을 향한 운동에 부합한다. 태이와 에크하르트는 이 운동을 '고향으로 가다 / 오다'라는 이미지로 설명한다. 리처드 우즈는 창조되거나 형성된 세계로부터 벗어나 창조되지 않은 세계 혹은 하느님께 돌아가는 것이라고 말한다. "시간과 공간 안에서 말씀이 탄생함으로써 내재하는 삼위일체 하느님이 모상과 유사함 양자를 인간 안에서 명백하게 드러냈으며, 하느님에게 돌아가는 영혼의 탄생을 통해 우주를 자신에게 회귀시킨다. 이것이 에크하르트 사상의 핵심 주제인 '관통breakthrough. 에크하르트의 핵심 개념 중 하나. 사람이 하느님에 대한 모든 관념 또는 상징을 뚫고 들어가 실재 자체로 나아감'이다."[11]

에크하르트가 추구한 영성생활에서 가장 중요한 것은 하느님과의 합일이다. 즉 하느님이 모든 것의 근거임을 깨닫고 하느님 안으로 흘러들어가 하느님과 합일하는 것이다. 그러면 하느님의 빛이 우리 안에 머문다. 우리도 그리스도처럼 세상의 빛이다(마태오복음 5장 14절). 그 빛이 우리 존재 깊은 곳에 있음을 알게 된다. 그것은 마치 깊은 산 속을 거닐다가 우연히 맑고 신선한 옹달샘을 발견하는 것과 같다. "영혼으로 흘러들어간 하느님은 빛으로 충만하게 하고, 영혼의 …… 본질과 근거를 흘러넘치게 하고, 육체로 뿜어져 나와서 광채로 가득 채운다."[12] 삶의 중요한 과업은 자기를 흠뻑 적시고 있는 내적 광채를 발견하는 것이다. 에크하르트는 마치 불교 선승처럼 말한다. "깨어나라. 그대가 누구인지 발견하라. 눈을 감고 그대 안에 있는 광채를 보라."

바다의
물 한 방울

2

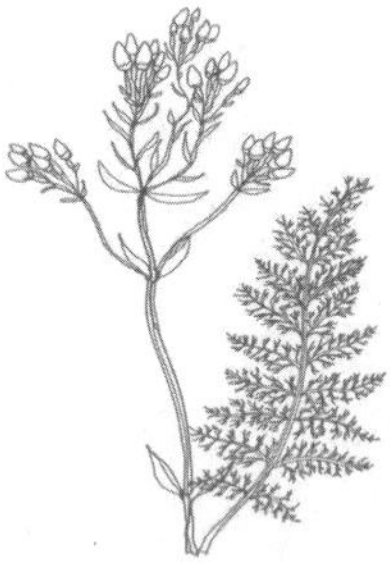

에크하르트 시대의 제도교회는 지나치게 독창적인 사상을 경계하기 시작했다. 그러나 그는 당시 수도자 및 평신도 관상가들처럼 신비주의의 경계를 확장시켜 나갔다. 그는 평생 교회에 헌신하며 순명했지만, 하느님과 인간 영혼의 신적 합일 사상을 비판하는 것에는 단호히 대처했다. 그는 동양의 영성전통과 유사한 용어를 사용하여 새롭고 명확한 이미지를 그린다. "바다에 물 한 방울을 떨어트리면 그 물 한 방울은 바다가 된다. …… 그래서 그것은 영혼과 함께 있다. 영혼이 하느님을 받아들이면 영혼은 신성하게 된다. 그래서 영혼은 신처럼 된다."[13•] 에크하르트가 한 말에 태이는 이렇게 답변할 것이다. "그렇습니다, 에크하르트 신부님. 당신이 참으로 옳습니다." 그리고 물 한 방울과 바다의 관계를 해설할 것이다. "우리는 물결이 물이라는 것을 압니다. 물이 물결의 근거라는 사실을 압니다."[14•]

물결은 물이고, 물 한 방울이 바다가 된다. 이런 문장은 서구 그리스도교에서 사용하는 평범한 말투는 결코 아니다. 전통적 신학 용어로 이것을 '신화神化, divinization' 또는 '신격화神格化, deification. 인간이 하느님의 본성에 참여하는 것 또는 닮아가는 것' 과정이라고 한다. 하지만 현대 일부 서양인에게 이런 표현은 매우 충격적일 수 있다. 그러나 서방 또는 동방 그리스도교의 초기부터 신화 또는 신격화는 신학의 공통된 주제였다. 가톨릭교회의 교리 문답이 규정하는 것을 주목할 필요가 있다. 인간은 "은총을 통해 신의 본성에 참여하는 자들이 되었다."[15•] 태이는 『살아계신 붓다, 살아계신 그리스도』에서 말한다. "인간이 하느님의 작은 세계, 즉 소우주라는 신격화 개념은 매우 인상적이다. 인간의 몸을 소우주라고 규정하는 아시아 전통과 유사하다. …… 인간은 작은 신小神이다. 작은 신은 하느님의 신성에 참여할 목적으로 창조되었다."[16•] 그리스도교는 신격화를 신의 현존 혹은 빛과 본질적으로 하나가 되면서 성장하는 것으로 이해한다. 그러므로 영혼은 성령의 빛이 비추는 따스함으로 충만하다. 에크하르트는 말한다.

> '하느님이 인간이 되었다'는 것처럼 인간도 하느님이 된다고 말할 수 있다. 그렇게 인간 본성은 신의 모상으로 변모한다. 그것이 성부의 모상이다. …… 성자가 본질과 본성에서 성부와 하나인 것처럼, 그대도 본질과 본성에서 하느님과 하나다. 성부가 스스로 지니고 있는 모든 것을 그대도 지니고 있다. 그것은 하느님께 빌린 것이 아니다. 왜냐하면 하느님이 그대 자신이기 때문이다.[17•]

물론 모든 과정은 하느님이 인간 안에서 이룩한 업적이다. "자신의 행적 또는 에너지를 통해 [그 사람이] 신이 되는 것은 아니다. …… [그것은] 신의 에너지를 통해 되는 것이다. 인간의 행적이 그것에 순종한다. …… 신격화를 통해 인간은 창조된 궁극적 목적을 완성한다."[18•] 에크하르트는 매우 명쾌한 통찰을 통해, 신과 인간의 합일이 곧 완성이라고 규정한다. "내 영혼이 있는 곳에 하느님이 있다. 하느님이 있는 곳에 내 영혼도 있다."[19•]

에크하르트는 바다에 떨어진 물 한 방울과 비슷한 은유를 자주 사용한다. 신격화 과정을 설명하는 데 도움이 되기 때문이다. 에크하르트는 신격화를 '있는 그대로의 하느님의 일부가 되는 것'이라고 정의한다.

> 하느님의 씨앗이 우리 안에 있다. 선하고 현명하고 부지런한 정원사가 그것을 잘 가꾸면 풍요롭게 결실을 맺는다. 그리고 하느님으로 성장한다. 씨앗 자체와 열매는 하느님의 본성과 같다. 배나무 씨앗은 배나무로 자란다. 땅콩 씨앗은 땅콩 나무로 자란다. 하느님의 씨앗은 하느님으로 자란다.[20•]

결국 이런 유형의 일체적 혹은 불이일원론적 표현이 에크하르트를 곤경에 빠트렸다. 그러나 의심할 여지없이 에크하르트는 유대-그리스도교 신비주의 전통과 성서 전통에 깊게 뿌리 내리고 있다. 그것은 창세기 2장 7절에서 하느님이 행한 행위, 즉 아담의 코에 '생명의 숨'을 불어넣은 원초적 행위에 뿌리를 둔다. 그것은 초기 구약 시대부터 유사한 어조로 표현되어 왔다. 즉 하느님은 피조물에 신의 존재를 쏟아붓는다. 시간이 흘러 신약성서도 비슷한 주제를 다룬다. 예수는 그것을 통해 "[그대는] 하느님의 본성에 참여하게"(2베드로 1장 3-4절 참조) 된다는 약속을 했다. '하느님의 본성에 참여하게' 되는 것은 그리스도인의 영성여정의 궁극적인 목표다. 역설적이지만 그리스도인에게 생겨나야 할 것은 [자기의] 본성뿐이다. 한 관상가는 말했다. "초자연적인 것은 외부적이고 폭력적인 강요로서 우리에게 오는 것이 아니다. 그것은 기꺼이 받아들여지는 삶, 우리를 해방시키고 기품 있게 만드는 삶을 증진시키는 것으로서 우리에게 온다. 그것은 인간성을 파괴하지 않는다. 그것이 우리를 …… 하느님의 자녀 혹은 협조하는 신들로 만든다."[21•]

씨앗과 같은 우리는 '충만한 생명'을 주는 하느님의 존재 그 자체까지 완전히 성장한다. 물방울이나 물결이 "바다가 된다."라는 에크하르트와 태이의 말이 진실이라면, 그 다음에 어떤 일이 일어날까? 우리는 그저 소멸하는 것일까? 우리가 하느님에게 녹아들어 가면 무슨 일이 일어날까? 이런 의문들에 대해, 에크하르트는 지혜를 지닌 스승의 재치와 유쾌함으로 답변한다. 물 한 방물은 바다에 떨어진 다음 "하느님을 찾는다. 자기 자신을 찾는 것과 하느님을 찾는 것은 실제로 하나의 행위이며 같은 행위다."[22•]

"어디에서 그것이 발생하는가?"라고 묻는다면, 에크하르트는 미소를 지으며 답할 것이다. 우리가 녹아들어 간 장소는 무無, 즉 적막하고 거대한 사막의 텅 빈 장소다. 붓다가 "태어남도 없고 생겨남도 없고 창조됨도 없고 형성됨도 없다."고 말한 장소다. 그처럼 그리스도교의 창조는 '한처음에' 무無의 신성하고 텅 빈 근거에서 흘러나온 것이다. 에크하르트는 "자기의 본질적 존재로 뛰어들면, 그곳에는 그대가 찾는 것 말고는 아무것도 없다는 사실을 깨닫는다."[23•]라고 말한다. 여기서 무無라는 단어가 신비주의적 의미로 사용된다. 그것은 사물이 없는 상태 no-thing-ness, 즉 존재의 근거다. 따라서 하느님이 우주를 무無로부터 창조creatio ex nihilo했다는 것은 창조에 질료적 원인이 없음을 의미한다. 그것은 '태어남도 없고 생겨남도 없고 창조됨도 없고 형성됨도 없는' 사물 너머에 있는 존재 상태다. 에크하르트는 그것을 신성Godhead, 神性이라고 한다.

태이는 녹야원 사원에서의 설법에서 "창조는 존재하지 않는 것non-being에서 생기는 것이 아니라, [드러나지 않은 상태에서] 드러난 상태로 된 것顯顯"**24•**이라고 한다. 창조가 하느님, 즉 창조되지 않은 무성無性, 즉 사물이 없는 것no-thing-ness에서 발원發源. 모든 피조물이 신으로부터 나옴하는 것이라면, 피조물은 존재의 신적 근거로부터 발원되어 드러난 상태다. "하느님의 근거와 인간 영혼의 근거는 같다."**25•**는 에크하르트의 주장을 받아들이면 이렇게 말할 수 있다. 하느님 안에는 창조되지 않은, 사물이 없는 상태no-thing-ness인 무성無性이 있다. 그것과 마찬가지로 인간 영혼의 근거에도 그것이 현존한다. 따라서 "하느님과 같은 본성을 얻으려면 무無가 되어야 한다. 내가 무에 정주定住하고 내 안에 무가 정주할 때 …… 나는 있는 그대로의 하느님의 일부가 된다."**26•** 중국 고전 『도덕경』에도 비슷한 표현이 있다.

> 우주가 생기기 전에 형태가 없는 완벽한 것이 있었다.
> 고요하고 텅 비어 있고
> 홀로 있고 변하지 않고
> 모든 곳에 작용하며 영원히 멈추지 않으니
> 그것은 우주의 어머니다.
> 나는 그것의 이름을 모르니
> 그냥 '도道'라고 부르고 '위대하다大'라고 한다.

끝없이 먼 모든 사물에 이르렀다가
다시 제자리로 돌아온다.[27•]

신격화는 사물이 없는 상태no-thing-ness, 즉 무성無性의 텅 빈 강이 우리 안팎을 관통하며 흐르게 하는 것이다. 거대한 근원에 용해되어 고향으로 흘러 들어가게 내버려 두는 것이다. 오래전에 상영된 영화 중 동일 제목의 소설을 소재로 한 '흐르는 강물처럼'이 있다. 영화의 끝 대사는 이렇다. "결국 우리네 삶을 둘러싼 모든 것들은 하나로 모이고 강은 그것을 따라 흐른다." 우리는 일자一者와 하나 되기 위해 거슬러 올라간다. 그것은 신 안에 있는 거대한 침묵의 심연, 즉 사물이 없는 상태no-thing-ness 또는 무성無性으로 돌아가는 것이다. 에크하르트는 이것을 하느님 안에서 성장하는 하느님의 씨앗이란 이미지로 설명했다. 씨앗은 존재 안에 있는 신의 불꽃이다. 그것이 신의 충만함으로 성장한다. 태이도 물결이란 이미지로 표현한다. 물결은 바다의 충만함과 합일하고 동화한다.

두 스승은 합일 또는 신격화라는 주제를 이야기한다. 그러나 그것들 사이에는 미세하지만 중요한 차이가 있다. '바다에 떨어진 물 한 방울'에 대한 에크하르트의 가르침에는 아주 중요한 후반부가 있다. 즉 "바다에 떨어진 한 방울의 물은 바다가 되지만, 바다가 물방울로 되는 것은 아니다. …… 즉 인간 영혼은 신이 되지만, 하느님이 인간 영혼이 되는 것은 아니다."[28•] 하느님의 씨앗이란 이미지에도 같은 것이 적용된다. 하느님 안에서 씨앗이 자라지만, 하느님이 씨앗이 되는 것은 아니다. 태이는 면밀한 검토를 통해 명쾌하게 설명한다.

> 주의해야 한다. 물결 전체와 물을 혼동해서는 안 된다. 서로가 인과관계는 있지만 완전히 다른 것이다. 그렇기에 물결과 같은 방식 또는 같은 차원으로 물을 취급하면 안 된다. …… 궁극적이고 본체론적인 것과 역사적이고 현상적인 것을 분명히 구분해서 고찰해야 한다. …… 하느님이 인류를 창조했다고 말하는 경우, 그것은 물과 물결의 관계에 대한 것이다. …… 하느님은 현상세계의 존재가 아니다. 하느님은 모든 존재의 근거다. 그리스도인과 불교도는 어렵지 않게 이것에 동의할 것이다. [29•]

태이는 "하느님은 현상세계의 존재가 아니다."라고 정의한다. 이것은 불교도와 그리스도인 모두에게 중요하다. 중세 도미니코수도회의 신학자 토마스 아퀴나스는 에크하르트뿐 아니라 모든 시대 신학자들에게 영향을 미쳤다. 그는 하느님을 '있다esse: to be'라는 동사로, 창조된 만물을 '있음ens: being'이라는 명사로 정의한다. 폴 필리베르는 토마스 아퀴나스가 내린 정의를 주석한다. "하느님은 선반 위의 장식물처럼 정적인 실재가 아니다. 하느님은 존재가 있는 곳 어디에서나 활동한다. 하느님의 활동은 현재이고 모든 존재의 능동적 힘이다."[30•] 에크하르트는 하느님을 '이것 또는 저것'으로 규정할 수 없다고 말한다. 하느님은 어떤 것some-thing이 아니다. 하느님은 사물이 아니다no-thing. 하느님은 있음is-ness이다. 하느님에게 "왜?"라고 질문할 수 없다.[31•] 태이는 영원하고 궁극적 차원을 상징적인 물로 은유했다. 그것은 손에 잡히거나 박스에 넣을 수 있는 어떤 사물a thing이 아니다. 불교는 그것을 '그와 같음tathātā', 즉 '진여眞如'라고 한다.[32•] 이것은 『도덕경』의 '도道' 또는 에크하르트의 '모든 존재의 근거'에 해당한다. 에크하르트는 "[어떤 사람이 하느님을] '그는 [어떤 분]이다'라고 규정한다면, 그것은 어리석은 일이다. …… 모든 것을 제거했을 때 …… 아무것도 남지 않고 단지 '있다'는 것만이 남는다. 그것이 하느님의 이름에 합당한 속성"[33•]이라고 말한다. 여기서도 에크하르트는 특유의 충격 요법을 사용한다. 하느님은 사물 또는 인간이 아니기 때문에, "하느님은 '어디라고 말할 수 없는 곳 nowhere'에 있다. …… 하느님은 여기 또는 저기에 없다. [하느님은 제한된] 시간 또는 공간에는 없다."[34•] "하느님의 근거와 영혼의 근거는 같다."는 에크하르트의 주장과 '물은 물결의 근거'라는 태이의 주장에 동의하는 유대-그리스도교 신앙인이라도 '인간 영혼이 곧 하느님'이라고 말하지는 않는다.

하느님은 하느님이고 인간 영혼은 인간 영혼이다. 물은 물결이 아니다. 물은 물결의 근거다. 그러나 '물과 물결은 하나'라는 말에 영성적으로 적절히 대응할 능력을 갖추는 것은 중요하다. 그런 능력이 있다면 물방울 및 하느님의 씨앗을 설명하는 표현과 이미지를 통해 동양과 서양의 관상가들이 함께 연주하는 아름다운 화음을 들을 수 있다. 동양과 서양은 서로 가는 길이 다르다. 실재의 궁극적 차원을 '무엇' 혹은 '누구'라고 부름에 있어서도, 영성전통에 따라 다양한 이름으로 부른다. 그렇게 다양성을 지녔지만, 우리는 상대의 음악을 들으면서 상대의 식탁에서 음식을 먹을 수 있다. 서로가 완전히 다른 것이 아니라, 서로 유사한 점도 많기 때문이다. 태이는 "우리는 서로를 물결로만 보면서 대부분의 시간을 허비하곤 한다. 그래서 물에서 만들어진 물결인 우리 모두 서로를 품고 있다는 것을 깨닫지 못한다."[35•]라고 말한다. 관상가들도 같은 진리를 가르친다. 회교도가 알라Allah라고 부르는 하느님과 예수와 그 제자들이 압바Abba라고 부르는 하느님은 같다. 그러나 불교도의 영혼이 근거하는 것과 그리스도인의 영혼이 근거하는 것은 같지 않다. 하지만 거대한 존재들의 바다에서 우리 모두는 물결이고 물방울이다. "물결의 고향은 무엇인가?" 태이는 묻는다. "물결의 고향은 물결 전체다. 그리고 물결 [전체]의 고향은 물이다. 물결이 [스스로]와 다른 물결을 아주 깊게 접하면, [그것이] 물로 만든 것을 알게 된다."[36•] 우주 전체는 물로 만들어졌다. 즉 우주 전체는 하느님의 '있음is-ness' 자체로 만들어졌다.

세례와
살아 있는 물

3

태이는 "물과 물결의 관계는 확실하다. 물결은 물이다. 누가 뭐라고 해도 물결은 물에서 생겼다."37• 라고 말한다. 흥미롭게도 물결과 물의 은유는 그리스도교의 세례성사그리스도인이 되기 위해 첫 번째로 받는 성사에 잘 부합한다. 세례성사는 예수 그리스도를 따르는 여정을 출발하는 신앙인의 입문의례다. 이런 면에서 세례성사는 불교도의 통과의례인 깨달음 체험과 비슷하다. 세례성사는 위대한 신비, 즉 궁극적 실재인 하느님을 체험하는 길로 나가는 입문의례다. 그것은 인간 영혼의 '근거 없는 근거the groundless ground', 즉 하느님을 향해 그리스도인이 가는 영성여정의 출발점이다.

태이는 은유를 통해 물결이 위대한 신비를 향해 나아가는 영성여정을 설명한다. "물결이 물이라는 것을 알아차리는 순간 깨달음이 성취된다."38• 이런 체험을 통해 물결은 자기 존재 근거를 깨닫는다. 유사하게 예수를 따르는 제자가 깨닫는 것은 세례성사에 뿌리를 둔다. 세례를 받는 순간부터 점차적으로 자기가 하느님의 자녀이며 하느님의 모상임을 깨쳐 나가기 때문이다. 그리고 존재 깊숙한 곳에 있는 진리를 깨치기 시작한다. 에크하르트는 영혼의 불꽃이 있는 장소를 언급한다. 그곳에서 영혼은 자기가 지닌 신성을 깨닫는다.

태이가 말하는 물결과 물의 은유는 실재의 역사적 차원과 궁극적 차원, 즉 인간과 신의 관계에 집중한다. 역사적 시간에 사는 물결은 물에서 생겼고 참된 자신은 물이다. 물결로서의 속성wave-ness은 물이라는 심연의 실재가 잠시 드러난 것이다. 물결은 자신이 물이라는 자각을 함으로써 깨달음을 얻는다. 그리고 물결은 모든 고통으로부터 자유롭게 된다.

에크하르트는 자신의 가르침 가운데 가장 멋진 은유 중 하나인 실재의 불꽃을 말한다.

> 숙련된 조각가는 나무 또는 돌로 조각상을 만들 때, 나무에 상을 새겨 넣는 것이 아니다. 조각가는 상을 덮고 숨기는 나무 조각들을 조각칼로 파내는 것뿐이다. 그들은 나무에 어떤 것을 덧붙이지 않는다. 오히려 그것으로부터 파내고 덜어 낸다. 그들은 조각칼로 바깥층을 벗겨 내고 거칠게 덮여 있는 것을 제거하면서 그 아래에 숨겨진 것을 빛나게 한다. **39•**

내가 알고 있는 세례성사가 지닌 근본적 의미에 대한 설명 중에서, 이것이 가장 명료하고 뛰어난 통찰을 담은 은유다. 통나무는 궁극적 실재인 하느님의 원초적 이미지를 깊숙한 곳에 품고 있다. 세례성사를 위해 준비된 물에 들어가는 것은 충만한 의식으로 참된 자기, 즉 하느님의 모상으로서의 자기를 깨닫고 성장시키는 여정에 입문하는 것이다. 성령은 우리 안에 있는 신성한 불꽃, 즉 희미한 하느님의 섬광을 세례성사 안에서 비춘다. 태이는 몸의 첫 세포들이 몸을 형성하기 시작할 때부터 성령이 우리 안에 있다고 말한다. 그러나 그것을 "배양하는 과정이 필요하다. …… 세례를 받는 것은 자기 안에 있는 성령을 발견하고 접촉하는 것이다."[40] 그것은 불교도가 깨닫는 체험과는 다르다. 불교도가 얻는 깨달음은 아주 순간적으로 삶을 변화시키는 각성의 결과일 때가 많다. 그래서 그것을 각성 또는 깨달음이라고 부른다. 반면 그리스도교의 세례성사는 성령의 배양이 활기를 띠게 되는 것이다. 태이는 세례성사가 아주 긴 여정의 첫걸음이라고 말한다. 자기에게서 신성한 본질을 더 많이 보면 자기를 조각하는 예술가인 신을 신뢰하는 법을 배운다. 그리고 조심스럽게 조각칼로 조각을 시작해서 참된 자기를 못 보게 덮고 있는 모든 것을 파낸다. 그렇게 시간이 흐르면서 아름다운 조각이 완성된다.

예수가 세례를 받는 일화는 제자들이 재현하도록 명령받은 영성적 각성의 예시다. 요르단강에서 세례를 받고 나온 예수는 하늘에서 내려오는 하느님의 영을 보고, 하늘에서 들려오는 소리를 듣는다. "너는 내가 사랑하는 아들, 내 마음에 드는 아들이다."(마르코복음 1장 10-11절) 그 목소리는 부드럽고 친밀하고 사랑스러운 포옹으로 따뜻하게 감싸 안으면서 그를 놀라게 했을 것이다. 시간이 흐르면서 예수는 압바인 하느님, 즉 성부와 내적으로 하나라는 사실을 명확히 안다. 자기가 하느님의 사랑스러운 아들이라는 사실을 자각한다. 이처럼 예수와 성부는 하나다. 생의 대부분을 인도에서 생활한 프랑스 베네딕도수도회의 수사 스와미 아비식타난다는 예수의 일생에서 한 획을 그은 사건인 세례성사를 이렇게 주석한다.

예수가 〔성부와의〕 차별성, 즉 갈라진 틈의 사라짐을 경험한 것은 요르단강에서 세례를 받을 때다. 어디에나 존재하는無所不在 성령이 차별을 완전히 없애 버린 때다. 그는 성령 안에서 '아들'을 부르는 소리를 듣는다. 그리고 그가 "압바"라고 대답했을 때, 자신이 '압바' 안에 있음, 즉 '그와 내가 하나'라는 사실을 깨닫는다. 41•

예수는 요르단강에서 깨달았다. 그는 뼈와 살로 된 몸뚱이 이상이다. 그는 물결이면서 물이다. 그는 그 존재의 정수가 신이다. 그와 성부는 어떤 차별도 없고, 그와 하느님은 하나다. 이것이 예수와 하느님 사이의 신비적 합일이다. 이것은 우리에게도 가능하다. 세례성사는 이것을 전례행위로서 각성시킨다. 우리는 그리스도 안에서 그리고 그리스도를 통해서 하느님 존재의 심연으로 녹아들어 간다. 성녀 시에나의 가타리나St. Catherine of Siena는 중세 도미니코수도회의 관상가다. 그녀는 적절한 이미지를 사용해서 신비적 합일을 설명한다. 하느님이 성녀 가타리나에게 말한다. "그것은 바다에 있는 물고기 또는 물고기 안에 있는 바다와 같다. 나는 평화의 바다다. [그리고 인간 영혼은 물고기다.] 그래서 [인간] 영혼 안에 내가 있고 내 안에 [인간] 영혼이 있다."42• 하느님은 우리 안에 있고 우리는 하느님 안에 있다. 삶의 마지막 순간이 다가온 것을 알고 예수는 신비적 깨달음을 선포한다. "내가 아버지 안에 있고 아버지께서 내 안에 계시다."(요한복음 14장 11절)

하느님을 향한 여정에 입문하는 것이 세례성사의 목적이다. 즉 "삼위일체의 친밀한 삶을 향한 …… [여정이다.] 그것은 전적으로 하느님이 무상으로 베푼 것에 의존하는 [여정이다.]"43• 그것은 내적 해방을 위한 순례다. 순례의 목적은 우리도 예수처럼 깊숙한 정수에 신격을 지냈음을 깨닫는 것이다. 우리도 하느님과 하나이고, 하느님의 사랑스러운 딸과 아들이다. 에크하르트는 "내가 하느님의 자녀가 되게 하기 위해, 즉 예수가 개인적인 나를 위해 사람이 된 것이 아니라면 …… 그리스도 안에서 '말씀이 [우리를] 위해 사람이 되었다'라는 말은 [나에게] 무가치한 것"44•이라고 말한다. 태이가 사용한 물과 물결의 은유를 이용하면, 그리스도인은 세례수를 통해 자기가 물과 하나라는 사실을 깨닫는다. 평화의 바다에 비유되는 하느님의 아름다움을 물결이 겉으로 드러낸다.

세례성사에서 드러나기 시작한 참된 자기를 확실하게 발견하기까지는 시간이 걸린다. 자기를 발견하는 것은 글자 그대로 덮개를 벗기는 것이다. 조각상을 덮고 있는 나무 층처럼, 영혼에는 참된 자기를 못 보게 하는 무분별이 있다. 인간은 죄와 소외로 가득한 세계를 물려받았기에 상처받지 않을 수 없다. 그것이 우리가 전해받은 세계다. 이것을 그리스도교는 원죄原罪. 아담의 범죄와 이로 인한 은총의 결핍 상태라고 표현한다. 인간은 참된 아름다움을 감춘 세계에서 태어난다. 그 세계는 참된 자기가 아닌 다른 존재가 되라고 몰아세운다. 타르수스에서 부활한 그리스도와 만나고 깨우침을 얻기 전까지 사울개종하기 전 사도 바오로의 속명도 그런 세계에 있었다. 그는 눈이 가려지고, 참된 자기를 못 보고, 하느님으로부터 소외된 상태에 있었다(사도행전 9장 8절, 18절).

인간은 하느님의 모상으로 창조된 참된 자기가 아닌 거짓된 자기가 되라는 유혹을 받는다. 이 참된 자기와 거짓된 자기의 갈등은 에덴동산의 아담과 하와 이야기에서 상징적으로 묘사된다(창세기 3장). 누구나 그렇듯 아담과 하와는 서로 다른 주장을 하는 영혼의 두 목소리 사이에서 갈등한다. 첫째는 하느님의 목소리다. 그것은 예수의 세례에서 명확하게 선포된 것이다. "너는 내가 사랑하는 아들, 내 마음에 드는 아들이다."(마르코복음 1장 11절) 둘째는 기만적이지만 매혹적 목소리다. "너희가 그것을 먹는 날, 너희 눈이 열려 하느님처럼 되어서 선과 악을 알게 될 줄을 하느님께서 아시고 그렇게 말씀하신 것이다."(창세기 3장 5절) 이 목소리는 참된 자기가 아닌 다른 존재가 되는 삶으로 유혹한다. 참된 자기가 아닌 거짓된 자기를 찾으러 밖으로 나가라는 유혹이다.

뱀이 "너의 눈이 열릴 것이다."라고 한 약속은 거짓이다. 뱀이 밖으로 나가서 발견해야 한다고 유혹하는 것은 이미 우리 안에 있다. 단지 진실을 못 보고 있을 뿐이다. 그것은 물결에게 이렇게 유혹하는 것과 같다. "그대는 물처럼 되길 원하죠? 나를 따라오세요. 자기 밖으로, 즉 '현재 순간'이 아닌 밖으로 나오세요. 그러면 내가 그대를 물처럼 될 수 있는 연못으로 데려다 주겠어요." 이렇게 해서 물결이 존재의 본질인 물에서 나와 잘못된 길을 떠나면, 물결은 곧 고이고 말라 버릴 것이다. 그리고 약속했던 물의 원천은 영성적 죽음을 초래하는 감옥이 될 것이다. 그것은 완전한 환상이고 고통으로 가득 찬 여정이다. 찾아서 멀리 나갈수록 자신 안 깊숙한 곳에 있는 진실로부터 점점 멀어지기 때문이다. 누구나 살면서 이런 익숙한 함정에 빠진다. 어떤 이들은 함정에서 더욱 심한 고생을 하기도 한다.

세례성사는 은총의 행위다. 참된 자기를 못 보는 눈 멈을 치유하는 선물이다. 예수 그리스도가 세례를 통해 눈 멈을 치유한다. 그는 참된 자기가 누구인지 모르는 어둠에서 진리의 빛으로 나아가는 길을 펼쳐 준다. 세례자가 물로 들어감으로써 그 여정은 시작된다. 그것은 그리스도의 죽음과 부활이라는 파스카 신비예수 그리스도가 수난, 죽음, 부활을 통해 인류를 위한 희생제물이 됨로 들어가는 길을 상징한다. 옛 삶의 방식과 눈 먼 거짓된 자아에서 죽고, 새로운 삶에서 태어나고 정화되어 자유를 얻는다. 사도 바오로는 "아담 안에서 모든 사람이 죽는 것과 같이 그리스도 안에서 모든 사람이 살아날 것"(1코린토 15장 22절)이라고 말한다.

세례성사는 진리와 영혼의 불꽃 그리고 새로운 탄생을 체험케 한다. 에크하르트는 "인간 영혼보다 하느님을 닮은 것은 없다."라고 강조한다.[45•] 이런 존재 상태가 참된 본성이며 근거로서 영원하고 불멸한다. 이것은 태이가 말한 나뭇잎 은유와 비슷하다. 이렇게 에크하르트는 인간 운명의 영원성을 떠올리게 한다. 세례의 물을 통해 새롭게 태어난 그리스도인은 죽음 너머 세계로 나아간다. 인간적 한계를 지닌 수명을 넘어선 "영혼은 풍요로움과 아름다움을 지니고 자기 안에서 그리고 모든 것 너머로 흐른다. …… 그리고 원초적 근원으로 돌아간다. 그러면 외적 인격은 죽을 때까지 내적 인격에 순종하고 영원히 하느님을 섬기며 평화롭게 산다."[46•]

그리스도인에게 '모든 것 너머의 …… 원초적 근원으로 돌아가는' 여정이란 표현은 역설적이다. 그리스도인은 세례를 받고 죽음으로써 예수 그리스도의 충만한 삶을 얻기 때문이다. 예수 그리스도의 십자가 사건을 전하는 요한복음은 십자가에 매달린 예수의 옆구리에서 흘러내린 물과 피를 묘사한다(요한복음 19장 34절). 그것은 예수 그리스도가 죽음이라는 텅 빔으로부터 흘러넘치는 생명의 물로 들어간 것을 연상시킨다. 새로운 생명의 선물은 간절한 소망을 충만케 한다. 그것은 오래전 이사야 예언자가 선포한 것이다. "자, 목마른 자들아, 모두 물가로 오너

라. …… 내 말을 들어라. 너희가 좋은 것을 먹고 기름진 음식을 즐기리라. 너희는 귀를 기울이고 나에게 오너라. 들어라. 너희가 살리라. 내가 너희와 영원한 계약을 맺으리니 이는 다윗에게 베푼 나의 변치 않는 자애이다."(이사야55장1-3절)

에크하르트는 세례를 통해 인간 "영혼은 하느님 안에 들어가고 하느님의 본성에 잠기고 하느님의 생명을 받는다."47•라고 강조한다. '하느님 안에 들어간' 존재가 그리스도로 변모한다. 즉 세례를 받은Christ-ened 사람은 그리스도와 하나가 된다. "그대는 성자 [그리스도]와 거의 같은 것이 아니라 그대가 성자다."48• 세례성사는 그리스도를 흉내 내는 인물을 만드는 것이 아니다. 그것은 그리스도와 합일되어Christ-ed 그리스도의 몸과 결합하는 것이다. 예수처럼 하느님이 말하는 목소리를 듣는다. 하느님의 본성을 지닌 참된 자기를 희미하게 보기 시작한다.

에크하르트에게 있어서 세례성사에서 시작하는 그리스도인의 영성여정은 위대한 조각가의 조각칼이 나무 조각을 조심스럽게 파 나가는 것처럼 느린 과정을 거치는 것이다. 그것은 거기에 항상 존재했던 하느님의 모상이 있는 깊은 층까지 파 내려가는 과정이다. 우리는 '이제와 항상 영원히' 하느님의 거룩한 자녀다. 세례 의식의 한 요소인 크리스마 성유49•를 바르는 것은 세례를 받은 우리가 그리스도와 하나가 되는 것을 성사화한 것이다. 이제 예수 그리스도와 제자의 차별은 없다. 양자는 내적으로 결합된다. 사도 바오로는 "주 예수 그리스도를 입으십시오."(로마13장14절)라고 말한다. 신앙인은 그리스도를 입음으로써 하느님 안에 녹아 있는 자기를 발견한다. 파도가 바다와 자기가 하나라는 중요한 진리를 깨우친 것과 같다. 아비식타난다는 말한다. 세례성사는 하느님과 인간 사이의 차별 경험을 소멸시킨다. 이 위대한 신비체험의 응답은 모세가 했던 것처럼 하면 된다. 즉 스스로 신발을 벗고, 하느님의 거룩한 이름을 선포하는 것이다. "나는OOO이다."

사도 바오로는 그리스도와 신비적 합일을 했던 체험을 이야기한다. "이제는 내가 사는 것이 아니라 그리스도께서 내 안에 사시는 것입니다."(갈라티아 2장 20절) "현재도 미래도 다 여러분의 것입니다. 그리고 여러분은 그리스도의 것이고 그리스도는 하느님의 것입니다."(1코린토 3장 22-23절) 세례성사는 참된 자기를 찾는 여정이다. 대개는 참된 자기를 단계적이고 순차적으로 찾게 된다. 복음서에서 예수는 소경을 치유하면서 두 번 만진다. 그리고 두 번째 만지자 소경이 최종적으로 눈을 뜬다. 참된 자기를 찾는 여정도 소경 이야기와 크게 다르지 않다(마르코복음 8장 22-26절). 제자들처럼 세례를 통해 하느님의 근거를 깨닫는 과정은 천천히 진행된다. 은총과 수련을 통해 시간을 두고 눈이 서서히 밝아진다. 그러면 빠른 효과를 얻고자 하거나 허상일 뿐인 우회로를 찾는 경우가 줄어들 것이다. 점진적으로 거대한 평화의 바다에서 자기를 발견하기 시작한다. 그리고 물결은 거짓 약속들을 의심하기 시작한다. 태이가 말하듯 물결은 물이 참된 고향이고, 물이 아버지이며 어머니라는 사실을 깨닫는다. 그리고 하느님께 깊숙이 녹아들어 가 사는 법을 배운다. 에크하르트는 "모든 것은 오직 하느님이 된다."**50•**라고 말한다.

이름을
부름

4

세례성사는 그리스도인이 하느님과 관계를 맺는 입문의례다. 그것을 통해 하느님을 깊이 알게 된다. "이스라엘아, 너를 빚어 만드신 분, 주님께서 이렇게 말씀하신다. …… 내가 너를 지명하여 불렀으니 너는 나의 것이다."(이사야 43장 1절) 존재의 근거인 하느님이 세례수洗禮水 깊숙한 곳으로부터 우리를 지명한다. 즉 우리를 진짜 이름으로 불러준다. 에크하르트는 하느님이 "나 자신보다 나에게 더 가까이 있다."라고 말한다.**51•** 실재의 궁극적 차원과의 관계를 의인화를 통해 상징적이며 명료하게 설명한다. 세례성사는 아버지 또는 어머니로서 하느님의 사랑을 드러낸다. 그리고 예수처럼 딸 또는 아들로서 우리는 하느님의 목소리를 "듣는다."

대인관계에 사용되는 표현으로 하느님을 묘사하면 언제나 언어적 한계에 직면한다. 하느님이 인격체인가? 아니다. 적어도 하느님은 우리가 아는 인격체는 아니다. 그리스도교는 하느님을 세 위격으로 말한다. 세 위격은 애정 넘치는 불이일원론적 친교를 나누며, 친교가 모든 인격의 근원이다. 태이는 신학자 폴 틸리히를 인용한다. "하느님은 인격체가 아니지만, 인격체보다 못한 것도 아니다."**52•** 유사한 질문이 가능하다. "열반은 물인가?" 아니다. 그러나 물과 물결의 관계를 통해 열반에 대해 설명할 수 있다. 한계가 분명하지만 적절한 단어와 이미지와 은유를 사용할 수 있다. 하느님은 인격신이지만 인간의 개념에 한정된 존재는 아니다. 어떤 비유와 언어를 사용해도 존재의 궁극적이고 영원한 근거를 설명할 수 없다. "이름 없는 하느님을 …… 말로 표현할 수 없다. 그 근거 안에 있는 영혼도 말로 표현할 수 없다."[53] 단지 할 수 있는 한 최선을 다해 설명할 뿐이다.

유대인과 그리스도인만 하느님 또는 궁극적 차원을 대인관계로 표현하는 것은 아니다. 힌두교와 수피를 포함한 세계의 영성적·신비적 전통들도 대인관계로 표현한다. 즉 신과 인간의 친교의 신비를 대인관계, 특히 남녀의 성적 친밀감을 통해 표현한다. 여러 종교에서 하느님 혹은 궁극적 존재를 연인으로서 묘사한다. 즉 연인처럼 신은 인간을 신의 깊은 곳 혹은 신의 마음 깊은 곳으로 초대한다. 구약성서의 아가서는 매우 아름다운 노래를 한다.

나의 애인이여, 일어나오.
나의 아름다운 여인이여, 이리 와 주오.
바위틈에 있는 나의 비둘기
벼랑 속에 있는 나의 비둘기여!
그대의 모습을 보게 해 주오.
그대의 목소리를 듣게 해 주오.
그대의 목소리는 달콤하고
그대의 모습은 어여쁘다오.
(여자의 어머니)

얘들아, 여우들을 잡아라,
저 작은 여우들을.
우리 포도밭을,
꽃이 한창인 우리 포도밭을 망치는 저것들을.
(여자)
나의 연인은 나의 것, 나는 그이의 것.
그이는 나리꽃 사이에서 양을 치고 있네.
날이 서늘해지고
그림자들이 달아나기 전에
나의 연인이여
베텔산 위의 노루처럼,
젊은 사슴처럼 어서 돌아오셔요.
(아가 2장 13-17절)

태이는 『귀향』에서 하느님 또는 궁극적 존재를 의인화하는 어려움을 토로한다. 그는 묻는다. "왜 하느님이 인격체인지 아닌지, 열반이 인격적인지 비인격적인지 등을 논의하는 데 시간을 낭비해야 하는가? 존재의 근거를 현상적 차원의 [한정된 언어] 표현으로 은유하는 것은 잘못이다."54• 태이가 불편해 하는 부분을 알 수 있을 것 같다. 불교도는 인격 또는 비인격으로 구분하는 이분법적 어법에 매우 생소할 뿐만 아니라, 그 어법이 지닌 위험성도 잘 안다. 자칫 인간은 자기 모습과 유사한 정도로 하느님을 제한시킬 수 있다. 그리고 하느님을 자기 의지에 따라 움직이고 쉽게 조정할 수 있을 것처럼 착각한다. 오늘날 전 세계를 전쟁과 폭력으로 유도하는 종교표현들이 난무한다. 그것이 얼마나 위험한지 알 수 있다. 따라서 태이가 경고하는 말을 신중하게 고려해야 한다. 하느님을 인간 언어로 제한시켜서는 안 된다. 붓다가 가르친 태어남도 없고 생겨남도 없고 창조됨도 없고 형성됨도 없는 세계는 창조된 세계와는 다르다. 그렇지만 우리는 신비체험을 이웃에게 설명할 수밖에 없다. 궁극적으로 말로 표현할 수 없고 분명한 한계를 지녔음에도 하느님을 설명할 수밖에 없다.

유사 이래 인간은 삶의 궁극적 차원에 접촉하고, 그것을 맛보고 알고자 노력해 왔다. 이것을 신비체험이라고 한다. 이것을 체험한 관상가들은 내부에서 타오르는 불을 자각한다. 그들은 분명 한계를 알지만 마음 안에서 타오르는 불꽃을 설명해야만 했다. 태이가 사용한 매우 간결하지만 명확한 물결과 물의 비유는 깊은 통찰을 통한 신비체험의 결과다. 그러나 다른 은유와 마찬가지로 그것도 시와 상징의 세계, 즉 현상세계의 산물일 뿐이다.

궁극적 실재의 영역에 들어가려면 그런 갈등을 조정해야 한다. 태이는 그 어려움을 간접적으로 표현한다. 즉 현상세계로부터 동떨어진 신비체험은 없다. "그것은 본체의 [궁극적] 차원과 접촉할 수 있는 모든 현상을 폐기하는 것이 아니기 때문이다. 역사적 차원을 버리고 나면, 그대가 접할 수 있는 궁극적 차원은 없다. 그대는 하느님의 피조물을 통해 하느님을 만난다. 그대는 역사적 차원과 깊게 접촉함으로써 궁극적 차원과 접촉한다."[55•] 부언하면 하느님 또는 궁극적 차원을 언급하는 유일한 방법은 창조된 세계, 즉 현상적 세계에 대한 통찰과 은유를 사용하는 것이다.

인간의 경험적 언어는 불완전하고 한계가 분명하지만 그것을 벗어난 다른 선택지도 없다. 그래서 유대-그리스도교 전통은 인간적 사랑을 표현하는 언어를 사용하곤 한다. 인간 언어가 지닌 한계가 분명함에도 불구하고 그 언어로 하느님을 표현할 수밖에 없다. 부족하지만 주의 깊게 귀를 기울이면, 물이 물결에게 속삭이는 말을 들을 수 있지 않겠는가. "나의 사랑이여. 두 팔 벌린 나의 시원한 심연으로, 내 마음의 어둡고 영원한 동굴로 돌아와요. 영원히 내 안에서 그대 자신을 잊으세요." 이것이 태이와 에크하르트, 그리고 다른 관상가들이 의인화를 통해 표현하려던 진리의 근사치가 아니겠는가? 요르단강에 서서 물이 뚝뚝 떨어지던 예수가 들은 하늘의 목소리가 이것이 아니겠는가? 궁극적이고 영원한 세계를 온전하게 접촉하면, 더 이상 언어가 필요하지 않다. 있는 그대로의 참된 자기가 되는 것이 참된 자유다. 그러는 사이에 우리는 말하고 듣고 마음의 불을 지피게 된다.

의지 또는
은총

5

그리스도교는 세례성사를 받는 연령에 대한 상반된 의견과 논쟁을 지속해 왔다. 초대교회로부터 세례성사가 성인을 위한 그리스도교 입문 의례였음을 부정할 사람은 없다. 그러나 그리스도교에는 유아세례의 전통도 있다. 유아세례는 자신이 범한 죄가 없고, 세례에 대한 이해와 받을 의향도 없는 유아가 받는 세례다. 초대교회로부터 얼마 지나지 않아서 가톨릭교회와 정교회는 유아세례를 관례적으로 허용해 왔다. 그러나 그리스도교에서 개신교는 유아세례를 부정해 왔다. 세례성사를 위한 전제조건인 자유의지로 그리스도에 대한 믿음을 수용하는 능력이 유아에게는 없기 때문이다. 개신교에서는 의지로 믿음을 수용하는 것을 세례성사의 필수조건으로 한다. 의지 또는 은총에 대한 논쟁보다는 덜 중요하지만, 유아세례는 실제로 그리스도교 갈등의 핵심문제 중 하나다. 세례성사를 이해하는 중요한 개념 중 하나이기 때문이다. 여기서 한쪽을 지지하는 논조를 펴지는 않을 것이다. 단지 태이의 불교 신비주의와 에크하르트의 그리스도교 신비주의 사이의 대화를 위해 중요한 주제인 은총을 검토하는 정도로 다룰 것이다.

구약성서 탈출기에는 모세의 탄생에 관련된 이야기가 있다. 모세는 파라오 치하에서 태어났다. 그때 이집트 왕 파라오는 히브리 여인에게서 난 모든 남자아이를 죽이라는 명령을 내린다. 모세의 어머니는 아들을 세 달 간 몰래 키운다. "그러나 더 숨겨 둘 수가 없게 되자, 왕골 상자를 가져다 역청과 송진을 바르고, 그 안에 아기를 뉘어 강가 갈대 사이에 놓아두었다."(탈출기 2장 3절) 잠시 후 파라오의 딸이 아이를 발견하고 왕실 집으로 데려가서 자신의 아들로 삼아 기른다. 그녀는 "내가 그를 물에서 건져 냈다."(탈출기 2장 10절)라고 하면서 모세라는 이름을 붙여 준다.

누군가 물을 수 있다. "이것이 그리스도교 세례 혹은 불교와 그리스도교의 종교간 대화와 무슨 상관이 있는가?" 솔직히 말하면 "아주 조금만 관련된다." 그러나 모세의 사건을 그리스도교 세례성사의 한 예표豫表로서 이해할 수 있다. 그런 관점에서 모세의 이야기를 보다 명확하게 이해할 수도 있다. 갓난아기 모세는 다른 등장인물들이 개입함으로써 죽을 운명에서 구원되었다. 어머니는 아이를 바구니에 넣어 강물에 떠내려 보냈다. 한편 누이는 아이가 어떻게 되는지를 지켜보았다. 파라오의 딸이 바구니를 건지자, 누이는 이름 모를 아이의 유모로 아이의 어머니를 지목할 것을 제안했다. 왕의 딸은 직접 아이의 생명을 구했다. 모세는 자신의 생명을 구하는 데 아무런 역할도 하지 않았다. 그는 애정을 지닌 이들의 행위 덕분에 생명을 구한다. 이점이 지금 논의하는 주제에 중요하다. 하느님의 구원사업을 성취하는 사랑의 계획이 공동체 행위를 통해 모세에게서 일어났다. 공동체 구성원이 각자의 역할을 했고, 나머지는 하느님이 채웠다.

이것이 그리스도교의 세례를 이해하는 데 중요한 요소를 밝혀 준다. 세례가 인간의 믿음과 행위에만 관련되지 않는다는 것이 가장 중요하다. 그것은 은총을 통해 받는 선물이다. 하느님이 그리스도를 통해 모든 것을 행한다. 이것은 신앙인들이 일생을 믿고 대대로 전승해 온 신앙이다. 신앙의 선조들은 그리스도에게 성심성의껏 응답해 왔다. 우리가 세례를 받기 위해 강둑을 향한 길을 찾아 나서는 것은 그들의 모범이 있었기 때문이다. 사도 바오로는 "세상 창조 이전에 그리스도 안에서 우리를 선택하시어, 우리가 당신 앞에서 거룩하고 흠 없는 사람이 되게 해 주셨습니다. 사랑으로"(에페소 1장 4절)라고 말한다. 우리가 세례성사를 행하는 것이 아니라, 세례성사가 우리에게 베풀어지는 것이다. 세례성사는 그리스도의 구원 은총을 전달해준다. 그것을 선택함으로써 은총에 응답하는 것이 우리의 역할이다. 세례를 받은 성인은 그리스도의 발자취를 좇아 매일 자신의 의지와 선택을 지속해야 한다. 그리고 자기가 그리스도를 선택하기 훨씬 이전부터, 그리스도가 먼저 자기를 선택했다는 사실을 그리스도인은 명심해야 한다(요한복음 15장 16절).

태이가 사용하는 물과 물결의 은유로 말하면 이렇다. 물결이 스스로 물에서 나왔다는 핵심 진리를 깨닫기 훨씬 이전부터 물은 물결이 자기로부터 나왔음을 알려 준다. "그대는 나의 딸이다. 나의 사랑하는 이여!" 이렇게 부르는 소리를 명확히 듣고 물결이 응답하기 훨씬 이전부터 물이 물결을 지명한다. 그리고 언젠가 물결은 자기의 본래 모습을 발견할 것이다. 예수가 그랬던 것처럼 그리스도인은 하느님의 모상으로 창조된 참된 자기가 받은 은총의 선물을 세례를 받는 순간 어렴풋이 알아차린다. 그러나 하느님이 자신 안에 현존한다는 궁극적 진리를 완전히 깨닫는 여정의 완성까지는 삶에서 시간이 걸린다. 버나드 맥긴은 말한다. "에크하르트에 의하면 우선 '하느님의 모상imago dei'인 자기를 지각해야 한다. 그것을 위해 지성을 활성화시켜야만 은총을 얻는다."**56**•

실재는 언제나 그곳에 있다. 마치 조각의 형상이 나무 또는 돌덩어리 안에 항상 감추어진 상태로 있는 것과 같다. 따라서 세례성사를 유아에게 행하든 지적능력을 갖춘 성인에게 행하든 필요한 것은 동일하다. 즉 무상으로 주어진 은총의 선물을 기꺼이 받고 응답하는 것이다. 그것은 복음성가의 가사와 같다. "놀라운 은총 얼마나 달콤한가. 나처럼 비천한 영혼을 구원하네. 나 한때 길을 잃었으나 지금은 길을 찾았네. 나 눈이 멀었으나 지금은 볼 수 있네."

은총이 우리를 찾는 것이지, 우리가 은총을 찾는 것은 아니다. 태이는 물결을 상기시키며 불교의 은총 개념을 설명한다. "물은 그대의 참된 고향이다." 물결이 물을 고향으로 만드는 것이 아니다. 물결은 신비한 진리를 발견할 뿐이다. 그것은 예수를 따르는 그리스도인도 마찬가지다. 총체적 믿음의 삶이란 은총과 자유와 하느님의 주도적 사랑에 대한 응답이다. 버나드 맥긴은 "에크하르트에 따르면 …… 은총은 하느님으로부터 받는 선물 전체"[57]라고 말한다. 나머지는 모세처럼 물에 빠져 있음을 자각하는 영성여정에서 이어지는 선택과 응답이다.

그리스도인과 유대인의 신앙은 인간 모두가 하느님의 모상을 지녔다는 것을 고백한다. 세례를 받은 다음에 그것을 받는 것이 아니다. 시편 저자는 노래한다. "정녕 당신께서는 제 속을 만드시고 제 어머니 배 속에서 저를 엮으셨습니다."(시편 139편 13송) 인간은 하느님의 손으로 만들어진 작품이다. 하느님의 존재 자체가 인간에게 각인된다. 인간은 하느님의 숨이 없으면 우주와 함께 존재할 수 없다. 에크하르트의 이미지를 빌리면, 예술가는 "나무 또는 돌로 조각상을 만들 때, 나무에 상을 새겨 넣는 것이 아니라 상을 덮고 감추는 나무 조각들을 조각칼로 파내는 것이다. 그들은 나무에 어떤 것을 덧붙이지 않고 단지 나무 조각들을 파낸다." 하느님의 모상이 유아의 마음보다 성인의 마음에 더 많이 현존하는 것은 아니다. 자기 안에 있는 하느님의 모상이 새겨진 각인을 의식하고 인정할 때만 모상이 있는 것도 아니다. 그것을 알든 모르든 상관없이 모상은 근본적 본성 또는 참된 근거로 각인되어 있다. 그것은 '타타타tathātā' 즉 '그와 같음'이다. 세례성사는 눈 멈을 치유하고 '그와 같음' 또는 깊숙한 참된 자기를 자각하는 것이다.

참된 자기를 완전히 깨달아 가는 과정, 즉 단편들을 조각칼로 완전히 파내는 과정은 인생 전체에 걸친 작업이고, 매일 수 없이 반복하는 선택의 결과다. 그렇기에 유대-그리스도교 전통은 시간과 역사를 그토록 중요하게 여긴다. 왜냐하면 그것이 우리가 누구이고 하느님은 누구인지, 더 나아가 하느님 안에 있는 우리가 누구인지를 알아가는 정확한 맥락을 알려 주기 때문이다. 역사적 과정이 생명의 위대한 신비를 깨우치는 기회다. 세례성사는 그리스도인에게 제시된 그런 전체 여정의 출발점이다.

이 장을 시작하면서 다룬 주제로 돌아가자. 그것은 의지인가 은총인가? 세례성사는 은총으로 받는 것인가 아니면 선택하는 것인가? 물론 그 대답은 전부 '그렇다'다. 인간은 모든 것을 은총의 선물로 받고 삶에서 그것을 펼치고 표현하며 산다. 세례성사를 인간의지와 완전히 분리된 마술묘기처럼 평가절하시킬 필요는 없다. 삶이 세례성사에 전혀 영향받지 않고 융합하지 않고 실천하지 않는다면 그것은 참된 세례가 아니다. 역으로 세례성사를 예수 그리스도를 받아들이는 자기 선택 정도로 축소시켜도 안 된다. 우리가 선택하기 전에 하느님이 먼저 선택한다. 물이 물결에 생명을 주는 것이지, 물결이 물에 생명을 주지 않는다. 은총은 언제나 무상으로 받는 선물이다. 그러나 그 선물은 훌륭한 정원사가 부드러운 손길로 지속적으로 가꾸어야만 꽃이 핀다. 그처럼 일생을 통한 영성여정이 은총을 꽃피게 한다.

성사

6

태이는 그리스도인의 은총 개념을 '성령을 경작하기'라고 한다. 즉 세례성사의 은총을 성장시켜서 겉으로 드러내는 것이다. 그러나 그것이 그렇게 간단하지 않다는 것을 인정하고 받아들여야만 한다. 실제로 세계 각지에서 '[은총] 정원을 경작하는 일'은 위기에 놓여 있다. 그리스도인으로서 세례를 받은 사람 중 많은 이가 은총에 담긴 풍요로움을 깨닫지 못한다. 하느님의 현존이라는 바다에서 물놀이를 하건만, 삶의 대부분을 물을 찾아 미친 듯이 돌아다니며 허비한다. 이것은 마음챙김 수행의 위기다. 세례성사의 은총을 펼쳐 나가는 실천 능력은 대부분 상실되었다. 고대로부터 전해지는 제식은 잘 보존되어 있고, 신학 도서관은 성사聖事. 예수가 제정하고 교회에 맡긴 '은총의 표징'으로, 세례·견진·성체·고해·혼인·성품·병자 성사의 7 가지가 있음에 관한 도서로 가득 차 있다. 그러나 그것을 삶으로 실현하는 방법과 세례성사의 깨달음을 삶에서 충만하게 드러내는 방법을 잊었다. 태이가 가르친 마음챙김 수행이 오늘날 많은 그리스도인에게 유익한 빛이 되는 이유다.

현대는 신앙을 삶에서 실천하지 않는 위기에 빠져 있다. 그렇기에 새로운 길을 제시할 영성지도자가 필요하다. 각자 안에 있는 하느님의 현존을 발견하도록 돕는 지도자가 필요하다. 그 지도자는 높은 수행력을 지녀야만 한다. 우리 모두는 살아 있는 그리스도가 비추는 빛으로 충만한 존재다. 즉 하느님의 아들과 딸이다. 그것을 현실에서 체험해야만 한다. 이것이 초기 그리스도교의 사막 교부들이 했던 역할이다. 그리스도인들은 신앙의 수행법을 배우기 위해 사막에 있는 오두막과 동굴로 그들을 찾아갔다. 이런 은둔자와 유랑하는 고행자는 스스로 모범을 보임으로써 진리를 가르쳤다. 긴 논문 주제와 신학적 논의를 통해서가 아니라 삶을 통해 가르쳤다.

태이는 현대 사회에서 참된 영성지도자의 부재를 한탄한다. 가슴 아픈 현실이지만 그것을 솔직하게 인정할 때 치유의 길이 열린다.

> 영성지도자는 …… 단순히 무엇을 해야 할지 아는 사람이 아니다. 그들이 영성전통의 가장 소중한 가치를 전수하지 못할 수 있다. 그것을 충분히 이해하거나 체험하지 못했기 때문이다. 자기가 속한 종교전통의 살아 있는 가치를 구체적으로 실현하지 못하는 사제도 있다. 그들은 그것을 다음 세대에 물려줄 수 없다. 그들은 사제복을 입고 피상적 모습만을 전달한다. …… 그리스도교와 다른 종교전통처럼 불교는 현대인의 요구에 부응하기 위해 스스로 쇄신해야 한다.**58•**

태이의 마음챙김 수행과 가르침은 영성쇄신을 추구하는 수행자에게 소중한 보물이다. 태이는 현실적으로 문제를 풀어 나가는 영성의 대가다. 나는 체험은 적지만 태이가 훌륭한 스승이라는 사실은 안다. 내가 그것을 직접 확인했기 때문이다. 태이는 깊은 관상을 하며 환희에 차서 걷기수행을 한다. 그때 그는 현재 순간에 완전히 머문다. 나는 그것을 직접 목격했다. 언젠가 태이는 다르마를 설명하다가 잠시 멈추고 비구니 스님이 꾸민 멋진 꽃꽂이를 보며 관상했다. 마치 시간이 멈춘 것 같았다. 급할 것이 전혀 없었다. 그 순간의 아름다움을 즐기는 순수한 기쁨이 있었다. 내가 아는 한, 그때 그는 어떤 말도 할 필요가 없었다. 관상하는 모습이 모든 것을 대변해 주었다. 그는 사람을 바라보는 눈빛, 미소, 부드러운 목소리, 소박한 이야기, 듣는 것에 열려 있는 귀를 갖고 있다. 그 모든 것이 영성지도를 받고자 갈망하는 수행자에게 큰 가르침이 되었다.

태이는 붓다에 관해 이야기할 필요가 없다. 그가 붓다이고 붓다의 가르침의 증인이기 때문이다. 그의 가르침은 어렵지 않고 현실적이며 자유롭다. 그는 비구와 비구니들과 함께 앉아 명상한다. 그들과 함께 먹고 여행하고 안거를 한다. 녹야원 사원에 머물 때, 우리 그룹에서 8명이 차를 마시며 가벼운 이야기를 나누는 모임에 초대받았다. 태이는 그 모임에서도 가르침을 주었다. 그는 단순히 침묵하면서 함께 있는 것만으로도 우리를 가르쳤다. 태이의 서두르지 않는 모습은 현대세계에 필요한 영성적 자양분이다. '가톨릭 사제인 나는 어떤가? 함께 앉아 침묵하며 명상하는 것만으로 내가 주어야 할 가장 소중한 은총의 선물을 그들에게 줄 수 있는가?'라고 자문해 본다. 불행히도 그것은 내가 받은 신학교의 양성과정에 없었다.

그리스도인이 삶에서 망각한 중요 요소들을 어떻게 다시 되돌릴 수 있을까? 덜 복잡했던 시대에 있었던 영성전통의 단편들을 어떻게 재발견할 수 있을까? 이웃과 함께하는 것이 곧 하느님과 함께하는 것이다. 이것을 믿고 현대사회에서 생산성 없는 것으로 치부되는 그저 함께 있음의 소중함을 가르칠 수 있는가? 사람들에게 단지 시간을 함께 보내는 소중함을 가르칠 수 있는가? 이웃과 함께 있는 것만으로도 자기가 그리스도의 몸임을 깨닫게 된다. 교실이 아니라 일상에서 함께하며 나누는 것에 기반을 둔 그리스도교의 교리교육은 어떨까? 마음을 다하지만 서두르지 않고, 사업계획이나 성취해야만 할 것을 정하지 않으면 어떻게 될까? 주일을 한 주일 동안의 바쁜 삶에 대한 과외활동쯤으로 덧붙이는 것을 어떻게 그만두게 할 수 있을까? 어떻게 삶의 모범을 통해 예수의 복음을 전할 수 있을까? 이런 자문을 끝맺는 핵심 주제는 이렇다. 단순함을 상실한 채, 그리스도교의 신앙생활을 인간 행위의 범위 안으로 축소시켜 버린 것이 문제의 시작이 아니겠는가?

그리스도교는 예수의 가르침 중에서 이웃을 사랑하는 것과 봉사를 실천하는 신앙유산을 잘 전달해 왔다. 모든 그리스도인은 아니지만, 대부분의 그리스도인은 이것을 의식하며 실천한다. 그리스도인들은 전 세계에서 다양한 모범을 보이며 다양한 활동을 한다. 가난한 사람들을 돕고, 혜택받지 못한 사람들을 위해 학교에서 가르치며, 병자를 돌보고, 굶주린 이에게 먹을 것을 주며, 정의로운 세계를 만들기 위해 노력한다. 많은 그리스도인이 봉사와 사랑을 실천하면서 세례를 통해 받은 소명에 전념하며 삶으로 실천해 온 것은 분명하다. 내가 위대한 유산에 동참하고 있음에 감사한다. 이웃을 돌보는 것, 특히 가난한 사람을 돌보는 것은 마음을 다해 삶으로 예수의 가르침을 실천하는 방식이다. 무료 급식소에서 수프를 배식하는 것과 병원에서 죽어가는 에이즈 환자의 손을 잡고 앉아 있는 것은 사랑의 실천이다. 하느님의 현존 안에서 사는 확실한 체험이다. 사랑의 봉사는 하느님을 생각하는 것을 넘어서, 이웃의 인격 안에 있는 하느님과 함께하는 것이다.

명상수행을 배우기 위해 아쉬람 또는 선방禪房으로 간 사람들만큼이나 많은 서양 그리스도인들이 캘커타의 마더 데레사 수녀를 돕기 위해 인도로 몰려갔다. 이 사실이 조금은 아이러니하다. 내가 그들 중 하나이기 때문에 잘 안다. 두 경우에 영성적 굶주림은 비슷하다. 우리는 직접 체험하고 신앙을 삶으로 실천한다. 누구나 보다 깊은 삶의 의미를 찾고자 노력한다. 단지 지적인 것이 아니라 실천적이며 체험할 수 있는 것을 원할 뿐이다. 이 통찰을 좀 더 깊이 고려해보자. 가난하고 궁핍한 사람과 직접적이고 이타적으로 만나는 것은 살아 있는 그리스도와 만나는 것을 일깨운다. 마찬가지로 명상과 관상기도에서 자기포기하느님이 자기 내면에 들어와 활동하도록 자아를 포기하는 것를 수행한 경험이 있는 수행자도 그것을 깨닫는다. 특히 젊은 그리스도인은 실질적이고 직접 지각되는 하느님을 발견하길 원한다. 스스로를 영성의 구도자로 생각하는 사람은 신학적 가르침 이상의 참된 현존을 추구한다. 실질적이고 경험적인 차원에서 자기를 생기 넘치고 자유롭게 해 줄 것을 구한다. 살아 있는 믿음, 살아 있는 하느님의 숨결을 갈구하는 것이다. 그것은 교리교육과 신학적 교의를 암기한 말들 너머에 있는 것이다.

에크하르트는 이런 종류의 문제를 다루지 않았다. 그는 실천적 수단 또는 방법을 중점적으로 고려하지는 않았다. 그는 '수단'처럼 보이는 모든 것에 대해 다소 회의적이었다. 실천수단 자체에 마음을 너무 빼앗긴 나머지 하느님을 놓칠까 두려워했던 것이다. 이 점은 오늘날에도 명심해야 할 부분이다. 나는 에크하르트의 지혜와 가르침에 깊은 존경심을 갖는다. 그리고 에크하르트가 직접 관심을 갖지 않은 부분은 태이가 대신 가르쳐 줄 수 있다고 생각한다.

태이가 가르친 마음챙김 수행은 현실적이고 직접 경험할 수 있다. 그런 체험을 통해 불교가 가르치는 것을 고향으로 가져오는 방법을 발견할 수 있다. 차를 함께 마시던 날 그는 "마음챙김 수행을 통해 어린이조차도 무상無常에 대한 가르침을 이해할 수 있다."라고 강조했다. 마음챙김 수행을 이해하고 실천할수록 그리스도교의 성사가 지닌 오래되고 풍부한 전통과 마음챙김 수행이 공통적 근거가 많다는 사실을 알게 된다. 태이가 가르친 마음챙김 수행은 불교의 성사에 해당한다. 그리스도교에서 성사는 그것이 상징하는 것을 실재로 만드는 신성한 것의 표징이다. 성사를 거행하는 것을 통해 지금 여기에서 하느님의 실체와 접촉하는 것이다. 사제는 미사 중에 빵을 잡고 축복하고 쪼개고 나눈다. 이것을 성체성사라고 부른다. 성체성사는 미사 중에 예수 그리스도의 몸과 피를 제물로 하느님 아버지께 봉헌하는 제사인 동시에 그리스도의 몸인 성체를 나누는 것이다. 이런 성체성사에서 사용하는 동작은 최후만찬에서 예수가 행한 말과 행위를 기념하는 것이다. 성체성사의 동작을 통해 살아 계신 그리스도와 눈에 보이는 영성적 합일을 이룬다.

제자들에게 걷기명상을 가르칠 때 태이는 천천히 그리고 가볍게 걸으라고 한다. 현재 순간에 충분히 머물면서 걸을 때마다 마음을 다해 대지에 접촉하고 그것을 치유하라고 한다. 그리스도교의 성사에서 하는 제식 동작에도 같은 것이 적용된다. 명상하면서 마음을 다해 내딛는 걸음은 영성적 방식을 통해 궁극적 실재와 결합하는 것이다. 또 다른 실례는 마음을 다한 호흡이다. 태이는 숨쉬기가 단지 산소를 들이마시는 것이 아니라고 강조한다. 마음을 다해 숨쉬기는 우리를 생명 에너지와, 즉 그리스도교의 성령과 연결시킨다. 그리스도인은 성령을 통해 생명의 증여자인 하느님과 접촉한다. 한편 불교도는 마음 다한 숨쉬기를 통해 식물 및 나무와 교감한다. 더 나아가 멸종위기의 브라질 열대 우림과 교감한다. 마음 다한 숨쉬기는 오염되고 더럽혀진 세계의 치유에 헌신하는 국제 공동체에 동참하는 방법을 알려 준다. 태이가 종소리를 듣게 할 때도 마찬가지다. 이 성사적인 동작은 명상 시간을 알려 주는 단순한 도구가 아니다. 그것은 현재 순간에 우리를 고향으로 부른다. 즉 지금 여기 있는 고향인 하느님 나라에 집중하게 만든다.

태이의 마음챙김 수행은 매 순간이 성사의 순간임을 알려 준다. 매 순간이 영원과 합일하는 순간이고, 삶의 궁극적 차원과 합일하는 순간이다. 그는 『살아계신 붓다, 살아계신 예수』에서 유대인이 말하는 경건함을 해설하면서 마음챙김 수행이 성사에 견줄만한 것이라고 말한다.

> 유다이즘에서 경건함piety은 중요한 단어다. 모든 생명이 하느님을 반영하고 있기 때문이다. …… 그래서 무엇인가 향유한다는 것은 하느님을 생각하고 하느님의 현존을 향유하는 것이다. 불교도가 상호의존적 존재inter-being 및 상호침투inter-penetration를 바르게 감지하는 것과 매우 유사하다. …… 경건함은 모든 것이 매 순간 하느님의 현존과 결합됨을 인식하는 것이다. 예를 들면 유월절유대인의 3절기 중 하나로 봄에 지내는 농경축제. 과월절 혹은 파스카라고도 함의 첫날 밤 축제는 이집트의 속박에서 벗어난 이스라엘의 해방과 고향으로 돌아가는 여정을 기념하는 제의적 식사다. 식사 중에 사용되는 특

> 정 야채와 허브와 소금과 조미료는 과거에 일어났던 사건과 접촉하는 데 도움을 준다. 그때 어떤 고통을 받았는지, 그리고 그때 어떤 희망을 지녔는지와 같은 것들 말이다. 이것이 마음챙김 수행이다. 59•

태이가 말하려는 것은 그리스도교 차원에서 성사적 삶이다. 유월절 첫날 밤 축제에 대한 언급은 마음을 다해 음식을 먹는 수행과 매우 유사하다. 아주 단순한 그것이 아주 굉장한 결과를 낳는다. 먹는 것은 몸에 물질적 영양분을 제공하는 것만이 아니라고 태이는 강조한다. 그것은 우리를 태양과 구름에, 그리고 땅과 그 땅을 경작한 농부에 결합시키는 성사행위다. "우리가 빵을 집을 때," 태이는 말한다. "마음챙김을 갖추고 성령도 그곳에 있다면, 우리는 전 우주를 깊숙이 접촉하는 방식으로 빵을 먹을 수 있다."60• 이것이 최고의 성사다. 마음챙김 수행의 다섯 번째 계율은 음식을 먹는 것이 곧 치유와 변모와 평화의 성사임을 보여 준다.

> 무심한 음식물 섭취가 고통의 원인임을 깨우쳐라. 나 자신과 가족과 사회를 위해 마음챙김으로 먹고 마시고 섭취하기를 실천함으로써 육체적이고 정신적 건강 증진을 위해 최선을 다하라. 나의 몸과 의식, 그리고 가족과 사회라는 공동체의 몸과 의식에 평화와 건강과 기쁨을 유지할 것만 먹어야 한다. …… 자신과 사회를 위한 식사요법 수행이 나 자신과 사회 안에 있는 폭력과 두려움과 분노와 혼란을 변화시킬 것이다. 61•

그리스도교는 시간을 더 이상 낭비할 필요가 없다. 교회가 지닌 성사적 삶과 일상적 실천의 접점을 발견해야 한다. 그리스도교에서 전례적 또는 성사적 삶은 아주 풍요롭다. 다만 대부분이 잘 건축된 교회 건물에서 주일 아침에 행하는 것으로 한정되는 점이 안타까울 뿐이다. 전례와 일상을 연결하는 다리가 끊긴 것이다. 이것이 현대사회의 가장 큰 비극이다. 다행히 오늘날에도 생명의 신비와 영성적 리듬을 따라 사는 곳이 남아 있다. 인도와 아프리카의 넓은 지역 그리고 아시아의 상당 부분만큼이나 아메리카 원주민들 중 일부는 일상의 소소한 일에서 궁극적 실재와 접촉하면서 살아간다. 이들이 나누어 준 보물이 있다. 영혼 안의 단절을 치유할 수 있다면, 우리는 상처받은 세계를 치유하는 일에 보탬이 될 것이다.

물 만지기,
하느님 만지기

7

이 훌륭한 치유를 위해 무엇을 해야 하는가? 그리스도교는 먼저 제단에 한정된 성사생활을 해방시켜야만 한다. 그것을 일상생활 영역으로 되돌려야 한다. 이것이 태이의 마음챙김 수행이 갖는 중요한 통찰이다. 오랫동안 그리스도인은 영성과 일상생활의 괴리감 없이 살아왔다. 신앙은 빵과 포도주, 초와 로사리오라틴어로 '장미화관'을 의미하며, 묵주로 번역. 불교의 염주와 비슷함, 성수와 성물하느님 예배에 사용되는 거룩한 물건, 무릎 꿇기와 엎드리기, 성유와 향을 성사에서 사용함으로써 생생하게 지각되는 것이었다. 성지를 순례하거나 방문하는 동안 신자들은 성사적인 걷기명상을 했다. 농작물을 심거나 추수할 때도 기도와 의례를 하며 기념했다. 이로써 하느님의 충만하고 위대한 사랑의 성사인 온 대지를 체험했다. 지역교회와 가정은 전례 축제를 기념했다. 신자들은 성사행위 전체를 통해 일상의 사건에서 하느님의 현존을 느꼈다.

물과 기름, 빵과 불, 향과 재 등의 그리스도교 성사에서 사용되는 재료들을 어떻게 일상의 세계로 되돌려 놓을 수 있을까? 어떻게 오늘날의 평신도들 안에서 성사로서의 마음챙김 수행을 쇄신하고 격려할 수 있을까? 어떻게 가치에 굶주린 세계를 위한 자양분과 지침을 제공할 것인가?

개인적 체험을 나눔으로써 이런 질문들에 답하려 한다. 그것은 라틴아메리카 주민에게서 발견한 영성적 쇄신과 통찰의 체험이다. 내 종교전통에 기반한 영성수련의 발견 또는 회복은 오늘날 성사적 마음챙김을 양성하는 방법의 단초를 제공한다. 도미니코수도회의 젊은 수사로서 신학과 사목을 배우기 위해 라틴아메리카에 갔을 때, 내 영성은 이미 서구의 세속주의에 깊이 영향받은 상태였다. 나의 제한된 이해력은 복음적 메시지를 사회개선을 위한 청사진으로만 받아들였다. 그저 문명화된 건축가 중 한 사람으로서 파견된 것 같았다. 나는 복음과 예수를 따른다는 것의 사회적 의미를 알고 있으며, 또 그것에 전적으로 동의한다. 그러나 지금은 그것이 그리스도교가 전하는 메시지의 일부일 뿐임을 이전보다 더 명확하게 깨달았다.

라틴아메리카 사람들은 그리스도교 선교 이전 또는 그 이후부터 전해지는 그들 조상의 토착 전통에 뿌리를 내린 단순한 믿음을 지니고 있다. 그들의 믿음을 통해 나는 제한된 견해의 원인인 무지에서 서서히 치유되었다. 나는 온두라스의 산마을에서 나에게 깊은 감명을 준 전통과 조우했다. 내가 방문했던 가족은 방이 하나뿐인 작은 오두막에서 살고 있었다. 그곳에서 자주 머물게 되면서 나는 그들의 생활을 가까이에서 경험하게 되었다. 대부분의 부모와 조부모는 매일 아침마다 학교 또는 일터로 향하는 자녀들을 축복했다. 때로 이 축복에는 사제가 축성한 성수가 사용되기도 했다. 일상적으로 반복되는 이 의식은 요란하지 않았다. 아이들은, 조부모가 있는 경우에는 성인들도 집안 어른에게 다가가서 머리를 조아리고 축복을 받았다. 부모 또는 조부모는 단지 아이의 머리에 손을 얹을 뿐이다. 종종 성수를 뿌리기도 하고 "오늘 하느님이 그대를 축복하고 보호하기를, 아들아."라고 말했다. 그것이 전부다. 매우 단순한 이것이 외지인인 나에게 아주 감동적이었다. 나도 종종 축복을 청했다. 이 아주 간단한 성사행위는 그 가족이 하루를 시작하면서 하느님의 현존과 만나는 구체적인 방법이다.

축복과 성수종교적 용도로 사제가 교회의 이름으로 축성한 물는 오늘날에도 신심행위에서 많이 사용되고 있다. 그런데 이것이 점점 서품안수로써 주교, 사제, 부제를 축성하는 것을 받은 사제의 공적 임무로 국한되어 가는 경향이 있다. 온두라스에서 깊은 인상을 받은 독특한 성사행위는 가족 구성원이 매일 영성적으로 실천하는 것이다. 이때 부모 혹은 조부모가 성직자 역할을 한다. 지난 몇 세기 동안 대부분의 신앙성사 표현이 서품을 받은 사제에게 제한되어 온 것이 참으로 안타깝다. 따라서 성사가 활발하게 작용해야 할 영역인 평신도의 일상에서 그 의미가 빛을 잃어 갔다. 너무 오랫동안 성사가 전문가의 영역으로 한정되었던 것이다. 그러면 성사행위가 언제든지 하느님을 팔 수 있는 상품으로 전환될 위험이 커진다. 예수가 생전에 열정적으로 투신한 것은 '하느님을 사람들에게 돌려줄' 필요성 때문이었다. 예수는 자칭 전문가의 손에 종교적 힘이 집중되는 것을 강하게 비난했다.

온두라스 산의 가족들은 일상의 평범함과 조화를 이루는 아름답고 단순한 영성적 실천을 재발견하도록 도왔다. 그들은 자식들만이 아니라 가축들과 말들도 축복한다. 라틴아메리카의 많은 지역에서 사람들은 아직 심지 않은 씨앗과 들녘도 축복한다. 그들은 병자와 죽은 이들에게 성수를 뿌린다. 막 태어난 아기와 분만을 도운 산파를 축복한다. 성물과 성화를 축복하며 성수를 뿌린다. 새 자전거와 자동차를 축복할 때도 성수를 사용한다. 성수를 담을 플라스틱 콜라병을 들고 미사에 참례

하러 교회에 오는 신자들을 보면 미소를 짓게 된다. 그들은 그것을 가져다가 다양한 일상적 신심행위에 사용한다.

처음에는 모든 것에 회의를 품었다. '문명화된' 신학으로 무장했던 나는 '이것은 미신이 아닌가?'라고 생각했다. 그러나 사람들의 꾸준한 실천과 다양한 통찰의 도움으로, 그것이 일상에서 하느님과 접촉하는 그들만의 방식임을 조금씩 깨닫기 시작했다. 그들은 공식적이고 세련된 종교세계의 방식으로 하느님과 영성적인 것에 접근하지 않는다. 그들의 조상들처럼 비공식적이고 소박하지만 경건한 실천을 하면서 하느님의 현존을 기념한다. 그들 세계에 있는 모든 것이 하느님의 현존에 마음을 다할 기회를 제공해 준다. 태이는 "역사적 차원을 버리고 나면, 그대가 접할 수 있는 궁극적 차원도 없다. 그대는 하느님의 피조물을 통해 하느님을 만나야 한다. 그대는 역사적 차원과 깊게 접촉함으로써 궁극적 차원과 접촉해야만 한다."62•라고 말한다. 성수를 사용해서 자녀와 가정을 축복하는 단순한 행위를 통해, 그들은 살아 있고 실재하는 하느님의 현존을 일상생활 속에서 유지해 왔다. 마음을 다해 성사를 봉헌하는 것은 태이가 가르친 마음챙김 수행을 그리스도교의 실천으로 변용한 것이다.

일상에서 그들은 성사 차원에서 하느님과 접촉하고자 성수를 사용한다. 이것이 태이가 말한 상호의존적 존재를 깊이 체험하는 것이다. 그 체험에 그리스도인을 이끄는 잠재력이 있다. 그리스도인이 마음을 다해 성수를 만지는 것은 구원의 전 역사와 접촉하는 것이다. 홍해를 건너 자유를 얻은 이스라엘의 여정을 다룬 이야기와 마찬가지로 무상으로 받은 창조에 접촉하는 것이다. 물과 깊숙이 접촉하는 것을 통해, 예수가 세례를 받고 하느님과의 근본적 합일을 체험한 요르단강물뿐만 아니라, 하느님이 사막의 바위로부터 쏟아지게 한 샘물을 떠올릴 수 있다(시편 105편 41송). 또한 물은 예수의 십자가와 옆구리에서 흘러내린 물과 피를 상기시킨다. 어느 날 예수가 우물에서 만난 사마리아 여인에게 한 약속을 기억한다. "내가 주는 물을 마시는 사람은 영원히 목마르지 않을 것이다. 내가 주는 물은 그 사람 안에서 물이 솟는 샘이 되어 영원한 생명을 누리게 할 것이다."(요한복음 4장 14절) 물은 세례성사를 상기하고 자기 존재 깊숙한 곳에 있는 궁극적 실재의 현존과 접촉하게 만든다. 온두라스의 작은 마을에서 할머니는 연약하고 병든 손녀를 성수로 축복한다. 그때 그녀는 하느님과 접촉하는 것이다. 그리고 하느님이 손녀를 어루만지고 있음을 깨닫는 것이다. 그것은 신심행위에서 물을 사용하는 인간미 넘치는 동작을 통해 드러난다. 그녀는 그것을 배우지 않고도 안다. 그녀는 물과 물결이 하나임을 안다.

이런 이야기들은 마음을 다해 성사를 봉헌하는 발상에도 유용하다. 그리스도인이 빵과 기름을 성사에서 사용하는 것이나 침묵하는 것, 성서를 듣는 것은 마음챙김 수행과 비슷한 점이 있다. 이런 식으로 수행을 익혀 나갈 가능성은 무한하다. 에크하르트는 실재의 궁극적 차원은 '나 자신보다 나에게 더 가까이 있다'고 말한다. 그것은 바로 여기에 있으며 바로 지금 있다. 그것은 현재 순간이며 현존하는 순간, 즉 하느님이 현존하는 순간이다. 이것은 물 위에서 춤추는 물결이고, 물결 깊은 곳에서 춤추는 물이다.

제
5
장

예수와 하느님

-

마음을 다한 영성수련을 통해
삼위일체가 신학서적의 굴레에서 벗어나
일상 안에 실재할 수 있다.

사랑의 순례로서 삼위일체

1

그리스도교의 삼위일체 교의는 언어로 설명할 수 없는 신비다. 그럼에도 이 주제를 다룬 글은 아주 많다. 사람들은 "왜 말로 설명할 수 없는 것을 말하려 하는가?"라고 묻는다. 여기에는 이렇게 답할 수밖에 없다. 우리는 사랑이 무엇인지 정확하게 설명할 방법을 모르지만, 그럼에도 사랑을 표현하고 싶어서 시와 음악으로 사랑을 이야기한다. 우리는 사랑에 대해 말하지 않고는 견딜 수 없다. 사랑 앞에서 지키는 침묵은 불경스러운 것으로 느껴지기까지 한다. 삼위일체의 경우도 마찬가지다. 삼위일체 신비는 그리스도인에게 사랑 이야기이기 때문이다. 우리가 어떤 말로 표현하든 그것은 부족할 수밖에 없지만, 좀 더 분명해지는 방향으로 말해 나갈 뿐이다.

삼위일체는 불교 및 힌두교와 종교간 대화를 하는 데 유익한 기반이다. 삼위일체 신비는 불교 및 힌두교가 선호하는 불이일원론nonduality이라는 관점에서만 이해할 수 있기 때문이다. 이것은 태이가 '상호의존적 존재interbeing'라고 말한 것이다. 삼위일체 신비의 핵심은 사랑의 에너지를 감지하는 것이다. 그리스도교 성서는 하느님 안에서 이루어지는 친교 또는 하느님과 우주의 불이일원론적 친교가 갖는 다양한 차원을 이야기한다. 삼위일체에서 성부와 성자와 성령은 하나지만 서로 다르다. 이런 삼위일체 상호 간에 주고받는 친교에 인간도 동참한다. 예수는 요한복음에서 삼위일체의 역설적 친교를 암시한다.

> 내가 아버지 안에 있고 아버지께서 내 안에 계시다고 한 말을 믿어라.(요한복음 14장 11절)

> 나를 본 사람은 곧 아버지를 뵌 것이다.(요한복음 14장 9절)

> 그들이 모두 하나가 되게 해 주십시오. 아버지, 아버지께서 제 안에 계시고 제가 아버지 안에 있듯이, 그들도 우리 안에 있게 해 주십시오. …… 저는 그들 안에 있고 아버지께서는 제 안에 계십니다. 이는 그들이 완전히 하나가 되게 하려는 것입니다.(요한복음 17장 21-23절)

> 그날, 너희는 내가 아버지 안에 있고 또 너희가 내 안에 있으며 내가 너희 안에 있음을 깨닫게 될 것이다.(요한복음 14장 20절)

> 예수님께서 다시 그들에게 이르셨다. "평화가 너희와 함께! 아버지께서 나를 보내신 것처럼 나도 너희를 보낸다." 이렇게 이르시고 나서 그들에게 숨을 불어넣으며 말씀하셨다. "성령을 받아라."(요한복음 20장 21-22절)

삼위일체의 시작과 마침은 언제나 성부聖父, 즉 근원이다. 성부는

"시작 없는 시작"[1]이면서 친밀한 친교가 완성되는 끝이다. 성자聖子와 성령聖靈, 그리고 그것과 함께 있는 만물은 성부로부터 나왔다가 성부에게로 되돌아간다. 이 순환이 영원히 반복된다. 에크하르트는 삼위일체 신비 안에서 만물은 성부로부터 나와서 고향인 성부께 되돌아간다고 주장한다. 그는 구약성서에서 코헬렛을 인용한다. "강물이 모두 바다로 흘러드는데 바다는 가득 차지 않는다. 강물은 흘러드는 그곳으로 계속 흘러든다."(코헬렛 1장 7절)[2] 이것이 삼위일체 신비에서만 일어나는 것은 아니다. 우주 전체는 하느님 안에서 출발하여, 하느님에게서 산출되고, 고향인 하느님에게 되돌아가는 장대한 순례를 한다.

우주적 차원의 순례는 성부가 성자를 낳는 순수한 사랑 행위에서 시작한다. 태초에는 하나이면서 정적만 흐르고 분리되지 않은 상태만이 있었다. 하느님 자체에 온전히 머물던 성부가 밖으로 나와서 자기표현을 함으로써 '아들을 낳는다.' 그렇게 사랑이 탄생한다. 에크하르트가 자주 사용하는 개념으로 이야기하면, 하느님 안에서 내적 끓음bullitio이 발생한다. 그것은 "정적이 흐르는 깊은 곳으로부터의 흘러넘침 …… [외적] 끓여짐 없는 내적 끓음"[3]이다. 영국 베네딕도수도회 베데 그리피스 신부는 인생의 후반부를 인도에서 그리스도교 탁발승으로 살았다. 그는 "그리스도교 삼위에는 성부가 있다. 그는 모든 것의 근거, 근원, 기원, 모든 것 너머에 있는 존재다. 언제나 일자一者는 로고스Logos, 즉 말씀 안에서 자기표현을 한다. 그것은 신성神性, Godhead 안에서 '구별됨differentiation'의 원칙이다."[4]라고 말한다. 이어서 그리피스는 동일성에 대한 설명을 덧붙인다. "모든 세계는 로고스 안에 존재한다."[5] 달리 말해서 동시에 진행되는 두 가지 흘러넘침, 하느님의 두 가지 분출이 있다.

첫째는 하느님 안에서 발생하는 '끓음'(에크하르트의 bullitio)이고, 둘째는 외부에서 발생하는 '끓어 넘침'(에크하르트의 ebullitio)이다. 이 두 번째 것이 창조에 있어서 로고스를 통한 하느님의 자기 표현이다.[6]

'내적 끓음과 외적 끓어 넘침'이라는 용어는 '흐름'을 설명하는 에크하르트의 고유 표현이다. 그것은 로고스를 통한 하느님의 자기표현을 나타낸다. 하느님이 말씀을 통해 흘러나올 때처럼 다시 그곳으로 되돌아가는 영원한 흐름이 있다. 이것이 거대한 삼위일체가 하는 순례다. 최종적으로 모든 것은 고향인 하느님 안으로 되돌아간다. 에크하르트는 흐름이라는 에너지의 노랫소리를 듣고 있는 듯하다. 그는 전 우주가 하느님의 현존에 흠뻑 젖어 있다고 표현한다. 그것은 성자聖子인 로고스가 천지창조를 할 때 무상으로 쏟아부은 것이다. 하느님의 현존에 흠뻑 젖어 있는 우주는 삼위일체가 갖는 동일성과 타자성(구별됨)에 기인한다. 성령은 삼위일체 안의 소용돌이치는 에너지다. 그것이 창조된 세계로 흘러넘친다. 에크하르트는 "성자를 낳은 그곳에서 성부는 영원한 말씀을 선포한다. 또한 같은 마음에서 성령이 일어나 흘러넘친다."[7] 에크하르트는 하느님의 은총이 흘러넘치는 것을 이렇게 설명한다. "나는 가끔 두 개의 샘을 떠올린다. …… 하나는 은총이 뿜어져 나오는 곳이다. 그곳에서 성부는 외아들을 낳았다. 또한 그 근원에서 은총이 나온다. 같은 샘에서 은총이 넘쳐흐른다."[8]

그리스도교는 예수의 신비체험과 기도에서 영감을 받는다. 그리고 언제나 은총이 넘쳐흐르는 샘, 즉 영원한 근원을 '성부聖父'라고 부른다. 에크하르트는 성부라는 개념을 두 방식으로 사용한다. 하나는 '성부와 성자와 성령'에서처럼 삼위일체의 구별됨을 설명할 때 사용한다. 다른 하나는 '성부'라고 명명하지만 실제로는 이름 붙일 수 없는 실체를 설명할 때 사용한다. 그것은 구별되기 이전의 근원이다. 즉 "어떠한 구분도 엿볼 수 없는 [거대한] 침묵의 사막"[9•]이다. 그는 구별되기 이전의 근원을 '일자一者'라고 부른다. "일자는 시작이 없는 시작이다."[10•] 일자는 삼위일체적인 구별됨보다 앞선 것이다. 즉 성부가 로고스에서 흘러넘치는 것보다 앞선 것이다.[11•] '영원보다 앞선 것'이라는 말처럼 이것도 모순으로 들린다. 그러나 에크하르트는 그것을 매우 강조한다. 그것이 구별되기 전의 근원이기 때문이다. 그곳에서 불이일원론적 체험이 가능하다. 이제 에크하르트는 우리를 샘으로 인도한다. "그것은 아직 흘러나오지 않은 것이다." 그곳에서 이원론을 포기한 삼위일체의 섞임을 경험한다. 그곳에서 참된 단일성을 경험할 수 있다.

거대한 비밀을 지닌 근원으로부터 흘러나온 강이 로고스이며 말씀인 '성자聖子'다. 그는 "한처음에"(요한복음 1장 1절) 성부聖父로부터 나왔다. 그는 "물이 솟는 샘이 되어 영원한 생명을 누리게"(요한복음 4장 14절) 한다. 영원한 생명이 '육신을 취하여' 역사 안으로 들어왔다. 그리고 사방으로 흐르면서 땅을 적시고 치료에 쓰이는 나뭇잎과 풍성한 열매를 맺는 나무를 키우도록(요한묵시록 22장 2절) 했다. 창세기는 이 은유로써 창조신화의 하느님을 표현한다. "주 하느님께서 땅과 하늘을 만드시던 날, 땅에는 아직 들의 덤불이 하나도 없고, 아직 들풀 한 포기도 돋아나지 않았다. 주 하느님께서 땅에 비를 내리지 않으셨고, …… 그런데 땅에서 안개가 솟아올라 땅거죽을 모두 적셨다."(창세기 2장 4-6절) 성령의 역할은 역동적 흐름이다. 성령의 에너지가 전 우주를 하느님으로 흠뻑 적신다.

에크하르트는 거대한 생명의 강을 설명하기 위해 다른 은유도 사용한다. "[하느님인] 내가 구별되지 않은 근원인 신성神性, Gohead의 근거, 밑바닥, 강, 샘에 존재하고 있을 때, 내가 어디로 가는지 또는 내가 무엇을 하는지 그 누구도 묻지 않았다. 즉 나에게 묻는 자는 아무도 없었다. [그런데] 내가 [밖으로] 흘러나오자 모든 피조물이 외쳤다. '하느님!'"[12] 에크하르트는 가능한 짧게 그리스도교 삼위일체의 핵심을 설명한다. 즉 삼위일체는 근거, 샘, 근원으로서의 신성神性의 구별됨이다. 따라서 성부와 성자와 성령은 세 신three gods이 아니라, 하느님God 안에 있는 각각의 움직임이다. 즉 물근원으로서의 물, 즉 하느님의 세 가지 고유한 발현이다.

베데 신부는 삼위일체라는 구별됨 속의 일치를 불교 중관철학의 '슌야타śūnyatā', 즉 '공성空性' 혹은 고유한 실체의 부재와 연관시킨다. 그는 서양에 선불교를 소개한 것으로 유명한 스즈키D. T. Suzuki의 가르침을 근거로 말한다. "공성은 정적이지 않고 역동적이다. …… 텅 빈 것 안에서 스스로를 구별시키려는 충동이 끊임없이 일어난다. 모든 창조는 텅 빈 것의 구별됨일 뿐이다. …… 그것은 구별됨을 시작하는 순간부터 자기에게로 회귀하려고 한다. 그것은 나갔다가 항상 되돌아온다. 그래서 불교도는 열반涅槃과 윤회輪廻가 똑같다고 한다. 그것은 궁극적으로 하나다."[13]

『살아계신 붓다, 살아계신 그리스도』에서 태이는 붓다의 열 가지 이름을 언급하면서, 나감과 돌아옴이라는 이러한 구별된 운동에 대해 설명한다. 첫째 이름은 '타타가타tathāgata', 즉 '여래如來'다. 그것은 붓다가 '그와 같음眞如에서 와서, 그와 같음에 머물고, 그와 같음으로 돌아간 분'이라는 것을 의미한다. 태이는 말한다. "여기서 '그와 같음', 즉 '진여

眞如'는 사물의 참된 본성인 궁극적 실재를 가리키는 불교용어다. 그것이 존재의 본질 또는 근거다. 물이 물결의 본질인 것과 같다. 우리도 붓다처럼 그와 같음으로부터 왔고, 그와 같음에 머물고, 그와 같음으로 돌아갈 것이다. 우리는 '어디라고 말할 수 없는 곳nowhere'에서 와서 '어디라고 말할 수 없는 곳'으로 돌아간다."[14•] 이것은 에크하르트가 말한 황홀경ecstasy을 상기시킨다. 태이는 우리가 '그와 같음'으로부터 오고, '그와 같음'에 머물고, '그와 같음'으로 돌아간다는 사실을 언급한다. 이는 삼위일체의 역동적 움직임 또는 세 위격位格이 인간과 온 우주로 흘러 넘쳐 나오는 것에 대한 멋진 설명이다.[15•] 그리스도인은 성부聖父라는 본질적 근거, 즉 '그와 같음'으로부터 와서, 지금 그 근거 안에서 살고 머물며, 성령의 힘에 의해 본래의 근원으로 돌아가는 여정 가운데 있다.

태이는 '그와 같음'을 '어디라고 말할 수 없는 곳'이라고 표현한다. 에크하르트 역시 "하느님은 '어디라고 말할 수 없는 곳nowhere'에 있다. …… 하느님은 여기 또는 저기에 있는 것이 아니다."[16•]라고 한다. 신이 '어디라고 말할 수 없는 곳'에 있다는 것은 신비적 표현이다. 이 표현은 우리에게 "있는 그대로의 하느님이라는 존재의 일부가 되"[17•]기 위해 개념을 넘어서고, 시간과 공간의 이런 저런 것을 넘어서라고 권유한다. 우리는 영원한 현재인 지금 여기에서 마음을 다해 살아야 한다. 그렇게 하려면 하느님 나라가 어떤 곳 또는 어떤 것이란 개념을 포기해야 한다. 에크하르트는 최종적으로 회귀하는 '어디라고 말할 수 없는 곳'은 '생겨남이 없는 곳'이라고 지칭한다. "내가 하느님께 돌아갈 때, …… [하느님께 돌아가는] 관통breakthrough은 흘러넘침보다 훨씬 고귀한 것이 될 것이다. …… 내가 신성神性의 근거, 밑바닥, 강, 샘으로 들어가 있으면,

누구도 내가 어디에서 왔는지 또는 어디에 있었는지를 묻지 않을 것이다. 그곳에는 나를 놓치는 자가 없다. 하느님이 되어가지 않기 때문이다."[18]

불교도들이 '슌야타'라고 부르는 공성空性과 '어디라고 말할 수 없는 곳'이라는 말은 보통의 그리스도인들에게는 생소한 것이다. 우리는 하느님이 '어떤 존재'이고, '어디에나 있다'라고 말하는 것에 더욱 익숙하다. 그런데 어떻게 하느님을 여기에도 없고 저기에도 없다고 말할 수 있는가? 하느님이 '되어가지 않는다'라는 말을 어떻게 이해할까? 개인적으로 『찬도기아 우파니샤드*Chāndogyopaniṣad*』의 짧은 경구로부터 힌트를 얻었다. 그것은 신비적 통찰을 할 수 있는 빛을 비추어 준다.

> 한 스승이 제자에게 말했다. "나무에서 열매 하나를 따서 쪼개어 보아라. 그리고 〔그 안에 있는〕 씨앗 하나를 쪼개 보아라." 그가 제자에게 물었다. "무엇이 보이느냐?" 제자가 대답했다. "저에게는 아무것도 보이지 않습니다." 그러자 스승이 말했다. "아무것도 없다고 한 그것이 그대가 보지 못한 숨겨진 정수다. 그것 안에 전체 나무를 양육하는 힘이 존재한다." 또한 그것이 모든 피조물 안에 숨겨진 정수다. 존재하는 모든 것 안에 있는 〔바로〕 그것이 모든 존재의 근원이다. "슈베타케투야, 그대가 그것이다."[19]

창조된 존재를 덮고 있는 것이 한 겹씩 벗겨져 나가면 최종적으로는 아무것도 남지 않는다. 마치 양파를 한 겹씩 벗겨 내는 것과 같다. 책 또는 나무도 똑같은 경우다. 모든 외계 물질은 존재하는 모든 것의 핵심에 숨겨져 보이지 않는 정수가 현현한 것에 불과하다. 양파의 마지막 껍질이 벗겨지고, 책의 표지로부터 마지막 장이 찢겨지고, 소나무의 껍질 및 목질木質 전체가 제거되면 무엇이 그 모든 것의 공통적인 것으로 남는가? 어디에 그 모든 물질적인 것을 존재하게 하는 것이 있는가? '그것'은 '어디라고 말할 수 없는 곳'에 있기 때문에 보이지 않는다. 그것은 양파 껍질도 아니고 책장도 아니고 나무의 목질木質도 아니다. 그것은 '있음is-ness'이다. 그것은 어디라고 말할 수 없는 곳에 있다. 그리고 그것은 모든 곳에 있다. 또한 우리가 그것이다.

이처럼 하느님에 대한 언급은 역설적 언어를 사용할 수밖에 없다. 그렇지 않으면 인간의 상상을 초월한 일자一者의 신비를 잃게 된다. 삼위일체는 어떠한 것any-thing이 아니다. 그것은 사물 너머에 있다. 그것은 있음is-ness이 흘러넘쳐 나온 있음이다. 삼위일체가 있기 때문에 모든 것이 있다.

베데 그리피스는 삼위일체의 나감과 돌아옴, 즉 토마스 아퀴나스 신학에서의 '발원exitus'과 '귀환reditus'[20]이라는 순환적 이미지를 이용하여 사랑의 역동적인 흐름으로서의 그것에 대해 이야기한다. 그 사랑은 일치에서 출발하여 다양함으로 갔다가 다시 일치로 돌아오는 것이다. "로고스는 신성神性 안에서의 구별됨의 원리다. 그것은 세계 안으로 스스로를 구별되게 한다. 그러나 구별됨이 일어나는 바로 그 순간에, 성령 안에서 귀환의 움직임이 생긴다. 그렇게 그 순환이 완성된다. 사랑의 에너지, 즉 성령이 성부와 성자를 결합시킨다."[21] 이것은 그리스도교의 일반적인 신비주의 통찰이다. 즉 삼위일체의 순례여정 전체는 사랑에 의해 촉발된다. 베데 신부는 말한다.

성부는 말씀을 통해 우리를 잉태하고, 성령을 통해 우리를 낳을 뜻을 갖는다. 그리고 우리를 낳음으로써 사랑을 겉으로 표현한다. …… 그가 베푼 사랑이 언제나 우리를 그에게 돌아가게 한다. 예수가 그랬듯이 그것에 응답하면, 우리는 이 세계에서 성장하여 점차적으로 부활한 생명으로 변모한다. 그리고 최종적으로 성부에게로 돌아간다. …… 마지막 단계에서 인간과 피조물은 성부에게 돌아간다. …… 그리스도 안에서 구원의 힘이 분열시키는 죄의 힘을 이기고, 인류를 일치 상태로 회복시킨다. 우리는 그리스도 안에서 근원으로 돌아간다. 하느님께 돌아가고 하느님 안에 영원히 존재한다. 우리는 하나인 신의 실재에 참여하면서도 구별된 채로 남는다. …… 삼위일체에 대한 그리스도교의 이해는 이것에 기초한다. 성부는 성자에게 온전히 자기를 증여함으로써 성자 안에 존재한다. 성자가 지닌 '나'는 성부와 하나다. …… 또한 이웃의 동일성identification을 공유하고 동참하면, 사랑을 체험하며 살게 된다. 그 궁극적 상태에서 우리 모두는 차이 안에 있는 순수한 동일성에 도달한다.[22•]

가톨릭교회 신학자 로버트 배론은 말한다. "하느님은 공동체이고 대조의 연극이며 사랑의 에너지다. [또한] 한스 우르스 폰 발타자르Hans Urs von Balthasar가 자주 사용하는 이미지를 통해 말하면 [하느님은] 드라마다. [약간은] 우스꽝스럽고 과장된 사랑을 고려하면 …… 성부는 자기로부터 성자에게 나갔다가 성령 안으로 돌아온다."[23•]

에크하르트의 제자이며 도미니코수도회 관상가인 요한 타울러John

Tauler는 삼위일체에서 흐르는 내적인 사랑의 에너지를 섬세하게 묘사한다. '신의 순환'은 하느님에 관련된 것일 뿐만 아니라 인간에게도 관련된다. 그는 성탄절 강론에서 강조한다.

> 하느님은 하나로 합일된 상태에서 휴식한다. 그리고 그는 구별된 위격位格으로 흘러나온다. 그리고 내면으로 돌아서서, 자신을 이해하고, 〔성자인〕 자신의 이미지를 생성하면서 밖으로 나아간다. …… 기쁨은 형언할 수 없는 사랑으로 흘러간다. 형언할 수 없는 사랑이 성령이다. 그래서 하느님은 내부로 향했다가, 밖으로 나갔다가, 자신에게 되돌아온다. …… 영혼에 영성적 모성애를 지니려면, 이 '신의 순환'을 차용해야 한다.[24•]

이러한 그리스도교 신학자의 통찰에서 중요한 점은 삼위일체의 흘러넘침과 흘러 돌아옴은 모두 사랑 또는 사랑의 역동성과 관련된다는 것이다. '사랑이 세상을 움직인다'는 노래와 같다. 삼위일체의 핵심은 변모시키는 사랑의 힘이다. 그리스도인은 자기가 무상으로 받은 선물을 찾는 것이 무엇보다 중요하다. 그래서 신비를 말로 표현할 수 없음에도 어떻게 하든지 표현해 보려고 노력하는 것이다.

이제 먼지 쌓인 신학서적에서 삼위일체를 해방시켜 사랑에 빠진 연인의 마음으로 돌려놓아야 한다. 이것이 태이가 가르친 의미다. "교회가 예수의 가르침을 제대로 실천하면 삼위일체는 언제나 현존하고, 교회가 접촉하는 모든 것을 변모시키며 치유할 힘을 갖는다."[25•] 그리고 우리가 그렇게 하면 분명히 그렇게 될 것이다.

역사는 거대한 사랑의 순례를 하는 여정이며, 우리 모두는 그 길을 걷는 순례자다. 우리는 고향으로 돌아가는 여정에 있다. 그 여정은 하느님의 사랑하는 마음 안에 있는 원래의 근원으로 향한다. 에크하르트는 "모든 사람은 흘러나갔던 곳으로 돌아오라는 부름을 받았다. 삶 전체와 모든 존재는 나온 곳으로 서둘러 돌아오라는 부름"[26]이라고 말한다. 여기서 언급되는 신비적 가르침은 태이의 가르침을 기초로 이해하는 것이 좋겠다. "붓다처럼 우리 역시 '그와 같음으로부터 왔고, 그와 같음에 머물고, 그와 같음으로 돌아갈' 것이다. 우리는 '어디라고 말할 수 없는 곳'에서 와서 '어디라고 말할 수 없는 곳'으로 돌아간다."[27] 위대한 관상가라면 누구나 애정을 가득히 담아 침묵의 노래를 듣는다.

삼위일체와
상호의존적 존재

2

그리스도인은 의문을 갖는다. 어떻게 하느님께 돌아간단 말인가? 그러면 태이는 간단하게 대답한다. "마음챙김 수행을 통해서 돌아갑니다." 그리스도인도 이 가르침을 따를 수 있다. 마음을 다한 영성수련을 통해 삼위일체가 신학서적의 굴레에서 벗어나 일상 안에 실재할 수 있다. 한편 태이와 다른 대답도 가능하다. 예수 그리스도와 함께 그리고 예수 그리스도를 통해 하느님께 돌아가는 것이다. 요한복음에서 예수는 자기와 더불어 하느님 아버지의 집으로 돌아가게 될 것이라고 약속한다. "내 아버지의 집에는 거처할 곳이 많다. …… 내가 가서 너희를 위하여 자리를 마련하면, 다시 와서 너희를 데려다가 내가 있는 곳에 너희도 같이 있게 하겠다."(요한복음 14장 2-3절) '한처음에' 성부로부터 흘러나온 성자, 즉 로고스가 우리를 포함한 모든 피조물이 걷는 귀향길의 인도자다. 성심성의껏 그리스도를 따르는 것이 믿음을 지닌 순례를 완성시켜 준다.

중세 관상가인 시에나의 성녀 가타리나는 이것을 잘 알고 있다. 그리스도인이 걷는 귀향 여정, 즉 하느님께 돌아가는 길은 그리스도 안에서, 그리고 그리스도를 통해서만 가능하다. 하느님이 그녀에게 말했다. "내 외아들 성자의 다리를 보라. 그 위대함을 알아라. 하늘로부터 지상으로 뻗어있는 [다리를]…… 나와 그대 사이의 틈을 메우고 길을 재건

하는 [저 다리를] 보라."[28] 성녀 가타리나는 그녀 자신의 영성생활 과정에서 나타나는 나약함도 잘 알고 있었다. 그녀는 인간의 모든 마음속에 있는 길은 손상되어 있고, 하느님께 돌아가기 위해서 길을 보수하는 것, 즉 신적인 치유를 받을 필요가 있다는 것을 알았다. 그녀는 그리스도의 마음 안으로 들어가야만 하느님의 마음으로 돌아가는 통로를 발견한다고 말한다.[29]

하느님께 돌아가는 순례는 예수가 말한 탕자의 비유(루카복음 15장 11-32절)에서 잘 묘사된다. 작은 아들은 아버지가 가진 재산에서 자기 몫을 챙겨 아버지 집을 떠난다. 그는 죄로 가득하고 망가지고 제한된 세계를 향한 험난한 여정을 한다. 탕자를 성자에 대한 비유로 해석하는 것은 그리스도인에게 익숙하지 않다. 그러나 그 비유는 삼위일체를 해석하는 데 유용하다. 사도 바오로는 말한다. "하느님께서는 죄를 모르시는 그리스도를 우리를 위하여 죄로 만드시어, 우리가 그리스도 안에서 하느님의 의로움이 되게 하셨습니다."(2코린토 5장 21절) 탕자는 죄를 짓고 '길을 잃고 헤매는' 사람들에게 고향으로 돌아가는 길을 열어 준다. [30]아버지 집으로 돌아간 그는 환희에 차고, 아버지는 그를 안으면서 외친다. "'어서 가장 좋은 옷을 가져다 입히고 손에 반지를 끼우고 발에 신발을 신겨 주어라. 살진 송아지를 끌어다가 잡아라. 먹고 즐기자. 나의 이 아들은 죽었다가 다시 살아났고 내가 잃었다가 도로 찾았다.' 그리하여 그들은 즐거운 잔치를 벌이기 시작하였다."(루카복음 15장 23-24절)

살아서 아버지의 집으로 돌아온 '죽은 아들'의 이야기를 통해 삼위일체가 지닌 신비적 기호를 풀 수 있다. 또한 그것은 우리를 위한 구원 이야기다. 우리는 그리스도의 마음에서 자기를 '잃었다가 도로 찾는' 것을 반복한다. 베데 신부는 말한다. "그리스도 안에서 구원은 분열시키는 죄의 힘을 극복하고, [우리를] 다시 일치로 회복시킨다. 우리는 [그리스도] 안에서 근원으로 돌아갈 수 있다. 우리는 하느님께 돌아가고, 하느님 안에서 영원히 존재한다. 우리는 하나의 신성한 실재에 참여하면서도 구별된 채로 남는다."[31•]

삼위일체는 단지 하느님의 내적 작용방식을 설명하는 추상적 교의가 아니다. 우리에게 중요한 것은 삼위일체의 순환여정에 동참하는 것이다. 즉 하느님의 거대한 심장에서 흘러나왔다가, 그리스도 안에서 사랑의 힘인 성령을 통해서 하느님께 돌아가는 여정에 동참하는 것이다. 태이는 매 순간 깊은 내적 믿음을 갖고 마음을 다해 순례를 하면 누구나 고향에 돌아간다고 말한다. 영성여정을 위한 일 중, 첫째는 원래 고향인 하느님 안으로 돌아가는 것이고, 둘째는 지금 여기에서 하느님 나라의 충만함을 실현하는 것이다. 순례하는 매 순간 T. S. 엘리엇의 '네 개의 사중주'를 떠올려보자.

> 사람들이 시작이라고 부르는 것은 때로는 마지막이며,
> 끝맺음을 한다는 것은 새로이 시작하는 것이다.
> 마지막이 시작하는 지점이다. ……
> 이 사랑을 묘사하고 이 직업적 목소리를 다하여,
> 우리는 탐험을 멈추지 않게 될 것이며,
> 우리의 모든 탐험의 끝은
> 우리가 출발했던 곳으로의 귀환일 것이며,
> 그 출발점을 새로운 곳으로 여기게 될 것이다.[32•]

베데 신부는 말한다. 삼위일체가 하는 순례여정에 동참하는 것은 보편적이고 만물을 아우르며 누구도 제외하지 않는다. 우리 모두는 '사랑에 이끌려' 근원으로 돌아간다. "우주가 하나인 것처럼 인류도 하나다. 개별 인간은 하나의 인류를 구성하는 [몸의] 부분이다. …… 시간과 공간을 통해, 세계의 모든 종교와 모든 민족이 최종적으로 일자一者로 수렴되는 기점으로 옮겨간다."**33•**

스와미 아비식타난다는 노년을 인도 갠지스강 옆에 있는 오두막에서 생활했다. 그는 일생 동안 경험한 힌두교 가르침인 '아드바이타 Advaita. 베단타 학파의 근본 사상. 절대존재와 현상세계, 또는 창조자와 피조물이 둘도 아니고 하나도 아님'라고 불리는 불이일원론不二一元論과 삼위일체 신비를 통합시키려고 고군분투했다. 그는 삼위일체의 사랑인 [성령의] 변모시키는 힘을 체험한 것을 증언한다. "삼위일체는 불이일원론적 성령 안에서 성부와 성자가 대면하는 것이다. 성령은 대면하게 하는 하느님의 사랑이다. 표현될 수 있고 완성될 수 있는 하느님의 사랑은 불이일원론과 매우 유사하다."**34•**

신성神性, Godhead의 영원한 심연에서 고요하고 텅 빈 상태로 홀로 머물던 성부聖父는 사랑하기 위해 스스로 다른 모습으로 드러난다. 이 신비는 성부로부터 흘러나온 사랑의 외적 표현이다. 성부와 성자는 둘처럼 보이지만 본질적으로 하나다. 에크하르트는 "둘이 하나가 되어 흐르면서 사랑의 본성이 생긴다. 하나로서 [머무는] 일자一者는 사랑이 아니다. 둘로써 [머무는] 둘도 사랑이 아니다. 둘이 하나가 된 것만이 자연스럽고 의욕 넘치는 정열적 사랑을 산출한다."**35•**라고 말한다. 성부와 성자는 하나도 아니고 둘도 아니다. 그들은 사랑 자체인데, 그 사랑은 둘이 하나가 되는 것이다. 자신의 개별성을 포기하고 '나 자신보다도 나에게 더 가까운'[36] 일자에게로 흘러 들어가는 만큼, 우리가 사랑의 위대한 신비에 참여하게 된다는 것을 잊지 말아야 한다.

삼위일체를 설명하는 신비적 일치는 태이가 말한 상호의존적 존재와 매우 유사하다. 태이는 『귀향』에서 놀라운 해석을 한다. "상호의존적 존재와 불이일원론을 그리스도교에 적용할 수 있다. 그러면 그리스도교 전통을 이해하는 방식이 근본적으로 변화되고, 그리스도교 전통이 지닌 값진 보석을 재발견할 것이다."[37] 나는 "놀랍다."라고 했다. 『살아계신 붓다, 살아계신 그리스도』에서 태이는 삼위일체와 불이일원론의 관련성을 분명히 말한다. "불교도에게 예수가 하느님의 아들이면서 동시에 인간의 아들이라는 사실을 받아들이는 것은 어렵지 않다. 성부로서의 하느님과 성자로서의 하느님 안에서 불이일원론이 말하는 본성을 발견하기 때문이다. 그 안에서 하느님 아버지가 없으면 성자도 있을 수 없다." [38] 삼위일체는 역동적 사랑을 통한 친교로서 동일성과 타자성을 동시에 갖는다. 따라서 삼위일체는 불이일원론에 대한 훌륭한 그리스도교의 해석이다.

불교는 불이일원론과 상호의존적 존재에 대한 통찰과 경험을 바탕으로 한다. 따라서 이것을 통해 불교와 그리스도교간 대화가 더 훌륭한 결실을 얻을 수 있다. 이 장을 시작하면서 인용한 구절에서도 알 수 있었듯이, 그리스도교 성서 중에 불이일원론이 가장 두드러진 것은 요한복음이다. 요한복음은 예수가 성부와 제자와 함께 합일한 것을 명확하게 표현한다. "저는 그들 안에 있고 아버지께서는 제 안에 계십니다."(요한복음 17장 22절) 태이가 말한 상호의존적 존재와 예수의 가르침에 담긴 깊은 통찰은 유사한 점이 많다. 사도 바오로는 그리스도의 몸이라는 멋진 은유를 사용한다. 그것을 통해 그리스도교 공동체 구성원 간의 친교를 암시한다. "몸은 한 지체가 아니라 많은 지체로 되어 있습니다. …… 한 지체가 고통을 겪으면 모든 지체가 함께 고통을 겪습니다. 한 지체가 영광을 받으면 모든 지체가 함께 기뻐합니다."(1코린토 12장 14, 26절) 사도 바오로와 태이에 따르면, 그리스도교 공동체는 '상호의존적으로 있음'이다.

그리스도교에서 둘이 하나가 되는 사랑의 신비는 언제나 성령의 활동과 연결된다. 하느님의 숨으로 표현되는 성령은 삼위일체가 지속적으로 동참하는 신비의 열쇠다. 베네딕도수도회 수도자 시프리안 스미스는 말한다. "성령은 어떤 면에서 가장 심오한 신비다. 어떻게 흘러나온 것이 여전히 부분에 포함되어 있을 수 있는지. 어떻게 발설된 것이 여전히 침묵일 수 있는지. 어떻게 분열된 것이 여전히 하나일 수 있는지를 알려 주기 때문이다."**39•** 하느님의 세 위격位格은 삼위일체 안에서 성령의 에너지를 통해 불이일원론적 사랑을 나누면서 서로 안에서 자신을 잃어버린다. 에크하르트는 위대한 사랑의 신비에 우리가 동참해야 한다고 강조한다.

> 베푸는 사랑은 불이적不二的 차원에서 합일 또는 일치한다. 사랑 안에서 나는 나 자신이라기보다는 하느님이다. 예언자는 말한다. "내가 이르건대 너희는 신이며 모두 지극히 높으신 분의 아들이다."(시편 82편 6송) 인간이 사랑 안에서 하느님이 된다는 말은 매우 생소하다. 그러나 그것은 영원한 진실이고 참되다. **40•**

우리는 사랑 안에서 하느님이 된다. 에크하르트는 조금도 망설이지 않고 이원성 혹은 분열은 없다고 주장한다. 그는 말한다. "내가 하느님을 알면 나는 참된 그가 되고 그는 내가 된다. 더 나아가 하느님은 내가 되고 나는 하느님이 된다. 그와 나는 완전히 하나가 된다. 그리고 [우리는] 하나다."[41•] 이것이 바로 하느님이고 하느님 안에 있는 내 모습이다. 요한의 첫째 서간 4장 8절처럼, 하느님은 사랑이고 사랑이 곧 하느님이다. 우리가 지닌 사랑은 하느님의 사랑이다. 우리는 사랑을 통해 사랑 자체인 하느님 안으로 들어간다. "닮음과 사랑은 하늘과 땅에 있는 만물의 근원인 성부에게로 영혼을 들어 올리고 이끌고 옮긴다."[42•]

사도 요한의 첫째 서간은 연못의 조약돌이 떨어진 곳을 중심으로 동그란 원의 물결이 퍼져 나가는 모습을 떠올리게 한다. "하느님은 사랑이십니다. 사랑 안에 머무르는 사람은 하느님 안에 머무르고 하느님께서도 그 사람 안에 머무르십니다. …… 누가 '나는 하느님을 사랑한다.' 하면서 자기 형제를 미워하면, 그는 거짓말쟁이입니다. 눈에 보이는 자기 형제를 사랑하지 않는 사람이 보이지 않는 하느님을 사랑할 수는 없습니다."(1요한 4장 16-20절)

이것은 태이가 말한 것과 유사하다. "우리는 현상적이며 역사적인 세계를 깊게 접촉함으로써, 본체적이며 궁극적인 세계를 접촉할 수 있다. …… 그대가 이 세계의 모든 것을 포기함으로써 하느님을 접할 수 있다고 생각한다면, 나는 그대가 하느님을 접한다는 것에 의문을 품을 것이다. …… 모든 물결을 무시한다면 그대는 물을 만질 수 없을 것이다."[43•] 태이의 통찰력 있는 표현은 이웃 사랑에 대한 그리스도교의 관점을 통해 알게 된 상호의존적 존재를 설명하는데 도움이 된다. 태이가 사용한 용어 '접촉'을 '사랑'으로 바꾸면, 사도 요한의 첫째 서간의 진술과 거의 같다. "그대가 세계의 모든 것을 포기하고 하느님을 사랑할 수 있다고 생각한다면, 나는 그대가 하느님을 사랑한다는 것에 의문을 품을 것이다. …… 우리가 이웃 사랑을 포기하면, 사랑할 하느님도 없을 것이다." 이것은 확실히 세계를 변화시키고 참된 평화를 가능케 하는 사랑이다.

위대한 숨

3

우리는 삼위일체가 하는 사랑의 순환에 동참한다. 그것이 의미하는 바는 하느님 아버지가 성자를 흘러넘치게 하는 사건이 시간을 초월한 천상 세계에서만 일어나지 않는다는 것이다. 그것은 지금 우리 안에서 일어난다. 다소 생소하게 들리겠지만, 관상가들은 말한다. 하느님이 우리 안에 신적 현존을 가능케 한다. 에크하르트는 강조한다. "그것이 내 안에서 일어나지 않으면, [하느님의] 탄생이 항상 발생한다는 것이 내게 무슨 소용이 있겠는가?"[44•]

이런 신비적 표현은 불교도에게도 어색하지 않다. 태이는 "물결은 …… 물에서 생긴다. 그래서 물결은 물의 아들 또는 딸이라고 한다. 물은 물결의 아버지다. 물은 물결의 어머니다."[45•]라고 말한다. 이런 이미지로써 태이는 구체적 삶에서 실재의 궁극적 차원에 접촉하도록 한다. 이것이 마음챙김 수행이 일으키는 기적이다. 에크하르트가 지닌 강한 열정도 크게 다르지 않다. 그 역시 청중이 영혼 깊은 곳에서 물과 물결의 관계, 즉 하느님과 인간 영혼의 밀접한 관계를 경험케 한다. 태이와 마찬가지로 에크하르트도 우리의 내면 깊은 곳에 있는 모든 생명의 근원, 즉 우리가 존재하는 근거인 하느님의 현존을 자각하라고 한다. 추상적 개념에 대한 많은 공부가 필요한 것이 아니다. 그저 바다에서 노니는 것처럼 사랑 넘치는 일상에서 자기 근거인 하느님을 체험하면 된다.

하느님이 어떻게 출산한다는 말인가? 다시 말해 하느님 '아버지'가 어떻게 출산한다는 말인가? 그리스도교는 특정 문화와 시대를 살았던 예수가 사용한 언어로 말한다. 그는 실재의 궁극적 차원을 '아버지'라고 불렀다. 그러나 안타깝게도 성서적 전통에 깊이 뿌리 내린 아버지라는 은유가 오늘날 일부 그리스도인에게 걸림돌이 된다. 가부장적 종교 해석 때문에 오랫동안 여성들이 종교적 약자로서 고생했기 때문이다. 그렇다고 성부라는 호칭을 쉽게 포기할 수는 없다. 예수는 가르칠 때나 하느님께 기도할 때 그 말을 사용했다. 따라서 그것을 포기하면 오히려 해롭다. 따라서 은유적 표현을 유지하면서 그 범위만을 넓히는 것이 더 좋겠다. 에크하르트도 그렇게 했다. 그는 다정한 어머니이면서 아버지인 하느님을 깨닫도록 한다. 예수는 아버지를 향해 사랑스러운 기도를 하고, 자기 삶 전체를 아버지 손에 맡겼다(루카복음 23장 46절).

예수는 '아버지'에 해당하는 아람어 '압바Abba'를 사용했다. 당시 가부장적 문화에서 압바는 군림하는 가부장적 폭군에 불과했다. 그것을 감안할 때 예수가 압바를 다정하고 자애로운 모습으로 묘사한 것은 주목할 만하다. 예수는 압바를 배고픈 어린이에게 빵을 주는 분(루카복음 11장 3절), 집으로 돌아오는 탕자를 밤낮으로 기다리는 분(루카복음 15장 20절)으로 묘사했다. 예수는 십자가에 매달려 죽어가면서(루카복음 23장 34절) 자기를 살해하는 자들까지 용서해달라고 압바에게 청했다.

'압바'라는 호칭은 유대-그리스도교 성경에서 발견되는 하느님에 관한 다양한 은유 중 하나다. 하느님은 구원을 위한 반석(시편 62편 2송; 마태오복음 7장 24절) 또는 인간을 흙으로 만드는 도공(창세기 2장, 예레미야 18장 6절)으로도 형상화된다. 또한 하느님은 애정 가득한 팔로 조심스럽게 양을 어깨에 메고 가고(이사야 49장 11절), 사랑하는 이를 찾아 밤새도록 배회하는 연인이면서(아가서), "제 어머니 배 속에서 저를 엮으신"(시편 138편 13송) 분으로도 형상화된다. 이렇게 다양한 은유에서 길을 잃지 않아야만 한다. 은유는 깊숙이 감추어진 심오한 진리를 찾는 총체적 방법으로만 사용해야 한다.

예수는 '압바'를 제자들과 공유하면서 아버지에 대한 친밀한 사랑에 그들을 초대한다. "누구든지 나를 사랑하면 내 말을 지킬 것이다. 그러면 내 아버지께서 그를 사랑하시고, 우리가 그에게 가서 그와 함께 살 것이다."(요한복음 14장 23절) 예수는 압바, 즉 하느님을 제자들 안에 깊숙이 머무는 신의 생명의 보화이며 동정심과 친절한 사랑의 근원으로 가르친다. 태이는 "하느님 아버지는 밖에 있는 것이 아니라 우리 마음 안에 있다. 따라서 그를 접촉하는 방법만이 문제"[46]라고 말한다.

어떻게 우리 안에서 하느님의 현존과 접촉할 것인가? 하느님이 어떻게 우리 안에서 신의 생명을 탄생시키는가? 이 신비를 그리스도인이 인식하는 열쇠는 강생降生. 하느님이 인간 본성을 취함이다. 예수의 인격에서 하느님과 인간, 그리고 영원과 역사가 결합한다. 예수를 따르면 하느님이 인간의 삶이라는 직물에 짜여 들어오는 것을 발견한다. 그리스도 안에서 사는 물결인 우리는 존재의 가장 심오한 진리가 물이라는 사실을 알게 된다. "당신의 뜻이 하늘에서와 같이 땅에서도 이루어지소서." 태이는 주님의 기도를 인용한다. "이것이 의미하는 바는 궁극적 차원과 역사적 차원 양자에 접촉하며 살아야 한다는 것이다. 하느님 나라는 지상에 있는 이곳이다. 한편 지상은 하느님 나라 안에 있는 그곳이다. 물결

은 물 안에 있고, 물은 물결 안에 있다."47•

태이는 예수를 통해 다른 두 차원에 동시에 산다는 것의 의미를 밝혀 준다. 그는 이처럼 그리스도교 신학을 멋지게 해석한다. 그것에 따르면 우리는 예수 안에서 천국과 지상, 하느님과 인간 양자를 발견한다. 그리고 자기 안에서 놀라운 현실을 발견한다. "물결은 항상 물이다. 물결은 물이 되기 위해 죽을 필요가 없다. 바로 지금 여기에서 물이기 때문이다. 하느님 나라도 그와 같다. 그것은 시간과 공간의 문제가 아니다. 하느님 나라에 들어가기 위해 죽을 필요는 없다. 하느님 나라는 지금 여기에 있다. 따라서 그대는 이미 하느님 나라 안에 있다."48•

녹야원 사원 입구 나무에 "하느님 나라는 바로 지금이다."라는 명패가 걸려 있다. 예수는 하느님과 하느님 나라를 누룩에 비유했다. "어떤 여자가 그것을 가져다가 밀가루 서 말 속에 집어넣었더니, 마침내 온통 부풀어 올랐다."(마태오복음 13장 33절) 앞 장에서 살펴본 것처럼 역사와 물질세계는 신적 요소로 가득 차 있다. 물질적 요소와 신적 요소라는 두 차원이 섞여서 하나가 된다. 예수만 그렇게 할 수 있는 것이 아니라, 예수를 통해 우리도 할 수 있다. 숙련된 제빵사로서 하느님은 예수를 통해 인간이란 반죽 덩어리에 신의 생명을 불어넣는다. 예수처럼 우리도 '생명의 빵'의 신비를 경험할 수 있다(요한복음 6장 35절).

하느님이 반죽 덩어리인 인간 육신을 취하는 것을 일반적으로 육화肉化 혹은 강생이라고 한다. 그것은 천상과 지상 그리고 하느님과 피조물의 합일된 모습이다. 시프리안 스미스는 에크하르트에 대한 책에서 신비적 차원뿐만 아니라 역사적 차원에서 강생을 이해해야 한다고 강조한다.

> 그리스도인의 종교는 육신의 종교다. …… 예수의 역설은 우리 자신의 역설이다. 예수 당시의 유대인들이 그랬던 것처럼, 하느님인 동시에 〔인간인〕 누군가와 대면한다는 것은 우리에게도 놀라운 경험이다. …… 에크하르트는 무엇보다 하느님과 〔인간이〕 하나가 되는 합일에 관심을 갖는다. 오늘날 이것은 두 가지 방식으로 작용한다. 첫째, 하느님과 〔인간〕이 2,000년 전 베들레헴이란 장소에서 발생한 역사적 사건에서 합일한다. 둘째, 그것들은 지금 여기에서 〔발생하는〕 신비적 사건에서 일치한다. 에크하르트는 그 신비적 사건을 '영혼 안에서 하느님의 탄생' 또는 '영혼의 근거에서 말씀의 발설'이라고 표현한다. 과거의 역사적 강생과 지금 여기에 있는 우리 안에서 〔발생하는〕 신비적 강생은 별개지만 분리될 수 없는 단일한 신비의 양면이다.[49•]

여기서 우리의 관심사는 예수의 역사적 탄생보다 우리 안에 하느님 나라와 지상세계가 함께 존재한다는 점이다. 그렇게 하느님의 말씀이 우리 안에서 탄생한다. 역사적으로 성자는 예수의 어머니 동정녀 마리아에게서 태어났다. 그처럼 영성적 차원에서 하느님은 인간 각자의 영혼 안에서 말씀이 태어나게 한다. 이것이 하나의 단일한 신비가 갖는 두 가지 차원이다. 에크하르트는 우리 모두가 '하느님의 어머니'라고 말한다.

그리스어로 '테오토코스theotokos', 즉 '하느님의 어머니'는 기원후 431년 에페소 공의회에서 공식화되었다. 그렇게 '하느님의 어머니'가 예수의 어머니인 마리아의 공식 호칭이 되었다.[50•] 이 역설적 호칭을 모든 그리스도인이 이해하고 수용하는 것은 아니다. 많은 사람이 의문을 제기하기도 한다. "어떻게 하느님에게 어머니가 있을 수 있는가?" 그것은 좋은 지적이다. 호칭을 제대로 이해하지 못하면, 순수한 인간인 마리아가 하느님보다 앞서 존재하는 상황이 펼쳐지기 때문이다. 그러나 이 호칭은 신비적 실재를 가리킨다. 그것은 인간과 신, 즉 물결과 물이 동시에 존재하는 불이일원론적 실재로 사는 존재를 말한다. 영원한 하느님의 말씀을 육체적으로 낳음으로써 마리아가 유례없는 방식으로 살았던 것처럼, 우리도 영성적으로 그렇게 살아야 한다.

하느님의 말씀이 영혼 안에서 탄생한다는 것을 바르게 이해해야 할 필요가 있다. 그것을 위해 에크하르트의 역설적 가르침을 살펴보자. 에크하르트는 성탄절 설교에서 다루기 힘든 주제를 언급한다. "하느님 아버지는 영혼의 근거에서 성자를 낳았다." [51•]은유의 경계를 지나치게 넓힌 그의 말은 종종 코믹하게 들리기도 한다. 은유적으로나 생리적으로나 성부가 말씀을 낳는다는 주장은 한계가 분명하다. 그래서 그는 몇 단어를 추가하여 설명한다. "하느님의 부성은 모성을 동반한다. …… 임신하는 것은 어머니의 역할이기 때문이다."[52•] 이렇게 해서 에크하르트는 출산하는 성부를 무난하게 어머니로 변화시킨다. 그러나 그것으로 충분하지 않았기에, 그는 마지막으로 덧붙인다. "출산한 여인처럼 하느님 [아버지]는 모든 선하고 매력적이고 내재하는 영혼을 갖고 태어난 아기가 누워 있는 침대에 함께 눕는다. …… 그것은 부성을 지닌 마음에서 언제나 솟아 나오는 애정이다."[53•] 이런 난해한 설명이 혼란을 야기할 수도 있지만, 출산한 어머니처럼 아버지가 아기 침대에 누워 있다. 에크하르트는 하느님이 부성을 지닌 마음에서 신의 아들을 출산한다는 시적 표현을 한 것이다.

에크하르트는 시적 표현 외에 심오한 신학적 설명도 한다. 에크하르트가 당시 중세 독일어로 '근거grunt'라고 말한 신성神性의 신적 근거에서 하느님의 생명이 흘러넘쳐 나와서 세상에서 태어났다.[54•] 하느님 안에서 그러하듯, 인간 영혼 안에도 존재하는 근거를 에크하르트는 '고요하고 텅 빈 사막', '불꽃', '성城', '텅 빔', '무無' 등으로 표현한다.[55•] 에크하르트가 "있는 그대로의 존재bare beingness"라고 부른 것으로부터 모든 존재가 흘러넘쳐 나온다.[56•] "영혼 안에서, 그리고 신적 본성이 합일된 상태로부터 하느님이 영혼 안에 말씀을 잉태하는 곳, 그곳은 가장 고귀한 부분, 영혼의 정수, 침묵 한 가운데의 근거다."[57•] 에크하르트는 이 놀라운 신비를 탄생이란 표현으로 설명한다. 하느님은 영원히 잉태를 계속하며 우리 안에서 신의 아들인 그리스도, 즉 영원한 말씀을 낳는다.[58•]

우리 안에서 말씀이 탄생한다. 그것은 하느님이 우리 안에서 탄생한다는 의미다. 태이가 '지상에 있는 하느님 나라'를 말한 이유다. 지상의 존재인 우리가 살아가는 일상에서 하느님은 신적인 자아를 낳는다. 태이는 붓다 또는 인간 안에 있는 붓다의 깨달음을 유사한 표현으로 설명한다.

> 붓다는 마음챙김의 씨를 각자가 가진 여래의 모태tathāgatagarbha, 즉 여래장如來藏. 모든 중생에 내재된 여래의 법신, 또는 중생이 본래부터 가지고 태어나는 붓다가 될 가능성이라고 한다. 우리 모두는 붓다의 어머니다. 깨달음의 잠재력을 잉태하기 때문이다. 일상에서 마음챙김을 수행함으로써 아기 붓다를 다루는 방법을 깨우치면, 깨달음이 자신 안에서

드러날 것이다.[59]

에크하르트가 언급하는 말씀의 탄생과 태이가 말하는 붓다의 탄생이 완전히 같은 실재를 지시하지는 않는다.[60] 하지만 둘 다 '탄생'이란 은유를 통해 실재의 궁극적 차원과 역사적 차원의 관계를 절묘하게 표현하는 점은 주목할 만하다. 붓다의 본성은 깨달음이다. 한편 예수 그리스도의 본성은 신이면서 인간으로 살아가는 강생의 신비다. 그리스도인은 영원한 실재인 그리스도의 본성을 체험해야 한다. 그래야 우리 일상에서 예수 그리스도가 탄생한다. 두 대가는 출산을 문자 그대로 영원한 존재를 일상에서 육체로 드러내는 육화와 관련시킨다.

예수의 어머니 마리아는 이중적 신비를 생생하게 잘 드러내는 상징이다. 그리스도교에서 마리아는 하느님 안에서 발생하는 것을 비춰주는 거울의 이미지다. 그리고 우리 안에 일어나는 것을 미리 알려주는 패러다임이다. 아들 예수의 역사적 탄생을 묵상함으로써, 우리는 영원한 어머니로서의 하느님을 어렴풋이 느낄 수 있다. 반대로 하느님이 말씀을 역사적으로 탄생시키는 것은 인간이 된 말씀이 동정녀 마리아의 태중에서 역사적으로 탄생하는 것을 통해 알 수 있다. 마리아는 가장 심오한 하느님에 대한 상징 또는 성사다. 동정녀의 자궁에서 하느님의 말씀이 탄생한다. 그리고 하느님의 것과 우리의 것을 동시에 드러낸다. 동정녀 마리아의 자궁은 하느님의 자궁, 텅 빔, 하느님의 적막한 사막을 상징한다.

창세기는 이렇게 시작한다. "한처음에 하느님께서 하늘과 땅을 창조하셨다. 땅은 아직 꼴을 갖추지 못하고 비어 있었는데, 어둠이 심연을 덮고 하느님의 영이 그 물 위를 감돌고 있었다."(창세기 1장 1-2절) 꼴을 갖추지 못하고 텅 비어 있는 것이 신약성서에서 상징적으로 다시 드러난다. 즉 동정녀 마리아의 자궁에서 시작될 새로운 창조다. 마리아는 꼴을 갖추지 못하고 텅 비어 있고 아무것도 없는 새로운 하느님의 적막한 사막이다. 처녀의 텅 빔으로부터 하느님은 새로운 하늘과 새로운 땅을 창조한다(요한묵시록 12장 1-6절).

에크하르트는 자기의 영성적 또는 신비적 체험을 거의 언급하지 않지만, 그의 저서에는 그것이 스며들어 있다. 어떤 한 구절은 말씀의 신비적 탄생을 그의 마음과 영혼 깊은 곳에서 체험한 바를 다룬다. 여기서 그는 3인칭을 사용했지만, 자신의 영성여정을 나누려는 마음과 그 체험이 본인에게 얼마나 중요한지를 이야기한다. 이것은 그가 말로 표현할 수 없는 체험을 설명하는 방식이다. 그것은 "꿈꾸는 것처럼 비몽사몽간에 한 남자에게 일어났다. 여자가 아이를 가지듯이 그가 무無, nothing를 잉태했다. 그리고 무에서 하느님이 태어났다."61• 에크하르트의 역설적 표현은 논리적 진술이 아니다. 그러나 그는 하느님을 만져서 알거나 객관적으로 묘사할 수 없음을 분명히 한다. 너무나도 작은 인간의 범주에 하느님을 억지로 집어넣고 파악할 수 없다. 하느님이 태어난 곳, 즉 무無는 모든 것이기도 하다. 그리고 그것은 우리 안에 있는 충만함과 영원성이다.

4장에서 언급한 것처럼, 이것은 '무無로부터의 창조creatio ex nihilo'라는 오래된 정형구를 이해하는 한 방법이다. 존재하는 만물은 어떤 것으로부터 흘러나온 것이 아니라 실재 너머에 있는 근원으로부터 나온다. 관상가들은 그것을 애매모호하게 '무성無性, no-thing-ness'이라고 말한다.

에크하르트는 "이것과 저것을 무시하라. 남는 것은 단지 하느님뿐"**62•** 이라고 말한다. 마리아가 바로 이것을 실천했다. "말씀하신 대로 저에게 이루어지기를 바랍니다."(루카복음 1장 38절) 그녀는 하느님에게 처녀의 텅 빔을 바치는 응답을 했다. 마리아는 신의 무성無性을 거울에 비춘 상이다. 그녀의 전 존재는 거대한 비어 있음이고, 새로운 창조를 전하는 창세기이며, 하느님의 새로운 탄생을 가능하게 하는 근거다. 사도 바오로가 "누구든지 그리스도 안에 있으면 그는 새로운 피조물입니다."(2코린토 5장 17절)라고 말한 그대로다.

'한처음에' 있던 하느님의 창조적인 영원한 말씀이 마리아 안에서 역사적으로 인간이 된다. 이것이 그리스도교 구원 역사에서 마리아의 고유한 역할이다. 그러나 안타깝게도 그리스도교는 이야기의 완성에 실패하곤 한다. 이야기를 여기서 끝내고 마리아를 우상화하려는 유혹에 빠지기 때문이다. 그녀가 인간의 가장 깊은 곳에 있는 영성적 실재를 상징한다는 것을 잊어버린 결과다. 우리도 마리아처럼 새로운 창세기다. 그곳에서 하느님이 신적 말씀을 낳는다. 적어도 영성적이고 신비적 차원에서 우리도 그녀처럼 그리스도를 따르며 성심성의껏 살려면, 순결한 광활함이라는 내면의 사막을 만들어야만 한다. 그러면 오늘 이 시간에 신의 무성無性에서 하느님이 탄생한다.

성서적 관점에서 마리아의 동정성은 영성적 진리로서 확증된다. 우리가 하느님과 분리된 존재라는 착각으로부터 벗어나고 텅 빈 상태가 되었을 때, 우리는 하느님을 낳을 수 있다. 갑작스럽고 놀라운 사건인 하느님 탄생이라는 은총을 받아들이기에 마리아의 마음은 충분히 비어 있고 충분히 가난했다. 예수는 "행복하여라. 마음이 가난한 사람들. 하늘나라가 그들의 것"(마태오 복음 5장 3절)이라고 선언한다. 마리아는 우리 모두가 인간적 한계라는 연약한 틀, 즉 영적인 가난 속에서 하느님을 낳는 소명을 받았음을 알려 준다. 우리 영혼 안에서 일어나는 하느님의 신비로운 탄생을 위해 준비할 것은 우리가 지닌 '어떤 것'이 아니다. 하느님의 탄생을 위해 준비할 것은 오히려 우리의 텅 빔, 광활함, 무성無性이다. 그렇기에 루카복음은 가난한 처지에서 첫 아들을 낳는 마리아를 자세히 기록한다. "여관에는 그들이 들어갈 자리가 없었다."(루카복음 2장 7절) 우리 안에 자기 방도 없고 공간도 없고 물건도 없을 때에만 하느님이 탄생한다. 그때에만 긴 시간 동안 자기를 망각하고, 하느님 나라에 푹 잠겨 있는 자신을 발견하게 된다. 우리의 내면에 신의 무성이 생기면, 그것이 우리를 소멸시키고 우리를 무로 만든다. 그러면 우리는 자기를 잃고 무에 침잠한다. "모든 면에서 만물을 충만케 하시는"(에페소 1장 23절) 존재 안에서 용해된다.

신의 무성無性이라는 주제는 대부분 종교에서 다양한 방식으로 발견된다. 에크하르트에 따르면 "내가 자신으로부터 나와서 완전히 텅 빈 것이 될 때, 성부聖父는 내 영혼 안에서 그의 하나뿐인 성자聖子를 잉태한다."**63•** 마리아가 실천한 것이 바로 그것이다. 버나드 맥긴은 에크하르트의 가르침을 영성생활과 관련해서 언급한다. "근거가 지닌 고요함과 침묵 안에서만 하느님은 형상 없이 자기 본질을 통해 영혼과 자유롭게 접촉할 수 있다. 순수한 내재와 전적인 고요함이 지닌 동기가 열쇠이다. …… 에크하르트는 [말씀의 탄생]을 위한 유일한 준비는 전적인 수동성이라는 사실을 매우 강조한다."**64•**

동정녀 마리아는 하느님의 무성無性, 즉 영원한 신성神性의 거대하고 구별되기 이전의 광활함에 대한 상징이다. 이 주제는 불교도의 경험 및 통찰에 아주 잘 어울린다. 스즈키는 에크하르트의 저술을 해석하면서 신성의 중심에 있는 공허한 텅 빔을 주장하는 그의 이론에 전적으로 동의한다. "그것은 움직이지 않는다. 도달할 길이 없는 무無다. 그것은 절대적인 무성이다. 그것은 만물이 발생하는 존재 근거다."[65] 스즈키는 에크하르트가 말한 하느님의 텅 빔을 그리스도인이 어떻게 이해할 수 있는지 탐구한다. 그리고 불교의 텅 빔에 대한 개념인 공空과 중요한 연결고리를 제시한다. "그리스도인은 '순수한 또는 절대적 적막함의 신적 중심' 또는 '어떠한 구별도 끼어들지 않는 적막한 사막인 순수한 중심'을 어떻게 받아들일까? 에크하르트가 '순수한 무성無性'으로서의 신성神性 개념을 제시한 것은 불교의 공 사상과 완벽하게 일치한다."[66]

마리아가 보여준 동정녀의 무성無性은 우리의 마음과 영혼 안에 오직 하느님만을 위한 광활함을 만들라고 권유한다. 에크하르트는 하느님의 탄생을 위해 준비할 것을 언급한다. "하느님은 오직 당신만을 품고 있는 텅 비고 자유롭고 방해받지 않는 영혼을 필요로 한다."[67] 마리아의 영혼과 전 존재는 당혹스런 사랑의 선물을 받아들일 만큼 맑고 순수하며 수동적이었다. 그녀는 오랫동안 완전한 마음챙김 또는 내면의 절대적인 적막함으로 신성한 손님이고 사랑하는 사람인 메시아, 즉 그리스도의 방문을 기다려 왔다. 그녀는 '영원한 현재'에 존재하는 모든 것의 근거인 하느님께 '예'라고 응답했다. 그렇게 함으로써 신비적 탄생을 위해 그리스도인 누구나 '예'라고 대답할 길을 펼친다. "우리는 모두 붓다의 어머니다."라는 태이의 말처럼, 우리 모두는 마리아의 모범에 따라 하느님의 어머니가 되어야만 한다.

이것이 에크하르트의 주된 관심사다. 즉 영혼 안에서 신비적 탄생이 성취되기 위해 '예'라고 응답해야 한다. 에크하르트는 우리가 삶에서 하느님을 낳도록 적극적으로 돕는 의욕 넘치는 산파다. "이 영원한 탄생은 영원 안에서 발생하는 것처럼 [우리] 영혼 안에서도 발생한다. …… 그것이 유일한 탄생이다." 그는 이 말을 통해 6세기 전의 동료들을 떠올린다.[68] 에크하르트는 탄생과 관련해서 묻는다. "말씀이 선포된 곳이 어디인가?" 그리고 스스로 답한다. "방금 말했듯이 그것은 영혼이 할 수 있는 가장 순수한 것, 가장 고귀한 부분, 참된 근거, 영혼의 가장 비밀스런 정수다."[69] 그는 다른 설교에서도 말한다. "이 탄생에서 하느님은 풍성한 빛을 영혼 속으로 비춘다. 그리고 그 안을 [관통하여] 정수와 근거를 비춘다. 즉 능력과 육체를 지닌 인간 안을 비춘다."[70]

우리는 출산을 위해 무엇을 해야 하는가? 우리는 침묵 속에서 기다려야만 한다. 에크하르트는 침묵을 강조한다. 그것은 소란스럽고 분주한 삶 안에 하느님을 위한 방, 즉 하느님이 뭔가 놀랍고 새로운 일을 할 수 있는 방을 만드는 것이다. "삶에서 가장 훌륭하고 고귀한 성취는 침묵하는 것이고, 내부에서 하느님이 활동하게 하고 말씀하게 하는 것이다."[71] 침묵과 관상명상은 마음챙김 수행에 정진하는 것이다. 그것이 하느님의 영원한 탄생이 지금 여기서 우리 안에 뿌리내리기 위해 필요한 것이다. 요즘의 수도원과 종교적 삶에서 중요한 도전은 평신도나 서원한 사람이나 동서양을 막론하고, 현대 사회의 척박한 땅에 침묵의 씨앗을 심는 것이다. 그것은 영성적 생존의 문제다. 도미니코수도회 총장이었던 티모시 래드클리프는 말한다. "우리는 침묵하는 기술을 익혀야 한다. 학문연구와 기도를 통해 평정과 집중을 배워야 한다. 그래야 주님이 나누려는 것을 받을 수 있다. …… 최종적으로 우리는 삶의 가장 깊은 중심에 있는 침묵을 사랑하게 될 것이다.[72]•

나는 개인적 체험을 나누고자 한다. 나는 2004년 녹야원 사원에서 동안거를 했다. 태이의 승단 및 평신도와 동안거를 하면서 감사와 희망에 넘치는 충만함을 체험했다. 마음을 다하는 침묵수행은 메마르고 건조한 사막을 적시는 가랑비와 같았다. 승단 전체가 자유의지로 정중하게 침묵을 지키는 것에 익숙했지만, 율법주의적 집착에 매이지 않았다. 누구나 필요할 때 말할 수 있었으나, 단지 잡담을 자제할 수 있는 더 큰 자유도 있었다. 오늘날 지구촌 곳곳에서 침묵수행은 너무도 중요하다. 나는 이스라엘과 팔레스타인, 힌두교와 무슬림, 가톨릭교회와 개신교, 즉 전 세계가 한자리에 앉아서 마음을 다해 침묵수행을 하고 미소를 지으며 서로의 눈을 그윽한 눈빛으로 바라보는 날을 꿈꾼다. 그렇게 하면 다른 사람과 나를 분리하기 위해 쌓았던 장벽을 철거하는 날이 올 것이다. 침묵수행은 오늘날 세계에 반드시 필요하다. 그것은 땅을 일구고 씨를 뿌리며 새 생명이 탄생하기를 침묵 속에서 기다리는 농부와도 같다. 여기에는 강한 인내와 한결같은 희망이 필요하다. 예수는 비유를 통해 말한다. "하느님의 나라는 이와 같다. 어떤 사람이 땅에 씨를 뿌려 놓으면, 밤에 자고 낮에 일어나고 하는 사이에 씨는 싹이 터서 자라는데, 그 사람은 어떻게 그리되는지 모른다. 땅이 저절로 열매를 맺게 하는데, 처음에는 줄기가, 다음에는 이삭이 나오고 그 다음에는 이삭에 낟알이 영근다."(마르코복음 4장 26-28절)

우리는 발아와 성장 기간 동안 인내심을 갖고 조용히 기다리는 법을 배워야 한다. 신비적 잉태는 며칠, 몇 달, 몇 년 동안의 침묵을 필요로

할 수도 있다. 태이가 걷기명상을 통해 자상하게 가르치듯, 서둘러 진행하면 아무것도 얻지 못한다. 에크하르트는 말한다. "그저 그대 안에서 태어나길 기다려라. 그러면 그대는 모든 선, 모든 위안, 모든 행복, 모든 존재, 모든 진리를 얻게 된다."[73•] 태이는 성탄절 설법에서 현재 순간인 지금 여기서 새 생명을 탄생시키는 수행을 할 것을 권한다.

> 아기는 언제나 우리 안에 살아 있다. 우리 안에 있는 아기를 돌볼 시간이 충분하지 못할 지라도 …… 아기는 언제나 현재 순간에 살아 있다. 아기는 미래에 대한 걱정과 두려움으로부터 자유롭다. 그러므로 무엇보다 중요한 것은 우리 안에서 아기가 다시 탄생할 수 있도록 수행하는 것이다. 아기가 우리에게서 태어나도록 만들자. 오늘 밤 우리는 인류에게 가장 소중한 인물, 세상에 빛을 가져다 준 예수 그리스도의 탄생을 기념한다. 희망하는 것은 그런 아기들이 일상의 매 순간마다 우리에게서 태어나는 것이다.[74•]

제
6
장

그리스도

-

"저는 그리스도의 몸을 어루만지고 왔습니다."

은총

1

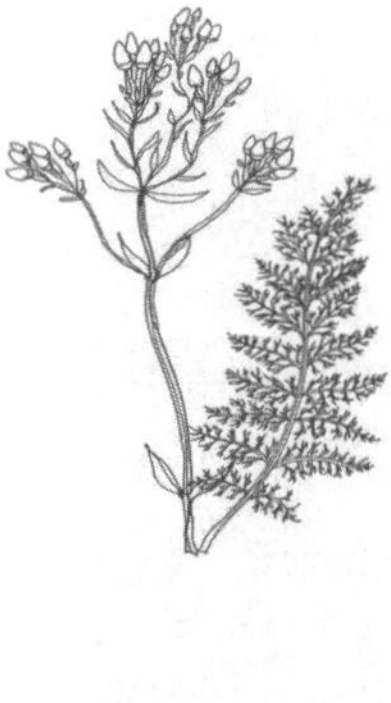

위에서 살펴보았듯이, 우리의 참된 본성이라는 실재는 역사적 존재이면서 영원한 존재, 인간이면서 신, 물결이면서 물, 천상적 존재이면서 지상적 존재다. 사도 바오로는 "우리는 이 보물을 질그릇 속에 지니고 있습니다. 그 엄청난 힘은 하느님의 것으로, 우리에게서 나오는 힘이 아님을 보여 주시려는 것"(2코린토 4장 7절)이라고 이미지로 표현한다. 그리스도교에서 영혼은 이런 두 차원이 만나는 '장소'다. 에크하르트는 말한다. "영혼은 시간성과 영원성의 접점으로 창조되었다. … [그것은] 하느님의 모상이고 하느님을 닮았다."[1•] 그리스도인은 예수의 강생을 통해 시간성과 영원성의 '접점'에 근접할 수 있다. 예수는 "많은 형제 가운데 맏이"(로마 8장 29절)다. 그는 우리도 하느님의 아들 또는 딸이라는 놀라운 진리를 우리에게 알려 주었다. 시에나의 성녀 가타리나의 말에 따르면 그리스도는 하느님과 인간을 연결해 주는 다리다.

힌두교 용어로 말하면, 예수는 그리스도인의 참된 스승Sat-Guru이다. 그는 참된 자아를 볼 수 있도록 우리 눈에서 베일을 벗겨 주었다. 우리가 지닌 참된 자아는 하느님의 형상과 닮았다. 이런 계시를 통해 우리도 사도 바오로처럼 말할 수 있다. "보이는 것이 아니라 보이지 않는 것을 우리가 바라보기 때문입니다. 보이는 것은 잠시뿐이지만 보이지 않는 것은 영원합니다."(2코린토 4장 18절) 그리스도가 전해준 계시는 우리를 거룩하게 변모시킨다. 마침내 우리는 항상 있어 왔던 우리, 즉 있는 그대로의 우리를 알게 된다. 이런 앎을 통해 우리는 가장 심오한 진리를 이해할 수 있게 된다. 모세와 예수, 그리고 영원한 존재를 깨달은 모든 사람처럼 우리도 "나다!I am"라고 말할 수 있게 된다.

이것은 요한복음 9장에서 예수가 눈먼 사람을 치유한 이야기에서 잘 묘사되었다. 치유를 받은 눈먼 사람은 바리사이들율법에 대한 엄격한 해석과 실천을 강조했던 율법학자들이 한 질문에 자신감을 갖고 대답한다. "이 한 가지, 제가 눈이 멀었는데 이제는 보게 되었다는 것은 압니다."(요한복음 9장 25절) 이것은 단지 육체적 치유에 대한 이야기가 아니다. 그것은 그 눈먼 사람이 예수를 만난 후 자신 안에 있는 신의 생명을 발견한 일에 대한 것이다. 그는 항상 있어 왔던 그, 즉 있는 그대로의 그를 알게 되는 은총을 받는다. 성서 본문은 그의 이웃들이 한 질문을 통해 이것을 상징적으로 표현한다. "저 사람은 앉아서 구걸하던 이가 아닌가?" 한편 막 치유를 받은 눈먼 사람의 입에서 나온 대답은 하느님의 거룩한 이름의 메아리다. 그것은 모세가 불타는 떨기나무 사이에서 들었던 것이다. 그는 단순히 "나다!I am"(요한복음 9장 8-9절)라고 대답한다. 그는 자신의 가장 깊은 진리를 드러내고 자신이 하느님과 신성神性에서 하나임divine oneness을 증언한다. 바로 몇 구절 앞에서 "나는 세상의 빛이다."(요한복음 9장 5절)라고 말한 예수처럼 그는 인간이면서 신이다. 은총의 선물이 없다면 우리도 눈먼 상태에 머물 것이다. 우리는 하느님의 눈으로 보는 강력한 관통breakthrough을 체험하지 못할 것이다.

사도 요한의 첫째 서간은 말한다. "사랑하는 여러분, 이제 우리는 하느님의 자녀입니다. 우리가 어떻게 될지는 아직 드러나지 않았지만, 그분께서 나타나시면 우리도 그분처럼 되리라는 것은 알고 있습니다. 그분을 있는 그대로 뵙게 될 것이기 때문입니다."(1요한 3장 2절) 우리는 영성 수련을 통해 매 순간 참된 자아를 보는 법을 배운다. 예수를 통해 우리는 자신 안에 있는 신의 생명을 발견하고 재결합한다. 그래서 초대교회는 세례성사를 '조명illumination'이라고 표현한 것이다. 세례는 예수와 우리의 차별성이 아니라, 우리도 예수처럼 될 수 있는 방법을 알려 주는 성사다. 이것이 우리가 세례를 통해 받는 위대한 은총의 신비다.

예수가 보통 사람과 똑같은 인간이라는 것을 상기하는 것이 중요하다. 그는 여인에게서 태어나서 보통 사람의 삶을 살다가 죽었다. 그러나 그리스도인은 예수의 신성神性과 인간의 신성의 차이에 주목할 필요가 있다. 즉 하느님의 말씀인 그리스도는 본성적으로 신이다. 하지만 인간은 은총을 통해 신성을 받는다. 도널드 고어겐 신부는 말한다. "예수는 분명 하느님과 일체다. 하느님이 바로 그의 '실체ousia'다. …… 예수의 존재에서 나오는 행위가 하느님의 말씀이다. 그는 하느님의 말씀이다. [인간인] 나는 하느님이 아니다. 내 존재 행위는 창조된 행위다. 그러나 은총을 통해 하느님과 하나가 된다."[2•] 사도 바오로의 질그릇 이미지에 따르면 예수의 그릇은 신이다. 그러나 인간의 그릇은 신의 보화로 꽉 찬 질그릇이다(2코린토 4장 7절). 그리스도인의 삶에서 은총은 이것을 의미한다. 그것은 무상으로 주어진 은총을 체험하는 것이다. 우리의 신앙심도 무료로 주어지는 은총이다.[3•]

에크하르트는 "은총은 영혼이 하느님 안에 머무는 것 혹은 함께 머무는 것"[4•]이라고 말한다. 우리는 대개 하느님이 우리 안에 내재한다고 말하는데, 에크하르트는 우리가 하느님 안에 '머문다'라고 표현한다. 이것이 은총을 이해하는 데 더 유용하기 때문이다. 다른 곳에서 에크하르트는 은총을 적절한 은유를 사용하여 설명한다. "천상의 아버지인 하느님은 성자와 성령에게 언제나 선한 것을 준다. 그러나 피조물에게는 선한 것을 완전히 주는 것이 아니라 빌려줄 뿐이다. 태양은 대기에 열을 준다. 그러나 빛은 빌려준다. 그래서 석양이 지면 대기는 빛을 잃는다. 그러나 대지에 열기는 남는다."5• 하느님은 대기에 머무는 태양의 열기처럼 그리스도에게 신의 본성을 온전한 상태로 영원히 준다. 그러나 인간에게는 매일 그리고 매 순간에 신의 생명을 준다. 그것은 태양 빛이 오고 가는 것과 같다. 태양처럼 하느님도 그리스도와 인간과 만물에게 신의 생명을 공평하게 준다. 차이점은 인간은 받은 것에 대한 소유권을 주장할 수 없다는 것이다. 그러나 우리는 항상 그것을 선물로 받는다. 바뀌는 것은 하느님이 주는 내용물이 아니라 그것을 받는 방식이다. 하느님의 피조물인 우리는 그 선물을 '소유'할 수 없다. 그러나 우리는 그것을 항상 받는다.

에크하르트는 이 어려운 주제를 설명하기 위해, 은총에서 비롯된 자녀들, 즉 '입양된 자녀들'이라는 개념을 사도 바오로의 서간에서 차용한다. "여러분은 사람을 다시 두려움에 빠트리는 종살이의 영을 받은 것이 아니라, 여러분을 자녀로 삼도록 해 주시는 영을 받았습니다. 이 성령의 힘으로 우리가 '아빠! 아버지!' 하고 외치는 것입니다. 그리고 이 성령께서 몸소, 우리가 하느님의 자녀임을 우리의 영에게 증언해 주십니다."(로마 8장 15-16절; 갈라티아 4장 7절) 우리는 단지 하느님의 자녀 같은 것이 아니다. 우리는 하느님의 자녀다. 에크하르트는 이것이 강생의 유일한 이유라고 한다. 즉 "성자聖子가 본성으로 그렇게 된 것을 [우리는] 입양의 은총으로 말미암아"[6] 되었다는 것을 알려 주기 위한 것이다. 그는 자신의 주장을 옹호하기 위해, 다른 곳에서 '신의 불꽃' 또는 '영혼의 근거'를 언급한다. "그리스도가 하느님의 아들이라는 것 때문에 성자聖子이고 우리는 지명된 아들들이기 때문에 다르다고 생각하지 마라. 그와 결합되어 있는 한 [우리는] 같은 상속인이다. 우리는 공동상속자다."[7]

에크하르트는 그리스도가 지닌 신성과 인간이 지닌 신성의 차이를 지적하기보다 인간 영혼이 의지하는 신의 근거 또는 하느님과의 합일을 강조하면서, 이것을 널리 알리는 것에 관심이 많았다. 그러나 당시 교회는 그의 설교를 경계하기 시작했다. 그래서 그는 인간 내면에 있는 신의 불꽃이 주는 기쁨을 조심스럽게 표현한다. 위대한 관상가들이 그랬던 것처럼, 하느님과 합일을 체험한 사건을 인간적 표현으로는 도저히 설명할 수 없었던 것이다.

유대-그리스도교 관점에서 인간은 하느님의 모상으로 창조되었다. 창조되는 순간 하느님의 인호印號가 인간에게 각인된다. 에크하르트가 언급하듯, 하느님의 씨앗이 인간 안에 심어지는 것이다. 그 씨앗은 삶 속에서 깨어날 때까지 인간 안에 잠복해 있다. 그리스도인은 그것을 죽음과 부활의 파스카 신비라고 말한다. 사람이 각자 안에서 씨앗을 깨우는 것은 거룩함이 삶에서 충만케 하는 체험이다. 에크하르트는 말했다. 세례를 받음으로써 "은총이 물을 주는"[8] 인간, 즉 "하느님의 씨앗은 자라나서 하느님이 된다."[9] 부활한 그리스도가 우리에게 성령의 물을 붓는다. 씨앗이 싹트면 죄와 분열의 아픔이 치유된다. 그러면 우리는 자기의 참된 자아가 하나임을 깨닫는다.

은총은 사랑에 대한 신비적 체험이다. 그렇기에 유대-그리스도교 전통이 은총의 이해를 그토록 강조하는 것이다. 달리 말하면 사랑은 하느님의 주도하에 역사 안에서 경험된다. 우리가 사랑하는 것은 하느님이 먼저 우리를 사랑했기 때문이다(1요한4장19절). 어느 날 예수는 마을 우물에서 물을 긷는 사마리아 여인에게 말을 건넸다. "그러나 내가 주는 물을 마시는 사람은 영원히 목마르지 않을 것이다. 내가 주는 물은 그 사람 안에서 물이 솟는 샘이 되어 영원한 생명을 누리게 할 것이다."(요한복음4장14절) 우리의 공동체적 경험에 따르면, 우리는 먼저 하느님으로부터 사랑이라는 살아 있는 물을 받는다. 그 사랑은 예수의 삶을 통해 형상화된 것이다. 그러고 나서야 우리는 그와 같은 살아 있는 물이 된다. 이것이 은총의 활동이다.

태이는 물결이 물과 접촉하는 은유를 자주 사용한다. 접촉을 통해 물결은 참된 자신이 누구인지 깨닫는다. 그가 말한 것처럼 "수평적 차원에서 사물과 깊이 접촉하는 수행을 통해, 우리는 하느님과 접촉하는 능력을 얻는다."[10] 이 한 문장은 영성에 대한 멋진 정의다. 우리가 일상에서 자애심을 지니고 세상과 접촉하는 만큼, 우리는 하느님과 접촉할 수 있다. 동시에 그리스도인은 은총의 무상성을 강조하기 위해, '예수 그리스도를 통하여 그 물하느님이 그 물결인간을 끌어안는다'는 태이의 말을 먼저 언급할 수 있을 것이다. 그것이 자신이 누구인지에 대한 가장 심오한 진리를 물결에게 알려 줄 것이다. 하느님이 먼저 우리를 어루만지고, 다음에 우리가 하느님과 접촉한다. 그렇게 우리는 은총에 응답한다. 토머스 머튼은 매우 명확하게 그 차이점을 지적한다.

> 관상은 … 〔우리가〕 하느님을 어루만지는 것처럼 하느님을 아는 것이다. 오히려 그것은 하느님이 보이지 않게 〔우리를〕 어루만지는 것처럼 하느님을 아는 것이라고 해야 할 것이다. … 〔그것은〕 손이 없는 하느님이 〔보이지 않게〕 어루만지는 것이다. 그러나 하느님은 순수한 실재이고 모든 실재하는 것의 근원이다. 그래서 관상은 갑작스럽게 다가오는 앎의 선물이다. 그것을 통해 모든 실재하는 것 안에 있는 실재 자체the Real를 깨닫는다. 그것은 우리의 한정된 존재의 뿌리인 무한한 존재Being에 대한 선명한 앎이다. 하느님은 '무상으로 베푸는 사랑의 선물'로서 〔우리에게〕 그것을 준다. 이것이 우리가 '하느님이 어루만지는'이라는 은유를 통해 말하려고 하는 '실존적 접촉'이다.[11•]

나는 예수의 고유한 역할이 불교와 그리스도교 사이의 대화에서 극복하기 힘든 난관 중 하나라는 것을 알면서 이 글을 쓴다. 이것과 관련해서 태이는 말한다.

> 예수는 그대와 나, 그리고 붓다와 동일한 물결이다. 그를 역사적 차원에서 하나의 물결로서 접촉할 수 있기 때문이다. …… 우리와 예수의 관계는 나와 이웃의 관계와 같다. …… 〔그러나〕 그 사람, 즉 예수는 매우 특별하다. 그는 스승이면서 스스로를 길이라고 선포한다. 즉 "나는 길이다." 그리고 그 길은 도道다. 그 길이 다르마Dharma다. …… 예수는 주님이다. 그가 그 길을 구현했기 때문이다. 그가 다르마를 구현했기 때문이다. 예수와 우리 사이

에 사랑이 놓여 있다. 즉 "예수가 나를 사랑한다. 그리고 나는 그것을 안다." [우리가] 그의 사랑을 느낄 수 있는 것은 예수가 사람의 아들이기 때문이다. 그는 살아 있는 존재다. …… "나는 하느님을 사랑한다."라고 말할 때, 그 하느님은 성부聖父다. 즉 우리의 궁극적 차원이다. 우리는 하늘의 아버지, 즉 성부께 드리는 사랑이 같은 본성이 아님을 안다.[12•]

여기서 태이가 말한 모든 것은 그리스도교 신학과 거의 모순되지 않는다. 그러나 미세한 뉘앙스의 차이는 있다. 이런 종류의 대화에서 요구되는 개방성과 투명성을 담보하려면 그것을 반드시 직시해야만 한다. 나는 이 분야의 전문가가 아니다. 그러나 나는 이 문제로 고군분투하는 다른 사람의 목소리를 주의 깊게 듣는다. 때로는 조화를 이루고, 때로는 서로 양보하고, 때로는 각자의 고유한 노랫가락을 존중하며 단지 듣기만 해야 한다.

하느님의
말씀

2

신약성서에서 영원한 '하느님의 말씀'은 그리스도에 대한 호칭 중 하나다. 이것이 의미하는 바를 알면, 그리스도교 신학에서 예수의 고유한 역할을 더 정확히 이해할 수 있을 것이다(요한복음 1장 1-14절; 요한묵시록 19장 13절). 그리고 중요한 것은 그리스도를 하느님의 말씀으로 인식하는 동시에, 자신도 하느님의 말씀임을 자각하는 것이다. 하느님이 우리에게 '존재하라'고 말하지 않았다면 우리는 존재할 수 없었을 것이다(창세기 1장 26절). 그러면 그리스도가 하느님의 말씀이라는 것과 피조물이 하느님의 말씀이라는 것에 어떤 차이가 있는가? 위에서 언급했듯이 그것에는 미세한 차이가 있다.

에크하르트는 단순 비교를 통해 이 문제를 해명한다. 그리스도는 하느님의 말씀 자체지만, 우리는 하느님의 말씀에 대한 메아리다. 에크하르트는 시편 62편 12송의 "하느님께서 한 번 말씀하신 바, 내가 들은 것은 이 두 가지"라는 구절을 주석한다. "그것은 사실이다. 하느님은 한 번 말씀하신다. …… 그러나 시편 저자는 '나는 두 번 듣는다'라고 말한다. 즉 '나는 하느님과 피조물에게 [각각] 듣는다.'" **13**•에크하르트는 처음에는 단일성을 강조한다. 즉 하느님의 말씀은 하나다. "말씀이 사람이 되시어 우리 가운데 사셨다."(요한복음 1장 14절) 여기서 말씀은 하느님의 아들인 그리스도다. 그러나 그는 그 둘 사이에 있는 미묘한 차이를 말한다. 즉 불이일원론적 긴장상태를 유지한 채 단일성을 강조하는 것이다. 인간을 비롯한 모든 피조물은 같은 하느님의 말씀에서 흘러나온다. 전혀 다른 말씀에서 나온 것이 아니다. 그것은 한 하느님 말씀의 울림이고, 항상 하느님의 입을 통해 선포된다.

시프리아안 스미스는 에크하르트를 이렇게 주석한다. "하느님은 삼위일체 안에서 스스로를 온전히 말하고 온전히 표현한다. 그 말씀은 하느님과 다르지 않다. 그 말씀 또한 하느님이다. 그러나 창조된 우주는 하느님의 실재를 온전히 표현하지 못한다. …… 그것은 말씀 [자체]는 아니다. 그것은 단지 말씀의 메아리일 뿐이다. 그러나 두 경우 모두 동일한 말씀이 발설된 것이다. 삼위일체에서 성자인 말씀이 우주의 피조물 안에서 울려 퍼지고 메아리친다."[14•] 토머스 머튼은 하느님의 목소리와 인간의 목소리 사이의 분리되지 않는 단일성을 암시하는 정교하고 명료한 주해를 덧붙인다.

> 그것은 영혼의 정중앙 깊숙한 곳에서 공명한다. 즉 우리의 삶이 그것의 분리된 목소리를 잃고, 숨겨져 있지만 살아 있는 분의 권능과 자비를 통해 다시 소리를 내는 것이다. 하느님은 우리 안에서 스스로 답한다. 이 응답은 모든 것을 새롭게 하는 신의 생명이고 신의 창조성이다. 우리는 하느님의 메아리고 하느님의 응답이다.[15•]

에크하르트는 자신의 견해를 펼치면서 가벼운 유머를 덧붙인다.

"모든 것이 하느님을 말한다. 하느님에 대해 말하고 선포할 때 입이 하는 것은 바위의 본질이 하는 것과 비슷하다. …… 모든 피조물은 모든 활동 안에서 하느님에 대해 메아리를 울린다."[16•]

에크하르트가 "하느님이 한 번 말씀하셨다."라고 고백하듯 하느님 말씀은 하나뿐이다. 하지만 그것은 "나는 두 번 들었다."는 경우처럼 우주의 모든 원소들 안에서 메아리친다. 그렇기에 온두라스의 렝카 부족 주술가의 말은 일리가 있다. 아침 미명에 소나무 밑둥치에 앉아서 집중해서 들으면, 그 사람은 소나무가 하느님에게 바치는 노랫소리를 듣게 된다. 소나무가 부른 노래는 하느님이 부른 노래의 메아리다. 그래서 소나무가 부른 노래와 하느님이 부른 노래는 하나의 노래다. 오직 하나의 노래만이 있다.

그리스도교 신앙고백의 기본인 사도신경로마 교회가 공적으로 결정하여 간직하는 신경으로, 그리스도교의 가장 오래된 신앙고백. '가장 오래된 로마 교리서'라고도 함은 불교의 사성제四聖諦. 붓다의 네 가지 근본 가르침. 제7장 미주2를 볼 것와 크게 다르지 않다. 태이는 "[나는] 그 외아들 우리 주 예수 그리스도님을 믿나이다."라는 구절에서, '외아들'의 의미를 설명한다. 불교도는 붓다를 유일한 존재로 이해하지 않는다. "붓다는 아주 많다. 과거의 셀 수 없는 붓다와 현재의 셀 수 없는 붓다와 미래의 셀 수 없는 붓다가 있다. …… 모든 붓다는 궁극적 깨달음과 궁극적 자비를 실현한다."[17•] 사실 신경이 '우리 주 하느님의 외아들'이라고 한 것은 그리스도인에게 혼란을 줄 수도 있다. '우리는 모두 하느님의 자녀이지 않은가?'라는 매우 타당한 의문이 생겨나기 때문이다. 태이의 설명을 통해 보다 명쾌한 답을 얻을 수 있다.

신경에서 '외아들'이란 표현은 하느님 생명의 충만함을 예수 그리스도만 상속받는다는 뜻이 아니다. 그러면 그것은 무엇을 의미하는가? 에크하르트는 이것을 설명한다. 하느님의 영원한 발설로부터 한 말씀이 생겼다. 그리고 그 말씀이 '생겨라'라고 함으로써 우주 전체가 생겼다. 그처럼 하나이고 유일한 하느님의 아들로부터 인류 전체가 생겼다. 이것은 실재의 궁극적 차원과 역사적 차원을 설명한 태이의 가르침과 비슷하다. 물과 물결의 경우처럼 말씀과 메아리, 즉 하느님의 외아들과 인간도 밀접한 인과관계를 갖는다.

인도철학은 상호의존적 존재 또는 불이일원론을 '아드바이타 advaita'라고 한다. 그것은 일반적으로 '둘도 아니고 하나도 아니다'라고 정의되는 것이다. 실례로 말씀과 말씀의 메아리는 분리된 두 실재가 아니고, 그렇다고 하나 또는 동일한 실재도 아니다. '아침이 밝았어요'라는 유명한 노래의 3절은 이 모순을 절묘하게 묘사한다.

햇살은 나의 것, 아침은 나의 것.
하나의 빛줄기에서 태어나,
에덴동산을 노니는 걸 보았어요.
의기양양하게 찬양해요.
모든 아침을 찬양해요.
새날에 대한 하느님의 새로운 창조를 〔찬양해요〕.18•

노래 가사에 따르면 빛은 하나다. 그 하나의 빛이 다양하게 드러난다. 매일 새로운 아침은 하나이며 유일한 빛이 새롭게 표현된 것이다. 이것은 모든 피조물 또는 인간도 마찬가지다. 피조물은 하느님이 아니지만, 하느님과 완전히 분리된 것도 아니다. 신비적인 의미로 우리는 하느님의 마음에서 나온 한 존재다. 그리고 우리는 하느님의 외아들인 성자와도 하나다. 모든 존재의 유일한 근거로서의 하느님이 외아들, 즉 유일한 말씀을 낳았기 때문이다. 예수는 "아버지, 아버지께서 제 안에 계시고 제가 아버지 안에 있듯이, 그들도 우리 안에 있게 해 주십시오."(요한복음 17장 21절)라고 말한다.

에크하르트는 여기서 고유한 표현을 사용한다. "그대는 아들과 거의 비슷한 것이 아니다. 그대는 그 자체로 아들이다."19* 우리가 하느님의 아들로 부름을 받은 것처럼, 우리는 예수 그리스도가 되는 부름도 받았다. 이것은 사도 바오로의 신비적 통찰이다. "이제는 내가 사는 것이 아니라 그리스도께서 내 안에 사시는 것입니다."(갈라티아서 2장 20절) 또한 "여기에는 그리스인도, 유다인도, 할례 받은 이도, 할례 받지 않은 이도, …… 종도, 자유인도 없습니다. 그리스도만이 모든 것이며 모든 것 안에 계십니다."(콜로사이 3장 11절) 이것이 그리스도를 하느님의 '외아들, 우리 주님'이라고 고백하는 신경 구절의 의미다. 위에서 태이는 매우 설득력 있는 말을 했다. 즉 많은 붓다가 있으면서 하나의 붓다도 있다. 붓다는 둘도 아니고 하나도 아니다.

그러면 그리스도는 실재의 궁극적 차원과 역사적 차원, 그리고 말씀하시는 하느님과 발설된 말씀의 관계에서 어디에 위치하는가? 그는 물결인가 물인가? 에크하르트는 말한다.

> 하느님은 말씀, 즉 발설되지 않은 말씀이다. …… 이 말씀을 누가 말하는가? 이 말씀인 그분 외에는 누구도 그렇게 할 수 없다. 하

느님은 스스로 말하는 말씀이다. …… 하느님은 발설되기도 하고 발설되지 않기도 한다. 성부聖父는 말하는 활동a speaking work이다. 성자聖子는 활동하는 그 말the speech at work이다. …… 하느님이 영혼에게 말할 때, 그하느님와 그녀영혼는 하나다. …… 성부는 언제나 일치하여 말한다. 그 안에서 모든 피조물이 산출된다.[20]

성자는 하느님의 말씀이다. 그는 "하느님은 있는 그대로 자신을 말한다. …… 자신에 관해 말하는 것이 아니라 자신을 말하는 것이다."[21] 하느님 안에서 항상 생겨나는 말씀이 우리에게도 생겨난다. 토머스 머튼은 말한다. "하느님은 우리 안에서 스스로 답한다. 이 답변이 신의 생명이다." 우리는 말씀이 된 성자를 통해 하느님이 인간 역사 안에서 육화된 존재라는 것을 안다.

에크하르트는 말한다. 하느님은 발설되기도 하고 발설되지 않기도 한다. 하느님은 밖으로 흘러나오는 동시에 내부에 남아 있다. 하느님은 침묵인 동시에 말씀이다. 하느님의 말씀은 우주의 적막한 근거 안에서 드러나기도 하고 영혼의 적막한 심연에서 드러나기도 한다. 구약성서 시편 저자는 '발설되지 않은 말씀'이라는 모순을 노래한다.

낮은 낮에게 말을 건네고
밤은 밤에게 지식을 전하네.
말도 없고 이야기도 없으며
그들 목소리조차 들리지 않지만
그 소리는 온 땅으로,

그 말은 누리 끝까지 퍼져 나가네.

(시편 19편 3-5송)

목소리가 온 땅으로 퍼져 나오지 않는 영원한 시간과 장소에서는 침묵과 말씀이 하나다. 신성神性의 적막한 사막과 침묵 속에서 발설된 말씀은 하나다. 물과 물결이 하나인 것과 같다. 예수는 이런 모순과 신비를 언급한다. "우리가 하나인 것처럼 그들도 하나가 되게 하려는 것입니다. 저는 그들 안에 있고 아버지께서는 제 안에 계십니다. 이는 그들이 완전히 하나가 되게 하려는 것입니다."(요한복음 17장 22-23절) 하나의 말씀인 하느님과 하나이며 유일한 하느님의 성자 안에 모든 말씀과 하느님의 모든 자녀가 있다.

붓다의 몸,
그리스도의 몸

3

불교 전통에는 붓다가 여러 몸을 취해서 화현化現하는 것에 대한 가르침이 있다. 태이는 『살아계신 붓다, 살아계신 그리스도』와 『귀향』에서 불교의 가르침과 그리스도교 교의의 유사성을 제시하기 위해 이 가르침을 사용한다. 태이는 특히 자신이 역사적 예수와 살아 있는 예수라고 말한 것의 관계를 주목한다. 붓다가 다양한 몸을 지닌 것처럼, 예수 그리스도 역시 다양한 몸을 지녔다. 이것은 그리스도에 대한 예리한 통찰이다.

태이는 역사적 붓다를 이렇게 설명한다. "그는 인도와 네팔 국경 근처에 있는 카필라바스투에서 태어났다. 그는 결혼하여 자녀 하나가 있었다. 이후 집을 떠나 다양한 명상을 수행했다. 그리고 깨달음을 얻고 80세에 죽을 때까지 가르쳤다." [22•] 그러나 태이는 역사적 붓다보다는 지금 여기에 살아 있는 붓다에 관심이 더 있다. "살아 있는 붓다는 궁극적 실재의 붓다다. 그는 모든 사고 및 견해를 뛰어넘는다. 우리는 언제나 그를 만날 수 있다. 살아 있는 붓다는 카필라바스투에서 태어나지 않았고 쿠시나가르에서 죽지도 않았다." [23•] 이어서 태이는 종교적 경계를 넘어 그리스도인도 살아 있는 그리스도를 발견하기 위해 자기와 같은 용기를 가져 보라고 권고한다. "살아 있는 예수는 하느님의 아들이며,

부활하여 계속 살아 있는 분이다. …… 우리는 역사적인 문門과 궁극적인 문 양자로서 예수 그리스도를 이해할 수 있다."[24]

불교도와 그리스도인이 삶에서 살아 있는 붓다와 예수의 현존을 발견할 수 있도록 서로 도울 방법은 없을까? 고대의 유서 깊은 영성전통에 새 생명의 숨을 불어넣을 수 없을까? 이런 것은 우리 시대에 가장 중요한 과제 중 하나다. 태이는 붓다의 세 가지 몸trikāya. 법신, 보신, 응신에 대한 가르침을 통해 문제의 답을 구한다. 그중 하나가 '니르마나카야nirmāṇakāya'라는 응신應身. 중생 구제를 위해 인간 모습을 취한 것. 화신이라고도 함이다.

> [응신은] 변형된 몸이다. 우리가 일상생활에서 만나는 몸이다. 우리는 현현 또는 변형된 이 몸을 경배한다. 그는 때로는 아기로, 때로는 여인으로, 때로는 정치인으로 현현한다. 스스로 현현하는 사람의 현존을 인지하기 위해 약간의 예지와 주의 깊음이 필요하다. 그것은 그렇게 어려운 것이 아니다. 마음챙김, 참된 현존, 연민, 이해가 있으면 언제 어디서나 붓다의 현존을 알 수 있다.[25]

이 가르침은 그리스도인에게 새로운 통찰이다. 이것은 고대의 계율보다 살아 있는 믿음을 실천하려는 모든 종교 또는 영성전통에도 새로운 통찰이다. '붓다'라는 호칭이 '깨달은 자'라는 뜻임을 상기할 필요가 있다. 붓다의 형상은 모든 인간 안에 감추어져 있다. 에크하르트가 조각의 형상이 나무토막 안에 숨겨져 있다고 한 것과 같다. 깨달은 자를 보기 위해서는 마음챙김과 관상적 시야가 필요할 뿐이다. 깨달은 자는 일상에서 만나는 한 사람 한 사람이 하느님의 형상을 지녔으며, 하느님과 닮았음을 안다. 모든 사람을 깨달음의 과정에 있는 붓다로 보려고 노력하고, 인간을 하느님의 모상으로 창조된 것으로 보려고 노력하는 것은 우리 자신에게 유익하다.

이런 면에서 예수는 제자들을 자극한다. 그는 눈을 부릅뜨고 일상 안에서 하느님의 업적을 보라고 강조한다. "무화과나무와 다른 모든 나무를 보아라. 잎이 돋자마자, 너희는 그것을 보고 여름이 이미 가까이 온 줄을 저절로 알게 된다. 이와 같이 너희도 이러한 일들이 일어나는 것을 보거든, 하느님의 나라가 가까이 온 줄 알아라."(루카복음 21장 29-31절) 한편 예수가 죽음으로부터 부활했을 때, 제자 토마스는 예수가 그들 한가운데 아직 살아 있다는 사실을 믿지 않았다. "나는 그분의 손에 있는 못 자국을 직접 보고 그 못 자국에 내 손가락을 넣어 보고 또 그분 옆구리에 내 손을 넣어 보지 않고는 결코 믿지 못하겠소."(요한복음 20장 25절) 그러자 예수가 제자들 한가운데 나타나 토마스에게 말한다. "네 손가락을 여기 대 보고 내 손을 보아라. 네 손을 뻗어 내 옆구리에 넣어 보아라. 그리고 의심을 버리고 믿어라."(요한복음 20장 27절) 예수는 제자들이 자신의 역사적 삶에서 벗어나서 살아 있는 그리스도, 즉 모든 인간과 존재 안에 살아 있는 하느님의 현존으로서 자신을 볼 것을 촉구한다.

그런데 얼마 지나지 않아서 부활한 예수는 제자들 한가운데에서 사라진다. 이제 제자들은 예수를 다른 차원, 즉 내적 실재로서 받아들여야만 한다. 인간 예수는 사랑하는 제자 공동체를 뒤로하고 떠나가지만, 그들 안에 살아서 함께한다. "우리 마음이 타오르지 않았던가?" 엠마오로 가는 길에서 부활하여 살아 있는 그리스도를 만난 두 제자는 자문한다(루카복음 24장 32절). 우리도 그들처럼 자문해야 한다. 이런 불꽃이 우리 마음속에서 매일 타올라야 한다. 이것이 오늘날 그리스도인에게 필요한 것이다. 즉 살아 있는 그리스도와의 신비적인 만남이다. 태이는 그리스도인에게 지금 이 순간에 살아 있는 그리스도와 접촉하며 살라고 권한다. 태이는 의도적으로 『살아계신 붓다, 살아계신 그리스도』라는 책 제목을 선택했다. 불교도와 그리스도인은 각자의 전통에 대한 열정을 되살려서 살아 있는 붓다 또는 살아 있는 그리스도를 향해 쏟아야 한다.

그리스도인은 자기 안에 살아 있는 그리스도뿐만 아니라 이웃 안에 살아 있는 그리스도 역시 볼 수 있어야 한다. 즉 우리는 자신 밖에 있는 살아 있는 그리스도를 볼 수 있어야 한다. 그리스도인은 내적 신비주의 수행과 외적 신비주의 수행을 동시에 해야 한다. 그것이 연민을 지닌 불이일원론적 모습이다. 우리 주변에는, 이익이 안 되면 폐기해 버리는 이 세상에서 드러나지 않고 소외된 사람들이 있다. 그리스도교 성서는 그들 안에 살아 있는 그리스도의 몸, 즉 하느님의 살아 있는 현존을 보라고 가르친다. 물론 다른 사람들에 비해 그들에게 하느님이 더 많이 현존하는 것은 아니다. 그것은 불가능하다. 하느님은 모든 존재에게 공정한 근거이기 때문이다. 그러나 하느님은 쉽게 무시해 버릴 수 있는 사람들, 탐욕과 능력주의에 눈이 먼 세계로부터 밀려난 사람들 안에 있는 그리스도의 몸을 보기를 바란다.

마더 데레사는 몇 년 전, 어느 젊은 수녀에 대한 이야기를 했다. 그녀는 어느 날 캘커타 거리에서 가난한 이들을 돌보고 오후에 수도원으로 돌아왔다. 데레사 수녀는 말했다. "그녀의 얼굴은 빛나고 광채로 충만했습니다. 그래서 어디를 다녀왔는지를 물었습니다." 젊은 수녀가 대답했다. "저는 그리스도의 몸을 어루만지고 왔습니다." 마더 데레사는 그녀에게 자세히 설명해 보라고 했고, 수녀는 거리에서 만난 남자의 구더기로 득실거리는 몸에 난 상처를 닦고 소독해 주었다고 말했다. "저는 세 시간 동안 그리스도의 몸을 어루만졌습니다."[26•] 그 젊은 수녀는 그 순간 그곳에 그리스도가 살아 있음을 알았다. 그리스도의 살아 있는 몸을 보고 어루만질 수 있는 장소 중 하나가 가난한 사람의 몸이다.

가난한 사람과 불가촉천민에게서 살아 있는 그리스도의 몸이 드러난다. 마태오복음 끝에 나오는 중요한 구절이 이 사실을 감동적으로 그려 낸다. 이것은 하느님 앞에서 여러 민족이 최후의 심판을 받는 이야기 가운데 있다. 굶주린 사람을 돌보고 헐벗은 사람을 입히고 병들고 감옥에 갇힌 사람을 방문한 사람이 영원한 왕국을 차지한다고 예수가 말하자, 조금 당황한 사람이 묻는다.

> '주님, 저희가 언제 주님께서 굶주리신 것을 보고 먹을 것을 드렸고, 목마르신 것을 보고 마실 것을 드렸습니까? 언제 주님께서 나그네 되신 것을 보고 따뜻이 맞아들였고, 헐벗으신 것을 보고 입을 것을 드렸습니까? 언제 주님께서 병드시거나 감옥에 계신 것을 보고 찾아가 뵈었습니까?' 그러면 임금이 대답할 것이다. '내가 진실로 너희에게 말한다. 너희가 내 형제들인 이 가장 작은 이들 가운데 한 사람에게 해 준 것이 바로 나에게 해 준 것이다.'(마태오복음 25장 37-40절)

이것은 진정 놀라운 가르침이다. 가르침의 핵심인 연민 때문이 아니라, 예수가 세계와 인류 전체와 전 우주에 있는 자기 몸을 특별한 방법으로 가난한 이들에게 내주었기 때문이다. 예수는 자기 몸이 지닌 특별함을 포기하고 그것을 전 인류의 보편적 몸, 즉 우주의 몸과 통합시켰다. 태이는 마음챙김, 참된 현존, 자애, 이해를 지닌 자가 깨달은 자라고 말하면서 우리가 깨달은 자가 되도록 격려했다. 그리스도인으로서 내가 연민을 갖고 접촉하는 사람의 몸이 곧 그리스도의 몸이다.

사도 바오로는 그리스도에 대한 가르침의 핵심 중 하나인 몸의 은유를 사용한다. 그는 예수 그리스도를 따르는 공동체 구성원 모두가 그리스도의 몸이라고 한다. "몸은 하나이지만 많은 지체를 가지고 있고 몸의 지체는 많지만 모두 한 몸인 것처럼, 그리스도께서도 그러하십니다. 여러분은 그리스도의 몸이고 한 사람 한 사람이 그 지체입니다."(1코린토 12장 12, 27절; 에페소 5장 30절) 사도 바오로는 이 가르침을 신비체험을 통해 깨달았다. 그 체험은 그가 그리스도의 제자가 되는 여정의 출발점이다. 당시 그는 사울이라고 불렸다. 그는 기회가 있을 때마다 광분하며 예수의 제자들을 박해했다. 그때도 그는 그리스도인을 박해하기 위해 다마스쿠스로 향하고 있었다. 그때 부활한 그리스도, 즉 살아 있는 그리스도가 그에게 환상으로 나타나서 말한다. "사울아. 사울아. 너는 왜 나를 박해하느냐?" 이 대화에서 중요한 것은 예수 그리스도가 "너는 왜 나의 제자들을 박해하느냐?"라고 묻지 않은 것이다. 예수는 "너는 왜 나를 박해하느냐?"라고 묻는다. "주님, 당신은 누구십니까?"라고 사울이 묻고 예수는 대답한다. "나는 네가 박해하는 예수다."(사도행전 9장 4-5절)

"나는 네가 박해하는 예수다." 당시 사울은 예수를 박해하지 않았다. 그는 예수의 제자를 박해했을 뿐이다. 그런데 왜 예수는 자신을 박해받는 자로 규정하는가? 사도 바오로는 그리스도와의 신비적 만남을 통해 광분하는 살인자에서 하느님의 소중한 사람으로 변모한다. 사도 바오로의 삶을 변화시킨 것은 제자 공동체의 몸속에 감추어진 살아 있는 그리스도의 몸이다. 그것은 그가 불이일원론과 상호의존적 존재를 체험한 것이다. 사도 바오로는 역사적 예수만이 예수가 아님을 깨닫고, 예수의 제자인 우리도 예수라고 말한다. 즉 우리 역시 그리스도의 몸이다. 따라서 예수의 제자를 박해하는 것은 살아 있는 그리스도의 몸을 박해하는 것이다. 탐욕 때문에 브라질의 열대우림을 잘라 내는 것은 그리스도의 몸을 잘라 내는 것이다. 한편 죄의 크고 작음과 상관없이 범죄자를 처형하는 것은 그리스도를 처형하는 것이다. 이것이 캘커타의 마더 데레사가 캘리포니아의 산 쿠엔틴 교도소의 사형수들을 만난 다음에 가진 기자 회견에서 "그대가 이런 사람들에게 한 것이, 곧 그대가 하느님에게 한 것이다."라고 말했던 이유다. 그녀는 사형선고를 받은 사람들도 다른 이들처럼 하느님의 현존으로 꽉 차 있음을 알았다. 그들 역시 그리스도의 몸이다.

사도 바오로와 초기 그리스도인은 처음에 그것을 제한적이고 배타적으로 경험한다. 즉 예수의 제자들이 살아 있는 그리스도의 몸을 형성했다. 그러나 시간이 흘러가면서, 그 몸은 보편적이고 우주적 차원을 포함하는 쪽으로 성장했다. 바오로 또는 최소한 가까운 제자들은 몇 년 후에 서간을 썼다. "그분(그리스도) 십자가의 피를 통하여 …… 그분을 향하여 만물을 기꺼이 화해시키셨습니다."(콜로사이 1장 20절) 사도 바오로가 에페소 교회 신자들에게 보낸 서간에 따르면, 때가 차면 하느님은 "하늘과 땅에 있는 만물을 그리스도 안에서 그분을 머리로 하여 한데 모으는 계획"(에페소 1장 10절)을 갖고 있다. 만물과 모든 사람과 전 우주는 부활한 그리스도의 영성적 에너지를 통해 하나의 거대한 몸으로서 고동친다.[27] 그 무엇도 어느 누구도 이런 우주적 아우름에서 제외되지 않는다. 마지막으로 사도 바오로는 선언한다. "그리스도만이 모든 것이며 모든 것 안에 계십니다."(콜로사이 3장 11절)

이 가르침을 통해 그리스도인에게 성령의 은총이 쏟아진다. 성령을 통해 부활한 그리스도의 몸이 온 우주를 가득 채운다. 성령은 부재不在를 내포하는 현존이다. 나자렛 출신 예수의 몸과 역사적 삶은 끝났지만, 부활한 몸이 아직 지금 여기에 있다. 이 역설은 예수의 죽음과 부활 이후 빈 무덤을 방문한 여인들과 천사가 나눈 대화에서 잘 드러난다. "너희가 십자가에 못 박히신 예수님을 찾는 줄을 나는 안다. 그분께서는 여기에 계시지 않는다. 말씀하신 대로 그분께서는 되살아나셨다. 와서 그분께서 누워 계셨던 곳을 보아라."(마태오복음 28장 5-6절) 십자가에 못 박힌 예수는 그곳에 없지만, 부활한 예수는 모든 곳에 있다. 베데 그리피스 신부는 『동양과 서양의 혼인*The Marriage of East and West*』이라는 책에서 말한다. "부활함으로써 예수는 전 우주의 머리가 되었고, 모든 피조물이 그의 몸이 되었다. [예수의] 속죄로 죄와 분열의 힘으로부터 자유롭게 된 피조물의 몸이 교회가 되었다."[28]

에크하르트는 같은 성경 구절을 선택해서 부활한 그리스도의 보편적이고 우주적 차원을 설명한다. 부활한 그리스도는 여기 혹은 저기에 있지 않다. "하느님은 '어디라고 말할 수 없는 곳nowhere'에 있다. …… 하느님은 여기 또는 저기에 있지 않다. [하느님은] 시간 또는 공간 안에 있는 존재가 아니다." 에크하르트는 자문한다. 그렇다면 "우리는 어디를 바라보아야 하는가? …… 그리스도가 앉아 있는 곳은 어디인가?" 항상 그렇듯이 그는 가볍게 답을 한다. "그는 '어디라고 말할 수 없는 곳'에 앉아 있다. 특정 장소에서 그를 찾는 사람은 그를 발견할 수 없다."[29•] 에크하르트가 말하는 것은 이것이다. 그리스도를 여기 혹은 저기, 이 장소 또는 저 장소, 이 교회 또는 저 교회에서 찾으면 우리는 그를 발견할 수 없다. 그는 '어디라고 말할 수 없는 곳'에 있으면서, 동시에 모든 곳에 있기 때문이다. 예수가 십자가에서 성령을 불어넣을 때(요한복음 19장 30절) 그곳에는 아무것도 남지 않았다. 그는 죽었다. 그러나 그곳에 아무것도 남지 않은 그 순간, 그곳이 순식간에 꽉 찬다. 사도 바오로의 말을 "아무것도 갖지 않는 것이 모든 것을 갖는 것이다."[30•]라고 풀어서 설명할 수 있다. 성령은 우주적 에너지다. 그것은 십자가의 텅 빈 몸으로부터 전 우주로 흘러나온다. 부활한 그리스도의 생명을 주는 숨은 더 이상 역사적 한계로 제한되지 않는다. "교회는 그리스도의 몸으로서, 모든 면에서 만물을 충만케 하시는 그리스도로 충만해 있습니다."(에페소 1장 23절)

태이는 불교 전통에서 유사한 교의를 떠올린다. 물론 붓다의 생애에는 부활 사건이 없지만, 역사적인 붓다의 부재를 대신해서 영성적인 몸이 남아 있다.

> "입멸할 때가 다가오자 붓다는 제자들에게 다른 몸에 접촉하라고 권고했다. …… 그것은 붓다 가르침의 몸, 즉 다르마카야dharmakāya 또는 법신法身이다." …… 자신이 육체적으로 죽은 후, 붓다는 제자들에게 법신을 안식처로 삼으라고 권고한다. …… 붓다는 말한다. "육신은 그렇게 중요하지 않다. 나는 그것을 사용해 왔다. 나는 또한 더 중요한 나의 법신을 그대들에게 주었다. 행복을 위해서

그대들은 법신이 살아 있도록 해야 한다." 즉 다르마를 갈구해야 한다. 다르마를 믿어야 한다. 다르마를 사랑해야 한다.[31]●

붓다는 지금까지도 살아 있는 다르마를 통해 제자들을 가르친다. 예수처럼 붓다의 가르침도 살아 있는 말씀이다. 붓다는 제자들에게 다르마를 가르쳐 줄 살아 있는 몸을 의지처로 삼으라고 한다. 그처럼 예수도 제자들에게 말씀 안에서 안식처를 찾으라고 한다. "내 안에 머물러라. 나도 너희 안에 머무르겠다. 가지가 포도나무에 붙어 있지 않으면 스스로 열매를 맺을 수 없는 것처럼, 너희도 내 안에 머무르지 않으면 열매를 맺지 못한다."(요한복음 15장 4절) 예수는 자신이 떠난 다음 제자들을 인도할 성령의 숨결을 남긴다. "그분 곧 진리의 영께서 오시면 너희를 모든 진리 안으로 이끌어 주실 것이다."(요한복음 16장 13절) 또한 "보호자, 곧 아버지께서 내 이름으로 보내실 성령께서 너희에게 모든 것을 가르치시고 내가 너희에게 말한 모든 것을 기억하게 해 주실 것이다."(요한복음 14장 26절) 이제 존경하는 스승은 없지만 그가 남겨 준 가르침이 살아 있는 몸이 되어 진리와 생명을 향한 길로 우리를 인도한다. 이것을 안다는 것은 불교도와 그리스도인 모두에게 감동적인 사건이다.

베데 그리피스는 1989년 인도 아쉬람의 가르침에서 인도철학의 범주론을 이용한다. 그에 따르면 힌두교에서 '조대粗大한 몸'이라고 부르는 예수의 역사적인 몸은 그의 부활된 몸과 같은 몸이 아니다. 조대한 몸은 죽은 다음에 먼저 '미세微細한 몸'이라는 중간 단계로 들어간다. 그리고는 '영적인 몸'이라는 마지막 단계로 들어간다.[32]● 고대 힌두교 사상에 따르면 이렇게 말할 수 있다. 부활 이후 잠시 제자들에게 나타난 예수는 미세한 몸이다. 그것은 승천하여 최종적으로 성부께 돌아가기 직전의 상태다. 그러나 부활한 다음 승천한 그리스도의 몸은 영적인 몸, 즉 성령의 몸이다. 그것은 성령을 통해 항상 현존한다. "바람은 불고 싶은 데로 분다. 너는 그 소리를 들어도 어디에서 와 어디로 가는지 모른다. 영에서 태어난 이도 다 이와 같다."(요한복음 3장 8절) 성령을 통해 그리스도는 스승이자 주님으로 살아 있다. 그는 제자들의 몸과 우주의 몸 안에 살아 있다.

1994년 불교와 그리스도교에 대한 세미나 중, 로렌스 프리먼 신부는 부활하고 승천한 그리스도의 몸을 주제로 한 발표를 했다.

> 나는 부활에 대한 그리스도인의 이해가 우주적 차원을 또한 포함한다고 생각한다. 예수는 하느님이 인간의 모습으로 구체화된 것이다. …… 예수가 가진 인간으로서의 모습이 죽을 때, 전 우주에 일어나게 될 일을 예측하는 과정이 이어진다. 인간의 몸을 취했던 예수가 물리적 에너지 전체에 다시 흡수되어 우주의 근원인 하느님이 된다. …… 우주의 모든 것은 하느님으로부터 나온다. 그것은 하느님으로부터 발원되었다가 하느님께 되돌아간다. 따라서 나는 생각한다. 부활은 물질이 원래의 근원으로 되돌아가는 것이다. 그것은 인간의 모습을 취한 예수의 몸에서 발생한다. 즉 신체와 마음과 영혼에서 이루어진다. 그러나 그것은 세상 끝 날에 전 우주에서 발생할 것을 미리 보여준 것이기도 하다.[33•]

같은 세미나에서 달라이 라마도 붓다의 다양한 몸을 설명했다. 그는 다양한 불교 학파 간의 차이점에 주목한다.

> 고대 인도의 설일체유부說一切有部는 "붓다가 열반함으로써 붓다의 존재는 끝났다. …… 붓다의 의식조차도 멈춘다."고 한다. …… 그러나 이것은 티베트 불교를 포함한 다른 많은 불교 전통의 관점은 아니다. 〔우리는 그것을 믿는다.〕 붓다의 의식과 마음 흐름心相續. 마음이 매 찰나에 생멸하며 이어짐은 계속되고 항상 존재한다. 인간의 모습을 취한 붓다는 끝이 있다. 그러나 그는 여전히 완전히 재충전된 상태인 보신報身, 즉 '삼보가카야saṃbhogakāya'의 형태로 현존한다.[34]

프리먼과 달라이 라마는 서로 다른 전통에서 고유한 방식으로 예수와 붓다가 인간의 모습으로 드러난 것이라고 설명한다. 위대한 두 스승의 살아 있는 현존을 인지하는 것은 불교도와 그리스도인의 영성여정에서 중요하다. 오늘날에도 그들은 자신들의 가르침, 영성적 에너지, 구체적 공동체를 통해, 그리고 우주와 가난한 이들을 통해 지속적으로 영감을 주면서 우리를 인도한다. 오늘날에도 우리는 예수와 붓다를 어루만지고, 그들은 우리를 어루만진다.

성체

4

베데 그리피스는 1989년 인도 샨티바남 아쉬람에서 한 강연 중에 오늘날 살아 있는 그리스도의 몸이 현현하는 다른 모습을 '그리스도의 성체'를 통해 설명했다. 미사 중 가장 중요한 부분인 성찬례에서 사제는 성체 축성 기도문을 통해 빵을 그리스도의 몸으로 축성한다. 그렇게 축성된 '성체聖體'는 빵의 형상이지만, 가톨릭교회는 그 안에 그리스도의 몸이 현존한다고 믿는다. 그리스도교 공동체는 영성체 예식을 통해 축성된 그리스도의 몸을 나눠 먹는다. 베데 신부는 그리스도의 몸을 나눠 먹는 영성체 예식에서 우리가 교감하는 것은 역사적 예수의 조대한 몸이 아니라고 주장한다. 즉 "성체 안에 있는 예수는 부활한 예수의 몸, 하느님과 완전히 하나가 된 영광된 상태에 있는 몸이다."[35] 베데 신부는 이어서 말한다. 그리스도인은 영성체 예식을 통해 성체 안에서 부활한 예수 그리스도의 영적 몸과 교감한다. 그리고 영성체 예식에서 그리스도의 몸을 받아먹는 것은 동시에 전 우주와 상호교감 하는 것이다. 이때 그리스도의 성체 안에 있는 성령은 신의 현존을 나타낸다. 그것이 인류와 전 우주를 온전히 하나로 만들고 모든 분열을 치유한다. 이때 우리가 받아먹은 그리스도의 영적인 몸은 조대한 우리 몸의 영혼이 된다.

최후의 만찬에서 있었던 일은 지체재구성re-membering. 'remember'는 성찬례에서 '기념하다', '기억하다'는 뜻이다. 하지만 저자는 지체-재구성, 즉 갈라졌던 지체들을 다시 하나로 모은 것을 기념한다는 의미로 're-membering'을 사용함이다. 즉 성찬례 안으로 흩어진 모든 사람들을 함께 모으는 것이다. 그리스도의 쪼개진 몸과 같은 세상의 이산가족, 분단된 국가, 파괴된 열대우림, 상처 입은 인간 마음 등을 성찬례 안에서 모은다. 에크하르트는 그것을 우주적 합일이라고 한다. "모든 천사가 원래 순수 본성에서 하나인 것처럼, 모든 풀잎은 원래 순수 본성에서 하나다. 그래서 모든 것은 하나다."[36] 성찬례의 지체 재구성은 우리 마음이 원초적 단일성을 되돌아보도록 일깨워 준다. 태이도 단순하지만 이해하기 쉬운 방식으로 비슷한 말을 한다. "꽃 한 송이를 보면 그것이 꽃이 아닌 다른 요소들로 구성되었음을 알게 된다. …… 모든 것을 하나로 보고 하나를 여럿으로 본다."[37]

태이는 말한다. "우리는 모든 것을 하나로 보고, 하나를 여럿으로 본다." 그것이 친교다. 많은 그리스도인 교파에서 '친교를 나누는 것'이라는 말은 주님의 만찬에서 성체를 받아먹는 것, 즉 영성체를 지시할 때 사용된다. 이때 친교를 나누는 것, 즉 영성체는 그리스도의 몸이 행하는 우주적 차원의 치유 행위를 고려할 때, 완전히 새로운 의미를 갖는다. 빵을 쪼개어 많은 사람과 나눠 먹는 이 성찬례 의식에 참여함으로써, 우리가 우주적 상처의 치유에 동참한다는 생각은 놀라운 사실이다. 태이는 '친교를 맛봄'이란 표현을 더 좋아할 것 같다. 달리 말하면 성찬례를 나누는 것은 우리 마음이 갈망하는 친교의 본질을 맛볼 수 있게 한다. 그 맛은 창조되기 전에 모두가 하나로 있었던 '한처음에' 우리가 한번 맛보았던 것이다. 사도 바오로가 에페소 교회 신자들에게 보내는 서간은 하느님의 계획을 이야기한다. "그것은 때가 차면 하늘과 땅에 있는 만물을 그리스도 안에서 그분을 머리로 하여 한데 모으는 계획입니다."(에페소 1장 10절) 우리는 감사의 성체성사에서 치유하고 합일되는 그리스도의 몸에 접촉할 기회를 얻는다. 그리고 그것은 우리가 우주의 지체재구성에 동참할 기회가 된다.

태이는 우주적 친교에 깊은 감사를 표명하며 다시 한번 그것을 마음챙김 수행과 연결시킨다.

> 그리스도가 하느님의 몸이라면, 그가 주는 빵은 우주의 몸이다. 깊이 들여다보면 그대는 빵에서 태양빛을 볼 것이다. 빵에서 푸른 하늘을, 빵에서 구름과 대지를 보게 될 것이다. …… 전 우주는 빵 조각을 그대에게 제공하기 위해 함께한다. …… 그것을 마음을 다해 먹어라. 그것을 하느님의 현존 안에서 먹어라. 성령이 그대 안에 에너지가 되는 방식으로 그것을 먹어라.[38•]

태이의 말은 성찬례의 지체재구성을 이해하는 데 도움이 된다. 참된 마음챙김의 정신으로 성찬례를 기념하면, 그리스도의 성체가 우리와 주변세계를 연결시켜 준다. 전 우주가 성찬례에서 나눠 먹는 빵 안에 현존한다. 사랑의 친교가 이루어지는 영성체에서 행하는 작은 행위와 쪼개고 나눠 먹는 모든 빵이 전 우주를 어루만지고 치유한다.

우리는 그리스도의 성체를 마음을 다해 받아먹는 것을 과소평가해서는 안 된다. 이 성사행위를 통해, 우리는 그리스도의 사명인 지상과 천상에 있는 모든 존재를 화해시키고 일치시키는 사명에 동참하는 것이다. 즉 우리가 더 이상 분열이 없는 세계를 건설하는 것이다. 사도 바오로는 "그리스도는 우리의 평화이십니다. 그분께서는 당신의 몸으로 유다인과 이민족을 하나로 만드시고 이 둘을 가르는 장벽인 적개심을 허무셨습니다."(에페소 2장 14절)라고 말한다.

그리스도인은 분열로 야기된 상처가 완전히 치유된 세상을 예수가 얼마나 갈망했는지를 반드시 기억해야 한다. 그는 당시 사회의 불가촉천민들까지도 다양하게 만났다. 그는 삼위일체 하느님이 지닌 단일성 안에서 그들을 받아들였다. 예수는 그들을 사랑의 식탁에 앉히고, 발을 씻겨 주고, 생명의 빵을 나눠 주었다. 그리고 그는 오늘 우리가 같은 일을 하기를 바란다. 가끔 성체가 분열을 조장하는 도구로 이용되는 것이 안타깝다. 그것은 칼을 쳐서 쟁기의 보습을 만들지 않고(이사야 2장 4절) 정반대의 일을 하는 것이다. 가끔은 친교를 위한 빵이 전쟁을 위한 무기가 되기도 한다. 공동체와 가족이 일치하기보다는 분열한다. 죄인은 집안에서 환영받지 못하고 자비의 빵도 받아먹지 못한다. 오히려 그들은 하느님에 대한 갈증을 안고 살아간다. 우리는 그렇게 두어서는 안 된다. 그것은 그리스도의 마음이 아니다.

그리스도의 성체는 치유를 위한 몸이다. 그것은 몸의 많은 지체를 기억하고 분열된 이들을 재결합시키는 역할을 해야 한다. 폴 필리베르는 말한다. "우리의 성찬례는 수행 공동체다. 그것은 우리의 단일성을 기념한다. 그리스도는 성령 안에서 지체가 재구성된 자신의 몸을 우리에게 준다."39• 그리스도의 성체를 받아먹는 성사는 우리가 하느님 안에 있는 참된 고향에서 일치를 이루는 것을 기념하는 것이다. 그런 은총을 통해 양육된 우리는 새로운 비전을 갖는다. 그리고 우리는 몸의 많은 부분이 하나로 일치하고 모든 분열이 치유됨을 본다. 그리고 우리는 선

취한 하느님 나라를 맛본다.

예수가 죽어 무덤에 묻힌 다음, 한 무리의 여성들이 예수의 시신을 찾아서 무덤으로 갔다. 천사가 그녀들에게 말했다. "너희가 십자가에 못 박히신 예수님을 찾는 줄을 나는 안다. 그분께서는 여기에 계시지 않는다. 말씀하신 대로 그분께서는 되살아나셨다."(마태오복음 28장 5-6절) 예수는 세상의 분열과 옹졸함을 극복하고 참으로 부활했다. 그리고 모든 생명의 근원인 하느님과 하나가 되었다. 예수는 그곳에 일치의 성령을 불어넣는다. 이제 부활한 몸은 전 우주에 속하고, 모든 피조물은 그 몸의 일부가 된다. 그리스도는 이것 혹은 저것, 여기 혹은 저기에 한정되지 않는다. 에크하르트는 말한다. "이것 또는 저것이 되거나, 이것 또는 저것을 취하려는 것을 그만두라. 그러면 그대가 모든 것이 되어 모든 것을 얻는다. 그러면 그대는 이곳 또는 저곳이 아니라 모든 곳에 있다. …… 그대가 모든 것이다. …… 하느님만이 남는다."**40** 끝으로 사도 바오로는 말한다. "우리는 모든 면에서 만물을 충만케 하시는"(에페소 1장 23절) 부활한 우주적 그리스도의 몸과 하나가 될 것이다.

제
7
장

고통

-

과거에 대한 집착과 미래에 대한 두려움은
지금 이 순간에 뿌리내릴 때 극복할 수 있다.

종교간 대화에 동참하는 사람들은 그리스도교와 불교가 고통이란 주제를 가장 중요하게 다룬다는 사실을 인정한다.

> 싯다르타〔붓다〕와 예수는 고통이 삶에 가득 차 있음을 깨달았다. 붓다는 어린 시절에〔세상이〕고통으로 꽉 차 있음을 알았다. 예수도 분명 같은 통찰을 했을 것이다. 고통으로부터 벗어나는 길을 알려 주기 위해 둘 다 최선을 다했기 때문이다. 우리도 세상의 고통을 감소시킬 수 있는 삶의 방식을 익혀야만 한다.[1•]

고통을 주제로 쓴 책은 너무 많다. 여기서 그런 문헌을 개괄하지는 않겠다. 단지 나는 고통을 다룬 에크하르트와 태이의 저술을 간단히 살펴보는 것으로 만족하고자 한다. 그리고 나는 고통의 실재에 대한 개인적 경험과 명상을 통해 얻은 이웃이 겪는 고통에 대한 통찰을 덧붙일 것이다. 그중에서도 특히 그리스도의 십자가 형상에 대해 고찰해 보고자 한다. 십자가가 가진 변화의 힘에 대한 나의 성찰은 대부분 수년 동안 라틴아메리카에 사는 가난한 이들의 삶과 고통을 함께 나눈 결과다. 나는 이 주제에 대한 대화가 고통과 폭력에 항상 노출된 세계에서 매우 중요하다고 생각한다. 나는 우리의 전통이 서로 다른 관점에서 이 주제를 다루고 있음을 알고 있다. 그러나 나는 우리가 공유하는 공통 기반이 '세계의 고통을 감소키는' 데 필요한 통찰력과 용기를 줄 것을 확신하며 글을 쓴다.

사성제四聖諦

1

고통은 불교의 가르침과 수행의 핵심 주제다. 고통에 대한 붓다의 근본 가르침은 사성제다.[2] 달라이 라마는 사성제가 "붓다의 영성적 가르침의 정수"[3]라고 규정한다. 그리고 태이는 말한다.

> 첫째 진리는 고통duḥkha 자체에 관한 것이다. 고통을 알지 못하면 그 누구도 〔해탈의〕 길을 볼 수 없다. …… 누구나 알고 있듯이 고통을 회피하면 그대는 고통에서 벗어날 수 없다. 아니 그대가 고통으로부터 벗어날 수 있는 길을 발견할 기회조차 잃는다. 우리의 수행은 고통을 받아들이고 고통의 본질을 깊게 성찰하는 것이다. …… 〔그렇게 함으로써〕 우리는 고통의 원인을 알 수 있다. 우리가 고통의 원인을 알면, 〔고통을〕 멈추는 법을 알게 되고, 고통을 증가시키는 원인을 끊고 치유를 받을 것이다.[4]

이 가르침에서 그리스도인이 무엇보다 주목해야 할 것은 불교가 고통의 극복을 위해 정진수행을 강조한다는 점이다. 불교의 가르침에 따르면, 인간은 자신의 고통을 인지하고 분별한 다음, 영성적 수행과 계율실천을 통해 점진적으로 그것을 극복한다. 이때 고통을 기꺼이 받아들이고 깊게 성찰하는 것이 핵심이다. 이 가르침은 고통과 고통의 뿌리를 매우 직관적으로 표현한다. 이는 오늘날 많은 이들에게 신선함과 희망을 준다. 현실에 적용 가능한, 고통에서 벗어나는 해탈을 위한 수행법을 알려 주기 때문이다. 끝없는 고통의 순환에 붙들려 궁지에 몰린 사람들은 그것을 통해 열린 문으로 들어가는 체험을 한다.

불교도의 영성여정은 고통으로부터 벗어나 자유를 성취하는 길이다. 방식은 다르지만 그 여정은 그리스도교 복음이 가르치는 핵심이기도 하다. 예수는 공생활예수가 가정을 떠나 공적으로 복음선포를 시작하여 십자가에서 생을 마칠 때까지 3년 간의 생활의 대부분을 고통받는 이들에게 다가가는 삶을 살았다. 예수는 그들이 고통에서 벗어나 새 삶을 살도록 도왔다. 하지만 고통에 대한 그리스도교의 접근법은 불교와 전혀 다르다. 그리스도교는 자신의 고통을 극복하는 것보다 가난한 사람 또는 병자처럼 이웃이 겪는 고통을 극복하도록 돕는 것을 주로 이야기한다. 그것은 우리가 시작하는 출발점의 차이에 관련된 문제다. 불교는 개인의 영성여정에서 출발하는 것을 강조한다. 즉 수행자가 먼저 해탈하고, 이어서 이웃에게 이타적 봉사와 자비를 베푼다. 반면 그리스도교는 이웃사랑의 실천을 먼저 강조한다. 이웃에 대한 이타적 사랑을 지속하면 최종적 순간에 영원한 내적 해방을 얻는다.

이처럼 유대-그리스도교는 고통 극복의 출발점을 사랑의 실천에 둔다. 그것은 천지창조 이야기에서 시작한다. 앞에서 살펴보았듯 천지창조는 사랑이신 하느님으로부터 흘러나온 것이다. 그리고 하느님의 사랑이 고통받는 세계를 자유롭게 한다. 동시에 두 전통은 하느님으로부터 나온 인간이 자유의지를 부여받았다고 믿는다. 자유의지는 하느님의 자유의지를 반영한다. 선택과 결정과 행위를 위해 필요한 자유는 삶을 고양시킬 수도 있지만 다음 순간 파괴시키기도 한다. 또한 자유는 고통으로부터 벗어나게 할 수 있지만, 고통을 증가시키는 도구도 된다. 우리는 건강하고 생명을 증진시키는 행위를 선택했다가, 어느 한순간 돌변하여 고통과 죽음의 나락으로 떨어지는 길을 선택한다. 구약성서의 모세오경구약성서의 첫 다섯 권. 즉 창세기·탈출기·레위기·민수기·신명기에 속하는 신명기는 하느님의 권고를 전한다. "나는 오늘 하늘과 땅을 증인으로 세우고, 생명과 죽음, 축복과 저주를 너희 앞에 내놓았다. 너희와 너희 후손이 살려면 생명을 선택해야 한다."(신명기 30장 19절) 생명을 선택하는 것이 곧 사랑을 선택하는 것이며, 이 선택은 언제나 고통의 극복을 동반한다.

오늘날 서양에서 개인적 고통을 극복하는 일을 담당하는 분야는 종교보다는 심리치료계다. 물론 서양에서도 치료와 영성이 협력하여 고통에 당당하게 맞서고 극복하도록 돕는 경우도 있다. 심리학과 영성의 협력사업으로 가장 잘 알려진 것은 '익명의 알코올 중독자들Alcoholics Anonymous'에서 발전시킨 '알코올 중독치료 12단계 프로그램'이다. 그것은 매일 지속적으로 실천하는 것에 중점을 둔 프로그램이다. 심리학적 지혜와 영성적 지혜를 통합시킨 프로그램을 통해 많은 이가 자기 고통을 깊이 관찰하여 그것을 극복했다. 알코올 중독치료 12단계 프로그램은 불교의 사성제와 많은 공통점이 있다. 양자는 자기가 겪는 고통을 먼저 식별하는 것을 강조한다. 이어서 고통에서 벗어날 방법이 있다는 것을 믿고, 성실함과 계율 지키기를 기반으로 중독을 끊는 길을 선택함으로써 자유를 향한 여정을 시작한다. 수백만 건의 성공 사례는 탄탄한 원리를 근거로 프로그램들이 짜여 있음을 입증한다. 12단계 프로그램과 사성제는 고통의 근본적인 원인을 갈망과 집착과 욕망으로 규정한다. 알코올 또는 마약 중독자는 중독되는 수치까지 치솟는 갈망으로 고통받는다. 중독자는 '한 번에 하루one day at a time' 살기를 성심성의껏 실천해야만 자의로 여정을 출발하기 위해 필요한 깊이 들여다보기를 할 수 있다.

태이의 '한 번에 하루' 살기 프로그램은 마음챙김 수행에 중점을 둔다. 그것은 '다섯 가지 마음챙김 수련'에서 상세하게 설명된다. 태이는 개인과 사회의 고통을 극복하는 데 도움이 되는 삶의 규칙으로 이 수련들을 제안한다. 그 수련 또는 계율은 매우 구체적인 실천 방식으로 고통을 극복하려는 사람들에게 희망을 준다. 태이는 고통을 극복할 수 있다는 생각이 아니라, 가능하면서 실용적인 방식으로 실제로 사는 것에 중점을 둔다. 그는 다음과 같이 설명한다.

> 다섯 가지 마음챙김 수련 전체는 '……에 대한 알아차림'으로 시작한다. 즉 그것은 '……에 기인한 고통을 알아차림'이다. 이것이 마음챙김 수행이다. 그것은 불행의 본성을 깊이 들여다보는 것이다. 고통은 그대 자신 안에 있고 주변 사람들 안에 있다. 그대는 고통의 원인과 뿌리를 알기 위해 고통을 깊게 들여다보는 수행을 해야 한다. 다섯 가지 마음챙김 수련은 단순한 신앙고백이 아니다. 그것은 변화와 치유의 참된 길이다.[5•]

앞에서 언급했듯이, 이것이 태이의 가르침이 지닌 훌륭함이다. 그는 윤리적으로 정직하고 사랑하는 삶이 실제로 자신과 타인의 고통을 감소시키는 수련법임을 알게 해 준다. 영성은 단순히 규칙을 따르는 것이 아니라, 자신과 타인의 행복과 안녕을 증진시키는 삶을 사는 것이다.

티베트의 영성지도자 달라이 라마는 '나의 종교는 친절'이라고 강조한다. 그리고 그는 태이 또는 12단계 프로그램이 가르치는 바와 매우 유사한 방식으로 고통을 극복하는 법을 가르친다. 그들의 가르침은 고통이 존재하고, 고통이 원인은 갈망이고, 고통을 끝낼 방법이 있다는 붓다의 근본 가르침에 근거한다. 달라이 라마는 1994년 런던에서 개최된 종교간 대화를 주제로 한 세미나에서 예수의 산상설교를 언급했다. 그는 날카로운 통찰을 통해 다양한 고통을 잘 구분함으로써 논의를 한 단계 발전시켰다.

> 세상에는 해결책이 있고 극복 가능하여 다루기 쉬운 고통의 유형이 있다. 우리가 이것을 깨달으면 고통을 극복할 해결책과 수단을 발견할 수 있다. 그러나 다른 유형의 고통도 있다. 그것은 피할 수도 극복할 수도 없다. 그런 경우 고통을 현실로서 수용할 수 있는 마음 상태를 유지하는 것이 중요하다. …… 그 태도가 그대를 〔고통으로부터〕 보호할 것이다. 그것은 고통이라는 물리적 현실로부터가 아니라, 고통과 싸움으로써 불필요하게 추가되는 심리적 부담으로부터 그대를 보호한다.[6]

달라이 라마는 피할 수 없는 유형의 고통이 있다는 것을 솔직하게 인정한다. 그것은 육체적 질병 또는 사회적 병폐와 같이 겉으로 드러난다. 그런 특정한 고통에 대한 영성수련은 극복에 중점을 두지 않는다. 그 대신에 건강한 마음 상태를 계발하는 내적 노력을 할 것을 우리에게 권고한다. '지금 나는 어떤 고통에 직면해 있는가?'라는 질문에 답할 수 있는 사람은 큰 고비를 넘긴 것이다. 영성지도자는 자신이 사람들에게 줄 수 있는 아주 중요한 도움을 과소평가해서는 안 된다. 그들은 고통받는 사람이 고통의 종류를 식별하도록 도울 수 있다. 그렇게 함으로써 그들은 일생일대의 딜레마에 빠져 어려운 결단을 내려야만 하는 사람에게 선택 가능한 길이 많음을 알려줄 수 있다.

말기 암과 같은 질병으로 고생하는 사람이 있다고 하자. 이때 암의 전이를 막거나 암이 퍼지는 것을 늦출 가능성이 높다면, 의사는 항암 또는 방사선 치료를 선택할 것을 권고한다. 이것도 건전한 영성적 식별의 결과다. 반면 회복되거나 삶의 질이 향상될 가능성이 없을 경우는 생명을 구할 다른 신비적 또는 기적적 방법을 찾을 수도 있다. 그런 경향은 정서적인 면에서 충분히 이해될 수 있다. 하지만 종종 의료 산업이 뷔페식으로 늘어놓은 선택권은 착잡한 느낌을 갖게 만들기도 한다. 이것은 사실상 영성생활에 방해가 된다. 이런 점에서 달라이 라마의 가르침은 유용하다. "그러한 경우에는 고통을 현실로 받아들일 수 있는 마음 상태를 갖추는 것이 중요하다." 성심성의껏 영성수련을 함으로써 건강하면서도 성스러운 마음 상태를 갖추는 것이다.

각계각층에 있는 사람이 매일 이런 힘겨운 식별을 해야만 한다. 나는 교도소에서 25년간 복역한 사람을 안다. 그는 처음 몇 해 동안 분노와 절망으로 점철된 삶을 살았다. 그가 교도소 철창을 통해 응시한 미래는 끝없는 어둠이 깔린 터널이었다. 어디에서도 빛이라고는 찾아볼 수 없었다. 그러나 서서히 빛이 보이기 시작했다. 그 빛은 밖에서가 아니라 그 안에 있었다. 그의 외부 상황과 외부에서 오는 고통은 피할 수 없는 것이었다. 그것과 계속 싸우는 것은 곪아 터진 상처를 반복해서 헤집는 것과 같다. 상처의 치유를 간절히 원했던 그는 영적으로 죽는 과정을 선택했다. 그는 분노와 잃어버린 꿈과 자존심과 자기 운명을 지배하려는 마음을 붙들지 않고 흘러가도록 내버려 두었다. 그 결과 그는 적어도 지난 15년 동안은 아주 평화롭고 평온한 삶을 살았다. 영향력이 강한 그의 평온함이 다른 재소자들도 어둠의 터널을 지나 내면의 빛을 향한 영성여정을 걷도록 했다. 이것이 영성 대가들이 우리에게 권유하는 '받아들임으로써 고통을 극복'하는 방식이다.

흥미롭게도 에크하르트는 붓다의 사성제와 '익명의 알코올 중독자들'의 12단계 프로그램에서 가르치는 것과 유사한 관점에서 고통이라는 주제에 접근한다. 그는 『신적 위로의 책*The Book of Divine Comfort*』에서 이 주제를 언급했다. 이 책은 그가 헝가리 여왕 아네스를 위해 1308년경에 저술한 것이다. 그녀는 1301년에 남편이 죽고 아버지가 암살당하는 슬픔에 휩싸여 있었다. 두 비극을 겪은 몇 년 후, 아네스는 수녀원에 입회하여 1364년에 죽을 때까지 50년간 그곳에서 생활했다. 에크하르트는 고통의 극복을 위한 전 과정을 서술하면서 간결한 신학적 문장으로 시작한다. 그것은 모든 것의 기초다. "하느님 안에는 슬픔도 고통도 괴로움도 없다. 그대가 모든 역경과 고통에서 자유롭게 되려면, 하느님께 돌아서서 철저히 달라붙어야 한다."[7•] 에크하르트는 해방을 얻는 첫 단계는 성심성의껏 하느님의 현존 안에 머무는 것이라고 한다. 즉 지금 여기에서 '내가 하느님 안에 있다'는 것을 마음을 다해 믿고 사는 것이다. 에크하르트에 따르면 고통은 하느님 안에서 받아들여졌을 때 "완전한 고통이 된다. 왜냐하면 고통은 선함과 환희를 지닌 하느님이 베푼 순수한 사랑에서 비롯되기 때문이다."[8] 에크하르트는 내가 이 수행법에 견고하게 뿌리내리기만 하면, 하느님과 합일한 나에게 어떤 고통도 근접할 수 없다고 가르친다.

이욕離欲

2

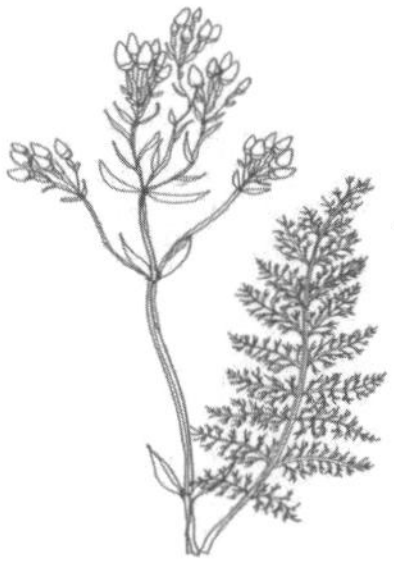

달라이 라마는 고통에 직면했을 때의 영적인 자유는 특별한 마음 상태의 계발에 달려 있다고 가르친다. 이것과 똑같지는 않지만, 에크하르트도 여러 면에서 달라이 라마와 비슷한 방식을 제시한다. 에크하르트는 여느 때와 같은 방식으로 이 주제를 다룬다. 그는 스스로의 내면 깊숙한 곳을 향한 여정을 통해 자유를 얻는 길을 시작하라고 권유한다. 이 여정의 목적지는 '우리 존재의 근거', 즉 우리가 하느님의 근거와 하나가 되는 곳이다. 이것은 다소 이원론적으로 들릴 수도 있다. 마치 에크하르트가 외적인 삶으로부터 내부 어딘가에 숨겨진 곳으로 도피하도록 부추기는 것 같다. 하지만 그것은 전혀 에크하르트가 의도한 것이 아니다. 그는 고통에서 벗어나기 위해 거짓된 내적 피난처를 찾는 삶의 자세를 부추기지 않는다. 오히려 그는 영혼의 내적 근거인 '하느님께 전적으로 달라붙어' 있으라고 한다. 이것이 에크하르트가 삶의 비극에 맞닥트린 제자들을 인도하는 고유한 방식이다. 그것은 하느님 안에 근거를 두는 것이고 깨어 있는 마음 상태로 하느님과 함께 이겨 내는 것이다.

도미니코수도회 전통이 그러하듯, 에크하르트의 가르침도 피조물과 세상의 것, 즉 외적인 삶에 대한 깊은 신학적 인식에 근거한다는 점에 주목해야 한다. 사실 도미니코수도회는 세계를 부정하는 신학에 대응하기 위해 창설되었다고 할 수 있다. 세계를 부정하는 신학은 13세기 남부 프랑스에서 활동한 알비파이원론에 바탕을 둔 이단으로, 물질세계로부터의 영혼의 해방을 추구함의 심령주의 운동의 기반이 된다. 도미니코수도회 수도자들은 알비파의 이원론을 반박하면서, 창조된 세계와 인류 역사의 전개를 긍정적으로 해석했다. 무엇보다도 창세기의 창조 이야기에서 "하느님께서 보시니 좋았다."(창세기 1장 12절)라는 구절을 강조했다. 그 당시 교회와 국가의 특정 계층이 세속적 권력을 남용하거나 창조의 은총을 독점한 것은 분명하다. 이러한 남용은 알비파 운동뿐만 아니라, 성 프란치스코와 성 도미니코가 주도한 탁발 수도승의 수도원 개혁 운동을 촉발시킨 주요한 원인이었다.

물질세계에 대한 대립되는 견해들 간의 긴장은 에크하르트가 등장할 때까지도 바람을 일으키고 있었다. 그런 연유로 그는 피조물의 선함과 피조물에 대한 집착에 기인한 고통을 섬세하게 구분한다. 에크하르트와 불교의 전통은 고통이 물질세계 자체로부터 오는 것이 아니라고 규정한다. 오히려 물질세계에 대한 무분별한 정신적 집착이 고통의 원인이다.

에크하르트는 제자들에게 강조한다. 피조물의 세계는 그 너머에 있는 근거로 인도해 주는 일종의 통로일 뿐이다. 앞 장에서 태이는 그것을 '현상세계'라고 했다. 에크하르트는 강조한다. 현명한 제자는 수단에 얽매이지 않는다. 그는 "피조물 안에서 하느님만을 사랑하고, 하느님 안에서만 피조물을 사랑하는" 것이 비결임을 배운다. "[그렇게 해야만 그 사람이] 어디서나 진실하고 참되며 균등한 위안을 얻을 것이다."[9•] 에크하르트에 따르면, 피조물은 하느님으로 꽉 차 있는 동시에 하느님 안에 있다. 피조물의 사명은 자기 너머에 있는 하느님을 가리키는 것이다. 시인 엘리자베스 배렛 브라우닝Elizabeth Barrett Browning은 피조물 안에 있는 신의 현존을 멋지게 묘사한다.

땅은 하늘로 가득 차고
모든 떨기나무들은 하느님으로 불타 오른다.
그러나 볼 수 있는 자만이 자기 신발을 벗는다.
그렇지 못한 자들은 둘러앉아 검은 산딸기를 따고 있을 뿐
그리고 그들의 진짜 얼굴을 알아보지 못하게 회칠할 뿐……
인간이 느낄 수 있다면,

하루만이 아니라, 예술가의 황홀경에서
축제일, 금식일, 평일 등 모든 날에
영성적 취지는 불타 오르고
물질의 상형문자가 드러내는 것을 통해
이후 그는 날개로 지구를 색칠하고
〔그는〕 경의를 표한다. 물고기, 새, 황소, 나무에게
그리고 심지어 인간으로서의 그 몸조차도……[10•]

에크하르트는 제자들이 피조물의 아름다움을 만끽하며 사는 지혜를 얻기를 원했다. 따라서 그는 제자들에게 집착에서 벗어나 오직 하느님에게만 근거하며 살도록 이처럼 단순하게 권고했다. "주위의 모든 것에서 하느님을 맛보라. 그리고 느낀 것만을 남겨 두고 모든 것을 흘러가게 하라."[11•] 에크하르트의 가르침을 한 단어로 요약하면 '이욕離欲의 실

천'이다. 그는 설교에서 말한다. "나는 가르칠 때, 이욕에 대해 말하곤 했다."[12•] 버나드 맥긴은 말한다. "그의 가르침이 갖는 독특함은 하느님을 찾는 자유를 얻기 위해 지상적 애착을 모두 버리라고 한 것이다. 그는 다른 어떤 주제보다 이것을 도미니코수도회 수도자들에게 자주 언급했다."[13•] 에크하르트는 이욕을 이렇게 정의한다. "부는 바람에도 흔들리지 않는 거대한 납덩어리처럼, 경험하는 모든 기쁨과 슬픔과 명예와 수치심과 불명예 등에 흔들리지 않는 마음이다."[14•] 이욕은 자유로 가는 길이다. "그대 자신을 내려놓고 그대 안에서 하느님이 활동하도록 하라."[15•]

'그대 자신을 내려놓고 하느님이 활동하도록'이라는 것은 멋진 가르침이다. 우리는 일시적이며 거짓된 안정감을 주면서 유혹하는 안전장치에 대한 집착을 포기해야 한다. 그리고 우리는 전적으로 하느님께 의탁하는 것을 배워야 한다. 그래야만 우리가 내적 자유를 만끽할 수 있다. 에크하르트는 계속해서 말한다. "진정으로 완성된 [사람은] 그렇게 자신을 죽여야만 한다. 그리고 그렇게 자신의 모습 안에 있는 하느님에게 진심으로 몰두하고, 그렇게 하느님의 의지 안에서 변모하게 된다. 그의 온전한 축복은 자신과 모든 사물에 대해서는 무지하고, 오직 하느님에 대한 지식만 남게 하는 것이다."[16•] 에크하르트가 말하는 '자기에 대한 무지'는 자기포기를 실천하라는 예수의 가르침을 반영한 것이다. "누구든지 내 뒤를 따라오려면, 자신을 버리고 제 십자가를 지고 나를 따라야 한다."(마태오복음 16장 24절) 그것은 모든 것을 좌지우지하려는 자기중심적 마음을 버리고 "그리스도의 마음"(1코린토 2장 16절)에 침잠하여 깨어 있으라는 권유다.

종교와 영성 분야에서만큼 집착이란 단어가 미묘하면서 기만적으로 사용되는 경우는 없을 것이다. 자기 방식만을 고집하는 사람이 영성적이란 말을 얼마나 많이 사용하는가. 그가 하느님 또는 이욕에 대한 훌륭한 논문을 쓸 수는 있다. 그러나 그는 자기가 쓴 것에 너무나도 쉽게 집착하곤 한다. 에크하르트는 말한다. "사람들은 한편으로 하느님을 체험하려 하지만 다른 한편으로는 그렇게 하지 않는다."[17] 이것을 깨닫지 못하는 사람은 하느님에 대한 이미지 또는 느낌에 집착한다. 그리고 그 과정에서 참되고 살아 있는 하느님은 놓치게 된다. 태이도 붓다에 집착하는 태도를 경고한다. "그대가 사찰에 가면 붓다를 볼 수 있다고 믿으면 참된 붓다에게서 등을 돌리는 것이다. 그리고 그대는 참된 붓다가 아닌 청동이나 구리로 만든 붓다를 찾는 것이다. 그것은 살아 있는 붓다가 아니다."[18]

에크하르트는 하느님에 대한 집착의 위험 또는 유사한 함정을 경고한다. 그것은 진리를 얻거나 깨닫는 특정 방식에 집착하는 것이다. 그렇게 집착하면 우리는 궁극적 실재를 보지 못한다. 에크하르트는 말한다. "이것 또는 저것이 되려 하거나, 이것 또는 저것을 가지려는 것을 그만둬라. 그러면 그대는 모든 것이 되고 모든 것을 얻게 될 것이다. 그러면 그대는 이곳 또는 저곳이 아니라 모든 곳에 있게 된다. …… 그대가 모든 것이다."[19] 계속해서 그는 말한다. "이것과 저것을 없애면 남는 것은 하느님뿐이다."[20] 그것이 궁극적 진리이고 인간이 지닌 한정된 범주와 이기적 자아를 초월하는 것이다. 우리는 하느님을 말로 표현할 수밖에 없지만, 하느님을 개념 안에 가두지 않기 위해 부단히 노력해야 한다. 에크하르트는 하느님에 대한 관념에서 자유롭게 되어야 한다고 강조한다. "진리를 깨닫고 영원히 향유할 수 있도록 하느님으로부터 자유롭게 해 달라고 기도하라."[21] 그렇지 않으면 하느님을 이해하고 진리를 깨달았다고 생각하는 순간, 우리는 둘 다 잃어버렸다는 것을 분명히 알게 될 것이다. 어느 누구도 진리를 소유할 수 없다. 반대로 진리가 우리를 소유하는 것이다. 진리는 이것 또는 저것이 서 있는 근거다.

에크하르트는 우리가 궁극적으로 모든 종교적 표징 또는 상징에 대한 집착을 버리고, 인간의 모든 범주 또는 조잡한 상상을 초월하는 살아 있는 하느님을 직접 체험하기를 바란다. 우리는 그의 지혜로운 가르침에 귀를 기울여야 한다. 그것은 붓다를 찾아 동분서주하는 과오를 질타하는 태이의 가르침과 매우 유사하다.

> 〔어떤 사람은〕 난롯가 또는 마구간에서 특별한 명상, 헌신, 황홀경, 은총을 더 받는다고 생각하곤 한다. 그리고 그것을 통해 하느님을 더 잘 이해할 수 있다고 믿어 버린다. 그러면 〔그 사람은〕 하느님의 머리를 외투로 감싸서 벤치 아래로 밀어 넣는 꼴이다. 특별한 방식으로만 하느님을 추구하는 사람은 방법에만 집착하고 하느님을 놓친다. 그러나 특별한 방식 없이 하느님을 얻고자 하는 사람은 자기 안에서 하느님을 발견한다. …… 만약 〔그대가〕 삶에게 "그대는 왜 사는가?"라고 묻는다면, 그것은 "나는 살아 있기에 산다."라고만 답할 수 있을 것이다. 삶은 자체가 지닌 근거로 인해 살기 때문이다. 그리고 삶은 자체에서 분출되기 때문이다. 따라서 삶은 어떤 이유도 없이 산다. 그것이 그 자체를 위해 산다.**22•**

"나는 살아 있기에 산다." 이것은 이욕 체험에서 사는 것이다. 이것이 깨달음의 삶에 눈뜨는 것이다. 나는 살아 있기에 산다. 우리가 살아 있기 때문에 살 때, 우리는 하느님 안에서 자신을 발견한다.

그러나 우리의 스승들이 가르치는 이욕을 실천하는 것이 쉽지만은 않다. 우리는 최소한 두 개의 안전장치를 갖고자 하지만 그런 것은 없다. 오직 자기중심적 자아를 포기할 때, 우리는 진정한 사랑을 향해 나아가는 길을 발견한다. 에크하르트는 "사랑은 매우 순수하며 전혀 감추지 않고 어떤 집착도 없다. 따라서 그것은 나를 향해서도, 친구를 향해서도, 그밖에 어떤 곳을 향해서도 기울지 않는다."[23•]라고 말한다. 우리는 집착 없는 사랑을 위해 사랑해야 한다. 사랑은 선하고 고귀한 행위이기 때문이다. 사랑은 어떠한 보상도 요구하지 않는 동기를 통해 주어지는 무상의 선물이다.

자기 자신처럼 이웃을 사랑해야 한다는 예수의 계명을 해설하면서 에크하르트는 자문한다. "왜 이웃보다 나 또는 내 형제에게 좋은 일이 생기면 더 기뻐하는가? [그것은] 이웃보다 자기와 관련된 것을 더 사랑하기 때문이다. 그러나 내가 자신처럼 [이웃을] 사랑하면 …… 나는 모든 것을 똑같이 보게 될 것이다. …… 사랑이 하느님과 더불어 시작하여, 이웃에게 똑바로 흘러갈 것이다. 내가 자신에게 집착하지 않고 하나의 동일한 사랑을 가지면 모든 것을 치우침 없이 사랑하게 될 것이다."[24•] 에크하르트는 이기주의적 거짓 사랑을 그만두라고 권고한다. 이것이 우리가 일생을 통해 실천해야 할 과업이다. 시원한 계곡물이 바위와 거석 위로 오랜 세월 동안 계속 흘러가는 과정에서 돌들이 서서히 매끄럽게 된다. 이욕의 과정도 그와 같다. 우리가 '한 번에 하루'를 붙들고 매달리다 보면 삶이 부드럽게 된다.

에크하르트는 계속해서 이욕과 사랑의 관련성에 대해 말한다. 우리가 사랑이라고 부르는 것이 그저 위장된 집착인 경우도 많다. 그래서 고통만이 증가한다. 하지만 그런 고통조차도 우리의 스승이 된다. 그것을 깊숙이 들여다봄으로써, 우리는 그것을 극복하는 길을 발견할 수 있다.

> 모든 고통은 사랑과 집착에서 온다. 내가 덧없는 것 때문에 고통을 받는다면, 나와 내 마음은 일시적인 것에 집착하고 사랑하는 것이다. 내가 마음을 다해 하느님을 사랑하지 않는 것이다. 내가 하느님이 함께 사랑하길 원하는 것을 사랑하지 않는 것이다. 〔그렇다면〕 하느님이 내가 마땅히 겪어야 할 상실과 슬픔을 겪게 한다고 해서 그것이 놀랄 만한 일이겠는가?[25•]

처음에는 에크하르트가 '하느님을 사랑하고 세상을 미워하라'는 단순한 공식을 차용한 것처럼 들릴 수 있다. 그러나 그 가르침은 훨씬 더 섬세하다. 에크하르트는 불교 고승과 같은 말을 계속한다. "모든 슬픔은 상실이 내게서 빼앗아간 [것들에] 대한 집착에 기인한다. 내가 외적인 사물을 잃는 것을 두려워한다면, 그것은 내가 외적인 사물을 좋아한다는 확실한 징조다. 그리고 내가 슬픔과 고통을 정말로 [좋아한다는 확실한 징조다.] …… [그러면] 나는 피조물을 향해 돌아선다. …… [그렇게 나는] 모든 위로의 원천인 하느님에게서 등을 돌린다. 그런데 내가 슬프고 비통한 것이 놀랄 일이겠는가?[26•] 태이는 슬픔과 비통을 들여다보면서 깨달아야 한다고 말한다. 내가 이전에 무척 사랑스럽게 느꼈던 것이 실제로 슬픔과 고통만을 가져오는 것이다. 그런 고통을 겪은 덕분에 가야 할 길은 더욱 명확해진다.

에크하르트가 고통의 원인인 사물에 대한 욕구와 그 자체로는 중립적인 욕구된 사물을 조심스럽게 구분하는 것을 주목하자. 그가 말한 것처럼, 고통은 외적인 것을 즐기는 것에서 오는 것이 아니다. 오히려 그것은 내가 [그런] 외적인 것을 잃는 것을 걱정하기 때문이다. 고통의 원인은 자기가 갖고 싶은 것에 대한 갈망이다. 그렇기에 에크하르트는 우리가 고통받는 것에 너무 놀랄 필요가 없다고 말한다. 우리는 언젠가 나타났다가 사라지는 그림자에 집착하다가, 다음날 그것들이 사라지면 침울해 한다. 이것을 알고 자각하는 것이 중요하다. 우리는 경험을 통해 얻은 통찰이라도 붙들지 말고, 오직 현재 순간에 은총을 통해 주어진 선물을 즐겨야 한다.

이따금 사물 자체와 갈망을 분리하는 선이 더 선명하게 보일 때도 있다. 그럼에도 그 구분은 매우 중요하다. 달리 말하면 세속적인 것 자체가 우리의 내적 평정과 평화를 위태롭게 하지 않는다. 우리가 그것들에 집착함으로써 위태롭게 된다. 불교 사성제의 두 번째 진리를 상기하자. 모든 고통의 원인은 집착이다. 이 진리는 에크하르트의 가르침에서도 핵심이다. 하지만 희소식은 고통이 우리를 가르쳐서 자유의 길을 발견하도록 돕는다는 것이다. 태이는 우리가 갈망의 결과를 지혜롭게 식별하지 않을 때 겪게 될 일을 예화로써 설명한다. "붓다는 이것을 기억하라고 가르친다. 우리를 고통스럽게 만드는 것은 갈망의 대상이 아니다. 우리를 고통스럽게 만드는 것은 갈망이다. 그것은 미끼 속에 숨어 있는 낚시 바늘과 같다. 미끼는 벌레처럼 보인다. 그래서 물고기는 그것을 맛있는 것으로 착각한다. 그러나 그 안에 바늘이 숨겨져 있는 것은 모른다. 물고기가 [그것을] 물면, 낚시 바늘이 그것을 잡는다."[27•]

누구나 살아가면서 여러 번 또는 수 백 번을 낚시 바늘의 미끼에 걸린다. 그러나 우리는 실수로부터 배운다. 스토브의 전기 코일이 두렵기 때문에 멀리 떨어지는 어린이처럼 우리도 그렇게 해야 한다. 그러나 불행히도 어떻게 할 수 없는 엄청난 비극이 자주 발생한다. 고통의 끊임없는 회오리바람에 붙들려 그것으로부터 빠져나올 수 없는 것처럼 보일 때도 많다. 온 가족을 가난에 빠트린 도박 등의 중독자는 그것을 자주 경험한다. 불교는 이것을 삼사라saṃsāra의 순환, 즉 윤회라고 한다. 윤회는 태어나고 고통받고 죽는 삶이 계속 이어지는 것이다. 에크하르트는 외적인 집착에 완전히 빠져 있는 사람이 많다는 것을 지적한다. "결국 그들은 고향으로 돌아가거나 자신이 가야할 길을 다시 찾기에는 너무 멀리 가곤 한다. 따라서 그들은 진리를 발견할 수 없다. 왜냐하면 진리는 내면에 있고 [내적] 근거에 있지, 밖에 있지 않기 때문이다."**28•** 질식할 것 같은 고통에서 길을 잃고 헤매는 사람을 만나는 것보다 세상에서 더 가슴 아픈 것은 없다. 특히 그 사람이 계속해서 "나는 문제없다."라고 우길 경우는 더 그렇다.

에크하르트는 끝없는 고통의 비극을 언급한다. 알지 못하는 상태에서 엄청난 나락에 떨어지지 않으려면, 우리는 사전 징후 또는 위험 신호를 알아차려야 한다. 그는 그것을 위해 몇 가지 예화를 제시한다. 어떤 사람이 엄청난 돈과 친구와 눈과 손마저 잃었다고 하자. 그것은 달라이 라마가 말한 피할 수 없는 고통이다. 그것은 이미 일어난 일이고 돌이킬 수 없다. 이 사람이 어떻게 하면 고통에 사로잡히지 않을 수 있는가? 이 예화에서 에크하르트는 하나의 위험 신호를 제시한다. "그들이 [계속해서] 상실과 환난을 향해 있다고 하자. [그래서] 그들에게 그것이 깊은 인상을 남기고, 그것에 그들이 깊은 인상을 남겼다고 하자. 그렇게 되면 그들은 그것을 주목하고, 그것은 그들을 주목한다. 그리고 그들은 상실과 이야기를 주고받고, 상실은 그들과 이야기를 주고받는다. 그러면 그들은 서로 얼굴을 맞대고 응시하고 있는 것이다. [그렇게 하는 사람들이 어떻게] 위로를 얻고 근심걱정이 없겠는가?"[29•]

이것이 에크하르트가 해석한 삼사라의 순환, 즉 윤회다. 그것은 우리의 상실과 고통에 정신적으로 집착하게 만든다. 그리고 우리가 밤낮으로 공허함을 응시하게 만든다. 그렇게 해서 우리가 불필요한 더 큰 정서적 고통을 받아 스스로를 탕진하게 만든다. 에크하르트에 따르면, 멸망의 구렁텅이에서 벗어나려는 사람은 나선형을 그리며 증폭되는 이런 종류의 집착에서 즉각 빠져나와야 한다.

끝없는 고통의 소용돌이에 붙들린 사람을 판단하는 기준은 현재 순간에 온전하게 머물지 않는 것이다. 그들은 과거나 공포에 집착하고 미래를 두려워한다. 그들을 돕는 유일한 방법은 단순하게 현재 순간에 뿌리내리게 하는 것이다. 즉 공원 산책과 아이의 웃음과 벗의 방문 및 치료 마사지 등이 강박관념을 내려놓고 몸의 확실한 근거를 다시 느끼도록 도울 수 있다. 에크하르트는 강조한다. 현재가 아닌 과거나 미래에서 돌아서야 한다. 그리고 현재에 있는 모든 것에 눈을 떠야 한다. "우리가 모든 것 위로 들어 올려지면, 어떤 것도 우리를 압박할 수 없다."[30•] 이것이 윤회의 끝없는 순환을 끊을 방법이다. 해탈은 지금 여기에서 가능하다. 즉 바로 현재 순간에 가능하다. 우리가 해야 할 일은 자신을 모든 것 위로 들어 올려지게 하고, 궁극적 실재인 하느님의 권세 안으로 뛰어드는 것뿐이다.

에크하르트는 실천적 방법을 제시한다. 우리는 그것을 통해 집착에 뿌리를 둔 정서적 고통의 나선형 나락으로 빠져들기 시작한 사람에게 접근할 수 있다. 에크하르트는 무엇보다 우리가 일상에서 실천할 수 있는 가르침을 주는 것에 관심이 있다. 우리가 일상에서 마음을 집중하고, [마음을] 한 곳에 모으고, 강박관념으로부터 자유롭게 되기 위해 무엇을 해야 하는가? 우리가 지금 내려놓기를 시작하는 방법은 무엇인가? 물론 우리는 태이가 말한 마음챙김의 종소리처럼 간단한 수행을 통해 시작할 수 있을 것이다. 즉 "그대가 명상 시간을 알리는 종소리를 들으면 생각하는 것을 그만두라. 그대는 말하던 것을 그만두라. 그러면 종소리가 그대를 구할 것이다. 그리고 그대를 참된 고향으로 데려다 줄 것이다."[31•] 또한 태이는 정중하게 꽃을 만지거나 망고를 먹거나 주스를 입에 넣어 음미하거나 얼굴에 비추는 태양 빛의 따스함을 단순히 느끼는 수행을 권고할 것이다.

에크하르트는 우리가 하느님에게 전적으로 달라붙어 있는 것을 배우는 것이 집착을 멀리하고 내려놓을 수 있는 방법이라고 가르친다. 그것이 에크하르트가 말하는 자기중심적 마음을 버리고, 자기를 '변모시키는de-forming' 방향으로 나가는 것이다. 그가 우리에게 요구하는 것은 영혼의 적막한 사막으로 뛰어드는 것이다. 그곳에서는 "하느님의 근거가 나의 근거이고, 나의 근거가 하느님의 근거"[32•]가 된다. 에크하르트는 내적인 침묵수행이 이욕을 실천하는 가장 확실한 방법이라고 말한다. 침묵은 뒤죽박죽된 마음과 정신을 맑게 한다. 그리고 침묵은 영혼에 세워진 사원에서 하느님이 말하도록 하는 길을 준비한다. 침묵은 '망각과 무지'의 세계로 인도한다. "하느님의 음성인 말씀이 그 자체로 들리게 하기 위해, 고요함과 침묵이 반드시 있어야 한다."[33] 에크하르트는 '망각과 무지'가 무엇보다 중요하다고 말한다. 영성적 자유의 큰 장애이고 여러 슬픔과 고통의 원인인 집착은 우리 마음의 청명함을 흐리는 내적 소음과 같은 것이기 때문이다.

집착은 종종 견고한 확실성이 있는 지식의 일종으로 드러나기도 한다. 그 지식은 참된 지식을 향한 길을 방해하곤 한다. 그것은 영성적 확신에 대한 절실한 욕구에서 생겨난다. 종교적 근본주의는 성스러운 옷을 입은 집착일 뿐이다. 그들은 수많은 종교적 용어로 떠든다. 하지만 그것은 일상의 배경음으로 소란스럽게 울리는 텔레비전 또는 라디오의 소음에 더 가깝다. 그것들은 우리가 참된 영성적 만남의 두려운 침묵과 대면하는 것을 막는다. 이런 내면의 소음이 증폭되면, 그것이 앞에서 언급한 해로운 정신적 강박관념이 될 수 있다.

에크하르트는 불교 선사를 연상시키는 조언을 한다. 우리는 "불화만을 일으키는 마음속 생각의 동요로부터 숨는"[34] 법을 익혀야 한다. 진지하게 좌선이나 기도에 집중해 본 사람은 정신적 고요함을 실천하는 것이 쉽지 않음을 안다. 때때로 마음속 생각의 동요는 괴물처럼 느껴진다. 우리가 공허함을 인위적 안도감으로 채우려는 무모한 시도에 맞서는 법을 익히려고 한다면, 내적 침묵과 마음의 평안이라는 영성적 수련이 반드시 필요하다. 에크하르트는 말한다. "이욕을 갖는 것이 처음에는 약간 어렵다. 그리고 그것을 시작한다고 삶이 더 편해지거나, 더 신나거나, 더 매력적이지도 않다."[35] 변화는 시간을 필요로 한다.

영성여정에 있는 사람은 묵묵부답 같은 침묵의 시간을 다른 것으로 채우려는 유혹을 매우 강하게 받는다. 에크하르트에 따르면 관상적 침묵을 수행하지 않으면 그 안에 하느님의 말씀이 태어나지 않는다. 내면으로부터 사람을 변화시키는 말씀과의 참된 만남을 해 본 적도 없는 사람이 기교를 잔뜩 부리며 영성적인 말을 할 수 있다. 에크하르트는 거짓된 영성경험에 심취하는 것을 예수가 성전에서 쫓아낸 환전상들의 부정한 돈벌이(요한복음 2장 13-22절)에 비유한다. 성전 뜰에서 물건을 팔고 있던 그들의 목적은 사람들이 성령의 성전, 즉 하느님의 성전 깊은 곳으로 들어가는 것을 방해하는 것이었다.

> 보라. 그들은 모두 〔이런〕 상인들이다. …… 〔그들은〕 고결한 자가 되길 원하고 선행을 하고자 한다. …… 주님이 그들에게 보답으로 무엇인가 주기를 바라면서. 그렇기 때문에 하느님이 그들을 성전 밖으로 쫓아버리고 그들을 흩으셨다. …… 성전이 〔집착과 무지라는〕 훼방꾼들로부터 자유롭게 되었을 때, 그것은 아름답게 반짝인다. 그 빛은 하느님의 모든 피조물을 관통하며, 그리고 모든 피조물 위에서 공명정대하고 밝게 빛난다. …… 이것은 확실하다. 예수가 아닌 누군가가 〔영혼인〕 성전 안에서 말하려고 하면, 예수는 입을 다문다. 마치 그가 집에 없는 것처럼 …… 그러나 예수가 영혼 안에서 말한다면, 그녀영혼는 틀림없이 혼자 있는 것이다. 그녀는 고요해야만 한다. …… 그러면 그가 와서 말하기 시작할 것이다.[36]

에크하르트는 소음과 갈망으로 시간의 공백을 채우려는 자기중심적 방황의 힘이 우리에게 얼마나 강력한지 알고 있다. 그는 자상하게 깊은 내면의 거처로 우리를 초대한다. 우리는 그곳에서 하느님의 적막한 마음 안에서 창조된 세계를 사랑하는 법을 배운다. 에크하르트에 따르면 그것은 양자택일적 상황이 아니다. 이욕은 시끄럽고 바쁜 세상과 대조되는 하느님을 선택하는 것이 아니다. 그것은 이원론이다. 에크하르트는 처음에 이것이 있고 다음에 그 상황이 뒤따른다고 가르친다. 달리 말하면 그것은 우선순위의 문제다. 인간은 삶의 고통을 인간적 노력으로 해결하려는 시도를 멈춰야 한다. 즉 부와 권력과 명성과 인간관계 및 영성적 쾌락과 같은 우상에 기대어 고통을 해결하려는 노력을 그만둬야 한다. 그리고 자기 내면에 있는 하느님의 꾸밈없고 적막한 근거로 뛰어들어야 한다.

에크하르트는 말한다. 내면에 있는 하느님의 자리에 뿌리를 내리고 머물면, 우리는 그곳에서 고통을 극복하고 자유로 이끌어 주는 길을 발견한다. 자유를 얻는 길은 하느님의 왕국처럼 우리 안에 있다. 우리가 어쩌다가 성스러운 근거 또는 하느님 중심성에서 벗어나서 유랑하고 있다면, 그곳이 고향으로 돌아가는 길이다. 우리는 그저 겸손하게 자기가 길을 잃었다는 사실을 인정하면서 회개하고 고향으로 돌아가면 된다. '회개'는 그리스어 '아포스트레포apostrepho'를 번역한 것이다. 이것은 "내가 여행해 온 그 길로 돌아간다."라는 의미다.[37•] 내적 침묵은 내면에서 일어나는 소음과 갈망의 마음을 내려놓을 때 생긴다. 침묵은 우리가 길을 잃고 방황하고 있다는 사실을 자각하게 한다. 우리는 자기 마음의 침묵 안에서 분리의 고통을 듣는다. 에크하르트는 흥미로운 설교에서 말한다. "우리는 보는 것보다 듣는 것을 통해 더 많은 지혜를 얻을 수 있다." 그는 이렇게 우리를 내적 고요와 침묵으로 초대한다. 계속해서 그는 청각은 인간을 내면으로 끌어들이지만, 시각은 우리를 외부로 끌어낸다고 말한다. "나는 들을 때 수동적이다. …… 영원한 말씀을 듣는 행위는 내 안에 있다."[38] 침묵과 이욕의 연관성은 분명하다. 마음이 침묵하고 들으면 우리는 자기를 내면으로 끌어당긴다. 그리고 우리는 하느님의 근거 안으로 침잠한다. 우리는 그곳에서 모든 갈망과 집착으로부터 자유롭다. 조용히 경청하는 이것이 고향으로 돌아가는 여정의 첫걸음이다.

태이는 집착을 내려놓는 첫 단계는 마음을 다해 숨 쉬는 것이라고 말한다. 태이는 초기 저서 『마음챙김의 기적*The Miracle of Mindfulness*』에서 갈망하는 마음으로 유랑하는 우리를 귀향길로 인도하는 호흡이 얼마나 중요한지를 상기시킨다. "숨쉬기는 생명과 의식을 연결시키는 다리다. 그것은 그대의 몸과 생각을 결합시킨다. …… [그것이] 부산함을 방지할 수 있는 자연스럽고 아주 효과적인 도구다."[39] 숨쉬기와 침묵은 함께 작용한다. 둘 다 우리가 고향으로 돌아가는 다리 역할을 한다. 앞 장에서 인용한 시에나의 성녀 가타리나는 다음과 같이 말한다. 예수는 우리를 고향인 하느님에게 인도하는 다리다. 부활한 이후, 예수는 제자들에게 성령의 숨결을 불어넣었다. 평화를 주는 그 숨결이 그들을 고통 한가운데에서 고향인 하느님께 돌아가게 했다.

그때서야 그들은 어떻게 해볼 수 없었던 일을 내려놓고(루카복음 24장 20-21절 참조), 이미 일어난 일을 받아들이게 되었다. 그것은 죽음에서 생겨난 예기치 않던 새 생명이라는 은총이었다. 성령의 숨결은 우리가 이야기의 결말을 스스로 써넣는 것을 자유롭게 단념하게 한다. 그리고 그것이 우리를 현재 순간의 경이로움에 열려 있게 한다. 결국 이욕은 자유와 기쁨의 열쇠다.

제 8 장

고통에서 오는 연민

-

고통은 사랑의 일부다.
사랑에 따르는 고통이야말로
연민이 의미하는 모든 것이다.

깊이
들여다보기

1

태이가 권하는 '깊이 들여다보기'는 영성여정에서 유용한 나침판이다. 그것은 집착에서 생긴 고통을 극복하는 길로 우리를 인도할 것이다. 그리고 그것은 내적 자유라는 고향으로 돌아가도록 우리를 돕는다. 그 가르침을 요약하면 이와 같다. 즉 그대를 참된 자아로부터 멀어지게 유인한 것을 깊이 들여다보라. 그리고 그것에 귀 기울여 보라. 그것이 무엇인지. 그것이 어디로부터 오는지. 그 뿌리가 어디까지 내리뻗어 있는지. 그것의 이름은 무엇인지. 태이는 말한다. 그대가 일단 모든 것을 뒤엉키게 만드는 뿌리인 산만함, 고통, 슬픔을 인지했다면, 그것을 향해 미소를 지어라. 그것을 품에 꼭 안아라. 그리고 조용히 그것을 내려놓아라.

우리가 깊이 들여다보면 이해를 배운다. 우리는 고통 또는 고통의 원인과 대화하고 그 대화에서 얻은 답에 귀 기울임으로써 다양한 통찰을 얻는다. 그 이해와 통찰이 우리를 고통으로부터 자유롭게 하고 우리의 귀향길을 인도한다. 태이는 이렇게 말한다. "이해는 깊이 들여다보는 과정이다. 물결은 자기가 다른 물결들에 둘러싸여 있는 것을 알아야 한다. 물결들은 각자 고유한 고통을 받는다. 그대만 고통받는 것이 아니다. 그대의 형제자매도 고통을 받는다. 그들도 고통받고 있다는 사실을 아는 순간, 그대는 그들에 대한 비난을 멈출 것이다. 그러면 그대 안에 있는 고통도 멈출 것이다. …… 그대가 자기와 이웃이 지닌 고통을 깊게 어루만지면 이해가 생긴다."[1] 태이는 다른 곳에서도 이해의 필요성을 강조한다.

> 이해는 열쇠다. 그것은 고통이라는 감옥의 문을 열 수 있다. 이해를 얻는 수행을 포기하면, 그대는 가장 강력한 수단을 포기하는 것이다. 이해는 우리와 다른 중생을 고통에서 자유롭게 할 수 있다. 참된 이해를 지닐 때만 참된 사랑을 할 수 있다. 불교도는 멈추어 서서 평정한 상태로 깊이 들여다보는 명상을 해야 한다. 그것을 통해 우리는 더 깊은 이해를 갖게 된다. 우리 각자는 이해의 씨앗을 지녔다. 그 씨앗이 곧 하느님이다. 그것이 곧 붓다다.[2]

달라이 라마도 거의 비슷하게 말한다. "진정한 연민은 …… 연민의 대상이 겪는 고통의 경험을 정확하게 인지하는 것에서 비롯된다. 그리고 진정한 연민은 이 피조물이 연민과 보살핌을 받을 가치가 있다는 것을 인식하는 것에서 비롯된다."[3]

현대 불교의 두 스승은 깊이 들여다보는 것과 모든 것을 관상과 연민의 눈으로 보는 것이 얼마나 중요한지를 우리에게 상기시킨다. 이것은 그리스도교 전통과도 밀접하게 연결된다. 초대교회는 세례를 통해 받은 은총 중 하나를 '조명'이라고 했다. 그것이 영성적인 눈 멈을 치유해 준다. 우리가 세례를 받으면 볼 수 있는 눈을 갖게 되고, 그것으로 현실을 깊이 들여다볼 수 있다. 우리는 새로운 빛인 하느님의 빛으로 자신만을 바라보지 않는다. 우리는 그 빛을 통해 이웃을 바라보기 시작한다.

태이는 깊이 들여다보는 것은 "관찰자와 대상 사이의 구분이 사라질 정도로 집중된 상태에서 사물 또는 사람을 들여다보는 것"[4]이라고 말한다. 집중적 관찰을 통한 올바른 통찰에서 이해가 생긴다. 기만과 이기주의와 죄에 어두웠던 우리의 눈이 점차적으로 치유된다. 그러면 우리는 눈과 마음이 열려 하느님의 눈부신 빛으로 이웃을 볼 수 있다. 우리는 사랑으로 이웃이 지닌 고통을 이해하고 고통에 응답하기 시작한다. 시에나의 성녀 가타리나는 영성적 열정을 고양시키기 위해 스스로를 다그치며 기도한다. "그대는 정신 차리고 이해의 눈을 떠라. 그대는 하느님의 자애를 담은 우물 깊은 곳을 들여다보라. 그대는 보지 않고는 사랑할 수 없다. 그대는 보면 볼수록 더 사랑하게 된다."[5] 불교의 스승들처럼 가타리나는 깊은 곳을 들여다보는 것과 이해에서 비롯된 사랑이 밀접하게 관련된다는 것을 잘 알고 있었다.

1977년 멕시코에서 도미니코수도회의 전 총장인 뱅상 드 쿠에농글은 거리에서 하는 명상의 중요성을 역설했다. 그는 수도자들에게 거리를 걸으면서 명상을 하라고 권고했다. 그것은 눈을 크게 뜨고 세상의 거리와 군중이 모인 곳을 바라보는 명상이다. 그것을 통해 연민과 사랑을 키울 수 있다.

> 그것은 군중 한가운데에서 산만하게 돌아다니는 것을 의미하지 않는다. 자신을 둘러싼 세계 전체를 주의집중해서 바라보는 것이다. 즉 그 사람들과 얼굴, 그들이 걷는 방식, 그들이 입은 옷의 누추함 …… 〔그것은〕 보이지 않는 것을 발견하고 이해하는 방식이다. 즉 실패와 고통과 희망 등〔을 보는 것〕이다. …… 이것은 인간

이면서 신인 그리스도의 눈길을 군중과 병자, 그리고 돈과 불의와 증오라는 폐해에 사로잡힌 모든 사람에게 항상 현재화하는 것을 의미한다. …… 이 관상은 우리의 삶에서 신앙과 세속이 만나는 특별한 지점이 될 것이다.[6•]

드 쿠에농글은 태이처럼 마음을 다한 바라봄을 가르친다. 그것은 외부세계를 깊이 들여다보는 것이다. 그것을 통해 이해와 사랑이 생긴다. 이것은 오늘날에 참으로 유용한 가르침이다. 우리는 매 순간을 관상하며 마음을 다해 들여다보는 순간으로 만들 수 있다. 마트에서 줄을 서 있을 때, 지하철을 타고 있을 때, 공항에서 걷고 있을 때 관상명상을 하면서 연민의 눈으로 들여다볼 수 있는 기회는 무한하다. 이것은 매우 단순한 사실이다. 우리가 이해와 연민을 지닌 마음으로 이웃을 바라보기 시작하면 이미 치유를 위한 첫발을 내디디는 것이다.

지난 수 세기 동안, 특히 지난 몇 년 동안 전쟁과 폭력이 우리 세계를 괴롭혀 왔다. 언제나 대부분은 이해 부족이 초래한 것이다. 즉 그것은 자기에게 있는 것처럼 이웃 또는 이웃 나라에도 충만한 '신의 불꽃'이 있음을 자각하지 못한 결과다. 깊이 들여다보는 수행에 대한 태이의 가르침은 명상 및 마음챙김 수행과 직접 연결된다. 그것은 '우리 눈을 감는 것'으로 상징된다. 즉 명상적 집중인 삼매samādhi. 한 대상에만 마음을 집중시켜 흔들림 없는 평정심을 얻은 상태를 통해 내면을 향하는 것이다. 그러면 우리 시야가 더 선명해진다. 에크하르트는 말한다. "누군가 하느님을 볼 수 있다면 눈이 먼 것이다. …… 하느님은 어둠에서 비추는 빛이다."[7•] 이것은 내적 침묵에 대한 그의 가르침과 비슷하다. 침묵이 없으면 할 말이 없다. 명상수행은 우리가 서두르지 않고 이해와 연민으로 세상을 바라보게 만든다. 그러면 우리는 둘러싼 세계를 있는 그대로 볼 수 있다.

1500년대는 스페인과 포르투갈이 아메리카를 점령한 초기시대다. 그때 유럽에서 신학적 논쟁이 뜨거웠다. 그들이 점령한 아메리카 인디오가 온전한 인간인지 아닌지에 대한 신학적 논쟁이었다. 인디오를 온전한 인간이 아니라고 규정해야만, 인디오를 노예로 만들고 죽도록 일을 시킬 수 있었기 때문이다. 다른 선택은 그리스도교 신앙을 갖게 하고 세례를 받게 함으로써 그들의 생명을 구하는 것이었다. 다행히 다른 견해를 지닌 사람도 있었다. 그는 도미니코수도회의 수사 바르톨로메오 데 라스 카사스다. 그는 원래 지주로서 노예를 소유했다. 그러나 라스 카사스는 점차적으로 이해와 연민의 눈으로 바라보는 법을 배웠다. 이 관상적 견해가 그로 하여금 인디오도 인간 존엄성을 지녔다는 확신을 갖게 했다. 그리고 그는 정복자의 거짓을 폭로할 수 있는 용기를 얻었다. 정복자들은 힘없고 가난한 이들을 희생시켜 부를 축적하고 있을 뿐이었다.

라스 카사스는 자신을 둘러싼 고통과 억압의 현실을 깊이 들여다보았다. 그렇게 함으로써 그도 하느님이 바라보듯이 지역 토착민들을 볼 수 있게 된 것이다. 그는 오랜 세월이 흘러 말했다. "나는 그 사람들의 고통과 강제 노역의 현실을 주목하기 시작했다."[8•] 그는 현실을 들여다본 것이다. 그렇게 들여다본 것이 깊은 이해를 낳았고, 이것이 그로 하여금 여생 50년을 노예가 된 아메리카 원주민의 권리와 자유를 위해 바치게 만들었다. 라스 카사스는 진실을 못 본 척하면서 이익만을 추구하는 황금에 굶주린 도적과 같은 정복자들을 이렇게 비판했다. "나는 사람들이 인디오를 직접 목격하지 않고, 그저 들은 것만으로 그들에 관해 대충 쓴 글을 읽곤 한다. …… 그것은 진실을 왜곡한 것이다."[9] 시에나의 성녀 가타리나가 말했듯이, "그대는 보지 않고서는 사랑할 수 없다."

관상적으로 깊이 들여다보는 것에 대한 다른 실례는 에티 힐레숨 Etty Hillesum이 쓴 글에 있다. 그녀는 유대계 네덜란드인으로 1943년 11월 30일에 아우슈비츠의 가스실에서 죽었다. 그때 그녀는 39살에티 힐레숨은 1914년에 태어나 1943년에 29살로 사망했다. 저자의 착오인 것으로 보임이었다. 그녀는 아우슈비츠로 최종 이송될 유대인들을 집결시켰던 네덜란드의 베스터보르크 수용소에 수감되었다. 그곳에서 한동안 머문 후, 에티는 고통의 양상을 깊이 들여다보았던 경험을 글로 썼다.

> 인간적 슬픔에 대한 어떤 표현도 낯설지 않다. …… 나는 고통받는 사람의 눈을 똑바로 바라보는 것이 두렵지 않다. 그리고 결국에는 항상 이런 느낌이 든다. "내가 사람들을 너무 사랑하는구나." 그들이 당한 일에 대해 다소라도 비통해 한다면, 언제나 그들을 사랑하게 된다. 그들은 그런 짐을 감당할 준비가 전혀 되어 있지 않음에도 그 엄청난 것을 견딜 줄 알았다. …… 그것은 여전히 같은 곳으로 귀결된다. 즉 인생은 아름답다. 그리고 나는 하느님을 믿는다. 나는 사람들이 '공포'라고 부르는 것의 한복판에 꿋꿋이 서서, 여전히 이렇게 말할 수 있기를 원한다. 인생은 아름답다.[10]

이 모든 사람들이 강조하는 것은 같다. 영성여정은 직면한 고통을 직시할 용기를 필요로 한다는 것이다. 진리는 고통 안에 숨겨져 있다. 예수는 말했다. "진리가 너희를 자유롭게 할 것이다."(요한복음 8장 32절) 이렇게 바라보기 위해서는 치열한 자기성찰과 솔직함이 필요하다. 우리는 있는 그대로의 실재를 직시해야 한다. 그것은 결코 자신이 원하는 상태만을 보는 것이 아니다. 남아프리카 공화국에 있는 백인의 실례를 보자. 그들은 인종차별정책의 부당함과 극심한 고통을 깊이 들여다봄으로써 무엇이 필요한지를 분명히 알게 되었다. 그들은 자신의 권력을 포기하고 특권을 누려 온 과거뿐만 아니라 조상의 죄까지 인정했다. 종종 깊이 들여다봄은 그처럼 큰 고통을 동반한다. 우리가 탐욕적 집착과 자기기만적 고통을 내려놓아야만 하기 때문이다.

깊이 들여다보는 관상 수행은 우리가 정서적 색안경을 벗고 대상을 있는 그대로 보는 수련이다. 색안경은 내적 자유와 진리의 차원에서 바르게 볼 수 있는 우리의 능력을 오염시킨다. 달라이 라마는 바라보는 방식과 사랑하는 방식의 관계에 대한 예리한 통찰을 제시한다. "진정한 연민은 …… 연민의 대상이 겪는 고통의 경험을 정확하게 인지하는 것에서 비롯된다. 그리고 진정한 연민은 이 피조물이 연민과 보살핌을 받을 가치가 있다는 것을 인식하는 데에서 비롯된다. …… [그것은] 원수에게도 확대 적용될 수 있다."[11•]

우리의 눈, 특히 마음의 내적 눈을 뜨면 이웃이 겪는 고통을 볼 수 있다. 달라이 라마는 이것이 연민의 관건이라고 말한다. 그러면 우리는 자신처럼 이웃도 행복을 원하고 있다는 사실을 알게 된다. 이것은 9월 11일의 비극적 사건 이후, 몇 달 동안 뉴스 매체가 반복해서 되풀이했던 질문이다. "그들은 왜 우리를 증오하는가?" 많은 이들이 그 질문만 되풀이했지만, 어떤 이들은 진정한 답을 얻고자 성심성의껏 깊이 들여다보았다. 실제로 그 답은 바로 옆에 있었고 지금도 그렇다. 고통을 깊이 들여다볼 용기를 지니고, 어려운 질문을 제기하며, 해답을 찾을 때까지 참을성 있게 기다리는 사람만이 우리를 자유롭게 할 진리를 체험하게 된다.

그중 한 사람이 빌 펠크Bill Pelke다. 빌은 분노를 지니고 고통의 긴 터널을 지나서 자신의 길을 발견한다. 그리고 그는 복수를 향한 절규를 사랑스러운 연민을 발산하는 빛으로 바꿨다. 빌의 할머니는 1985년 5월 14일에 네 명의 십대 여학생들에게 잔인하게 살해당했다. 여학생들은 성서 이야기를 듣고 싶다고 청하며 할머니 집을 방문했다. 그러나 그것은 거짓이었다. 당시 빌은 사형제도를 확고히 지지했다. 그리고 살인을 선동한 15세 소녀가 사형을 선고받았을 때 당연하다고 생각했다.

그런데 펜실베이니아의 제철소에서 야간 근무를 하던 빌에게 할머니의 얼굴이 떠올랐다. 나중에 말하기를 "그때 나는 너무 놀랐습니다. 돌아가신 할머니의 얼굴이 피 묻은 얼굴이 아니라 온화했기 때문이었습니다." 그가 본 온화하고 사랑스러운 얼굴은 평생 알고 지냈던 할머니의 얼굴이었다. 그녀는 그런 얼굴로 마을에 사는 아이들에게 성경을 가르쳤다. 빌은 마음속에서 그 얼굴을 보고 변했다. 그는 할머니의 온화하고 사랑스러운 얼굴을 깊이 들여다본 것이다. 그리고 그는 사형선고를 받은 어린 소녀의 고통스러운 얼굴을 어떻게든 깊이 들여다보려고 노력하는 자기를 발견했다. 그는 할머니의 눈으로 소녀를 바라본 것이다. 그 밤에 그렇게 그의 인생 전체가 바뀌었다. 이후 그는 할머니를 죽인 죄로 사형선고를 받은 소녀의 생명을 구하기 위해 모든 시간과 에너지를 바쳤다.

몇 년 후, 빌 펠크는 노스캐롤라이나에서 열린 사형제 폐지를 촉구하는 기도회에서 입을 열었다. "그날 밤 할머니가 하느님의 사랑을 아이들에게 가르치기 위해 일생을 투신했다는 사실을 깨달았습니다. 오늘 이곳에 할머니가 계셨다면 죄를 지은 어린 소녀에게 손을 뻗어 하느님의 사랑을 전했을 것입니다." 그가 할머니와 자신처럼 그 어린 소녀도 고통받았음을 '보는' 능력을 갖게 된 것이다. 그 능력이 연민에 근거한 의식을 관통하는 순간이었다. 그는 고통 중에서 상호의존하고 연대하는 체험을 한 것이었다. 그는 인터뷰에서 말했다. "이제 사형제도가 해법이 아니라고 믿습니다. 해법은 사랑과 연민입니다."[12•]

태이는 고통을 깊이 들여다보는 것을 가르쳤다. 그것은 고통과 친해지고, 고통에서 듣고, 고통을 통해 배우는 것이다. 고통은 위대한 스승이다. 누구나 살아가면서 여러 순간에 자기 삶을 변화시키는 중요한 결정을 한다. 그것이 실존적 불안을 피하지 않고 직접적이고 진솔하게 대처하는 모습이다. 그런데 대화의 기법을 배우는 것이 관건이다. 우리는 어떻게 우리의 고통 또는 질병과 건전하고 전인적인 대화를 할 것인가? 우리는 어떻게 그것을 이웃과 나눌 것인가? 우리는 어떻게 그것을 사회적 차원에서 다룰 것인가? 국가는 부패와 학대와 전쟁과 빈곤과 차별과 테러행위 등에 따른 집단적 고통을 직시하고 대화할 수 있는가? 우리는 이것으로부터 무엇을 배울 것인가? 태이가 잘 상기시켜 주듯이 "깨달음과 행복과 통찰은 고통과 혼란에 근거해서만 가능하다. 붓다는 연꽃이 피는 것은 진흙 덕분이라고 말한다. 연꽃이 대리석 위에 심어지면, 그 연꽃은 살아남지 못한다."[13•] 이욕은 고통의 소멸이 아니다. 그것은 고통을 변화시키는 것이다. 그것은 우리가 고통과 함께 앉아서 고통이 하는 말을 경청해야만 가능하다.

얼마나 기쁜 소식인가. 진흙을 우리 삶에서 해결해야 할 문제로 보고, 그 문제를 해결하려고 집착하지 말자. 오히려 우리는 그것을 아름다운 연꽃을 가꿀 수 있는 기회로 볼 수 있다. 진흙에서 연꽃이 피어날 수 있으면, 내 안에서도 피어날 수 있다. 그리고 모든 사람의 내면에서도 피어날 수 있다. 이욕이 의미하는 것은 진흙에 대한 걱정을 멈추고, 미지의 어둠에 우리의 뿌리를 깊게 내리는 위험을 감수하면서, 기적이 일어나길 기다리는 것이다. 즉 연꽃이 피어나길 기다리는 것이다. 하느님 나라는 참으로 지금 여기에 있다. 우리가 그것을 볼 수 있는 눈을 지녔다면, 진흙탕 같은 세계 한가운데에서 하느님 나라를 볼 수 있다. 그러면 우리 마음이 예수가 치유한 소경처럼 부르짖을 것이다. "스승님, 제가 다시 볼 수 있게 해 주십시오."(마르코복음 10장 51절)

연민,
위험을 무릅쓴 사랑

2

고통과 사랑의 관계는 연민으로 요약된다. 연민은 사랑이다. 그것은 사랑하는 사람을 위하여, 그리고 기꺼이 함께 고통의 위험을 무릅쓰는 사랑이다. 결혼한 배우자와 자녀가 있는 부모, 그리고 남을 섬기는 삶을 선택한 사람에게 연민은 일상이다. 타인과 상호관계를 맺으면서 참된 삶을 사는 사람에게 연민은 삶의 방식이다. 그들은 타인과 함께 그리고 타인을 위해 살아가는 위험을 감수한다. 즉 이웃과 함께하는 삶이 가져다 주는 대가를 기꺼이 치른다. 그렇게 하지 않으면 우리는 스스로를 고립시키면서 우리가 만든 이미지와 자기가 좋아하는 것만으로 구축된 작고 자기중심적인 세계를 선택하게 된다. 즉 우리는 사랑을 위해 살거나, 아니면 영성적으로 완전히 실패하게 된다. 『귀향』에서 태이는 진리를 멋지게 설명한다.

> 사랑은 고통 없이 존재할 수 없다. 고통은 사랑이 생기는 근거다. 그대가 고통받지 않았고, 그래서 이웃 또는 다른 유정有情의 고통을 보지 않는다면, 그대는 사랑할 능력이 없을 것이다. 그리고 그대는 사랑이 무엇인지 이해하지 못할 것이다. 고통이 없다면 연민과 자애와 관용과 이해도 생기지 않는다. 그대는 고통이 없는 곳

> 에서 살기를 원하는가? 그대가 그런 곳에 살면, 사랑이 무엇인지 알 수도 없을 것이다. 사랑은 고통에서 생긴다. …… 연민이 생겨나게 하고 그것을 키우려면 고통에 접촉해야 한다.[14•]

위험을 무릅쓴 사랑은 큰 인내를 요구한다. 연민compassion과 인내patience라는 영어 단어는 동일한 라틴어 어근에서 파생되었다. 그것은 '고통받다'를 의미하는 '파티오르patior'다. 이 단어는 멋진 직관을 담고 있는데, 그것이 중요한 진리인 듯하다. 즉 이웃에 대한 사랑은 인내와 필연적인 고통을 감수해야만 한다는 것이다. 이것은 수난과 죽음과 부활로 절정에 이르는 성자聖子가 강생降生한 [신비를] 더 깊게 이해할 수 있는 기본적 성찰을 그리스도인에게 준다. 성경은 "하느님은 사랑이다."(1요한 4장 16절)라고 선포한다. 그처럼 하느님과 세계가 사랑의 관계라면, 하느님은 우주에 바짝 붙어있으면서, 하느님 본성의 핵심인 사랑을 실현하기 위해 고통의 위험을 감수할 것이 틀림없다. 하느님은 고통받지 않고서는 세계를 사랑할 수 없다. 하느님은 당신의 사랑이 육화된 예수를 통해 인간에게 다가왔고, 그 사랑이 초래하는 대가를 치르며 사랑한다.

달라이 라마는 연민이란 주제를 다루는 가장 훌륭한 스승이다. 그는 참된 사랑과 연민을 실천하기 위해서는 우선 타인과 관계를 가져야 한다고 강조한다. 사랑은 본질적으로 공동체적이기 때문이다.

> 연민은 타인이 없으면 불가능하다. 삶의 모든 국면, 종교적 수행과 영성적 성장과 기본 생존조차도 타인이 없으면 불가능하다. …… 자신의 삶과 전혀 관계없는 사람이 존재한다든지, 그대가 그들

에게 완전히 무관심한 태도를 취할 수 있다는 것은 믿을 수 없다. 그대의 삶과 무관한 사람은 없다.[15]

얼마나 강력하고 정곡을 찌르는 말인가. "그대의 삶과 무관한 사람은 없다." 우리가 이렇게 믿고 이렇게 살아가는가? 달라이 라마의 통찰에 동의하면, 우리는 그것을 삶으로 증명해야 한다. 우리는 다른 사람들 또는 모든 유정과 관계없이 영성생활을 할 수 없다. 그것은 사랑을 아주 위험하게 만드는 것이다. 왜냐하면 사랑은 항상 관계를 포함하기 때문이고, 타인과 관계를 맺는 것은 언제나 고통받을 가능성에 자신을 노출시키는 것이기 때문이다. 태이는 이렇게 말한다. "누군가 그대를 필요로 할 때, 그대는 그를 사랑한다. 그 사람이 고통을 겪을 때, 그대의 사랑이 그의 고통을 누그러트린다. 그대의 사랑이 그 사람에게 행복을 가져다 준다. 사랑이 의미하는 것은 그것이다. 그대를 둘러싼 고통받는 유정이 그대의 사랑을 필요로 한다는 것은 쉽게 이해할 수 있다."[16]

앞 장에서 살펴보았듯이, 초대 그리스도교 공동체는 하느님의 사랑이 이웃 사랑을 반드시 포함해야 한다는 것을 알고 있었다. "누가 '나는 하느님을 사랑한다.' 하면서 자기 형제를 미워하면, 그는 거짓말쟁이입니다. 눈에 보이는 자기 형제를 사랑하지 않는 사람이 보이지 않는 하느님을 사랑할 수는 없습니다."(1요한 4장 20절) 이 핵심적인 문장은 할 수 있는 한 모든 사람을 사랑하라는 도덕적 계명이 아니다. 그렇게 하면 우리가 하느님을 얼마나 사랑하는지를 증명할 수 있다거나, 하느님 나라에 들어갈 수 있다는 것이 아니다. 그것은 단순히 '사랑'이 되라는 권유다. 우리가 사랑의 바다에서 넘실거리는 파도라면, 우리가 '사랑'이라는 것을 바다에게 증명할 필요는 없다. 우리는 그저 '사랑'이면 된다. 달라이 라마가 지적했듯, 우리가 '사랑'이 되기 시작하면, 우리 삶과 관련 없는 사람은 하나도 없다. 졸리면 하품이 나오는 것만큼이나 사랑이 자연스러울 것이다.

"네 이웃을 너 자신처럼 사랑해야 한다."(마태오복음 22장 39절)는 예수가 가르친 계명이 있다. 루벤 하비토는 이것을 주석하면서 『살아 있는 선, 사랑하는 하느님*Living Zen, Loving God*』의 한 장을 할애한다. 그는 착한 사마리아인의 비유를 예화로 제시한다. 착한 사마리아인은 강도를 만나 부상당한 사람을 도우려고 멈추어 선다. "사마리아인이 한 것은 일종의 …… 선행 혹은 일종의 봉사활동이 아니다. …… 이 가장 자연스러운 행위는 우리가 이원론을 극복할 때 저절로 행하게 된다. 우리가 타자를 자신과 분리해서 생각하지 않을 때 그렇게 된다."[17]사랑은 포괄적이지 않다. 우리는 '포괄적으로' 사랑할 수 없다. 사랑은 언제나 구체적이다. 그것은 언제나 특정 인물을 사랑하는 것이다. 그것은 하느님에 대한 사랑도 마찬가지다. 우리는 현실로서 하느님을 사랑할 수 없다. 하느님이 어디 있는가? 우리가 하느님을 사랑하는 유일한 방법은 바로 지금, 그리고 바로 여기에 있는 이 사람을 사랑하는 것이다. 예를 들면 나는 연로한 분의 장바구니를 차에 옮겨 줌으로써 하느님을 사랑한다. 하느님을 사랑하는 것에 멋진 로맨스는 없다. 그것은 아주 평범한 것이다. 우리가 하느님 안에 살고 움직이며 존재한다는 것을 진심으로 믿는다면, 내가 하느님을 사랑하든 이웃을 사랑하든 무슨 차이가 있겠는가? 사랑은 단지 사랑하는 것이다. 태이는 사랑의 두 차원은 상호의존적이라고 말한다. 즉 우리는 한쪽을 하지 않고 다른 쪽만 할 수는 없다.

대부분의 사람들이 경험으로 알고 있듯이, 타인에 대한 사랑은 대개 고통을 동반한다. 그것은 적어도 일상적 희생을 요구한다. 그럼에도 우리는 불필요한 어떤 고통도 받지 않고 사랑할 방법이 있을 것 같은 희미한 희망과 믿음을 갖게 된다. 어쩌면 누구나 마음 한구석에 그런 비밀스러운 희망을 갖고 있는지도 모른다. 그러나 이 기만적 욕구가 자신의 믿음 체계에 견고하게 뿌리내리면, 엄청난 재앙이 일어날 것이다. 이런 완벽한 관계를 추구하는 것에 중독된 사람은 자기도 모르는 사이에 그 잠재적 신념에 따라 살아간다. 그것은 커다란 정서적 고통의 원인이고, 당연히 언제나 다른 사람의 실수와 잘못에만 집중한다. 언젠가는 치유를 위한 여정을 떠나야 한다. 그것은 고통의 원인을 깊이 들여다보는 것이다. 왜곡된 믿음은 외부에 있는 것이 아니고, 지금 여기에, 즉 상처 입은 자기 마음에 있음을 깨달아야 한다. 그 여정은 아주 고통스럽지만, 해방을 발견하게 된다. 고통이 없는 것은 완벽한 관계가 아니다. 완벽한 관계는 연민으로 가득하기 때문이다. 이것을 알고 나면, 우리가 던질 수 있는 질문은 하나뿐이다. 그것은 착한 사마리아인(루카복음 10장 36절)의 비유에서 예수가 한 질문이다. '내가 이 사람을 사랑할 것인가?' 이 질문에 '그렇다'라고 대답하면 연민이 생긴다.

연민을 선택한 삶을 살면, 우리는 이미 사랑이 고통을 수반할 가능성을 받아들인 삶을 사는 것이다. 자녀를 키워 본 부모에게 이것은 그리 대단한 계시가 아니라 그저 삶의 현실일 뿐이다. 태이는 "사랑은 고통에서 생겨난다."라고 말한다. 이것은 종교적 자기학대가 아니다. 모든 훌륭한 영성전통에 있는 깊은 통찰이다. 불교적 관점에서 그리스도교의 성경을 고찰한 세미나 발표에서 달라이 라마는 예수가 가르친 산상수훈의 진복팔단예수가 산상설교에서 다가올 8가지 참된 복을 약속한 것을 설명했다.

> 진복팔단에서 이 구절을 읽고 가장 먼저 마음에 떠오른 것은 …… 단순한 사실이다. 즉 기꺼이 길을 나서고, 그 과정에 수반되는 고난과 아픔을 받아들인 사람은 수고의 대가를 받을 것이다. 고난과 아픔과 고통의 현실에 대한 순응을 요구하는 관용을 언급하면서, 우리는 이런 그릇된 관념을 가져서는 안 된다. 즉 '고통은 아름답다.' 혹은 '고통은 우리 모두가 추구해야 하는 것이다.' 나는 그런 견해에 전혀 동의하지 않는다.[18•]

고통은 사랑의 일부다. 원래 그런 것이다. 그것은 낭만적이거나 영웅적인 것이 아니다. 예수의 고통과 죽음은 '이것이 중요한 영성수련' 이라는 관념에 근거하지 않는다. 더욱이 고통을 겪어내는 것을 통해 자신이 초인적인 신이라는 것을 세상에 증명하려는 것도 아니다. 또한 예수가 고통받는 것은 성부가 비밀스럽게 계획한 것도 아니다. 즉 예수가 받은 고통은 천상의 꼭두각시처럼 성부가 미리 정해 둔 계획을 실현하기 위한 것이 아니다. 하느님이 그런 존재라면, 어떻게 하느님을 사랑의 신이라고 할 수 있겠는가? 하느님은 누구도 고통받기를 원하지 않는다. 예수는 사랑의 위험성을 스스로 받아들였기 때문에 고통받은 것이다. 이것은 달라이 라마가 말한 바와 같이 그가 "길을 나섰고, 그 길에 수반되는 고난을 받아들였기" 때문이다. 예수는 자연스러운 것이기 때문에 사랑했다. 당연히 바로 그것이 예수 자신이다. 태이는 "2,000여 년 전에 태어난 한 사람이 있다. 그는 자기와 자기가 속한 사회에 끊임없는 고통이 있다는 사실을 알았다. 하지만 그는 고통으로부터 자신을 숨기지 않았다."[19•]라고 말한다.

예수에 대한 태이의 묘사는 참된 연민이 고통의 가능성을 수반한다는 사실을 분명히 밝힌다. 이것은 고통이 선이거나 고귀한 것이기 때문이 아니다. 오히려 우리가 고통을 피하지 않겠다고 선택하기 때문이다. 사랑에 따르는 고통이야말로 연민이 의미하는 모든 것이다. 예수는 제자들에게 "내가 너희를 사랑한 것처럼 너희도 서로 사랑하여라."(요한복음 15장 12절)라고 가르친다. 그러나 제자들이 고상하고 낭만적 사랑 혹은 고통 없는 사랑이라는 관념에서 길을 잃을 경우를 예상한 예수는 둘째 부분을 말한다. "친구들을 위하여 목숨을 내놓는 것보다 더 큰 사랑은 없다."(요한복음 15장 13절) 이것이 사랑이다. 우리가 눈을 뜨고 산다면, 하루에도 수백 번은 사랑의 실천을 볼 수 있다. 어머니는 목숨을 내놓는다. 그녀는 갓난아이를 돌보기 위해 한밤중에 깨어날 때마다 그렇게 한다. 교사도 목숨을 내놓는다. 교사가 학습이 부진한 학생을 위해 특별히 시간을 내어 지도할 때 그렇게 한다. 브라질의 선교 수녀도 목숨을 내놓는다. 조상의 땅을 되찾기 위해 고군분투하는 소작농들과 연대할 때 그렇게 한다.

중국의 젊은이도 목숨을 내놓았다. 그가 1989년 천안문 광장에서 다가오는 탱크에 맨몸으로 맞서며 홀로 항거할 때 그렇게 했다. 그렇게 한 것은 보다 자유롭고 정의로운 사회를 꿈꾸었기 때문이다. 목숨을 내놓는 것을 수반하지 않는 참된 사랑은 없다. 우리는 자기 문제를 뒤로 미루고, 자기 시간을 내주며, 자기 안전을 희생해야만 한다. 이런 선택은 영성여정에 필수다. 태이는 "사랑은 실천이다. 고통이 무엇인지 모른다면, 그대는 연민과 사랑과 이해를 실천할 동기를 얻지 못한다."[20] 라고 한다.

사랑의
실천

3

고통과 사랑의 관계 그리고 고통과 연민의 관계에서 검토해 볼 만한 흥미로운 문제들이 있다. 예를 들면 이 두 가지 실재가 상호 간에 그리고 개별 영성수련에 어떻게 작용하는지, 그것들이 영성수련의 결과인지 아니면 그것들이 우리를 영성수련으로 인도하는지와 같은 것들이다. 이런 문제들에 대해 나는 태이의 말을 인용하면서 답해 보려 한다. "우리는 '고통과 번뇌의 손아귀에서 벗어나려고' 몸부림치기 때문에, 자신과 이웃을 돌보는 법을 익힌다."**21•**

이것은 영성적 가르침의 값진 보석이다. 영성수련과 이웃의 삶이 밀접하게 관련된다는 것을 이것이 부분적으로 보여 주기 때문이다. 우리는 비현실적 세계 또는 외딴섬에서 영성수련을 할 수는 없다. 나의 영성생활과 주변세계는 상호의존적이다. 태이가 말하기를, 우리는 고통에서 벗어나기 위해 몸부림치는 과정에서 사랑하는 법을 배운다.

하지만 이렇게 말하는 것이 내게 중요한 이유는 따로 있다. 그것은 그리스도교 맥락에서 제기된 것이다. 이것은 내가 자신의 영성과정에 대해 이런 질문을 하게 만든다. 나는 무엇 때문에 연민을 갖는가? "네 이웃을 너 자신처럼 사랑해야 한다."는 것의 의미는 무엇인가? 그리스도인이 되었기 때문에 사랑하는가, 아니면 사랑하기 때문에 그리스도인이 되는가? 불교도는 이런 질문에 그리스도인과는 다른 방식으로 접근한다. 지금은 이런 문제들에 정확한 답변을 할 수 없지만, 종교간 대화에서 공통된 기반과 이해를 얻기 바라면서 문제 제기를 해 본다. 서로의 차이점은 종교간 대화를 보다 풍요롭게 하기 때문이다.

앞에서 언급된 태이의 이야기로 돌아가자. "우리는 '고통과 번뇌의 손아귀에서 벗어나려고' 몸부림치기 때문에, 자신과 이웃을 돌보는 법을 익힌다." 예수가 선포한 말씀에서 사용된 단어들로 내가 이것을 그리스도교적 관점에서 재구성하면 이렇다. "우리는 '자신과 서로를 사랑하고 돌보려고' 몸부림치기 때문에, 고통과 번뇌의 손아귀에서 벗어나는 법을 익힌다."

이 두 문장의 미묘한 차이를 알아차리는 것이 중요하다. 그것이 서로 다른 수행법을 따르는 이들의 영성수련을 이해하는 데 유익하기 때문이다. 같은 내용을 담은 이 두 문장이 갖는 뉘앙스의 차이를 명확히 보여 주는 실례가 있다. 1996년 7월에 켄터키주의 겟세마니 수도원에서 영성생활을 주제로 불교와 그리스도교간 교류회가 열렸다. '겟세마니 교류'라고 불리는 이 행사는 토머스 머튼이 수도생활을 했던 시토회 수도원에서 열렸다. 이 교류회는 토머스 머튼의 선종 25주년을 기념하는 행사의 일부였으며, 주로 불교와 그리스도교 수행자들 사이의 대화로 구성되었다.

예상할 수 있는 바와 같이 고통과 연민은 교류회에서 다룬 주요 주제 중 하나였다. 먼저 시토회 수도자인 돔 아르망 베일외가 입을 열었다. 교류가 있기 두 달 전, 알제리에서 근본주의 무장 이슬람 단체(GIA)에게 살해당한 7명의 시토회 수도자들에 대한 이야기였다. 이 비극적 사건은 그리스도인뿐만 아니라 전 세계 비그리스도인에게도 큰 충격이었다. 더욱이 겟세마니 수도원의 교류에 참석했던 그리스도교 수도자들에게는 아직도 너무 생생한 사건이었다. 더욱이 겟세마니 수도원과 알제리의 수도원은 시토수도회의 트라피스트 수도원에 속한 자매 수도원이었다. 그런데 그 알제리의 순교 이야기가 불교도와 그리스도인 사이에서 전혀 다른 반향을 불러일으켰다. 우리가 전통에 대한 서로의 이해와 존중을 키우려면 그 차이점과 씨름하는 것을 피할 수 없다. 위에서 언급한 태이의 말에 대한 뉘앙스의 차이는 겟세마니 교류에서 표명된 상반된 견해를 이해하는 데도 도움이 된다.

교류 참가자 중에서 주디스 시머 브라운이 자신의 견해를 밝혔다. 그는 불교도로서 콜로라도주 볼더에 있는 나로파 대학의 학장이었다.

> 알제리 순교자 이야기를 들으면서 저는 의문이 생겼습니다. 그것은 그리스도교의 순교, 희생, 비극, 변화라는 주제에 대한 의문입니다. …… 저는 알제리에 있던 수도자들이 〔살해 위협이 있었음에도 알제리〕 잔류를 결정하는 과정에서 경험한 '개인적 변화'는 납득할 수 있습니다. 그러나 불교적 관점에서, 저는 '그들이 잔류한 것이 그들을 살해한 업보를 평생 짊어지고 살아야 할 가해자들에 대한 연민을 어떻게 드러내는가?'라는 의문이 듭니다. …… 불교적 관점에서 그것은 연민이 결여된 것으로 보입니다. 따라서 저는 그것이 〔연민에 있어〕 문제가 되거나 방해가 된다고 생각합니다.[22•]

나는 그리스도인의 관점에서 그것을 들었다. 그래서 시머 브라운이 "연민이 결여된 것으로 보인다."라고 말했을 때, 그 말이 마치 외국어처럼 들렸다. 그런 느낌을 받은 것은 나만이 아니었다. 이 특별한 교류를 기억하는 교류회에 참석했던 기자가 말했다. "충격에 휩싸인 가톨릭 신자들은 서로를 멍하니 바라볼 뿐이었다. 그리스도인의 가장 숭고한 행위인 순교에 대해 제기된 이런 비판에 어떻게 답변해야 할지 주저했다." 23• 충격이라고 할 수밖에 없는 반응이었다. 예수가 연민에 대해 가르친 아주 간결하면서도 명확한 말씀을 떠올리고서야 그의 말을 이해할 수 있었다. "이것이 나의 계명이다. 내가 너희를 사랑한 것처럼 너희도 서로 사랑하여라. 친구들을 위하여 목숨을 내놓는 것보다 더 큰 사랑은 없다."(요한복음 15장 12-13절) 그때 돔 아르망이 시머 브라운에게 답변했다. "[수도자들이] 죽기를 원한 것은 아닙니다. 그들은 살기를 원했고 그들은 생명을 사랑했습니다."24• 돔 아르망은 계속 이야기했다. 그들이 잔류를 결정한 것은 순교자로서 죽으려는 열망에 기인하지 않는다. 오히려 그들은 예수를 따르는 제자, 즉 '증인'으로서 잔류를 선택했다. 그들은 스승 예수처럼 여러 이웃과 함께 연대적 사랑을 실현하기 위해 잔류를 선택했다. 그들의 이웃인 무슬림과 그리스도인은 양쪽 모두 전쟁과 폭력의 참화로 극심한 고통을 겪고 있었다. 폭력이 난무하는 한복판에 남기로 한 수도자들의 선택은 예수에 대한 태이의 언급과 매우 유사하다. "그는 고통으로부터 자신을 숨기지 않았다." 바로 그런 의미에서 돔 아르망은 시머 브라운에게 답한 것이다. 그리스도교에서 순교할 가능성은 언제나 예수 그리스도의 사랑을 증언하는 다양한 차원 중 하나다.

이 특별한 종교간 대화에서 매우 놀라운 점은 이것을 깨달은 것이다. 즉 어떤 사람이 깊은 연민을 표현한 것을 다른 사람은 정반대로 받아들일 수 있다는 사실이다. 여기서 알게 된 것은 연민을 이토록 다르게 이해하는 것은 근본적 출발점이 다르기 때문이라는 사실이다. 그토록 첨예한 차이를 보이는 상황에서, 좀 더 자비로운 세상을 만들기 위해 우리는 어떻게 연대해야 할 것인가?

앞에서 비교한 두 인용문을 좀 더 자세히 분석해 보자. 태이는 고통과 연민의 관계를 이렇게 이해한다. 즉 "우리는 '고통과 번뇌의 손아귀에서 벗어나려고' 몸부림치기 때문에, 자신과 이웃을 돌보는 법을 익힌다." 한편 그리스도교의 견해는 이렇다. "우리는 '자신과 서로를 사랑하고 돌보려고' 몸부림치기 때문에, 고통과 번뇌의 손아귀에서 벗어나는 법을 익힌다." 언뜻 보기에 매우 미묘한 차이만 느껴진다. 그저 문장 순서가 문제라고 이해될 수도 있다. 그러나 나는 두 문장의 출발점이 근본적으로 다르다고 생각한다. 즉 불교와 그리스도교는 그것을 전혀 다른 방식으로 이해한다. 고통과 사랑, 그리고 영성수련과 연민의 관계에 대한 이해 방식이 전혀 다르다. 내가 이런 사실을 언급하는 것은 누가 더 참된 진리를 지녔는지를 경쟁하자는 것이 아니다. 우리 각자가 지닌 영성전통의 은총과 통찰을 순수하게 나누자는 것이다. 그것이 우리가 영성수련의 길을 함께 여행하는 방법이다.

불교는 고통과 번뇌에서 벗어나려고 몸부림치는 것을 '영성 방정식'의 전반부로서 강조한다. 따라서 살인자가 갖는 업보의 경우처럼, 고통을 유발하는 모든 행위는 무슨 수를 써서라도 회피해야만 한다. 따라서 알제리에 남은 수도자들의 선택은 불교도에게는 선한 행위로 인정

될 수 없다. 그들의 행위는 이슬람 근본주의자들의 영성적 유익에 전혀 도움이 되지 않기 때문이다. 한편 그리스도교는 자신과 이웃을 사랑하려고 몸부림치는 것을 '영성 방정식'의 출발점으로서 강조한다. 따라서 고통받는 이들과 사랑의 연대를 드러내기 위해, 수도자들이 내전 중인 나라에 잔류한 것은 최고의 영성적 가치를 지닌다고 여겨진다.

이 주제를 다룬 대화가 이어지면서, 나는 알제리에 남은 수도자들이 선택하고 결정한 것을 더욱 깊게 이해하는 동시에 그들에 동조하는 자신을 발견했다. 한편으로 나는 좀 더 지적인 차원에서 '영성 방정식'을 검토해야만 했다. 그리고 나는 방정식의 다른 측면도 이해하게 되었다고 생각한다. 예를 들면 프랑스로 돌아가는 것이 자기들과 알제리 지역민들 모두에게 최선이라고 판단해서 그렇게 결정했다면 그것도 사랑이 담긴 중요한 결정이 되었을 것이다. 그러나 그들은 그 지역에 남기로 공동체적인 선택을 했다. 부분적으로는 지역 주민들이 그들이 떠나겠다는 결정을 가장 필요한 시기에 버림받았다는 표징으로 보는 것을 원치 않았기 때문이다. 다른 한편으로 고통과 연민과 영성수련의 관계를 고려할 때 우리에게 매우 중요한 것이 있다. 그것은 우리가 서로의 말을 깊이 듣는 것이고, 둘 중에 어느 한 쪽으로 행동하는 상대의 영성적 동기를 이해하려고 시도하는 것이다. 상호이해를 키우는 것이 세계 평화와 치유를 향한 첫걸음이다.

겟세마니 교류에서 대화는 계속되었다. 이번에는 돔 아르망이 단순하지만 아주 중요한 차이점을 제시했다. "그리스도는 그의 죽음이 아니라 삶으로 우리를 구원했습니다. 하지만 죽음은 그의 삶의 일부입니다."**25•** 이 명료한 답변은 그리스도교에서 자주 오해를 유발하는 개념을 명확히 풀이한 것이다. 그것은 구원의 원천이 예수의 죽음이 아니라 삶이란 사실이다. 이 세계를 바꾼 것은 예수가 당한 것이 아니라 예수가 행한 것, 즉 그가 살았던 방식과 사랑한 방식이다. 이 책을 저술하는 동안 멜 깁슨의 영화 '패션 오브 크라이스트The Passion of the Christ' 가 미국 전역에서 극장과 신문과 TV 토크쇼의 화제가 되었다. 나는 영화에 관심이 가면서도 조금 우려되는 부분이 있었다. 그것은 영화의 많은 부분과 그 영화에 대한 거의 모든 대화가 예수가 당한 폭력에 초점을 맞췄던 점이다. 마치 그것만이 예수에 대한 가장 중요한 정보인 것처럼 말이다. 나는 영화에서 예수가 행한 것 또는 행하지 않은 것에 대해 말하는 것을 거의 듣지 못했다. 영화가 충실하게 묘사하고 있는 것처럼, 그는 자신을 둘러싼 폭력에 대해 폭력으로 대응하지 않았다. 예수는 한 번도 다른 사람에게 언어 혹은 행위로 고통을 준 적이 없다. 그는 이해와 연민과 사랑으로 대응했다. 이것이 예수 삶에 담긴 구원의 메시지다. 그가 참혹하게 죽임을 당한 것은 사랑에 기초한 삶의 결과일 뿐이다.

알제리에서 순교한 수도자 이야기와 유사한 근래의 실례를 살펴보자. 잘 알려진 바와 같이, 2001년 9월 11일 뉴욕의 국제무역센터에서 많은 경찰관과 소방관들이 순직했다. 그들은 다른 사람들을 구조하기 위해 화염 속으로 뛰어들었다. 그들의 죽음은 분명 이미 고통으로 망연자실한 상황에서 고통을 늘린 꼴이 되었다. 그러나 그들의 자발적 행위는 공공에 봉사하기 위해 자신을 돌보지 않는 헌신적 사랑에 기초한 것이었다. 그들은 생명이 위태로운 이웃을 도우려는 명확한 의도를 갖고 화염 속으로 뛰어들었다. 사랑은 언제나 위험 요소를 동반한다. 사랑의 결과로 발생할 수 있는 고통을 고려할 때, 무엇보다 중요한 것은 의도의 순수함이다. 알제리의 수도자들과 뉴욕 소방관들이 결단을 내린 것 뒤에 감춰진 의도가 그 핵심이다. 사랑이 최대한 이타적이고 순수해서 타인의 안녕을 추구한다면, 그것은 확실히 언제나 선하다.

겟세마니 교류의 다른 참가자 메리 마가렛 펑크 수녀는 올바른 의도에 초점을 맞춰 논평을 했다. "알제리의 크리스티앙 신부와 개인적으로 나누었던 대화에 비추어 볼 때, 그가 그곳에 잔류한 것은 공동체의 수도자로서 자신의 책임에 충실한 것뿐만 아니라, 타인에 대해 가장 깊은 신뢰를 표현한 것으로 보입니다. 그는 타인의 선함을 그들이 믿는 것보다 더 신뢰했던 것 같습니다. 그렇기에 저는 불교적 관점에서 이렇게 이해했으면 합니다. 즉 원장 신부는 그들의 선함을 알았습니다. 그렇기에 그는 목숨을 걸고 그곳에 남겠다고 한 것입니다."[26•] 메리 마가렛 수녀의 말은 올바른 의도가 참된 연민의 실천에서 필수적 요소라는 것을 확인시켜 준다.

그녀가 전한 바와 같이 수도원의 원장이면서 순교한 7명의 수도자 중 한 명인 크리스티앙 신부는 알제리 사람들과 함께 남겠다는 그들의 신중한 선택이 선의와 평화의 표현으로 받아들여지기를 원했다. 마치 그것은 "우리는 당신의 타고난 선함을 믿습니다."라고 하는 것 같다. 그는 죽기 몇 달 전에 작성한 유언장에서 이것을 아주 명확하게 밝혔다. 그는 자신들이 잔류하는 것이 호전적인 이슬람 근본주의자들을 포함한 알제리 사람들에게 어떠한 해도 끼치지 않기를 희망했다. "사실 내가 사랑하는 사람들이 무차별적으로 나를 살해한 혐의를 받는다면, 어떻게 즐거울 수 있을지 나는 모르겠다. …… [그것은] '순교의 영광'이란 것에 대한 너무 큰 대가가 될 것이다."[27•] 제임스 와이즈맨 신부는 토론에서 의견을 덧붙였다. 그는 테러행위를 계획하는 다른 사람들이 수도자들의 비폭력적인 증언에 감동받아 다른 길을 선택할 수 있기를 희망했다. 그는 말했다. "그런 의미에서" 수도자들이 그곳에 잔류한 것은 "불교적 관점에서도 매우 긍정적인 조치라고 하겠습니다."[28•]

참석자 중에는 캄보디아의 마하 고사난다 스님이 있었다. 그는 캄보디아의 공포 정치 하에서 소름 끼치는 삶을 살았다. 이런 대화가 오가는 중에 그리스도교 수도자 한 명이 마하 고사난다에게 청했다. 그가 경험한 것을 나눔으로써 논의를 좀 더 분명하게 하는 데 도움을 달라는 것이었다. 그는 믿을 수 없을 정도로 폭력이 난무했던 나라에 살았던 경험이 있었다. 그곳에 참석한 기자는 "그는 나이가 들어 왜소하고 주름이 많으며 검버섯이 있었다. 그러나 고통에서 얻은 평온함을 갖춘 사람이었다."라고 묘사했다. "크메르 루즈Khmer Rouge의 통치 기간 중 그를 따르는 승려들 중 5만 여명이 헤아릴 수 없이 많은 사람들과 함께 살해되었다."[29•] 아마도 그 토론에 지혜의 목소리를 내기에 그보다 적합한 사람은 없었을 것이다.

마하 고사난다는 일어나서 불교도와 그리스도인들을 향해 입을 열었다. "캄보디아에서는 고통을 아는 것이 다르마를 아는 것이라고 합니다. 붓다가 오직 한 가지만 가르쳤기 때문입니다. 즉 고통과 고통으로부터 벗어나는 것입니다."[30•] 고사난다가 고통을 아는 것에 대해 언급한 것은 태이가 말한 것과 같다. "연민이 생겨나게 하고 그것을 키우려면 고통에 접촉해야 한다."[31•] 마하 고사난다는 삶의 대부분을 폭력과 죽음의 위협 속에서 살았다. 간디처럼 그는 인내를 갖고 비폭력적 실천의 확고한 신념을 구현했다. 알제리의 그리스도교 수도자들처럼, 간디는 사랑하는 인도에서 연민과 비폭력을 위해 순교했다. 한편 달라이 라마는 티베트가 공산당의 침공을 받아 핍박받았을 때 인도로 망명하는 선택을 했다. 그러나 나라에 남기로 선택한 많은 비구 및 비구니와 긴밀한 접촉과 연대를 유지하는 조건이었다. 그들 중 많은 이들은 투옥되거나 순교했다.

그렇다면 정확하게 연민이란 무엇인가? 고통과 사랑과 영성수련은 어떤 관계에 있는가? 우리는 누구나 거의 비슷한 근본적 선택을 함에도 불구하고, 서로 상이한 대응을 한다는 사실을 보았다. 그것은 내면의 자유와 연민어린 행위를 결합하는 영성수련에 관련된 것이다. 우리는 이러한 요소들이 사람들마다 서로의 안팎으로 상이하게 흐른다는 것을 보았다. 그러나 두 전통은 모두 고통의 실재를 인정하고, 고통에서 벗어나기 위한 수단인 연민의 중요성을 인정한다.

연민에 대한 논의에서 마지막 주제가 남았다. 그것은 불교와 그리스도교가 모두 이야기하는 원수에 대한 사랑이다. 이것은 이욕의 실천과 연결된다. 이욕에서 생기는 바른 견해가 없다면, 원수와 우리를 구분 짓는 이분법적 사고에서 벗어나기란 매우 어렵다. 예수는 그리스도교 복음 중에서 가장 심오한 가르침 중 하나인 산상수훈에서 가르쳤다. 즉 우리는 자유롭고 이욕을 지닌 마음에서 생기는 사랑을 해야 한다.

> 너희가 자기를 사랑하는 이들만 사랑한다면 무슨 인정을 받겠느냐? 죄인들도 자기를 사랑하는 이들은 사랑한다. 너희가 자기에게 잘해 주는 이들에게만 잘해 준다면 무슨 인정을 받겠느냐? 죄인들도 그것은 한다. 너희가 도로 받을 가망이 있는 이들에게만

꾸어 준다면 무슨 인정을 받겠느냐? 죄인들도 고스란히 되받을 요량으로 서로 꾸어 준다. 그러나 너희는 원수를 사랑하여라. 그에게 잘해 주고 아무것도 바라지 말고 꾸어 주어라. …… 너희 아버지께서 자비하신 것처럼 너희도 자비로운 사람이 되어라.(루카복음 6장 32-36절)

이욕의 마음으로 사랑하는 것은 쉽지 않다. 누구나 그것을 잘 알고 있다. 원수를 사랑하기 위해서 우리는 행동방식을 바꾸는 것보다 더 많은 것을 해야 한다. 그것은 억지로 웃는 것이 아니기 때문이다. 이욕으로 사랑하는 것은 우리 마음의 총체적 변화를 요구하다. 태이는 다섯 가지 마음챙김 수련의 첫 계율을 설명한다. "생명이 파괴되어 생기는 고통을 알고, 연민을 연마하기로 서약하고, 그것을 사람과 동물과 식물과 광물을 보호하는 에너지로 사용해야 한다."32• 그 서약은 행동 이상의 것이다. 연민을 연마하기로 서약한 사람은 마음, 정신, 몸, 영혼을 포함한 삶 전체를 연민을 향해 방향전환하는 것에 헌신한다. 태이는 말한다. "마음으로라도 살생을 하는 것은 용납할 수 없다."33•

예수는 살생에 대한 개념을 마음과 정신의 분노로까지 확장시키면서 이것을 가르친다. 예수는 산상수훈에서 말한다. "'살인해서는 안 된다. 살인한 자는 재판에 넘겨진다'고 옛사람들에게 이르신 말씀을 너희는 들었다. 그러나 나는 너희에게 말한다. 자기 형제에게 성을 내는 자는 누구나 재판에 넘겨질 것이다."(마태오복음 5장 21-22절) 그는 계속해서 간음에 대해 가르치면서 "마음으로 간음"(마태오복음 5장 28절)하는 것을 죄로 규정한다. 신약성서에서 회개는 마음과 존재 전체를 변화시키는 것이다. 그것이 사도 바오로가 말한 "그리스도의 마음을 지니는 것"(1코린토 2장 16절)이 의미하는 바다. 어느 날 저녁 빌 펠크가 죽은 할머니의 인자한 얼굴을 떠올렸을 때 일어난 것이 바로 회개다. 그것은 연민을 향해 삶의 방향을 완전히 재조정한 것이다. 그렇게 그는 전적인 회개를 했다. 빌 펠크는 사형 선고를 받은 10대 소녀의 생명을 구할 것을 서원했으며, 그 서원은 타인의 고통을 깊이 들여다보는 연민에서 유래한다. 그는 사랑하는 마음으로 고통에 참여하기로 선택한다.

달라이 라마는 우리에게서 참된 연민을 할 수 있는 능력을 앗아가는 편향된 마음 상태에 대해 언급한다. "우리는 적의를 품거나 원수로 생각하는 사람에 대해 거리를 두는 태도를 취한다. 한편 우리는 벗이라고 생각하는 사람에 대해서는 편향된 친밀감 또는 집착을 갖는다. …… 이런 편견을 극복하지 못하면, 우리가 진정한 연민을 지닐 가능성은 없다."[34•] 에크하르트도 유사한 말을 한다. "그대는 인류 안에서 어떠한 차별도 하지 말아야 한다. 그대는 자신에게 속한 사람을 타인보다 더 가까이 해서는 안 된다. 그대는 모든 사람을 동일하게 사랑해야 한다. 그대는 그들을 동등하게 존경하고 존중해야 한다. …… 사랑을 하는 데는 이원성이 없다."[35•]

달라이 라마는 계속 말한다. "우리는 연민의 본성을 주의 깊게 살펴야 한다. 그러면 우리가 참된 연민을 발견할 것이다. 그것은 적의를 품은 원수에게조차 확대될 수 있다. 반대로 집착이 섞인 연민은 원수라고 생각하는 사람에게까지 다다를 수 없다."[36•]이처럼 두 영성전통에서 진정한 연민은 마음을 다해 들여다보는 수행과 분리될 수 없음이 분명하다.

태이는 마음을 다해 들여다보는 방법을 알려 준다. 이런 관상적 들여다봄이 우리를 연민으로 향한 길로 인도할 것이다. "자기 분노를 깊이 들여다볼 때, 자기가 원수라고 지목한 사람도 고통받고 있다는 것을 알 수 있다."[37•] 분쟁과 폭력과 전쟁이 이 세계를 휘감고 있는 상황에서 이보다 더 중요한 가르침은 없다. 원수의 고통을 이해하는 능력을 계발할 수 없다면, 평화로운 세계를 건설할 수 없다. 우리는 기꺼이 타인의 얼굴을 관상하며 깊이 들여다보아야 한다. 여기서 타인은 나를 당황하게 만드는 사람, 나와 신념이 다른 사람, 나에게 해로울 수 있는 사람이다. 앞에서 언급했듯이, 그리스도인에게 이 '타인'은 결국 예수 그리스도 자신이다(마태오복음 25장). 알제리 트라피스트 수도회의 원장이었던 크리스티앙 신부는 마지막 유언에서 자신을 살해하려는 사람에게 이렇게 말했다. "또한 내 마지막 순간의 벗인 그대는 자기가 무엇을 하는지 알지 못합니다. 그렇습니다. 그래도 나는 그대에게 '고맙소' 그리고 '안녕히'라고 말합니다. 나는 그대에게서 하느님의 얼굴을 봅니다."[38•]

영성수련과 고통과 이욕에 대한 뉘앙스와 관련성은 다양하다. 우리가 한 대화가 연민의 프리즘이 만들어 내는 다양한 색을 확인시켜 주었다. 그곳에는 문제해결을 위한 유일한 해결책 혹은 유일한 길은 없다. 사랑을 배우는 것은 고통이라는 위험을 수반한다. 그리고 우리는 스스로를 고통에서 벗어나게 하는 것을 통해 사랑을 배운다. 오직 다양한 색상만이 빛을 더욱 빛나게 한다.

제
9
장

십자가라는 나무

-

사랑을 실천함으로써
자기에게 닥칠지 모르는 결과를
그는 지나치게 걱정하지 않았다.
그 죽음은 삶의 일부일 뿐이다.

자유로 가는 길

1

불교와 그리스도교의 종교간 대화에서 고통과 연민이라는 주제를 다루려면, 예수가 십자가에 못 박힌 사건을 깊이 들여다봐야만 한다. 그것은 간과할 수 없는 이미지이면서, 모든 경건한 이론적 설명 너머에 있는 상징이다. 십자가의 신비를 향한 여정은 그리스도의 제자에게 핵심적 요소이지만, 결코 쉬운 여정은 아니다. 한편 예수를 따르는 그리스도교 신자는 인간 삶의 기본 요소인 고통과 불확실성에 직면한다. 동시에 그들은 역설적 문제들과도 씨름해야만 한다. 그것은 사도 바오로가 말하는 것처럼 거의 스캔들이 될 수도 있는 것이다. "나는 우리 주 예수 그리스도의 십자가 외에는 어떠한 것도 자랑하고 싶지 않습니다."(갈라티아서 6장 14절) 십자가는 그리스도인에게 단순한 역사적 사건이 아니라 영성여정을 위한 길이다. 그들은 고통으로 불타는 이 길을 통과함으로써 하느님의 자녀가 되고 자유를 얻는다. 이 모든 것이 종교간 대화의 맥락에서 어떤 의미를 갖는가?

에크하르트는 고통을 자주 언급하면서도 예수가 십자가에 못 박힌 역사적 사건을 거의 언급하지 않는다. 에크하르트의 일차적 관심사는 그리스도인의 삶에 있는 신비적 차원이기 때문이다. 에크하르트는 인간 예수가 십자가 위에서 죽은 것에 초점을 맞추지 않는다. 그는 예수의 죽음이 어떻게 생명을 가져다주는 길이 되었는지에 더 관심을 갖는다. 그것은 예수뿐만 아니라 우리에게도 적용되는 것이다. 에크하르트는 말한다. "자기 자신의 고통을 짊어져야 한다. 그리고 슬픔 중에서도 즐겁게 [하느님의] 어린양, 즉 예수를 따라야 한다."1• 에크하르트는 십자가의 영성적 가치를 중요시한다. 즉 내적 자유와 이욕으로 삶에서 겪는 고난과 고통을 끌어안는 법을 익히는 것이다. 이런 관점에서 십자가는 우리가 흉내만 낼 것이 아니라, 실제로 따라야 할 길로 이해된다.

고통을 찬양하는 것이 십자가에 대한 올바른 영성은 아니다. 십자가에 대한 올바른 영성은 예수 그리스도의 파스카 신비최후만찬부터 부활에 이르기까지 예수가 인류를 죄에서 구속한 신비의 여정에 동참하는 것이다. 그것은 죽고 부활해서 충만한 생명으로 들어가는 여정이다. 에크하르트는 십자가가 우리를 더 자유롭고 성심성의껏 예수를 따르게 한다는 점을 강조한다. 영성에 특히 유용한 것은 십자가를 짊어지는 행위 자체가 아니라, 믿음과 이욕과 내적 평정 상태에서 그렇게 하는 것이다. 예수는 "누구든지 내 뒤를 따라오려면, 자신을 버리고 제 십자가를 지고 나를 따라야 한다."(마태오복음 16장 24절)라고 말한다. 이것과 관련해서 에크하르트는 주석한다. "이 계명은 일반적으로 생각하고 말하는 것처럼 단순하지 않다. 이것은 모든 행위와 삶, 그리고 고통조차도 즐겁고 행복하게 만들어 주겠다는 예수의 약속이고 신의 처방이다. 따라서 그것은 계명이라기보다는 보상이다."2•

에크하르트는 십자가의 길이 우리를 참된 기쁨으로 인도하는 이욕의 길이라고 한다. 따라서 그는 십자가의 길을 보상이라고 말한다. 에크하르트가 이욕을 기쁨 또는 슬픔, 명예 또는 수치, 그리고 치욕에도 흔들리지 않는 마음으로 정의한 것을 상기하자. 그것은 "부는 바람에도 흔들리지 않는 거대한 납덩어리"[3]와 같다. 따라서 자기포기를 실천하고, 그것을 확고히 유지하며, 하느님의 성실성에 깊은 신뢰를 갖는 사람은 삶에서 겪는 고통을 끌어안는다. 그러면 그는 기쁨 넘치는 삶과 참된 행복을 얻는다. 예수는 십자가 위에서 말한다. "아버지, 제 영을 아버지 손에 맡깁니다."(루카복음 23장 46절) 에크하르트는 이것을 자유롭게 하는 자기포기라고 표현한다. 고통들 중에는 끌어안음으로써 즐거움과 완전한 자유를 얻을 수 있는 종류도 있다. 그것을 달라이 라마는 '피할 수 없는 고통'이라고 했다.

예수는 자기에게 닥치는 피할 수 없는 고통을 끌어안았다. 그것은 가장 심오한 자유를 표현한 것이다. 십자가는 그리스도인에게 이욕을 표현하는 가장 강력한 상징이다. 십자가를 짊어지면 삶이 충만하고 자유롭게 된다. 삶에 따라오는 고난과 고통이 소용돌이치는 상황에서도 '모든 것이 잘 될 것'이라는 신뢰를 갖는 것이다. 십자가를 짊어지는 삶은 하느님 안에서 하느님과 함께 살아가는 삶의 가장 깊은 차원이다. 에크하르트는 약간 유머를 곁들이며 내적 자유를 향한 길로 나아가라고 촉구한다. "마음에 오직 하느님만을 간직하라. 그리고 주저하지 말고 전진하라…… 화가가 그림의 모든 터치를 구상한 다음에야 첫 번째 붓터치를 할 수 있다면, 그는 아무것도 그릴 수 없을 것이다. …… 그러므로 첫걸음을 내딛고 그것을 따라 계속 나아가라. 그러면 그대는 바른 장소에 도착할 것이다. 그렇게 모든 것이 잘 될 것이다."[4] 그렇게 해서 세상과 함께 고통을 겪더라도, 그 순간을 자유롭고 충만하게 살도록 하라. 그저 지금 이 순간에 활용 가능한 내적 힘을 믿고 살아가면 모든 것이 잘 될 것이다. 이것이 실제 영성생활에서 나쁜 조언은 아닐 것이다. 이것이 바로 예수가 행한 것이다. 그는 사랑을 실천하는 사명을 단계적으로 실천해 나갔다. 그는 사랑을 실천함으로써 자기에게 닥칠지 모르는 결과를 지나치게 걱정하지 않았다. 결국 그 죽음은 삶의 일부일 뿐이다. 태이도 비슷하게 말한다. "자신에게 돌아가라. 그리고 마음을 다해 살아라. [이것이] 힘겨운 시기에 가장 좋은 수행법이다. 마음을 다해 숨을 쉬어라. 그것이 그대의 섬이다. 그대는 그곳에서 안전하며 행복하다. 무슨 일이 벌어지더라도, 그대가 최선을 다하고 있다는 사실을 인식하며 살아라. …… 그대는 지금 여기가 안식처라는 것을 알게 될 것이다. 그대는 오직 현재 순간만 살면 된다."[5•]

십자가를 끌어안는 것이 자유롭게 느끼는 기쁨의 근원이다. 그것은 요한복음의 기본적 주제다. 예수의 마음은 죽음이 임박한 순간에도 동요하지 않는다. "아버지께서는 내가 목숨을 내놓기 때문에 나를 사랑하신다. 그렇게 하여 나는 목숨을 다시 얻는다. 아무도 나에게서 목숨을 빼앗지 못한다. 내가 스스로 그것을 내놓는 것이다. 나는 목숨을 내놓을 권한도 있고 그것을 다시 얻을 권한도 있다. 이것이 내가 내 아버지에게서 받은 명령이다."(요한복음 10장 17-18절) 예수는 이처럼 피할 수 없는 것을 자유롭게 끌어안는다. 그는 스스로 목숨을 내놓는다. 예수는 십자가 위에서만 이렇게 한 것이 아니다. 십자가 사건은 그의 전 생애에서 부분일 뿐이다. 십자가는 예수가 일생을 통해 실천해 온 사랑에서 나온 자유의 결과다. 그리고 우리 모두는 예수가 했던 것을 할 수 있다. 예수는 일생 동안 자유를 사랑하는 길을 선택했다. 그는 죄인 및 세리예수 시대 로마 관리들에게 고용된 세금 징수인와 함께 식사하려고 식탁에 앉았다. 하느님이 무상으로 준 사랑을 그들에게 알리고 전해주기 위한 것이었다(마태오복음 9장 11절). 그러한 선택이 심각한 파문을 일으킬 것을 알면서도 그는 자기 목숨을 내놓았다. 딸을 치유해 달라고 청하는 여인과 대화를 시작했을 때, 예수는 자기 목숨을 내놓은 것이었다. 그는 새로운 위험에 자기를 무방비 상태로 내놓았기 때문에, 자기 자신과 본인의 사명을 새롭고 깊게 이해하게 되었다(마태오복음 15장 21-28절). 예수는 십자가 위에서 자기를 십자가에 못 박은 원수들을 내려 보면서 말한다. 그가 최후에 남긴 이 말은 치유와 평화를 가져온다. "아버지, 저들을 용서해 주십시오. 저들은 자기들이 무슨 일을 하는지 모릅니다."(루카복음 23장 34절) 그 순간에도 예수는 사랑을 위해 목숨을 내놓았다. 그리고 사랑과 자기희생을 통해 내적 자유가 생겼다. 그것은 고대 그리스도교 찬가에도 표현되었다. 사도 바오로는 필리피 교회 신자들에게 보낸 서간에서 말한다. "그리스도 예수님께서 지니셨던 바로 그 마음을 여러분 안에 간직하십시오. 그분께서는 하느님의 모습을 지니셨지만 하느님과 같음을 당연한 것으로 여기지 않으시고 오히려 당신 자신을 비우시어 종의 모습을 취하시고 사람들과 같이 되셨습니다. 이렇게 여느 사람처럼 나타나 당신 자신을 낮추시어 죽음에 이르기까지, 십자가 죽음에 이르기까지 순종하셨습니다."(필리피 2장 5-8절)

스스로 목숨을 내놓았던 상황들의 정점으로 그것을 볼 때만 우리는 십자가를 이해할 수 있다. 예수의 전 존재를 특징짓는 것은 목숨을 내놓음이다. 그는 내적인 자유로써 십자가를 선택했다. 그는 자기방어적 집착을 내려놓았다. 예수가 실천한 사랑은 끊임없는 자기 비움이다. 그것은 십자가 위의 비극적 성취로 이어지는 자기 비움이다. 그리스도인이 십자가를 신앙하는 핵심은 죽음을 초월해서 기꺼이 사랑을 끌어안는 것이다. 이것은 결코 예수가 당한 십자가 처형이라는 비참한 역사적 사건을 부정하는 것이 아니다. 오히려 완전한 자유는 자기를 비우는 행위를 통해서만 가능하다는 직관이다.

생명의 나무인
십자가

2

『무문관無門關』이라는 책에는 '향엄, 나무에 오르다香嚴上樹'라는 제목의 화두話頭가 있다.

> 향엄香嚴 선사가 말했다. 가령 나무에 올라간 어떤 사람이 있다고 하자. 그는 나뭇가지를 입으로만 물고 매달려 있다. 그는 손으로 나뭇가지를 붙잡지 않고 발로도 나무를 밟지 않고 있다. 그때 나무 아래에서 어떤 사람이 "달마가 서쪽으로부터 온 이유는 무엇인가?"라고 묻는다고 하자. 그가 그 질문에 대답하지 않으면, 질문한 사람을 무시하는 것이 될 것이다. 그러나 그가 대답하면, 그는 목숨을 잃을 것이다. 바로 그 순간 그는 어떻게 대답할 수 있는가?(『무문관』 35)**6•**

선禪의 모든 화두가 그렇듯, 이 질문 또는 상황에 대한 정답은 없다. 여기서 화두의 역할은 우리가 이분법적 사고 너머로 나아가도록 돕는 것이다. 우리가 불이일원론을 깨달아 넓고 자유로운 마음이 있는 세계로 들어가게 하는 것이다. 언젠가 루벤 하비토 선사는 이 화두를 이렇게 설명했다. "향엄이 말한 나무에 오른 사람은 십자가 위의 예수와 다를 바 없다." 나는 처음에 그 말이 매우 낯설게 느껴졌다. 그러나 후에 나는 그것을 통해 중요한 지혜를 얻었다. 입으로 나뭇가지를 물고 나무에 매달려 있는 사람은 십자가 위에 매달린 예수와 같이 근본적 의문에 직면해 있다. 즉 삶과 죽음, 그리고 내적 진리와 자유에 대한 의문이다. 어떤 의미에서 예수의 전 생애는 삶과 죽음, 그리고 내적 자유와 관련된 커다란 의문에 대한 살아 있는 응답이었다. 그것은 우리 삶 안에서도 마찬가지다. 우리는 삶을 통해 그런 의문에 답하고 진리를 말하고 있는가? 그 결과로 대가를 치를 준비가 되어 있는가? 아니면 두려움에 모든 것이 마비되고 종속되어 침묵하며 꼼짝도 못하고 있는가? 붓다 또는 다른 위대한 스승처럼 예수의 선택은 진실을 말한다.

나무에 매달린 사람의 화두는 유대-그리스도교 성서 이야기의 시작 부분을 떠올리게 한다. 이야기는 나무들이 무성한 정원에서 상징적으로 시작한다. 에덴동산이라고 불리는 정원에는 나무 하나가 있었다. 그 나무는 선과 악을 알게 하는 나무이면서 동시에 죽음을 초래하는 나무다(창세기 2장 17절). 그 나무는 위대한 신비를 향한 겸손과 존경을 배우는 곳이다. 성서는 신비를 지닌 궁극적 존재를 하느님이라 부른다. 창세기가 이야기하는 정원은 물결이 자기가 물이라는 사실을 배우는 곳이다. 그러나 동시에 자기가 물 자체는 아니라는 것을 자각하는 곳이다. 정원은 선과 악을 알게 하는 나무로 완성된다. 정원은 인간이 하느님으로부터 태어났음을 배우는 곳이다. 그러나 동시에 인간이 하느님은 아니라는 사실을 자각하는 곳이다.

그 정원에는 생명과 죽음의 나무가 있다. 그리스도인에게 이 정원은 예수가 겪은 십자가 사건에서 다시 등장한다. "예수님께서 십자가에 못 박히신 곳에 정원이 있었는데, 그 정원에는 아직 아무도 묻힌 적이 없는 새 무덤이 있었다."(요한복음 19장 41절) 요한복음은 예수의 죽음을 상징적인 '정원에서' 일어난 것으로 묘사한다. 그곳은 창세기의 시작 부분에 나오는 곳이다. 그러나 죽음을 가져온 나무, 즉 십자가는 이야기의 끝이 아니다. 요한은 창세기에서 죽음을 가져온 나무 이야기를 상징적으로 재구성해서 예수가 부활한 사건을 해석할 때 사용한다. 이번에는 그곳에서 생명을 가져오는 나무가 자라난다. 새로운 창조의 여명을 밝힌 것은 십자가 위에서 예수가 자기를 비운 행위다.

> 나는 또 새 하늘과 새 땅을 보았습니다. 첫 번째 하늘과 첫 번째 땅은 사라지고 바다도 더 이상 없었습니다. …… 그 천사는 또 수정처럼 빛나는 생명수의 강을 나에게 보여 주었습니다. …… 강 이쪽저쪽에는 열두 번 열매를 맺는 생명나무가 있어서 다달이 열매를 내놓습니다. 그리고 그 나뭇잎은 민족들을 치료하는 데에 쓰입니다. 그곳에는 더 이상 하느님의 저주를 받는 것이 없을 것입니다.(묵시록 21장 1절; 22장 1-3절)

생명과 죽음의 나무라는 성서적 상징은 우리를 십자가가 지닌 역설로 이끈다. 그것은 예수가 죽은 사건과 예수가 부활한 파스카 사건이 갖는 역설이다. 그것은 마치 입으로 나뭇가지를 물고 매달려 있는 사람과 같다. 그는 죽음에 직면해 있다. 예수도 계속해서 죽음에 직면한 상태로 삶을 살아왔다. 그는 자기의 고통과 세상의 고통을 끌어안았다. 그는 연민 가득한 마음으로 모든 고통받는 이들과 함께 살아가는 삶을 선택했다. 태이가 말하듯 예수는 "고통을 피하지 않았다." 그의 죽음과 삶은 살아오면서 던져 왔던 중요한 질문들에 대한 응답이었다. 그것은 진리로 살아온 그의 존재 자체였다. 최종적으로 그의 진리는 죽음이다. 그러나 그 죽음은 죽음이 아니었다. 그것은 생명이었다. "이 썩는 몸은 썩지 않는 것을 입고 이 죽는 몸은 죽지 않는 것을 입어야 합니다. …… 그때에 성경에 기록된 말씀이 이루어질 것입니다. 승리가 죽음을 삼켜 버렸다. 죽음아, 너의 승리가 어디 있느냐? 죽음아, 너의 독침이 어디 있느냐?"(1코린토 15장 53-55절)라고 사도 바오로는 말한다.

십자가를 짊어지는 것은 삶이 던지는 중요한 질문에 우리가 답하는 것이다. 그것은 우리가 죽음과 생명의 나무에 매달려 있을 때 받은 질문이다. 그곳에서는 온전한 진리를 선포해야 한다. 그것은 전 생애를 통해 진리를 구현해 온 사람만 할 수 있는 일이다. 에크하르트는 '하느님의 벌거벗은 존재로 뛰어든다'라는 표현을 사용한다.[7•] 그렇게 하느님께 뛰어들 때, 이처럼 영원한 생명이 시작되고 완전한 자유가 주어진다. 나무에 매달린 사람은 중요한 질문에 대답하고, 죽었던 나무는 생명을 얻고 풍성하게 자란다. 예수는 "나는 길이요 진리요 생명이다."(요한복음 14장 6절)라고 했다. 예수의 말씀과 존재는 하나이며 같다. 예수는 전 생애를 통해 진리를 말했기 때문이다. "한 번이라도 진리를 접한 사람은 지옥의 엄청난 고통을 겪더라도 한 순간조차 [그것]으로부터 등을 돌릴 수 없다."[8•]라고 에크하르트는 말한다. 1980년 3월 24일에 중앙아메리카 엘살바도르의 작은 마을에서 비극적 사건이 일어났다. 성 오스카 로메로Oscar Romero. 2018년에 성인품에 오름 대주교가 암 환자를 위한 작은 병원의 경당에서 성체성사를 집전하던 중 암살당한 것이다. 그의 위대한

'죄'는 거짓이 억압하는 세상 한복판에서 진리를 선포한 것이다. 로메로 대주교는 살해당하기 얼마 전부터 생명이 위협받고 있는 것을 알았다. 그때 그는 예언자는 죽일 수 있지만 "누구도 정의의 목소리를 죽일 수는 없다."[9•]라고 말하곤 했다.

예수도 진리를 말했고 존재 자체가 진리였다. 예수가 선포한 진리와 존재는 하느님의 진리와 존재를 드러내는 것이다. 따라서 궁극적 차원에서 그의 죽음은 죽음이 아니라 생명이다. 에크하르트는 "우리 생명 전체는 존재해야만 한다. 생명은 존재하는 한 하느님 안에 있다."[10•]라고 말한다. 나무는 잘려 나갈 수 있으나, 나무가 지닌 생명의 궁극적 근원은 영원하다. 그것은 죽음과 생명 모두를 끌어안는다. 태이가 언급하듯 우리가 실재의 궁극적 차원에 깊숙이 접촉하면 자유롭게 된다. 그곳에서 죽음은 영원히 생명에게 잡아먹힌다. "물을 접촉하고 있으면 물결이 들어왔다 나가는 것에 개의치 않는다. 더 이상 물결이 들어왔다 나가는 것에 신경을 쓰지 않는다. 그대는 더 이상 두렵지 않다."[11•]

예수의 생명은 하느님 안에서 살아간다. 그 생명이 궁극적 존재에 침잠해 있었기에 완전한 자유의 표현으로 죽음을 끌어안을 수 있었다. 그것이 하느님의 영원한 현재, 즉 지금 이 순간에 자유롭게 성심성의껏 살아가는 삶의 절정이다. 예수 안에서 죽음과 생명은 하나다. 죽음을 가져온 나무가 곧 생명을 가져다주는 나무다. 하느님 안에 있는 존재와 진리가 죽음에서만큼이나 생명 안에서도 온전하게 자신을 표현한다. 이것이 제자인 우리가 경험하도록 초대받은 것이다. 우리는 예수의 근본적 자유와 진리로 초대받았다. 예수가 하느님 안에 있는 자유로서 받아들인 죽음이 우리 생명의 길이다. 불교도는 이것을 "그리스도 안에서 은신처를 취하는 것"이라고 표현할 것이다. 그리스도 안에 머무는 것(요한복음 15장 6-10절)을 통해, 우리도 자유로운 진리의 길을 걷는다. 그러나 십자가가 그 여정의 끝이 아니다. 그것은 실질적인 의미에서 그리스도인에게 시작에 불과하다. 그곳에서 자유와 진리가 풍성하게 꽃피우기 때문이다. 그렇기에 사도 바오로는 담대하게 말했다. "나는 우리 주 예수 그리스도의 십자가 외에는 어떠한 것도 자랑하고 싶지 않습니다."(갈라티아서 6장 14절) 예수의 십자가는 이런 방식으로만 '이해'할 수 있다. 그것은 간화선看話禪. 화두를 통해 깨달음을 얻는 선법을 이해하는 방식과 유사하다. 따라서 그것은 역설적 논리로 이해해야 한다. 십자가는 폭력과 죽음을 초래한 나무다. 하지만 동시에 자유와 생명을 가져다준 나무다. 몇 세기 전에 무문 선사는 나무에 오른 사람이라는 화두를 이렇게 설명한다. "[이 화두를] 정확하게 풀면, 그대는 죽은 사람에게 생명을 줄 것이다. 그리고 살아 있는 사람은 죽게 할 것이다."**12***

나무에 오른 사람의 화두는 현대에 회자되는 절벽에서 떨어진 사람에 대한 이야기와 비슷하다. "어떤 사람이 절벽에서 미끄러져 떨어졌다. 바닥에 떨어져 죽기 직전, 그는 나뭇가지를 움켜잡았다. 그리고 벼랑에 매달린 채 외쳤다. '거기 누구 없습니까?' 그의 손이 미끄러지기 시작했을 때 아래에서 소리가 들려왔다. '하느님이 있다. 내가 여기에 있다. 그러니 그냥 손을 놓아라. 그러면 내가 너를 잡아주겠다.' 얼마간 침묵이 흐르고 그 사람은 다시 외쳤다. '거기 누구 없습니까?'" 누구나 그렇듯이 그는 삶이 던지는 중요한 질문에 답하는 것을 빠르게 회피해 버린다. 왜냐하면 그가 외부의 도움을 받지 않고 혼자서 하려는 자만을 포기해야 될지도 모르기 때문이다. 우리는 내려놓음으로써만 충만한 자유를 경험할 수 있다. 우리는 이것을 단계적으로 천천히 익혀 나가야 한다.

불교의 선사처럼 예수는 제자들에게 외부 도움을 받지 않고 혼자서 하려는 자아를 포기하는 길로 나아가라고 가르친다. 그 길이 십자가의 길이다. "누구든지 내 뒤를 따라오려면, 자신을 버리고 날마다 제 십자가를 지고 나를 따라야 한다."(루카복음 9장 23절) 예수는 삶으로써 자유와 진리를 구현했다. 그것은 죽음보다 강한 하느님과 합일하는 것이다. 예수는 우리에게도 같은 것을 요구한다. 우리가 착각하는 망상에서 벗어날 것을 촉구한다. 망상은 우리가 하느님과 분리되어 있고, 죽음이 우리를 지배할 만한 강력한 힘을 지녔다는 착각이다. 태이는 『살아계신 붓다, 살아계신 예수』에서 아시시의 성 프란치스코 이야기를 언급한다. 성 프란치스코가 살구나무에게 다가가 하느님에 대해 말해 달라고 청했다는 이야기다. "그때는 겨울이었다. 더 이상 나뭇잎과 꽃과 열매도 없었다. …… 그런데 얼마 지나지 않아서 그 나무가 아름다운 꽃으로 뒤덮였다. 우리는 그렇게 온전하게 궁극적 차원과 접할 수 있다."[13•] 우리는 하느님과 분리된 적이 없다. 물결은 물에서 분리된 적이 없다. "물결만 접촉하면 고통스럽다. 그러나 물과 접촉하며 머무는 법을 배우면, 우리는 최고의 위로를 받는다. 우리가 열반을 접촉하고 하느님 나라를 접촉하면 해방된다."[14•] 그러면 우리도 사도 바오로처럼 외칠 수 있다. "죽음아, 너의 독침이 어디 있느냐?"

이 자유롭게 하는 진리는 궁극적 차원과 합일하는 것이다. 그것이 부활 체험이라고 할 수 있다. 그렇게 죽었던 나무가 생명 충만한 꽃을 피우게 된다. 사도 바오로는 그것을 '불멸을 입다'라고 표현한다. 이것이 에크하르트가 이욕에 대해 가르친 궁극적 표현이다. 우리가 생명을 붙잡지 않는 것이 풍요로운 생명을 누리며 사는 열쇠다. 당신은 진정으로 이것을 믿는가? 이것은 삶의 마지막 순간에 던지는 질문이 아니다. 그것은 우리의 삶이 던지는 질문이다. 이 책의 앞부분에서 언급했듯이, 영원한 생명은 미래에 발생하는 것이 아니다. 오히려 영원한 생명은 지금 여기에 있다. 우리는 그 안으로 들어가야 한다. 그래야만 주어진 질문에 우리가 응답할 수 있다. 그 질문은 우리가 죽음과 생명을 가져오는 나무를 입으로만 물고 늘어져 있을 때 받은 것이다.

『살아계신 붓다, 살아계신 예수』 서문에서 데이비드 스타인들-라스트 수사는 태이의 삶을 이러한 관점에서 서술한다. 태이는 생명과 죽음에 관련된 중요한 질문을 삶으로 답해 왔다. 1968년 뉴욕에서 스타인들-라스트 수사와 다니엘 베리건 신부와 태이가 만났다. 성체성사를 함께하면서 그들의 만남은 절정에 달했다. 성체성사는 주어진 중요한 질문에 대해 예수 스스로 생생하게 답변한 내용을 성사적으로 가장 잘 표현한 것이다. 데이비드 수사는 그날을 잘 기억하고 있다.

> 1968년 4월 4일이었다. 그날을 어떻게 잊을 수 있겠는가. 모임을 마치고 우리는 한스 큉Hans Kűng 박사의 강연을 들으러 갔다. 그러나 강연은 엄청난 비보로 중단되었다. 그것은 마틴 루터 킹 2세 Martin Luther King Jr.가 암살되었다는 소식이었다. 〔마틴 루터 킹 2세는 태이를 노벨평화상 후보로 지명했다.〕 그날 저녁 우리가 함께 기념한 〔성체〕성사가 역사 안에서 다시 재현된 것이었다. 즉 "친구들을 위하여 목숨을 내놓는 것보다 더 큰 사랑은 없다."(요한복음 15장 13절) 2,000년 전에 예수가 이것을 실천했다. 그리고 오늘 마

틴 루터 킹이 이것을 다시 실천했다. 그리고 태이도 스스로 같은 길을 걷고 있다. 그는 생명의 위협을 무릅쓰고 베트남의 평화를 위해 불굴의 정신으로 외쳐 왔다. 토머스 머튼은 말했다. "틱낫한은 자유인이다. 그는 형제자매들을 위해 자유인으로 활동했다. 그는 종교적 연민을 지닌 전통의 영성적 역동성에 고취되어 있다."**15•**

이 문장의 내용은 아주 단순하다. 태이의 삶 전체가 주어진 중요한 질문에 응답하는 삶이다. 그는 죽음을 가져오는 나무를 짊어지고 십자가의 길을 걷는다. 그런 그가 오늘 우리 가운데 서 있다. 그는 연민의 나무, 즉 생명의 나무를 삶으로 구현한다. 태이를 통해 우리는 예수와 붓다가 살았던 삶을 새롭게 엿볼 수 있다. 그리고 우리는 모든 위대한 성인과 깨달은 자가 살았던 삶을 본다. 그들은 자유와 연민을 지니고 진리를 추구하는 삶을 살았다. 그들이 거목처럼 우리 사이에 서 있다. 거목의 가지들은 시공간 너머, 그리고 죽음 너머 생명을 향해 뻗어 있다. 그들은 예수가 겨자씨 비유에서 말한 나무와 같다. "겨자씨는 어떤 씨앗보다도 작지만, 자라면 어떤 풀보다도 커져 나무가 되고 하늘의 새들이 와서 그 가지에 깃들인다."(마태오복음 13장 32절) 사람들은 자기 고향에서 이런 스승들을 발견한다. 자기 고향에서 유서 깊은 영성전통의 오래된 지혜로 휴식을 취하고 양육된다.

십자가의 형상

3

태이는 『귀향』에서 십자가에 못 박힌 예수 그리스도의 형상을 언급했다. "이것은 나에게 너무 고통스러운 모습이다. 그 형상을 통해 나는 기쁨 또는 평화를 느끼지 못한다. 이것은 예수에게도 공정하지 않다. 그리스도인 벗들이 예수를 다른 방식으로 묘사했으면 한다. 예를 들면 연꽃자세로 좌선을 하거나 걷기명상을 하는 모습 등으로 말이다."[16•] 그리스도인 중에는 태이의 말을 이해하며 동감하는 사람도 있을 것이다. 한편 불교학자 스즈키도 이렇게 말했다. "나는 십자가에 못 박힌 그리스도의 형상을 볼 때마다, 그리스도교와 불교 사이에 놓인 깊은 간극을 생각하지 않을 수 없다."[17•] 십자가에 못 박힌 예수 그리스도가 추하고 고통스러운 모습이라는 사실을 부인할 사람은 없다. 그리스도인도 그것을 부정하지는 않는다. 그러나 그것이 전부는 아니다. 대부분의 그리스도인은 십자가에 못 박힌 형상을 사랑의 상징으로 이해한다. 이하의 내용은 대부분 태이가 의문시한 것에 대해, 내가 나름대로 고심하고 기도하고 성찰하면서 얻은 답변이다. 또한 예수의 십자가에서 생명을 가져오는 길을 발견하려는 나의 시도다. 우선 나는 십자가 형상에 대한 괴로운 마음을 솔직하게 토로해 준 태이에게 감사한다. 그리고 형제로서 나의 통찰을 제시함으로써 우리 사이의 간극을 메울 수 있기를 바란다.

태이는 형제적 애정을 갖고 비판을 계속한다. 그는 그리스도인이 예수를 십자가에 못 박힌 모습과는 다른 방식으로 묘사하기를 바랐기 때문이다. 사실 지난 수 세기 동안에 그리스도교 미술은 놀라울 정도로 예수의 형상을 새롭게 만들어 왔다. 그것은 주로 새롭게 그리스도교를 받아들인 지역의 다양한 토착문화를 공유하는 방식이었다. 가장 일반적인 것이 예수를 착한 목자로 묘사하는 것이다. 그것은 복음이 묘사한 목자의 모습에 근거한다. 착한 목자는 아흔아홉 마리 양을 광야에 놓아둔 채 잃어버린 한 마리 양을 찾아 나선다(루카복음 15장 1-6절). 그 착한 목자는 사랑 가득한 이미지다. 그것은 아이들에게 하느님이 베푼 사랑을 가르칠 때 그리스도인이 선호하는 것이다. 우리는 누구나 살아가면서 때로 외로운 양이 된다. 그러나 그리스도인은 착한 목자를 잘 알고 있기에 위로와 치유를 받는다. 목자는 한 마리 잃어버린 양을 찾기 위해 다른 모든 양들을 잃을 수 있는 위험을 감수한다. 자기 어깨에 잃어버린 양을 메고 함께 걷는 예수의 이미지는 하느님이 베푸는 큰 자비와 연민을 드러낸다.

그리스도교 미술에는 예수와 관련된 다양한 작품이 있다. 다양한 벽화와 회화가 유대인의 전통에 따른 파스카 식사, 즉 최후의 만찬을 하는 예수와 제자들을 그린다. 그것은 요르단강에서 요한에게 세례를 받는 장면만큼이나 자주 그려진다. 레오나르도 다 빈치가 그린 최후의 만찬은 세계에서 가장 유명한 작품 중 하나다. 또한 예수가 병자와 절름발이와 소경을 치유하는 모습도 있다. 아프리카 그리스도교 예술가들은 예수를 아프리카 사람의 얼굴로 묘사한다. 라틴아메리카에서는 예수의 탄생 장면을 묘사하면서, 토착민들이 둘러싸고 있는 장면을 그린다.

그들의 손에는 지역 문화의 통상적 선물이 들려 있다. 인도 갠지스강 근처에 있는 지반 다라 아쉬람에는 연꽃 자세로 앉아서 사마리아 여인에게 생명의 물을 건네주는 예수를 그린 매우 인상적인 그림이 있다(요한복음 5장). 그곳은 반다나 수녀가 생활하는 곳이다. 남인도에 있는 삿치다난다 아쉬람에도 비슷한 예수상이 있다. 그것은 연꽃 자세로 앉은 예수를 사면에 조각한 것연꽃 자세는 가부좌를 한 모습이고, 신을 사면으로 조각하는 것은 인도의 종교예술 전통이다. 그곳은 베데 그리피스 신부가 여러 해 동안 생활했던 곳이다.

그중에서 가장 유명한 형상은 예수성심인류를 향한 예수의 거룩한 사랑을 표현하는 심장 또는 마음이다. 예수를 묘사한 형상 중 가장 대중적이기도 하다. 대개는 상처 입었지만 사랑으로 불타는 심장을 지닌 채, 평화로운 얼굴을 하고 있는 예수 그리스도를 표현한다. 많은 사람이 예수의 이런 이미지를 아주 소중하게 생각한다. 그 이유 중 하나는 예수의 두 가지 이미지를 하나로 잘 통합시켜 주기 때문이다. 즉 첫째는 예수의 수난과 죽음이라는 현실이고, 둘째는 예수가 모든 것을 포용하는 자비와 사랑으로 평화와 위로를 주는 모습이다. 예수성심을 그린 이미지가 전달하는 메시지는 "하느님은 사랑이다."라는 것이다. 이것은 그리스도교의 고유한 하느님 개념을 반영한 것이다. 즉 하느님은 당신 아들을 통해 인간과 충실하면서도 무조건적인 연대를 한다. 그리고 그는 그것을 위해 고통을 겪어야만 할 위험을 무릅쓴다.

연대의 이러한 면이 연민에 대한 그리스도교적 이해를 무엇보다도 잘 보여 준다. 가톨릭교회는 사회교리에서 '연대'라는 단어를 자주 사용한다. 연대를 가장 적절하게 정의한다면, 고통받는 이들 편에 서는 선택이다. 성 교황 요한 바오로 2세는 "공동선에 투신하려는 확고하고 끈기 있는 결심"[18]이라고 정의했다. 트라피스트 수도자들이 폭력과 위협에도 불구하고 알제리에 남기로 결정한 것은 이런 연대 개념에서 동기 부여를 받았다. 성 교황 요한 바오로 2세는 말했다. "연대가 궁극적으로 추구하는 것은 인류의 화합이다." 그리고 화합은 이웃에 대한 사랑으로 표현된다. 종종 원수조차도 이웃이 될 수 있다. 연대는 "철저한 희생, 즉 형제를 위해 목숨을 내놓는 것"[19]을 요구한다.

연대는 홀로 걷는 것이 아니라 함께 걷는 것을 상기시킨다. 그렇기에 성 교황 요한 바오로 2세는 "화합은 이웃에 대한 사랑으로 표현된다."라고 말했다. 그것은 태이가 말한 것과 같다. "그대만 고통받는 것이 아니다. 그대의 형제자매도 고통받는다. …… 그대가 자신과 타인의 고통을 깊숙이 어루만지면 이해가 생긴다."[20] 그리스도인은 십자가의 형상形象을 고통받는 우리 편에 서겠다는 예수의 선택, 즉 예수의 연대를 가시화하는 성물聖物로 만들었다. 고통은 우리 모두가 공유하는 공통 근거다. 예수가 인간 삶의 이런 부분까지 동참하는 것이 우리가 갖는 희망과 치유의 근원이다.

삶의 극심한 고통을 통과하는 과정에서 극적으로 영성적 변화와 신비적 관통을 체험한 이들이 있다. 그런 체험을 한 이들은 전 세계의 고통받는 사람들을 향해 연민과 연대를 표명한다. 일부는 이웃의 고통을 덜어 주는 데 남은 일생을 바치곤 한다. 그것은 고통 중에서 일치를 경험한 것에 기초한다. 사도 바오로는 코린토 교회 신자들에게 보낸 서간에서 말한다. "한 지체가 고통을 겪으면 모든 지체가 함께 고통을 겪습니다."(1코린토 12장 26절) 이처럼 고통은 스승이다. 고통은 우리에게 연대와 사랑으로 나아가는 길을 가르친다. 고통은 모든 존재의 상호의존성에 대한 깊은 통찰을 향해 우리의 마음을 열게 한다. 태이의 표현을 빌리자면, 우리는 고통을 통해 상호의존적 존재가 된다.

뉴욕의 장로교 목사인 토머스 트웰은 최근에 돈과 존이라는 두 친구에 대해 상술하는 글을 잡지에 실었다. 두 친구는 그때까지 건강하고 성공적인 삶을 살아왔다. 그러던 중 그들은 예상치 못한 비극에 직면했다. 몇 년 전 돈은 갑작스런 뇌졸중을 앓게 됐다. 모든 비극은 여기에서 시작했다. 그는 말을 할 수 없을 정도로 전신에 마비가 왔다. 존을 비롯한 친구들은 헌신적인 벗으로 남았다. 그들은 매주 화요일 아침 돈과 함께 기도하며 용기를 북돋웠다.

그런데 어느 일요일 밤에 돈의 친구 존도 전화 한 통을 받게 된다. 그것이 그를 비극의 어두운 밤으로 몰아넣었다. 그의 딸이 한 발의 총알에 머리가 관통된 채 살해당한 것이었다. 그녀의 시신은 숲속의 방수포 아래에서 발견되었고, 존은 그 비극으로 좌절했다. 그다음 주 화요일 아침, 그는 돈을 위한 격려 모임에 참석한 친구들에게 전화를 걸었다. 그리고 주간 모임에 참석할 수 없을 것 같다고 말했다. 그날 그는 그들과 함께할 기력조차 없었던 것이다. 그들은 이해한다고 말하며 끊으려고 했다. 그때 돈이 휠체어에 앉아 더듬거리며 말했다. "내가 보고 싶다고 존에게 전해줘." 트웰 목사는 말했다. 그룹을 더 놀라게 한 것은 곧이어 존이 나타난 것이다. "비극을 겪은 그에게 무슨 말을 해야 할지 몰라 마음이 복잡한 사람들로 붐비는 집으로 그가 찾아온 것이다. 실제로 그들은 둘러서서 어찌할 바를 모르고 있었다. 그때 돈이 천천히 휠체어를 움직여 존에게 다가갔다. 그리고 팔을 내밀었다. 존은 무릎을 꿇고 돈의 품에 안겨 흐느끼기 시작했다."[21] 돈의 포옹은 연민하는 연대를 드러낸 몸짓이었다. 존에게 이렇게 말하는 것 같았다. "자네가 겪는 괴로움을 내가 없애줄 수는 없지. 하지만 고통이 휘몰아치는 소용돌이에서 자네와 함께 있을 수는 있네."

트웰 목사는 이 이야기를 해설한다. "하느님이 모든 고통의 원인은 아니다. 그러나 …… 하느님은 고통으로부터 선한 것을 산출할 수는 있다. 어떻게 아는가? 예수 그리스도의 십자가가 비어 있기 때문이다. 십자가에 못 박히고 묻힌 다음, 하느님이 죽은 자들 가운데서 되살린 예수 그리스도가 지금 여기에 살아 있다. 그런 그가 고통받는 우리를 위로한다."[22] 이 이야기는 그리스도인이 예수 그리스도의 십자가를 경험하는 방식을 보여 주는 한 실례다. 그것은 우리가 자신과 이웃의 고통을 어루만지는 것을 두려워하지 않을 때 가능하다. 이 연대의 근원은 예수 그리스도의 십자가다. 이 연대의 결과는 '고통 중에 하나 됨'이라는 불이일원론의 체험을 우리 안에 불러일으킨다. 돈은 손을 내밀었고 존은 그곳에 머리를 묻고 울었다. 돈의 팔은 그 자신이 고통과 깊이 접촉한 사람의 팔이었다. 그리스도인의 관점에서, 돈의 내리뻗은 두 팔은 십자가에 못 박힌 그리스도가 뻗은 손이다. 십자가의 형상形象이 렌즈가 되었다. 트웰은 그 렌즈를 통해 그리스도가 팔을 뻗어 다가오는 구원의 껴안음을 보았다. 그리스도는 돈의 팔을 통해 고통받는 세계를 껴안고 치유한다.

트웰의 말에서 알 수 있듯이, 그리스도인은 고통을 겪으면서 은연중에 불이일원론을 생생하게 경험한다. 그리고 위로와 사랑을 전하는 팔이 결국 자신이 뻗은 팔이라는 것을 어렴풋이 알면서도, 우리는 "하느님이 고통받는 우리를 위로한다."고 말한다. 돈이 친구인 존을 껴안은 것은 그리스도가 껴안은 것이다. 그것은 우리를 통해 흐르는 하느님의 사랑 어린 껴안음이다. 돈이 휠체어에 갇혀 어색하게 팔을 뻗어 껴안은 것은 하느님의 영원한 껴안음이 드러난 하나의 사례다. 십자가에 못 박힌 예수가 세상의 고통을 껴안음으로써, 그것이 역사 안에서 육화肉化된다. 그리스도인의 연대 실천은 자신이 그리스도의 지체라는 사실을 드러내는 것이다. 우리가 그 실체를 항상 말로 표현하는 것은 어렵다. 하지만 우리는 하느님이 세상을 껴안아 주는 팔은 직감으로 알 수 있다. "너희는 내가 굶주렸을 때에 먹을 것을 주었고, …… 내가 병 들었을 때에 돌보아 주었다."(마태오복음 25장 35-36절) 우리는 그리스도의 몸의 지체다. 지체들이 모인 몸에서 흘러나오는 연민은 그리스도가 베푼 연민 자체다.

사홍서원四弘誓願. 대승불교에서 보살의 네 가지 큰 서원 중 첫째는 "중생은 무수히 많지만, 모두 교화시켜 열반에 이르게 하겠다."는 것이다. 루벤 하비토는 설명을 덧붙인다. "중생의 핵심적 특징은 고통을 겪어낼 능력이 있다는 것이다. 그런 능력만 있는 것이 아니라, 실제로 고통을 겪어 내는 존재다. …… 불이일원론적 세계를 경험하고 맛본 사람이면 …… 틀림없이 고통받는 사람과 완전히 하나가 된다."[23] 사홍서원은 불이일원론의 체험에 근거한다. 그것은 고통 중에 서로 하나가 되는 것이다. 이것이 그리스도인이 행하는 연민 실천의 핵심이다. 그것은 이웃의 고통과 친교를 나눔으로써 분리된 자아를 기꺼이 포기하는 것이다. "친구들을 위하여 목숨을 내놓는 것보다 더 큰 사랑은 없다."(요한복음 15장 13절)

예수성심의 표상이 인기 있는 이유는 예수 그리스도의 인간적 연대를 잘 묘사하기 때문이다. 즉 그것은 사랑으로 다가오는 그리스도가 고통 중에 있는 인간과 일치해 있음을 나타낸다. 예수가 보여 준 인간적 얼굴과 마음에서 하느님의 얼굴 표정을 엿볼 수 있다. 이런 관상의 엿봄을 통해 하느님의 연민 가득한 표정을 본다. 그 모습은 예수의 인간적 얼굴에 반사되어 드러난다. 그것을 통해 영성적 에너지가 감동을 일으키고, 그 에너지가 우리를 이웃에게 하느님의 사랑을 발산하는 사람으로 변화시킨다. 그리스도의 마음, 즉 성심聖心은 인간의 마음과 하느님의 마음을 동시에 드러낸다. 즉 예수 그리스도의 성심은 인간 마음에서 사랑의 연대로 머무는 하느님의 현존을 일깨워 준다. 우리는 신비적 차원에서 진리에 대한 불이일원론을 깨우친다. 그곳에는 세상에 대한 연민으로 불타는 마음 하나만 남는다.

예수성심의 표상을 설명하면서 베아트리체 브뤼듀는 요한복음에 나오는 최후 만찬(요한복음 13장 23-25절)의 특정 순간을 부각시킨다. 그것을 통해, 대중적 신심의 신비적 차원으로 우리의 관심을 돌린다. 복음서는 예수의 제자 중 한 사람, 즉 '사랑하시는 제자'가 취한 자세를 상세히 다룬다. 그는 예수의 품에 기대어 질문을 한 제자다.

> 요한이 예수 가까이 다가가려고 했을 때, …… 그는 단지 그를 향해 몸을 기대었다. 우리는 의식적으로 비슷한 일을 한다. …… 예수의 마음에 좀 더 가까이 다가가기 위해, 그의 "품에 기댄다." 그것은 존재의 중심을 향해 가라앉음을 의미한다. …… 보다 깊이 가라앉는 각각의 단계에 '나'라는 의식이 위치한다. 그렇게 우리는 예수의 마음 또는 중심에 더 가까워진다. 그것이 자기의 중심으로 더 가깝게 우리를 인도하기 때문이다. …… 우리는 서로 버

팀목이다. …… 우리가 그를 외관으로만 본다면, 언제나 그를 밖에 머물게 할 것이다. 그를 직시하지 않기 때문이다. …… [우리는] 주체의 내부로 들어가야만 한다. 그리고 주체가 지닌 자각 속으로 들어가야 한다. …… 그의 마음속에 있는 예수의 의식은 우리에게 더 '유용하게' 될 것이다. 더 잘 '알려질' 것이다. 더 '익숙하게 될' 것이다. 우리 마음이 같은 성품을 공유할 것이기 때문이다. 우리는 내면으로부터 성심을 알게 된다. 즉 그의 의식 내면과 우리 의식 내면에서 알게 된다. 그리고 우리의 '내면'은 점점 더 그의 '내면'과 일치하게 된다. 그의 마음은 우리 마음속의 마음이 된다. 24•

브뤼튜는 신비적 합일을 드러내는 불이일원론에 대한 묘사를 정교하게 한다. 거룩한 형상의 힘은 그 형상에 대해 기도하는 사람, 즉 그것을 보는 사람에게 하느님과 본질적으로 합일하는 체험을 상기시키는 능력이다.

예수에 대한 예술적 또는 신앙적 표상은 풍부하고 다양하다. 그것들은 예수의 삶과 가르침의 다양한 측면에 초점을 맞춘다. 대부분의 예수의 표상은 사랑하라는 사명에 초점을 맞춘다. 그러나 무엇보다 중요한 것은 우리 안에 영감을 불러일으키는 힘이다. 즉 사랑 안에서 그러한 일치를 상기시키는 능력, 연대 또는 고통 중에 친교를 위한 그러한 힘을 상기시키는 능력이다.

그는 고통을 피하지 않았다

4

태이가 언급한 십자가의 고통스러운 형상에 대한 이야기로 돌아가자. 불교도는 그리스도인에게 묻는다. 그대들은 모든 것에 생명을 주는 온화한 예수의 이미지를 강조하지 않고, 왜 십자가에 못 박힌 그리스도에 대한 묘사에 예술적 에너지를 집중하는가? 왜 그토록 슬프고 고통스러운 표상에 대한 예배만을 고수하는가? 그리스도인은 예수가 아주 추하고 폭력적으로 살해되었음을 부인할 수 없다. 좋든 싫든 그것은 예수 그리스도의 삶의 일부다. 그리고 역설적이지만 예수는 십자가 위에서 죽음으로써 가장 깊은 자비를 실천했다. 그가 "이보다 더 큰 사랑은 없다."(요한복음 15장 13절)라고 말한 그대로다. 사랑은 무슨 일이 있더라도 사랑하는 이와 함께하는 것이다. 이러한 사랑의 관점에서만 그리스도가 겪은 십자가 사건의 핵심을 올바로 이해할 수 있다. 사실 나는 "얼마나 아름다운가?"라고 외치고 싶다.

예수는 이웃과 일치한다는 것이 무엇을 의미하는지를 가르친다. 즉 사랑하는 이를 위해 고통을 기꺼이 받아들이는 것이다. 예수는 말한다. "나는 착한 목자다. 착한 목자는 양들을 위하여 자기 목숨을 내놓는다. 삯꾼은 목자가 아니고 양도 자기 것이 아니기 때문에, 이리가 오는 것을 보면 양들을 버리고 달아난다. 그러면 이리는 양들을 물어 가고 양

떼를 흩어 버린다."(요한복음 10장 11-12절) 예수는 결코 도망치지 않는다. 그는 고통을 겪으면서도 함께 머문다. 십자가가 고통 자체를 칭송하는 것은 아니다. 십자가는 고통받는 이와 기꺼이 함께하고자 하는 사랑의 상징적 표현일 뿐이다. 에크하르트에 따르면, 하느님이 바로 그런 존재다. 하느님은 언제나 "우리 곁에 있다. 그는 변함없이 꼼짝도 하지 않고 우리 곁에 버티고 서 있다."[25] 부모는 매일의 일상에서 이 위대한 진리를 실천하며 산다. 그들은 일관되고 지속적인 연대 행위를 통해, 자기 생명을 자녀를 위해 묵묵히 내놓는다. 예수는 생명을 내놓는 것을 가장 위대한 사랑의 표현이라고 말했다. "누군가 그대를 필요로 할 때, 그대는 그를 사랑한다. 누군가 고통을 받을 때, 그대의 사랑이 그들의 고통을 누그러트린다. …… 사랑이 의미하는 것은 그것이다."[26]라는 태이의 말과 같다.

그리스도인이 믿는 하느님은 결코 고통에 매료된 신이 아니다. 여기서 이 점을 중요하게 짚고 넘어가야 한다. 그것이 종종 그리스도교와 불교의 종교간 대화를 방해하기 때문이다. 고통받는 이들과 함께하는 것이 고통을 당연한 것으로 받아들이고 묵인하는 것을 의미하지 않는다. 물론 교회 역사에 건전하지 못한 시대가 있었다는 것을 부인하지 않겠다. 여러 시대에 걸쳐 고통을 지나치게 이상화하고 고양한 역사도 있었다. 그러나 그것이 정통 그리스도교 신학은 아니다.

유대교와 그리스도교 신학자 대부분은 고통을 악마의 소행으로 규정한다. 그것은 죄와 탐욕과 이기적으로 자아에 집착한 결과이고, 세계에 현존하는 하느님으로부터 등을 돌린 결과다. 실례로 매일 수백만의 사람들이 기아에 허덕인다. 그것은 우리가 짓는 탐욕의 죄와 직결된다.

아프리카에서 매일 많은 사람들이 기아로 죽어가지만, 유럽과 미국인은 세계시장를 통제하기 위해 수 톤의 음식을 바다에 버린다. 몰상식한 신학자는 이렇게 말할 것이다. "전부 하느님의 의지다. 부유한 나라는 하느님으로부터 충만한 은총을 받았다. 이것이 바로 그 결과다." 그러나 이것은 진실이 아니다. 하느님은 결코 그렇게 많은 이들을 굶주리게 놔둔 채, 몇몇 사람에게 풍족한 음식을 주지 않는다. 기아는 인간이 범하는 탐욕이라는 죄에 직접적으로 기인한다. 우리가 갖는 탐욕은 하느님으로부터 등을 돌리는 죄를 짓게 한다. 하느님은 굶주린 이웃 안에서 현존한다. 예수는 말했다. "내가 굶주렸을 때 먹을 것을 주었다."(마태오복음25장35절) 하느님의 계획에 고통은 없다. 고통을 원하는 하느님이라는 비관적인 이해는 그리스도교 신학이 용납하지 않는다. 단지 고통은 실재이며 직면해야만 하는 현실이다. 예수가 살았던 삶의 방식은 고통으로 타오르는 불 속으로 그를 끌어들였다. 그러나 그리스도인은 그것을 예수가 받은 더 큰 사명의 일부라고 이해한다. 그가 파견된 참된 사명은 모든 생명을 지닌 것이 "생명을 얻고 또 얻어 넘치게"(요한복음10장10절) 하는 것이다.

그렇다면 십자가의 고통스러운 모습이 의미하는 바는 무엇인가? 그 모습의 본질을 파악하는 것이 무엇보다 중요하다. 사랑하는 아들이 살해당하는 동안, 하느님은 멀찍이 서서 예수의 고통에 눈을 감았던 것인가? 만일 그렇게 단정 짓는다면 하느님을 '하늘 위 저편에' 영원히 머물면서 먼 곳으로부터 지켜보기만 하는 분으로 이해한 것이다. 그러나 에크하르트는 하느님이 '나 자신보다 나에게 더 가까이 있다'고 말한다. 그래서 하느님으로부터 분리된 존재는 없다. 물결은 물을 떠나 존재할 수 없다. 하느님은 예수의 십자가로부터 멀리 떨어져 있지 않다. 예수가 들이쉬고 내쉬는 모든 숨과 호흡 자체가 하느님이다.

그렇다면 예수의 삶은 그렇게 끝나도록 계획된 것인가? 그렇지 않다. 반드시 그렇게 끝나야만 했는가? 그렇지 않다. 예정된 것이 아니라, 예수가 그렇게 의지했기 때문에 그렇게 된 것이다. 즉 하느님에 대한 사랑으로 예수의 마음이 불타올랐기 때문이다. 예수의 가르침과 활동은 가난한 사람과 소외된 사람과 사회적으로 필요 없다고 버림받은 사람들에게 버팀목이었다. 그것은 종교적, 정치적 권력에 도취된 당시 지배층의 앞길을 가로막는 것이었다. 그래서 그들은 예수를 죽였다. 사회정치적 관점에서 보면 예수가 당한 죽음은 티베트 스님들과 마하트마 간디와 마틴 루터 킹 2세의 죽음과 크게 다르지 않다. 그들은 세상을 향해 보편적 사랑을 실천했다. 세계는 그런 삶의 방식을 받아들일 준비가 되어 있지 않았다. 그리고 현상 유지를 원하는 지배층은 그를 걸림돌로 치부했다. 권력에 집착한 그들은 자신들이 꾸민 사악한 계획을 방해하는 모든 장애물을 제거했다. 보잘 것 없는 집안에서 태어난 예수는 신심 깊은 유대인이었다. 그런 그가 걸림돌이 될 만한 큰 죄를 지었다면, 그것은 고통을 피하지 않은 것뿐이다.[27•] 그는 주변 사람들이 겪는 고통을 생생하게 느끼고 어루만졌다. 그는 사회로부터 거부당한 사람들을 끌어안았다. 그 결과 현상 유지를 갈망하는 지배층의 방해물로 낙인찍힌 것이다. 장애물은 제거되어야 했다.

신약성서에 따르면 "사람의 아들은 반드시 많은 고난을 겪고 원로들과 수석 사제들과 율법 학자들에게 배척을 받아 죽임을 당하였다가 사흘 만에 되살아나야 한다."(루카복음 9장 22절) 이 구절은 매우 조심해서

읽어야 한다. 하느님은 레버를 당기거나 버튼을 눌러 가면서 세계의 운명을 조종하는 오즈의 마법사가 아니다. 십자가의 끔찍한 죽음은 하느님이 구상한 것이 아니다. 따라서 그런 관점으로 예수의 삶과 죽음을 이해해서는 안 된다. 그렇게 하면 하느님의 형상을 왜곡시키는 것이다.

앞 장에서 돔 아르망 베일외가 밝혔듯이 "그리스도는 그의 죽음이 아니라 삶으로 우리를 구원했습니다. 하지만 그 죽음은 그의 삶의 일부입니다."[28•] 하느님이 소름 끼치는 계획을 세웠고, 그 계획의 일부로서 예수가 고통을 받거나 죽은 것이 아니다. 예수는 자신이 평생을 살아온 방식 때문에 고통받고 죽었다. 나환자를 끌어안는 것과 창녀 또는 간음한 사람을 용서하는 것과 죄인 또는 세리와 식사하는 것 등은 당시 율법에 어긋나는 것이었다. 그것을 예수도 분명히 알고 있었다. 그럼에도 예수는 마음속 깊은 곳에서 그렇게 행동해야만 한다고 확신했다. 그것이 하느님이 사랑하는 방식이기 때문이다. 예수는 겸손했지만 철부지는 아니었다. 그는 율법을 어기면 체제에 걸림돌이 되어 '큰 고통을 겪고 거부당하며 결국 죽임을 당할 것'을 알고 있었다. 그러나 예수는 하느님이 사랑하는 방식을 선택했다. 그리고 자기가 선택한 결과를 기꺼이 받아들였다.

순교한 산살바도르 대교구장 성 오스카 로메로 또한 가난한 이들과 연대하고 연민을 행하는 사명을 완수하기 위해서는 엄청난 고통을 겪어야 할 것임을 알았다. 피살되기 3년 전, 이미 많은 사제와 수도회의 수사와 수녀, 그리고 교회 공동체의 지도자가 피살당했다. 그는 위험을 분명히 인지하고 있었지만 고통을 피하는 대신 교구민과 함께하기로 선택했다. 그는 강론에서 말했다. "이번 주에 조심해야만 한다는 충고를 들었습니다. 저의 생명을 노리는 음모가 꾸며지고 있다고 합니다. 저는 주님을 믿습니다."[29] 몇 달 후 군부 지도자들이 무장한 경호원을 제안했지만 그는 이렇게 답했다. "내가 전에 말한 것을 다시 반복하고자 합니다. 양 떼가 안전하지 않으면 목자인 저 또한 안전을 보장받고 싶지 않습니다."[30] 그는 암살되기 불과 4달 전에도 말했다. "나는 여러분에게 약속합니다. 저는 결코 교구민을 포기하지 않을 것입니다. 여러분과 함께할 것입니다. 제가 해야 할 직무에 따라오는 모든 위험을 저는 감수할 것입니다. 그러니 제가 약속을 성심성의껏 지킬 수 있도록 기도 부탁드립니다."[31] 최종적으로 죽기 몇 분 전 로메로는 강론 중에 말했다. "하느님 나라는 이 땅에 존재합니다. …… 그것이 그리스도인을 독려하는 희망입니다. …… 그리스도의 사랑으로 가난한 이들에게 봉사하는 사람은 땅에 떨어져 죽은 밀알 하나처럼 살게 될 것입니다."[32] 하느님 나라는 지금 여기에 현존한다. 그것은 로메로 대주교가 받은 생명의 은총에서 분명히 드러났다. 그 생명의 은총이 교구민을 향한 사랑으로 흘러넘쳤다. 그렇게 죽음을 가져온 나무가 다시 충만한 생명을 가져다주는 나무로 자라났다.

내가 여기서 로메로 대주교의 이야기를 나눈 것은 그의 갑작스러운 죽음이 오늘날 고통을 피하지 않는 것의 의미를 잘 가르쳐 주기 때문만은 아니다. 그의 죽음은 신약성서에서 '예수는 고통을 받아야만 했다'라는 말이 전달하려는 바를 정확히 보여 주기 때문이기도 하다. 로메로 대주교는 자기가 고통받을 것임을 분명히 알고 있었다. 그것은 하느님이 귀에 속삭이며 미리 경고해 주었기 때문에 안 것이 아니다. 주변에서 일어나는 사건들에 눈을 크게 뜨고 살아왔던 삶의 단순함 때문에 알게 된 것이다. 티베트의 비구니들은 공개적으로 달라이 라마에 대한 충성을 선언했고, 티베트에 대한 정당한 정책을 중국 정부에 요구했다. 그들도 그렇게 할 때 극심한 고통을 겪어야만 한다는 사실을 명확히 알고 있었다. 증오에 사로잡힌 세계에서 사랑을 실천하는 것은 고통이라는 피할 수 없는 현실을 동반한다. 그러나 그런 사랑만이 평화라는 열매를 맺을 수 있다.

예수는 엠마오라는 마을로 가는 길에서 상심한 제자들에게 말한다. "그리스도는 그러한 고난을 겪고서 자기의 영광 속에 들어가야 하는 것이 아니냐?"(루카복음 24장 26절) 예수는 단순히 '이는 그것이 일어났어야만 했던 방식'이라는 것을 그들에게 납득시키려 하고 있지 않다. 그는 자유로운 마음에서 우러나오는 사랑을 그들에게 보여 주고 있다. 예수가 깨달은 지혜는 보너스로 받는 추가수당 같은 것이 아니었다. 즉 하느님의 사랑스런 아들에게 덤으로 따라오는 것이 아니었다. 일부 그리스도인은 예수가 살았던 삶을 마법사나 점쟁이처럼 꾸밈으로써 그를 과소평가하기도 한다. 그러나 예수는 주변에서 일어나는 모든 일에 주의를 집중했기에 자기가 고통받게 될 것을 알았다. 즉 그는 갑작스러운 죽음을 맞이할 가능성이 아주 높다는 것을 직감하고 있었다. 따라서 십자가 위에서의 죽음은 하느님이 세운 계획의 일부가 아니었다. 그것은 지배층이 지닌 두려움이 초래한 결과였다. 예수는 모든 사람을 평등하게 사랑할 만큼 충분히 자유로운 마음을 지녔다. 소수의 지배층은 그런 마음을 지닌 예수를 위험인물로 간주했다. 그 결과 그들은 두려움에 떨기 시작했고, 결국 그 두려움에 의해 무력화되었다. 비폭력ahiṃsā으로 일관된 간디의 삶과 실천이 보여 주는 것처럼, 현상 유지를 원하는 이들이

가장 증오하는 적은 그러한 사랑이다.[33]

십자가의 형상은 거리를 두고 무관심한 하느님의 이미지가 아니다. 오히려 사랑 자체인 하느님과 우리에게 바짝 붙어 있는 하느님의 면모를 엿보게 해 주는 형상이다. 그런데 여기서 '엿보기'는 단지 가능성일 뿐이다. 우리는 십자가를 충분히 깊이 들여다볼 수 있어야만 '엿보기'를 할 수 있다. 즉 우리는 하느님의 사랑 어린 연대를 드러내면서 예수가 살아간 전 생애의 결실로서 십자가를 볼 수 있어야만 한다. 그 사건이 일어났기 때문에 십자가는 추하다. 하지만 그 사건이 일어난 이유 때문에 십자가는 아름답다. 그 사건이 일어난 이유는 한 남자가 사랑에 충실했기 때문이다.

오늘날 우리는 하느님이 우리에게 사랑을 표현한 십자가를 어떻게 이해할 것인가? 2,000년 전에 연민과 사랑을 실천한 결과로 예수가 십자가 위에서 죽임을 당했다는 것을 우리가 받아들인다면, 오늘날은 그것을 어떻게 재현할 수 있을까? 보다 긍정적인 상징, 즉 생명을 느끼게 하는 상징으로 옮겨 가는 것이 더 좋지 않을까?

사성제의 첫째는 고통이 존재한다는 것이다. 고통은 예수 시대만큼이나 오늘날도 현실적이다. 그렇지 않기를 바라지만, 그것은 현실이다. 발전된 선진국에 사는 사람도 사성제의 첫째를 마음 편히 받아들일 수 없다. 우리가 해야 할 일의 목록에서 고통을 지워 버리고 정상적 삶을 살 수 있는 날이 오기나 할까? 태이는 말한다.

> 우리는 고통의 세계를 버리거나 떠나서 갈 수 있는 곳이 있을 것으로 믿는 경향이 있다. …… 우리를 괴롭히는 번뇌煩惱. 몸과 마음을

괴롭히는 모든 망념는 분노와 증오와 절망과 슬픔과 두려움이다. 우리가 너무 고통스러울 때면 그것을 뒤로하고 떠나고 싶은 경향이 더욱 강하다. 나는 더 이상 여기에 있고 싶지 않다. 나는 여기에서 나가고 싶다. "세계를 멈춰라. 나는 내리고 싶다."[34•]

그런 심정을 충분히 이해한다. 나는 그 심정을 잘 알고 있다. 때로는 고통을 도저히 참아 낼 수 없을 때도 있다. 그리스도인에게조차 십자가가 너무나 거북할 때도 있다. 그것이 '고통을 피하라'는 유혹을 더 어렵게 만들기 때문이다. 십자가는 우리에게 고통이 존재한다는 사실을 상기시킨다. 그리고 고통이 실제로 현실에서 발생한다. 고통은 삶의 일부다. 고통을 피할 곳은 어디에도 없다. 우리가 그것에 올바르게 영성적으로 대응하는 유일한 길은 고통을 관통하는 것이다. 십자가를 바라보면서 자기의 고통과 이웃의 고통에 직면할 용기를 갖는 것이다. 종종 십자가가 우리를 응시하는 것처럼 느껴지기도 한다. 십자가는 붓다의 사성제에 대한 그리스도교 버전이라고 할 수 있다.

여러 해 전, 도미니코수도회의 짐 캠벨 신부는 일본에 있는 '선과 그리스도교 명상 홀'에 앉아 있었다. 그는 극심한 허리 통증으로 고생하면서도 좌선[35•]을 하려고 노력했다. (안타깝게도 결국 그는 허리수술을 받아야만 했다.) 그는 더 이상 좌선을 지속할 수 없다고 판단하고 수행을 그만두려 했다. 그때 눈을 들어 벽에 걸린 작은 나무 십자가를 보았다. 그리고 몇 년이 지나서 그가 말했다. "그것으로 고난과 십자가, 그리고 구원의 약속 등 모든 것이 이해되었다. 그리고 나는 내가 왜 그리스도인인지를 알게 되었다."

분명히 다른 사람은 선당禪堂. 참선을 하는 집 벽에 걸린 십자가를 보며 전혀 다른 경험을 했을 것이다. 여러 세기 동안 십자가는 많은 그리스도인에게 자신의 고통을 바라보고 어루만지는 데 도움이 되는 '온화한 거울'36• 역할을 해 왔다. 그것은 압도되거나 버림받은 기분을 갖게 하는 방식으로 작용하지 않는다. 그것은 스승인 예수 안에서, 예수를 통해, 예수와 함께 자기에게 발생하는 것을 주의 깊게 바라보고 어루만지는 것이다. 인내와 사랑으로 고통을 끌어안은 그를 바라봄으로써, 우리도 앞으로 나갈 수 있는 길을 발견한다. 현대 심리학적 언어를 사용하면, 자기 그림자와 친구가 되는 것이다. 즉 부정적인 것을 끌어안음으로써 긍정적인 것이 되는 것이다. 십자가는 역설적 상징으로 접근할 때만 이해된다. 그것은 한쪽을 당혹하게 만들지만 다른 쪽에게는 말할 수 없는 희망이다. 사도 바오로는 말한다.

> 멸망할 자들에게는 십자가에 관한 말씀이 어리석은 것이지만, 구원을 받을 우리에게는 하느님의 힘입니다. …… 유다인들은 표징을 요구하고 그리스인들은 지혜를 찾습니다. 그러나 우리는 십자가에 못 박히신 그리스도를 선포합니다. 그리스도는 유다인들에게는 걸림돌이고 다른 민족에게는 어리석음입니다. 그렇지만 유다인이든 그리스인이든 부르심을 받은 이들에게 그리스도는 하느님의 힘이시며 하느님의 지혜이십니다. 하느님의 어리석음이 사람보다 더 지혜롭고 하느님의 약함이 사람보다 더 강하기 때문입니다.(1코린토 1장 18-25절)

사도 바오로는 그것을 논리적으로 설명할 수 없다. 그는 단지 깊이 있고 자유로운 실재에 대한 자신의 체험을 토로할 뿐이다. 그가 할 수 있는 것은 역설적 선언뿐이다. 즉 십자가는 어리석지만 지혜롭다. 그것은 죽음이면서 생명이다.

이야기를 이어가기 전에, 나는 그리스도교 2천년 역사에서 십자가가 상징하는 바가 남용되었던 여러 시기를 잘 알고 있음을 밝히고자 한다. 나는 그것을 인정하면서 예수가 못 박힌 십자가에 관한 글을 쓰고 있다. 특히 일부 역사적 사건은 지나치게 잔인했다. 그것과 관련해서 그리스도인은 고개를 숙이고 하느님과 형제자매들에게 자비와 용서를 구해야만 한다.

라틴아메리카에서 수년간 일하면서, 나는 십자가의 이름 아래 대륙 전역에서 펼쳐졌던 잔혹한 역사를 알게 되었다. 오늘날 라틴아메리카는 가난과 문화적 폭력이 만연하다. 그것은 유럽 식민 열강이 정치적, 종교적으로 지배해 온 역사와 무관하지 않다. 식민통치 시대에 세례성사는 강압과 통제의 수단으로 주로 사용되었다. 당시 통치자들은 그것을 예수 그리스도의 파스카 죽음과 부활을 통해 하느님이 우리 안에 내재한다는 신비를 알려 주는 도구로 사용하지 않았다. 이 불행한 유산은 지난 5세기에 걸쳐서 라틴아메리카의 골칫거리로 남았다. 그것은 실패한 민주주의와 각계각층의 정치적 부패와 생태적 황폐화를 가져왔다. 그리고 여러 나라에서 온 최고 입찰자에게 대륙이 지닌 공동의 땅과 정신과 문화를 지속적으로 팔아넘기고 있다. 오늘날에도 최고 입찰자가 미국이라는 사실 빼고는 상황은 거의 바뀌지 않았다.

세계 여러 지역에서 십자군 전쟁과 종교재판이 있었고, 신기한 능력을 지닌 것으로 판결된 남녀들이 말뚝에 묶인 채 화형을 당하기도 했다. 이 모든 것은 왜곡된 십자가에 대한 우상숭배가 부추긴 것이었다. 나치즘과 파시즘은 그리스도교의 성경에서 취한 언어를 이용하여 아리안 우월주의라는 용광로에 기름을 부었다. 나는 미국 남부에서 성장했다. 그곳에서 아프리카계 미국인은 그들의 집 앞에서 십자가를 불태우고 교회를 폭파하는 두건을 쓴 증오 범죄자들 때문에 여러 밤을 지새워야만 했다. 그들 모두 '신'이라고 부르는 우상의 이름으로 그렇게 했다. 이 모든 잔혹한 행위는 두려움과 권력남용에 뿌리를 둔다. 충분하지는 않지만 그리스도교는 일부 과오에 대해 사과와 공개적 회개를 표명해 왔다.[37•] 1992년 라틴아메리카와 카리브해의 가톨릭교회 주교들은 산토도밍고에 모였다. 그리스도교가 아메리카에 들어온 지 500년이 된 것을 기념하는 행사였다. 그때에 "[지난 500년 동안 비춰진] 많은 위대한 빛에 하느님께 감사하지만, 그 기간에 발생한 부인할 수 없는 어두운 그림자에 대해 용서를 구한다."라고 선포했다.[38•] 치유의 효과를 높이려면 폭력적 과오에 대한 적극적이고 추가적인 공개 사과가 필요하지만 초기 단계라도 시작된 것은 긍정적이다.

하지만 예수의 삶과 가르침은 지배 권력에 보조를 맞추는 쪽을 선택했던 그리스도교 역사로부터 구분해야 한다. 모든 종교는 본질을 왜곡시키는 이들과 광신자들을 배출할 수밖에 없다. 근본주의 정신은 가장 유서 깊은 종교전통에도 침투할 수 있다. 모세와 붓다 혹은 힌두교의 성인들과 무함마드처럼 예수는 고결한 사람이었다. 그는 하느님의 사람이었다. 그의 삶은 세상에 연민과 사랑을 영원히 드러내는 것으로 두각을 나타낸다. 십자가는 비폭력적 사랑과 자비의 실천에 뿌리내린 삶을 살고자 했던 예수의 선택에서 비롯된 결과로서의 살아 있는 형상이다. 십자가의 형상은 폭력이나 종교적 억압을 정당화하는 도구로 사용되면서 조작되기도 했다. 그런 조작은 예수의 삶과 가르침을 성심성의껏 따르는 사람 모두를 모욕하는 것이다.

영성여정을 선택하고 걷는 우리는 누구나 목표에 미치지 못하는 경험을 한다. 우리는 모두 과정 중에 있는 인간이다. 우리는 좀 더 온전한 인간이 되기 위해 매일 배워 나간다. 우리는 과오와 단점을 지녔다. 그래서 우리는 다양한 영성여정을 걷다가 걸려 넘어지곤 한다. 그러나 그 과오와 단점이 성스러운 길을 우리에게 물려 준 현명한 이들의 가르침을 흐리게 해서는 안 된다. 자신의 한계와 선조들의 한계를 인식하면서, 우리는 계속해서 앞으로 나아가야만 한다. 그 길은 영원하고, 그 길은 시작과 끝이 없다. 스승들이 직접 걸었을 때처럼, 지금도 언제나 새롭고 신선하다. 우리는 과거에 범한 실수로부터 배워 나간다. 그래서 오늘 출발하는 여정에 대해 "예."라고 대답할 수 있다.

제
10
장

활짝 피어오른 사랑

-

하느님은 고통과 죽음을 무릅쓰고 사랑한다.
그렇게 하지 않는 신은 거짓 신이다.
아픔은 하느님 안에 있고, 아픔이 곧 하느님이다.

그리스도의 몸을 어루만지기

1

사도 바오로가 말했듯이 '십자가의 지혜'를 말로 설명하거나 파악하는 것은 어렵다. 따라서 나는 이 고찰에 몇 가지 실례를 덧붙이고자 한다. 그것은 십자가에 못 박힌 그리스도에 대한 체험을 통해 자유롭게 하는 하느님의 능력을 경험한 사람들의 사례다. 나는 이들과 그 이야기에서 많은 것을 배웠다. 앞에서 캘커타의 젊은 수녀 이야기를 했다. 그녀는 해맑게 웃으며 마더 데레사에게 말했다. "저는 그리스도의 몸을 어루만지고 있었어요." 실제로 그녀가 만진 것은 캘커타 거리에서 마주친 병든 남성의 몸이었다. 그녀는 그런 생각으로 병자를 치료했던 것이다. 연민을 가지고 마음을 다해 세상 고통을 어루만질 용기를 지닌 사람은 고통받는 그리스도를 어루만진다. 이들의 증언을 통해, 우리는 십자가에 못 박힌 그리스도가 실제로 살아 있는 그리스도라는 것을 더욱 잘 이해할 수 있다.

나는 엘살바도르에서 사라라는 여성을 만난 적이 있다. 정부 보안군은 그녀의 아들을 한밤중에 납치하여 고문하고 살해했다. 참혹한 비극을 겪은 사라는 2년 넘게 심한 우울증에 시달렸다. 그녀는 전혀 살고 싶지 않았다. 어느 날 그녀는 집 앞 길가에 멍하니 서 있었다. 그때 그녀가 우울증으로 고생하는 동안 한 번도 말을 걸지 않았던 이웃이 지나가면서 사라에게 인사를 건넸다. 그런데 놀랍게도 사라는 대답을 했고, 이웃에게 안부를 물었다. 그러자 그 이웃의 눈은 곧 눈물로 가득해졌고, 그녀는 소리 내어 울기 시작했다. 조금 지나자 그녀는 자기 처지를 사라에게 말했다. 최근에 그녀의 아들 둘이 납치되고 살해된 것이었다. 사라는 이날을 회상하며 말했다.

> 바로 그 순간 저의 우울증이 사라졌어요. 저는 무슨 일이 일어났는지 정확히 알 수 없어요. 다만 그 순간 제가 깨달았다는 것만 알죠. '이웃이 나를 필요로 하는구나. 그녀는 나보다 두 배의 고통을 받고 있다.' 지난 몇 년 동안 저는 우리 지역에서 비극을 겪은 가족들을 조직하는 일을 돕고 있어요. 제 인생이 다시 의미를 찾게 된 셈이죠.

사라는 자신의 정신적 치유와 변화를 세련된 신학 용어로 설명하지 않았다. 그러나 그녀는 그리스도와 십자가 위의 희생에 대한 믿음 덕분에 자기가 그토록 어두운 밤을 견딜 수 있었음을 알았다. 그녀는 '죽음으로부터 생명으로' 변화되는 다시 태어남을 경험했다. 사라는 이웃의 고통을 보고 어루만진 그 순간, 자신 안에서 심오한 사건이 일어나는 것을 알아차렸다. 그녀는 그리스도의 죽음과 부활에 긴밀하게 동참하는 파스카 신비에 들어갈 수 있었다. 이웃을 만난 그날, 사라는 십자가에 못 박혔다가 죽음에서 부활한 그리스도의 몸을 어루만진 것이다. 사도 바오로는 말한다. "그리스도 예수님과 하나 되는 세례를 받은 우리가 모두 그분의 죽음과 하나 되는 세례를 받았다는 사실을 여러분은 모릅니까?

과연 우리는 그분의 죽음과 하나 되는 세례를 통하여 그분과 함께 묻혔습니다. 그리하여 그리스도께서 아버지의 영광을 통하여 죽은 이들 가운데에서 되살아나신 것처럼, 우리도 새로운 삶을 살아가게 되었습니다."(로마 6장 3-4절) 사라는 바로 이것을 경험했다. 자기 고통이 발아에 충분한 기간을 거친 뒤, 그녀는 죽음을 대면했다. 그리고 자기 안에서 그리스도의 부활에 참여했던 세례성사의 은총을 상기했다. 그녀는 그리스도와 함께 죽음에서 되살아나 '새로운 삶을 살아가게' 될 수 있었다.

나는 1980년대 중반에 페루의 리마에서 1년간 신학공부를 했다. 페루는 내가 청소년 시절 교환학생으로 생활했던 곳이기도 하다. 나는 리마에서 공부하며 새로운 사실을 많이 알게 되었다. 내 편협한 마음으로 페루 사람들을 판단했던 것도 그중 하나다. 즉 나는 "피범벅이 된 예수가 매달린 십자가에 매료된 페루 사람들은 건전하지 못하다."라고 판단했다. 나는 가톨릭교회 신자로 자랐지만, 유년 시절에 내가 경험한 십자가는 리마의 교회에 걸려 있는 십자가에 비하면 지나치게 순화된 것이었다. 북미 그리스도교 교회는 십자가를 '청결하게 닦인sanitized' 예수의 형상으로 만들었다. 그것은 고통을 못 본 척하려는 요소를 반영한 북미 문화의 소산이다. 그런데 리마 교회의 모든 어두운 구석에는 피범벅이 된 예수의 십자가가 걸려 있었다. 내게 그것은 자기성취적 예언에 지나지 않는 것처럼 보였다. 그러면서 나는 마음 깊은 곳으로부터 들려오는 소리를 들었다. "이들은 고통에 사로잡혀 있다. 희망과 생명과 부활은 도대체 어디에 있는가? 피와 죽음에만 몰두하고 있으니, 그들의 상황이 나쁜 것도 당연한 것 아닌가?" 그러나 곧 나는 깨달았다. 그것은 제1세계 신학에 물든 거만하고 사변적인 고찰일 뿐이었다.

나는 그해의 주님 수난 예식부활절 전 금요일에 예수의 수난과 십자가 위의 죽음을 기념하는 예식이 있던 성금요일에 새로운 체험을 했다. 나는 도미니코수도회 동료 수사와 함께 도심에 있는 성 도미니코 성당에서 주님 수난 예식을 도왔다. 예식에는 예수가 십자가에서 숨을 거둔 것을 기념하는 십자가 경배가 포함되어 있었다. 우리는 신자들이 숨을 거둔 예수를 경배하는 동안 실물 크기의 십자가를 양손으로 붙들고 서 있었다. 거의 수천 명이 행렬에 있었던 것 같다. 그들은 천천히 다가와서 정중하게 십자가에 입맞춤으로써 십자가에 못 박힌 그리스도를 경배했다. 처음 10분 정도는 흥미로웠다. 그러나 신자들의 행렬은 끝이 없었다. 나는 서서히 팔과 허리에 통증을 느끼기 시작했다. 내 생각에 몇 시간은 그렇게 붙들고 서 있었던 것 같다. 그런데 그것이 마치 며칠은 지난 것처럼 느껴졌다.

나는 그들에 대한 판단을 서서히 멈추기 시작했다. 그저 그들을 바라볼 뿐이었다. 여성들 대부분은 검은 정장을 입고 있었고, 그녀들은 눈물을 흘리며 고개를 숙인 채 다가왔다. 많은 신자가 무릎을 꿇고 피범벅인 예수의 시신에 입맞춤을 했다. 그리고 손수건 또는 준비해 온 화장지로 예수의 피 묻은 몸을 닦아 주었다. 그런 다음 시신을 닦은 것을 소중한 성물처럼 모시고 집에 갔다. 그것이 다음 해 성금요일까지 그들을 시련과 고통에서 위로하고 격려할 것이다. 나는 그들의 경배 자세에 완전히 매료되기 시작했다. 여인들은 입 맞추고 나서 그리스도의 '몸을 닦았다.' 많은 여인이 한 번 이상 자기 자식의 장례를 치른 경험이 있었다. 어머니들은 죽은 아들의 시신을 땅에 묻기 위해 염하여 깨끗이 닦을 때처럼, 정성과 사랑으로 그리스도의 몸을 닦았다. 이것은 나에게 말로 표현할 수 없을 정도로 엄청난 충격이었고, 삶에 큰 영향을 미쳤다. 논리 정연했던 신학적 세계가 내 눈앞에서 무너지기 시작했던 것이다.

나는 고통으로 뒤틀린 채 십자가에 못 박힌 그리스도의 몸을 붙들고 있으면서, 그들에게는 주님 수난 예식이 단순한 종교적 의례가 아니라는 것을 깨달았다. 그것은 그들의 삶이었다. 북미 중산층으로서 안전하고 안락하게 살아온 내 삶과는 달리, 그들이 살아온 삶은 십자가에 매달린 피범벅인 시신과 너무도 닮았다. 그것은 결코 자기성취적 예언이 아니라 현실이었다. 그들에게 십자가에 걸린 시신은 종교적 예술작품이 아니었다. 그것은 그들의 죽은 아들이었다. 갓난아기였을 때 영양실조로 죽어 간 그들의 아이들이었다. 치료약도 희망도 없이 암으로 죽어 간 그들의 이웃이었다. 채찍질 당하여 피범벅인 예수의 시신은 서서히 고통스럽게 죽어 가는 그들의 조국이었다. 수 세기에 걸친 빈곤과 부패와 군사 쿠데타와 외채 및 내전의 결과로 그들의 조국은 죽어 가고 있었다. 현실적으로 정치적 힘을 갖지 못한 그들에게 선택지는 없었다. 그들은 스스로 할 수 있는 유일한 일을 한 것이었다. 상처 입고 피범벅인 인간 예수의 시신에 입 맞추고 얼굴에서 피를 닦아 내며, 죽은 예수를 부활시켰던 하느님께 간절히 기도하는 것이 바로 그 일이었다.

성금요일에 이런 체험을 하고 며칠, 몇 주, 몇 년에 걸쳐 서서히 내 눈에서 비늘이 떨어져 나갔다. 그리고 나는 새로운 눈으로 보기 시작했다. 라틴아메리카의 가난한 이들에게 십자가는 가장 큰 희망의 원천이다. 그들은 고통이 무엇인지 안다. 그들에게 고통은 일용할 양식과도 같은 것이다. 그렇기에 예쁜 십자가는 그들 세계와 전혀 어울리지 않는다. 즉 청결하게 피를 닦아 낸 시신으로 장식된 십자가나 시신조차 없는 십자가는 그들 세계에 속한 것이 아니다. 가난한 이들은 예수가 죽음으로부터 부활한 사건을 확고히 믿는다. 그리고 십자가가 고통으로부터 자유롭게 되는 길임을 흔들림 없이 굳게 믿는다. 그렇게 부활한 예수의 새 생명에 접촉하는 유일한 방법은 먼저 십자가를 어루만지는 것이다. 새로운 생명으로 나아갈 수 있는 빠른 지름길이 있다는 말은 새빨간 거짓말이다.

피범벅인 상태로 십자가에 매달린 예수는 라틴아메리카 사람들에게 하느님의 상징이다. 하느님은 고통이 무엇인지 알고 있으며, 그들의 아픔을 모르는 척하지 않는다. 오히려 하느님은 고통받는 그들에게 다가온다. 에크하르트가 말했듯 우리는 하느님 안에서 고통받고 "하느님은 고통받는 우리와 함께한다."[1] 십자가에 못 박힌 예수 그리스도는 우리와 함께 계신 하느님인 임마누엘(이사야서 7장 14절; 마태오복음 1장 23절)이다. 가난한 이들에게 고통을 회피하는 하느님은 그들과 함께하는 하느님이 아니다. 유대-그리스도 전통 전체에서 하느님의 이름은 위대한 진리를 담고 있다. 즉 "내가 세상 끝 날까지 언제나 너희와 함께 있겠다."(마태오복음 28장 20절) 이 진리는 모세가 불타는 떨기나무를 보았을 때부터 파스카로서 예수의 죽음과 부활에 이르기까지 변함이 없었다. 십자가에 매달린 예수 그리스도처럼 나약해진 하느님만이 "내가 너와 함께 한다."라고 가난하고 상처받은 이들이 신뢰하도록 말할 수 있다. 그곳에는 잔인하게 죽임을 당하고 수치스럽게 삶을 마칠지도 모르는 위험을 감수하면서까지 사랑하는 길을 선택하고 걷는 하느님만이 남는다. 그렇게 하지 않는 신은 거짓 신이다.

비폭력적 사랑의 십자가

2

십자가는 고통을 찬양하지 않는다. 고통은 어쩔 수 없는 사랑의 대가일 뿐이다. 『살아계신 붓다 살아계신 예수』의 앞부분에서 태이는 수년간 베트남 사회가 겪은 불안과 전쟁에 따른 아픔을 토로했다. "베트남 전쟁 중에 공산주의자와 반공주의자가 서로 죽이고 파괴하는 것을 저는 보았습니다. 자신들만 진리를 독점하고 있다고 믿었기 때문입니다. …… 저는 『대화 : 평화를 위한 열쇠』라는 제목의 소책자를 출판했습니다. 그러나 저의 목소리는 폭격과 박격포와 고함 소리에 묻혀 버렸습니다."[2•] 태이가 만든 소책자 제목은 온두라스에서 만난 소작농을 떠올리게 했다. 그의 이름은 돈 펠리페 후에테였다. 그는 1991년 가족 및 동료들과 함께 총에 맞아 죽었다. 그가 살해당한 이유는 자기 토지를 지키려고 했기 때문이었다. 돈 펠리페는 자신의 땅에서 그와 가족들을 쫓아내려고 한밤중에 들이닥친 무장한 깡패들 앞에, 맨몸으로 평화롭게 서 있었다. 그는 한 가지 제안을 했다. "대화를 합시다." 태이의 소책자와 마찬가지로, 대화를 하려던 돈 펠리페의 희망은 폭력 앞에 맥없이 무너졌다. 서로 존중하는 꾸밈없는 대화가 왜 공포와 경멸로 취급받았는지 궁금하지 않을 수 없다.

태이는 베트남에서 군용트럭 뒤에 앉은 채 제자 낫트리의 머리에

침을 뱉은 미국 병사의 이야기를 들려준다. "낫트리는 너무나도 화가 나서 수행처를 떠나 인민해방전선에 가담할 생각을 했습니다. 저는 낫트리에게 미국 병사도 전쟁에 희생되었다고 이야기했습니다. '그도 잘못된 사상과 잘못된 정책의 희생자일 뿐이네.' 저는 승려로서 평화를 위한 일을 계속하자고 설득했습니다. 그리고 그도 그 진실을 깨달았습니다. 그는 지금 '사회봉사를 위한 불교청년학교'에서 가장 적극적인 일꾼이 되었습니다."[3•]

승려 낫트리는 침 뱉음을 당하고 모욕을 받는 폭력 상황에 놓여 있었다. 예수도 비슷한 상황에서 침 뱉음과 채찍질을 당하는 모욕을 받았다. 그들이 고통을 견딜 수 있었던 것은 연민을 지니고 행동을 선택한 것과 밀접히 관련된다. 그는 폭력에 대항하여 더 큰 폭력을 휘두르는 방법을 선택하지 않고, 화해와 자비의 정신으로 행동했다. 그는 오히려 자기 스스로를 나약하게 만들었다. 그는 원수를 이해하고 용서하는 어려운 과제를 완수하기 위해 자기 마음을 열었다. 돈 펠리페와 태이가 그랬듯이 그는 사랑에 기초한 대화를 하고자 했다. 낫트리와 예수는 가해자가 지닌 고통을 아주 깊게 들여다보았다. 그리고 상대가 갖는 분노와 폭력 뒤에 숨겨진 인간적 면모와 존엄성을 엿보았다. 그리스도인은 십자가에 못 박힌 그리스도를 묵상하는 동시에, 그런 끔찍한 행동을 한 가해자에게 숨겨진 인간 존엄성과 하느님의 모상을 묵상해야 한다. 십자가에 못 박힌 예수를 바라보면서, 그가 십자가 위에서 던진 용서의 말을 기억해야만 한다. "아버지, 저들을 용서해 주십시오. 저들은 자기들이 무슨 일을 하는지 모릅니다."(루카복음 23장 34절) 십자가에 못 박힌 그리스도는 비폭력적 사랑으로 가는 길을 제시한다. 오늘날 우리는 그 길을 따라 걷고 있는가?

태이는 "붓다는 폭력과 부도덕에 언제나 저항했다."라고 쓴다. "우리 승단은 사회적 불의와 폭력에 반대하는 일을 하고 있는가? 아니면 전쟁을 축복하거나 전투력 향상을 위해 군대에 군승을 보내고 있는가? 예수는 최고의 용기를 갖고 비폭력적 복음을 가르쳤다. 오늘날 교회는 존재와 행위로서 같은 것을 실천하는가?"[4•] 태이의 질문은 쉽게 답할 수 없다. 그것은 우리의 마음을 불편하게 만들 가능성이 크다. 그러나 우리는 어떤 방식으로든 용기를 내어 대답해야만 한다. 대답을 회피하는 것은 공포에 떨면서 사는 것이다. 아직 우리에게 비폭력적 사랑의 실천이라는 과제를 완수할 능력이 없을 수 있다. 그러나 우리는 그런 단점조차 솔직하게 인정해야만 한다. 그것이 사랑을 배워 나가는 과정에서 동반되는 연약함일 수 있기 때문이다.

우리가 어려운 문제를 무시하면 영성적으로 도움이 되지 않는다. 십자가가 지닌 추함에서 등을 돌리는 것도 마찬가지다. 우리는 자신에게 침을 뱉는 군인의 눈을 똑바로 들여다봐야 한다. 그의 눈이 십자가에 못 박힌 그리스도의 눈이기 때문이다. 바로 그렇다. 그런 특별한 시선과 그 순간에 우리의 진정한 영성수련이 시작된다. 바로 그 순간이 우리가 증오를 극복하고 사랑을 선택할 기회다. 에크하르트는 말한다. "그대는 모든 사람을 동등하게 사랑해야 한다. 그리고 동등하게 존경하고 존중해야만 한다."[5•] 십자가는 비폭력적 사랑을 배우는 학교다. 달라이 라마도 말했다. "그대가 올바른 태도를 키울 수 있다면, 원수들은 최고의 영성지도자가 될 것이다. 그들의 존재가 그대의 관용과 인내와 이해를 향상시키고 발전시킬 기회를 주기 때문이다."[6•]

한편으로 십자가는 원수, 즉 죽음을 가져온 나무다. 그러나 다른 한 편으로 십자가는 스승이며 생명을 가져다주는 나무다. 십자가를 멀리하거나 깨끗이 닦거나 더 고상하게 보이려는 시도는 진리를 덮어 버리는 것이다. 그렇게 하면 예수가 살았던 삶에 담긴 핵심 메시지를 잃는다. 상처 입고 십자가에 못 박힌 그리스도를 어루만짐으로써만 비폭력적 사랑을 실천한 살아 있는 예수 그리스도를 어루만질 수 있다. 이렇게 어루만질 때 참된 평화를 이끄는 힘을 얻는다. 그러나 그것은 결코 어떠한 고통도 없이 얻어지는 평화가 아니다. 그런 세계는 존재하지 않는다. 십자가가 주는 평화는 고통 중에서도 흔들리지 않는다. 이것이 바로 평정심을 동반한 평화다.

무엇이든,
단지 있다

3

우리가 살펴본 대로 고통은 존재한다. 이것이 붓다가 사성제에서 설하고, 예수가 십자가를 짊어짐으로써 상징화한 진리다. 또한 이것은 누구나 잘 아는 진리다. 그것은 우리가 책 또는 종교적 가르침을 통해 배우는 것이 아니라, 삶과 경험을 통해 깨달은 진리다. 영성여정에서 중요한 부분은 우리가 고통을 선택하고, 고통에 동참하고, 고통과 더불어 살아가고, 고통을 극복해 나가는 것이다. 불교는 고통을 극복하는 것을 더 강조한다. 붓다는 고통 극복의 수단으로 팔정도를 가르쳤다.[7•] 한편 그리스도교는 고통 자체가 지닌 대속代贖, 타인의 죄를 대신 갚아주는 행위적 가치를 강조한다. 그러나 두 전통은 겉으로 드러난 차이와 달리 많은 공통점을 지닌다.

물론 불교와 그리스도교는 고통에 대한 근본 가르침이 다르다. 그러나 고통을 회피하지 않고 그것을 관통함으로써 극복해야 한다는 가르침은 같다. 즉 고통을 직시하고, 고통을 어루만지고, 고통 너머로 발돋움하는 것이다. 위에서 태이는 말했다. "우리는 고통의 세계를 버리거나 떠나서 갈 수 있는 곳이 있다고 믿는 경향이 있다. …… [그러나] 고통과 불행이 없으면 행복과 안녕도 없다."[8•] 달리 말하면 고통을 극복하는 유일한 방법은 관통이다. 그리고 부활 체험의 유일한 길은 십자가의 길을 걷는 것이다. 구약성서의 탈출기는 비슷한 통찰을 상징화한다. 탈출기는 이스라엘 민족이 이집트에서 한 노예 생활로부터 "젖과 꿀이 흐르는 땅"(민수기 16장 14절)으로 가는 여정이다. 유대인과 그리스도인 양자에게 탈출기는 중요하다. 그것은 우리에게 약속된 땅 또는 정토淨土, 붓다 또는 보살이 머무는 곳으로 번뇌가 없어 청정한 세계로 향하는 유일한 길을 제시한다. 그것은 사막을 가로질러 가는 위험천만한 여행을 시작하는 길이다.

거의 7백 년 전에 에크하르트는 '사막을 가로질러 걷는 것'이라는 영성 과제를 고유한 방식으로 풀이했다. 마리아와 마르타의 집을 방문한 예수의 이야기(루카복음 10장 38-42절)에 기초하여, 그는 설교에서 매우 명료하게 말한다. 영성생활은 고통의 사막을 회피하며 사는 것이 아니라 사막을 가로질러 가는 삶이다. 하느님의 현존에 중단 없이 머무는 것이다.

> 고지식한 사람들은 이렇게 주장할 것입니다. "우리는 기쁨에 흔들지 않을 정도로 완벽해야 한다. 우리는 기쁨과 슬픔에 아랑곳하지 않아야 한다." 그들은 잘못 생각하고 있습니다. …… [그러므로] 나는 이렇게 반박합니다. "고난에 의해 상처받지 않고, 기쁨에 의해 즐거움을 느끼지 않는 경지에 이른 성인은 존재하지 않았고 절대 존재하지 않을 것이다." …… 하지만 한편으로 현생에서도 성인이 자기와 하느님을 갈라놓을 것이 전혀 없을 만큼 진보하는 것은 가능합니다. …… 그런 사람은 하느님의 가장 고귀한 의지와 하나가 되는 장소인 영혼의 정수리가 병에 걸리지 않는 한, 자신에게 무슨 일이 닥치든 영원한 행복을 방해받지 않습니다.[9•]

에크하르트는 살아 있는 삶을 말한다. 그것은 하느님 안에 굳건히 근거하고 닻을 내린 삶이다. 우리가 그렇게 살면 외부적 고난 또는 고통을 겪더라도, 내적 평화와 평온을 누릴 수 있다. 그것이 불교와 그리스도교뿐만 아니라, 대부분의 종교가 공통적으로 가르치는 영원한 진리다. 대부분의 영성전통들은 그것을 '평정심'이라고 부른다. 에크하르트와 태이가 가르친 진리의 기본도 평정심이다. 이것이 에크하르트의 가르침 중에서 불교의 기본 가르침과 가장 유사한 영역이다. 평정심이란 용어는 그리스도인보다 불교도에게 훨씬 더 친숙하다. 그러나 평정심은 종교간 대화를 유익하게 하고, 서로를 더욱 긴밀히 연결시켜 줄 수 있는 영성적 보물이다. 동시에 그것이 각자 전통의 고유 수행법을 더욱 풍요롭게 만든다. 고통 또는 즐거움에 상관없이 평정심을 유지하는 것은 영성생활의 소중한 보석이다. 그것은 정진수련을 통해서만 익힐 수 있는 수행법이다. 에크하르트는 일단 그것을 익히고 나면 그것이 '영원한 환희'의 내적 세계로 이끄는 힘을 지닌다고 가르친다. 그리스도의 십자가가 생명을 가져오는 나무라면, 평정심은 그것이 피운 가장 아름다운 꽃이다.

에크하르트는 설교에서 평정심을 정의한다. "기쁨과 슬픔에 [마음이] 한결같고 …… 쓴맛과 단맛에 [마음이] 한결같은 것이다."[10•] 즉 현재 순간에 일어나는 것을 무엇이든지 고요하고 평화롭게 받아들이는 것이다. 에크하르트는 덧붙인다. "평화롭게 사는 [사람은] 좋다. 그러나 인내를 갖고 고난을 겪는 삶을 사는 [사람이] 더 좋다. …… 그리고 고난을 겪는 삶을 살면서 평화를 유지하는 것이 최상이다."[11•] 평정심은 고통을 낭만적으로 보는 것이 아니다. 평정심은 한 번에 한 순간의 삶만을 받아들인다. 그래서 고난 중에도 평화를 찾는 법을 배운다. 지혜롭고 사랑스러운 나의 벗인 프리실라 트로스트 수녀는 에크하르트의 가르침 전체를 세 단어로 요약했다. "무엇이든, [단지] 있다.What is, is" 모든 것 안에 있는 하느님의 존재성is-ness을 발견하는 것이 우리에게 진정한 내적 평화, 즉 평정심을 지닌 삶을 열어 준다. 새해 첫 봄 소풍을 가는 날이 따스하고 화창하길 바라는 것은 지극히 정상이다. 그러나 비가 억수같이 쏟아지더라도 우리가 '빗속을 노래하며' 공원을 산책하는 것이 평정심이다. 그것이 내적 고요함이다. 무엇이든 단지 있는 것What is, simply is으로 받아들이면 그것을 깨닫게 된다. 속담에 있듯이 "인생이 그대에게 레몬을 건네면 레모네이드를 만들라."

1996년 프랑스 플럼 빌리지에서의 질의응답시간이었다. 누군가 태이에게 알츠하이머병에 걸린 환자가 받는 육체적 고통, 그리고 그것에 동반되는 기억상실의 괴로움을 수용하는 방법을 물었다. 그는 자신의 인생체험에 근거해서 평정심을 유지하며 일상생활을 사는 방법을 적절하고 솔직하게 말했다. "저는 정말 기억력이 좋았습니다. 저의 기억력이 저를 배신한다는 것을 처음 알게 되었을 때, 저는 고통스러웠습니다. 당신은 더 이상 젊지 않다는 것을 실감해야 합니다. 그런데도 당신은 그것을 믿지 않습니다. 당신은 더 이상 총명하지 않습니다. 더 이상 모든 것을 기억할 수는 없답니다. 그래서 당신은 상처받겠지요. 점점 늙어 간다는 사실을 받아들이는 것이 어려울 수 있습니다. 그러나 있는 그대로의 상황을 받아들여야만 합니다. …… 이제 저는 무엇인가 기억나지 않으면, 그리고 제가 익숙했던 것을 그전처럼 못하게 되면, 저는 그저 웃어 버립니다."**12●** 무엇이든, 단지 있다.What is, is

태이는 단순하고 피부에 와닿는 영성수련에 대한 통찰을 말한다. 평정심은 우리에게 삶에 미소 지으며 웃는 법을 가르쳐 준다. 우리는 모든 상황을 있는 그대로 받아들이는 법을 배운다. 우리는 최선을 다해 유머 감각을 갖고 그것을 받아들이는 법을 배운다. 태이는 고난으로부터 도망치거나 벗어나는 방식을 처방하지 않았다. 그는 우리의 마음 안에 거짓된 환상 세계를 구축하는 명상을 처방하지도 않았다. "마음챙김 수행은 고통을 원수로 규정하지 않는다. 그것은 억제해야 하는 것이 아니다. …… 그것은 고통이 우리의 일부라는 것을 아는 것이다. 그것은 아기를 안고 있는 엄마와 같다. 엄마는 아기가 자신의 일부라는 것을 안다. 고난은 우는 아기이고 다정함은 엄마다. 따라서 다정함과 고난 사이에 어떤 장벽도 없다."[13•] 이것은 고난과 고통의 상처로 산산이 찢긴 오늘날 세계에 꼭 필요한 가르침이다. 다정함과 안녕과 평화를 싹틔울 씨앗이 고통에 숨겨져 있다. 태이가 자주 말하듯, 그저 씨앗에 물을 주기만 하면 된다. 누구나 실존의 부분인 고통을 경험한다. 에크하르트의 언어로 표현하면, 우리가 겪는 고난은 하느님 안에 있고 우리가 겪는 고난이 하느님이라는 것을 깨달아야 한다.

수련자를 위한 영성담화에서 에크하르트는 평정심을 수행하라고 가르친다. 그러면서 불교 고승과 유사한 언어를 사용한다. "가장 강력한 기도는 빈 마음bare mind에서 나오는 기도다. 꾸밈이 없을수록 더 강력하고 합당하며 유용하고 칭송받을 만한 기도다. 그것이 기도생활과 맡은 소임을 완성한다."[14•] 에크하르트에 따르면, '빈 마음'으로 살아갈 때 우리는 결과에 대한 기대를 버리고 기도와 일 그 자체에 전념할 수 있다. 그것이 내면의 평온과 자유를 얻는 길이다. 프리실라 수녀가 말했듯, 무엇이든 단지 있을 뿐이다. 에크하르트는 계속해서 말한다.

> 빈 마음은 무엇인가?
> 빈 마음은 아무것도 걱정하지 않는다.
> 빈 마음은 어떤 것에도 얽매이지 않는다.
> 빈 마음은 어떤 형태로든 자신의 장점에 얽매이지 않는다.
> 빈 마음은 어떤 경우에도 자신을 추구하지 않는다.
> 빈 마음은 하느님의 자비로운 의지에 완전히 침잠한다.
> 빈 마음은 자신을 완전히 비우는 것이다.[15•]

빈 마음은 걱정하거나 얽매이지 않는다. 예정된 결과에 집착하지도 않는다. 빈 마음은 현실을 있는 그대로 자유롭게 받아들인다. 이것이 평정심이다. 이어서 에크하르트는 빈 마음을 배양하는 것 또는 평정심을 수행하는 것을 설명한다. 그 설명을 위해 그리스도교 신학은 '하느님의 뜻을 행하는 것'이라는 맥락을 이용한다. 그런데 이 말 자체가 종종 혼란을 야기한다. 특히 에크하르트와 당대 스콜라 신학자가 이 용어를 사용한 의도를 모르면 더욱 그렇다. 여기서 이 주제를 광범위하게 다루지는 않겠다. 단지 이해를 돕기 위해 간단한 설명을 덧붙일 필요가 있다.

에크하르트는 고통과 평정심의 관계를 설명한다. 그러나 이것을 이해하려면 '하느님의 뜻'이 무엇을 의미하는지를 먼저 알아야 한다. 에크하르트는 이 말을 '하느님이 일어나기를 원한 것' 또는 '하느님이 일어나도록 계획한 것'이라는 의미로 사용하지 않는다. 그가 말하는 '하느님의 뜻'은 '하느님 안에서 일어난 것'이다. 좀 더 좋은 번역은 이렇다. "이것은 일어났던 [모든] 것, 그리고 일어나는 모든 것이다. [이것이] 하느님 안에서 일어난다."

앞 장에서 언급한 고통에 대한 이야기를 계속하자면, '하느님의 뜻대로' 고통을 받아들여야 한다는 에크하르트와 그리스도교 신학자들의 말이 의미하는 바를 파악하는 것이 중요하다. 그들은 결코 하느님이 고통을 원한다고 말하지 않는다. 인간이 고통받기를 바라는 하느님을 누가 믿겠는가. 그것은 오즈의 마법사의 다른 버전, 즉 하느님이 '저편에' 있으면서 임의로 역사의 끈을 당기며 즐기는 꼴이 된다. 그런 하느님의 이미지는 성숙하지 못한 영성을 반영한다. 하느님은 결코 '저편' 어디엔가 있지 않다. 하느님은 존재성is-ness이다. 즉 모든 존재를 통해 흐르는 존재성이다. 인간이 고통받는 것은 하느님 안에서 고통받는 것이다. 하느님이 고통 안에 존재하기 때문이다. '고통은 하느님 안에서 작용한다'는 통찰을 깨닫는 것이 모든 고통을 초월한 하느님과 합일하는 것이다. 에크하르트는 말한다. "하느님이 고통 중에 우리와 함께 한다는 것은 [하느님이] 나와 함께 고통을 받는다는 의미다. …… 나의 고통이 하느님 안에 있고 하느님이 나와 함께 고통을 받는다면, 그 고통이 어떻게 아픔이 되겠는가? 그때는 나의 고통은 아픔을 여의고, 나의 아픔이 [곧] 하느님이다. …… 내가 하느님을 위해서 그리고 하느님 안에서 순수한 고통을 발견할 때마다, 나는 그곳에서 하느님을 발견한다."**16•**

평정심은 모든 존재의 근거인 하느님 안에 확고하게 뿌리를 두고 서 있는 것과 관련된다. 평정심은 고통에 영향을 받지 않고 우리의 가장 참되고 깊숙한 자아, 즉 하느님과 하나가 된 자아가 고통 중에서도 흔들리지 않는 것이다. 아픔은 하느님 안에 있고, 아픔이 곧 하느님이다. 이 신비를 진지하게 삶으로 실천해야 한다. 에크하르트는 그것을 통해 집착에서 자유롭게 된 것을 '빈 마음'이라 부른다. '지금 이렇게 되어야만 한다'는 기대를 완전히 비우는 것이다. 하느님은 사물이 있는 그대로의 방식으로 온전히 현존한다. 하느님의 현존에 마음을 여는 것이 빈 마음이며 내적 고요다. 그리고 내적 고요가 자유와 평화를 추구하는 삶의 관건이다.

내적 고요는 하느님 안에서 고통을 받아들일 때 생긴다. 그것은 그리스도교의 '자유의지'에 대한 신학과 연계해서만 이해할 수 있다. 하느님의 뜻은 강압적이지 않다. 하느님은 우리에게 언제나 자유로운 선택을 허락한다. 하느님의 뜻을 실천하는 것은 우리가 하느님 안에서 자유롭게 행동하기로 선택하는 것이다. 우리의 선택뿐만 아니라 선택의 결과도 하느님 안에서 발생한다. 그리스도교는 우리의 모든 자유로운 선택이 그에 따른 결과를 초래한다고 말한다. 이런 사고는 동양의 업사상業思想. 현재 행위는 과거 행위의 결과이고 현재 행위는 미래 행위의 원인이라는 인과율. 모든 행위에는 반드시 결과가 따름과 유사하다. 예를 들어 보자. 내가 공항에서 발권하는 항공사 직원에게 웃는 얼굴로 다정하게 "안녕하세요?"라고 인사하면서 통로 좌석을 부탁했다고 해 보자. 매일 영성수련을 한 결과인 상냥한 태도 때문에, 그 직원은 나의 부탁에 친절히 응대할 것이다. 하지만 공항에 늦게 도착한 내가 다그치듯 항공사 직원에게 내게 배정된 밀실공포증을 일으킬 것 같은 가운데 좌석을 바꿔 달라고 요구한다고 해 보자. 이 경우에 나는 가운데 좌석에 앉아 기나긴 비행시간 내내 소리를 질러 대는 두 아이 사이에서 고통을 겪을 확률이 클 것이다. 그렇게 내가 가운데 좌석 32B에 앉으면 비행기는 이륙할 것이다. 그래도 그것이 '하느님의 뜻'인가? 대답은 무조건 "그렇다."이다. 그것은 하느님의 뜻일 뿐만 아니라, 내가 평정심을 수행할 좋은 기회다. 그 상황을 그대로 받아들인 채, 내가 소리를 질러 대는 두 아이를 즐겁게 할 방도를 궁리하기 시작하면 평정심이 피어난다. 에크하르트는 이렇게 설교한다. "그대는 묻고 싶을 것이다. 그것이 하느님의 뜻인지 어떻게 알 수 있는가? 나는 대답한다. 한 순간도 하느님의 뜻이 아닌 것은 없다. 모든 것은 하느님의 뜻이다."[17•] 내가 공항에 늦게 도착하거나 항공사 직원에게 다그치듯 말한 것이 하느님 책임이라는 것은 아니다. 그 선택은 내가 한 것이다. 하느님은 고통을 허락하시지만, 그렇게까지 된 것은 나의 행위가 불러온 결과다. 이것이 하느님의 뜻이다.

하지만 내가 공항에 충분히 일찍 도착했고 충분히 상냥하게 대했음에도, 항공사 직원이 이미 기분이 상한 상태라면 어떻게 되겠는가? 이러한 경우는 나의 통제 범위를 완전히 벗어난 것이다. 내가 친절하고 정중하게 부탁했음에도, 그녀가 그것을 무시하고 가운데 좌석인 32B를 내게 배정한다면 어떤가? 그곳은 에크하르트가 가르친 평정심 수행이 실제로 시험대에 오르는 현장이다. 그곳은 태이가 가르친 마음을 다한 숨쉬기 수행이 구세주가 되는 현장이다. 에크하르트가 32B 좌석을 배정받는다면 이렇게 말하지 않을까?

> 나는 하느님 뜻에서 그리고 하느님 뜻으로부터 나온 고통을 받아들이고 견딜 것이다. 그런 고통만이 완전한 고통이다. 그것은 참된 선함과 환희를 품은 하느님의 순수한 사랑에서 나오고 샘솟는

> 다. …… 하느님의 뜻이 내가 원한 것을 이루어 주면, 즉 허락하면 나는 그것을 기뻐할 것이다. 그러나 하느님이 그것을 나에게 이루어 줄 뜻이 없다면, 그때도 같은 하느님의 뜻이기에 나는 그것 없이 살아갈 것이다. …… 그렇게 한들 내가 잃을 것이 무엇이겠는가?[18•]

에크하르트는 "내가 잃을 것이 무엇이겠는가?"라고 자문한다. 평정심을 수행해서 우리가 잃을 것은 없다. 그러나 우리가 내적 평화와 고요를 통해 얻는 것은 무한하다. 영성 대가들은 외부에서 일어나는 일과 상관없이 우리가 내면을 고요하게 유지할 수 있는 방법을 가르친다. 삶 자체가 두루 유익한 상태가 된다. 『신적 위로의 책』이라는 논문에서 그는 주장한다.

> 그래서 나는 말한다. 선하고 정의로운 〔사람〕에게 외부로부터 악이 덮칠 수 있다. 그러나 그녀가 흔들리지 않는 마음의 평화를 지니고 평정심을 유지하면, 발생하는 어떤 일도 그녀를 방해할 수 없다. 내가 말했던 것들처럼 그것은 사실이다. …… 그러므로 〔사람은〕 자기 자신을 변모시키려고 열심히 노력해야 한다. …… 그러면 그 무엇도 그녀를 괴롭히거나 슬프게 만들 수 없다. …… 그녀의 모든 존재와 삶과 지식과 지혜와 사랑이 하느님으로부터 나와서 하느님 안에 있고 하느님이 될 것이다.[19•]

평정심 수행은 영성생활이 어떤 것인지를 우리에게 상기시켜 준다. 영성생활은 고통 없는 삶이 아니라, 고통 안에서 자유로운 삶이다. 평정심은 고통 가운데서도 침착함과 초연함을 유지하게 하는 내면의 자유로 우리를 이끈다. 우리는 더 이상 고통을 하느님으로부터 철저한 고립과 단절을 야기하는 '영적 내침'으로 경험하지 않게 된다. 고통을 극복해야만 하느님과 함께할 수 있는 존재상태로 회복한다는 사고는 환상일 뿐이다. 붓다가 지혜롭게 가르쳤듯이, 실제로 그런 이분법적 사고는 고통을 일으키는 원인일 뿐이다. 해방은 다른 곳이 아니라 고통 속에서 실현된다. 우리는 이 심오한 영성적 진리를 깨닫도록 초대받는다. 사도 바오로가 말한 "우리는 하느님 안에서 살고 움직이며 존재"(사도행전 17장 2절)한다는 것이 사실이라면, 세상에 있는 고통과 분열 그리고 폭력과 죄라도 하느님의 마음 안에서는 신비적 방식으로 존재한다. 마음챙김과 평정심을 위한 영성수련은 우리에게 "두려워하지 말라."고 가르친다. 구약성서에 나오는 다니엘처럼(다니엘 3장 24-95절) 우리는 펄펄 끓는 불가마에서 침착하고 용감하게 걷는 법을 배운다. 우리는 하느님의 자비로운 마음에 머물면서 그렇게 걷는다. 에크하르트는 "[우리를] 괴롭히거나 슬프게 할 수 있는 것은 없다. 모든 것은 하느님으로부터 나와서 하느님 안에 있다. 그리고 하느님이 된다."[20•]라고 말한다.

태이는 멋진 은유를 통해 비구와 비구니에게 고통 중에 있더라도 평정심을 발견하라고 격려한다.

> 고통은 항상 있다. 우리 주변에 있고 우리 안에 있다. 따라서 우리는 고통을 완화하여 안녕과 평화로 바꾸는 법을 찾아야만 한다. 불교의 비구와 비구니, 그리스도교의 수사와 수녀는 기도와 명상

그리고 마음을 다한 걷기와 침묵 속에 식사하기 등을 통해 고통을 극복하려는 노력을 한다. 수행자가 되어 조용히 앉아서 고통의 본질과 〔고통에서〕 벗어나는 길을 깊이 들여다볼 수 있는 것은 특별한 혜택이다. 그대의 몸과 의식과 정신 상태를 깊이 들여다보는 것은 알을 품는 암탉이 되는 것과 같다. 언젠가는 깨달음이 병아리처럼 알을 깨고 나올 것이다. 수행자들이 자신의 수행 시간을 소중히 여기지 않는다면, 그들은 세상에 아무것도 주지 못할 것이다.[21•]

태이가 말하는 이미지는 단순하다. 그 단순함이 평정심 수행을 고무시킨다. 평정심은 우리의 일상생활을 방해하고 짓누르는 짐이 아니라 자유를 향한 길이다. 그러나 동시에 평정심을 유지하려면 진정한 헌신이 요구된다. 그것은 미완성인 현재 이 순간을 사는 일상에 헌신하는 것이다. 적절한 시기가 되면 평정심이 미래를 통제하고 조작하려는 우리의 마음을 내려놓게 한다. 이것은 매우 간단하게 들릴지도 모른다. 그러나 이 수행법을 익히려면 엄청난 노력과 인내가 필요하다. 달걀을 품은 암탉을 명상하는 것도 도움이 된다. 암탉은 새로운 생명을 탄생시키기 위해 밤낮으로 조용히 움직이지도 않고 달걀을 품고 기다린다. 평정심도 이런 방식으로 태어난다. 이런 이미지는 좌선명상을 하는 수행자에게 완전히 새로운 관점을 제시한다.

평정심과 십자가

4

노리치의 줄리안Julian of Norwich은 영국 관상가다. 그녀는 에크하르트보다 50년 늦게 글을 썼다. 그녀는 고통과 죄의 실상을 이해하려 노력했고, 우주를 구상하고 창조한 하느님에 대한 큰 의문을 지니고 있었다. 즉 하느님은 불행이 세상에 들어오는 것을 왜 막지 않았는가? 왜 인간은 고통을 받아야만 하는가? 누구나 그녀와 같은 질문을 한 번쯤 했을 것이다. 그때 줄리안은 예수의 계시를 받는다. 쓸모없는 생각으로 인한 갈등을 멈추고 하느님이 섭리하는 사랑을 신뢰하라는 계시였다. 예수가 그녀에게 말했다. "죄는 없어서는 안 될 것이다. 그러나 모든 것이 잘 될 것이다. 모든 것이 잘 될 것이다. 모든 종류의 것이 잘 될 것이다."[22•] 줄리안은 살아 있는 그리스도와 신비적으로 만난 이후에 모든 것을 이해하게 된다. "고난은 잠시 겪는 것이다. [나를] 정화하고 깨우치고 자비를 청하게 만드는 것이기 때문이다. …… 주님은 모든 인간을 구원하신다. 선한 주님은 누구에게나 다정한 사랑을 베푼다. 그분은 부드럽고 상냥하게 위로한다. 죄가 모든 고난의 원인인 것은 사실이지만, 모든 것이 잘 될 것이다. 모든 종류의 것이 잘 될 것이다."[23•]

줄리안은 평정심이란 용어를 사용하지 않았다. 그러나 그녀는 고통 중에서도 하느님 안에 근거해야 함을 직시한다. 고통이 우리를 정화시키고 하느님과 보다 깊은 친교를 맺도록 준비시킨다. 줄리안은 '모든 것이 잘 될 것이다All will be well'라는 구절을 반복한다. 그것이 만트라처럼 평정심 수행을 독려한다. 그것은 수행자를 서서히 현재 이 순간에 뿌리내리게 하고, 더 큰 신뢰와 균형과 평화를 지니도록 만든다. 줄리안은 달걀을 품은 암탉과도 같다. 암탉은 최대한 인내심을 지니고 달걀을 품고 앉아 기다려야 한다는 것을 알고 있다. 때가 되면 새로운 생명이 도래할 것이라고 확신하기 때문이다.

줄리안의 말은 아빌라의 성녀 대 데레사가 저술한 기도서의 내용을 연상시킨다. "자신을 괴롭히는 일이 없도록 하라. 그 무엇도 두려워하지 마라. 하느님과 함께하는 사람은 부족함이 없다. 하느님만 있으면 충분하다." 두 여성의 신비적 통찰은 우리를 평정심으로 나아가는 길로 인도한다. 우리가 고통받는 중에도, 하느님은 위로하기 위해 항상 우리 곁에 서 있다. 그는 바위처럼 꼼짝하지 않고 견고하게 고통받는 우리 옆에 서 있다(시편 31편 4송). 하느님 나라는 지금 여기에 있다. 그렇기에 존재 깊숙한 곳에서 '모든 것이 잘 될 것'이라는 사실을 받아들이게 된다.

하느님에 대한 확고한 신뢰는 십자가에 못 박힌 예수의 상징을 최종적으로 변화시킨다. 즉 증오와 폭력으로 고통받는 희생양의 상징으로부터 평화와 안녕의 상징이 된다. 사랑의 복음이 예수가 당한 고난 깊숙이 숨겨져 있다. 십자가는 그가 성심성의껏 걸어 왔던 영성여정을 담은 이야기다. 그것은 고통을 겪어야만 하는 사막을 관통하여 하느님의 나라에서 얻는 평화로 향하는 여정이다. 십자가에 못 박힌 예수가 헤아릴 수 없는 고통과 고난을 겪었다는 사실은 의심할 여지가 없다. 그것은 십자가 위에서 부르짖는 외침에서 생생하고 분명하게 드러났다. "저의 하느님, 저의 하느님, 어찌하여 저를 버리셨습니까?"(마르코복음 15장 34절) 이 외침은 평정심으로부터 나온 표현이 아닌 것처럼 들린다. 그렇기에 이 '비통한' 절규를 듣고 태이가 당황했던 것을 어느 정도 이해할 수 있다.[24*] 그렇다면 예수는 하느님이 실제로 자기를 버렸다고 생각했을까? 이 절규는 전체적 맥락에서 이해해야만 한다. 십자가 위에서 예수가 절규한 것은 신학적 진술이 아니다. 예수는 극도의 고통 중에 있는 순간에 하느님이 인간을 버린다고 말하지 않았다. 그것은 불가능하다. 하느님은 모든 존재의 근거다. 그리고 그것이 고통이라고 할지라도 일어나는 모든 것은 하느님의 마음에서 일어나기 때문이다. 파도가 극도의 고통을 받는다고 해도, 파도는 항상 바다의 견고한 현존에 근거한다. 마찬가지로 그 무엇도 하느님의 사랑으로부터 우리를 갈라놓을 수 없다(로마 8장 39절).

예수가 십자가 위에서 한 절규는 실존적 고통으로 뒤덮인 칠흑 같은 어둠에 홀로 남겨져 치를 떠는 사람 모두가 울부짖는 것이다. 홀로 남겨지는 것보다 더 무서운 경험은 없다. 십자가 위에서 울리는 절규는 아파하는 인간 모두의 울부짖음이다. 전 세계에서 하루에도 수백만 건의 절규가 들린다. 그런 절규가 들려온다는 것은 하느님이 고통받는 인간을 버렸다는 뜻인가? 아니다. 그것은 단지 인간이 고통을 겪을 수밖에 없다는 사실을 드러낼 뿐이다. 즉 누구나 극도의 큰 아픔으로 홀로 버려진 채 치를 떠는 체험을 한다는 것을 의미할 뿐이다. 그러나 이야기는 여기서 끝나지 않는다. 예수는 절규하는 동안에도 하느님 안에 근거한다. 그의 가장 진실하며 깊은 자아, 즉 궁극적 실재인 하느님의 사랑에 근거한 자아는 아버지 손에 자기를 맡긴다. 그는 완전한 신뢰와 평온한 마음으로 자기 생명을 하느님께 맡긴다. "아버지, 제 영을 아버지 손에 맡깁니다."(루카복음 23장 46절) 가장 어두운 밤이었던 그 순간, 예수는 하느님의 포근한 가슴에 안겨 있는 자기를 발견했다. 예수는 자기가 다시 고향에 돌아왔음을 자각한다. 아니 항상 고향인 하느님 안에 있음을 자각한다. 이런 것이 완전한 평정심이다.

평정심과 평화 속으로 관통breakthrough하는 것은 누구나에게 열려 있다. 그것이 영성여정의 전부다. 최근 영성피정을 하면서 수산나라는 여성을 만났다. 그녀는 여러 해에 걸쳐서 서서히 불구가 되어 가는 질병을 앓고 있었다. 수산나는 육체적으로나 정신적으로나 엄청난 고통을 겪었다. 그런데 피정하는 동안 내가 볼 때마다 그녀는 환한 얼굴로 웃었다. 나는 계속해서 놀랄 수밖에 없었다. 그녀가 그토록 평화롭고 빛날 수 있는 이유가 알고 싶었다.

기회가 되었을 때, 수산나는 자신의 이야기를 했다. 그녀는 질병으로 평생 고통받으며 언젠가 하느님이 치유해 주실 것이라는 희망을 잃지 않고 살았다. 그러나 그녀의 희망은 언제나 실현되지 않았다. 지난해에도 비슷한 영성피정에 참가한 그녀는 치유를 위한 기도회에서 병자성사 가톨릭교회가 위급하게 앓고 있는 신자의 고통을 덜어 주고 구원해 줄 것을 하느님께 청하는 성사. 종부성사라고도 함를 받고 깨달았다. "저는 항상 몸의 치유를 희망했어요. 그런데 전혀 기대하지 않던 일이 일어난 거예요. 신부님이 저의 손에 축성된 병자성유성목요일 성유축성미사 동안 축성한 성유로서 병자에게 도유할 때 사용를 도유했을 때, 저는 영적이고 정신적으로 완전히 치유되었어요. 제가 받은 치유는 몸의 치유가 범접할 수도 없는 것이었어요." 그것을 말하기도 전에 미소를 머금은 그녀의 얼굴이 나에게 그 비밀을 알려 주었던 것이다. 그녀는 이제 육체적 고통 중에서도 놀랄 정도로 평정심을 유지한다. "저는 여전히 우스꽝스럽게 걷지요. 하지만 그건 더 이상 중요하지 않아요. 저는 온전하거든요." 육체적 고통을 받고 있지만 그녀는 참된 평화와 자유를 맛본 것이다.

나는 수산나와 대화를 나누며 강한 인상을 받았다. 그녀의 내적 치유, 견고한 평정심, 평화를 느끼는 은총은 자신과 인생에 대한 가치관이 치유된 것과 밀접하게 관련된다. 그녀는 삶에 대한 새로운 가치관을 발견했다. 그녀는 하느님과 하나가 된 자신을 보면서 온전한 자기를 체험한다. 하느님 안에 있는 그녀는 완전하고 온전하며 자유롭다. 그녀는 이 진리를 아주 생생하게 깨달았다.[25•]

태이는 붓다의 사무량심四無量心. 모든 중생에게 즐거움을 주고 괴로움과 미혹을 없애기 위해 보살이 지니는 네 가지 광대한 마음에 대해 설법한 적이 있다. 그것은 젊은 승려들을 양성하는 과정에서 가르친 것이다. 태이는 먼저 평정심이 참된 사랑의 네 가지 차원 중 하나라고 말했다. 이어서 그것의 어원을 풀이했다. 평정심은 '집착 없음', '평온함', '놓아둠' 등의 뜻을 지닌 산스크리트어 '우펙샤upekṣā'에서 나온 말이다. 흥미로운 것은 '우펙샤'를 구성하는 두 단어다. 태이는 말했다. "접두어 '우파upa'는 '너머'를 뜻하고 동사 어근 '익슈īkṣ'는 '보다'를 뜻한다. 그대가 산에 오르는 것은 어느 한쪽에 얽매이지 않고 전체 상황을 조망하기 위한 것이다."

태이가 사랑과 우펙샤, 즉 평정심의 관계를 설명한 것은 나에게 심오한 진리를 깨우쳐 주었다. 사랑은 평정심을 수행하는 것이다. 첫째는 명확하게 보기 위한 것이고, 둘째는 자유롭게 계발하기 위한 것이다. 태이는 우리가 사랑하는 힘을 키우려면 영성적 능력을 계발하라고 권고

한다. 그것은 우리가 어느 한쪽에 얽매이지 않고 자신 앞에 놓인 상황을 바르게 조망하고 인생 난관을 극복하기 위한 것이다. 그때 나는 깨달았다. 수산나는 자기가 겪고 있는 현재 상황을 극복했다. 그리고 그녀는 하느님 안에 있는 자기를 완벽하게 바라볼 수 있었다. 그녀는 새롭고 끊임없이 자유를 느꼈다. 더불어 그녀는 유머 감각도 갖게 되었다.

예수는 "행복하여라, 마음이 깨끗한 사람들. 그들은 하느님을 볼 것이다."(마태오복음 5장 8절)라고 선언했다. 앞장에서 언급했듯, 영성생활에서 보는 행위와 사랑하는 행위는 언제나 함께 작용한다. 시에나의 성녀 가타리나는 말했다. "보지 않으면, 우리는 사랑할 수 없다." 우리는 영성 수련인 평정심을 통해 명확하게 볼 수 있게 되고, 삶을 더 깊이 통찰할 수 있게 된다. 고통에서 자유로워지는 여정을 인도하는 팔정도八正道 가운데 하나인 '올바른 견해正見'를 실천하는 데에는 평정심 수행이 큰 도움이 된다. 즉 특정 상황과 이웃과 세계 전반을 보는 방식은 우리의 행동 방식과 사랑 방식에 직접 영향을 미친다. 평정심을 수행하면 모든 것을 명료하고 정확하게 보고 알 수 있다. 인간관계에 어려움을 겪는 사람 또는 협상과 분쟁 해소를 시도하는 국가에게 평정심 수행은 균형과 이해와 친분과 평화를 얻기 위한 길잡이다.

평정심 수행은 마음챙김 수행과 자매 관계다. 평정심은 우리에게 자신과 세계의 고통에 휩쓸리지 않고 고통을 대하는 방법을 알려 준다. 우리는 위기 한복판에 있을지라도 그것에 잠식되지 않고 명확하게 상황을 파악함으로써 위기상황을 깊게 어루만질 수 있다. 평정심은 우리가 평온과 인내로써 상처받은 이웃의 마음을 보는 것을 가르친다. 우리는 작은 틈을 통해 빛나는 광선을 볼 수 있을 때까지 뚫어지게 들여다봐야 한다. 그것이 우리를 사랑하게 만드는 수행이다.

평정심은 우리가 더 진정한 사랑을 할 수 있게 한다. 또한 그것은 모든 관계에서 매우 큰 영향을 미치는 용서로 통하는 문을 여는 열쇠다. 용서가 그토록 어려운 것은 상대에 대한 선입견 또는 상대가 지닌 결점에 압도당하기 때문이다. 태이는 평정심이 산에 오르는 것과 비슷하다고 말했다. 산 정상에 올라서면 보다 객관적으로 조망하면서 올바르게 상황을 파악할 수 있다. 우리가 관계를 어렵게 만드는 특정한 고통을 겪고 있을 수도 있다. 그럴 때라도 우리는 상대 안에 있는 선함 또는 자애로운 성향을 발견할 수 있다. 이때는 우리가 침착하고 공정하게 보는 것이 중요하다. 그러면 우리는 마비된 판단을 극복하고 자유로운 화해를 향해 나아갈 수 있다.

평정심은 적을 사랑하는 법을 배우는 학교다. 폭력이 난무하는 오늘날 세계에 이 귀중한 선물은 너무나도 절실하다. 팔레스타인 사람과 이스라엘 사람은 아직도 두려움과 증오에 사로잡혀 있다. 이런 수행을 통해 그들이 서로를 형제자매로 바라보기 시작할 수 있다. 그것은 폭력 범죄자와 그 범죄의 희생자에게도 마찬가지다. 빌 펠크의 경우에서 그것을 보았다. 그는 연민과 사랑의 눈으로 할머니를 살해한 10대 소녀를 볼 수 있었다. 적을 선제공격하는 전쟁 대신, 우리는 인내와 평정심과 연민으로 적을 바라보는 수행을 선제적으로 실천할 수 있다. 달라이 라마는 말한다. "진정한 연민의 전제 조건은 모든 유정有情을 향한 평정심이다. …… [연민은] 깊은 평정심에 기초해야 한다. 그렇지 않으면 [그것은] 집착과 섞이기 때문에 편향된 상태로 남는다."[26•] 태이는 같은 주제를 질문 형태로 설명한다. "어떻게 적을 사랑할 수 있는가? 오직 한 가지 방법밖에 없다. 그 사람을 이해하는 것이다. …… 그 사람을 이해하면 사랑하고 받아들이는 힘이 생긴다. 그 사람을 사랑하고 받아들이는 순간, 그 사람은 더 이상 적이 아니다."[27] 평정심으로 원수를 보면 세계가 평화와 기쁨을 만끽하게 될 것이다. 그 세계가 지금 여기에 있다. 단지 우리가 눈을 뜨기만 하면 보인다.

옆으로 누워 있는 붓다

5

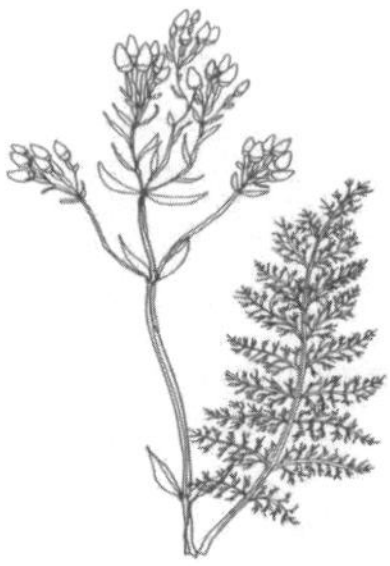

영성여정에서 평정심이 하는 역할에 대한 마지막 이미지가 있다. 저명한 불교 학자 스즈키 다이세츠鈴木大拙의 『신비주의 : 그리스도인과 불교도*Mysticism: Christian and Buddhist*』에서 언급된 이미지다. 스즈키는 십자가에 못 박힌 수직을 상징하는 그리스도와 수평 또는 앉아 있는 모습의 붓다를 비교한다. "수직성은 행동과 움직임과 열망을 암시한다." 그는 그리스도가 십자가에 못 박힌 장면을 "거의 참을 수 없는"[28] 광경이라고 비판했다. "누워 있는 붓다는 수평성을 상징한다. 그것은 평화와 충족과 만족을 떠올리게 한다. 앉아 있는 [붓다의] 모습은 견고함과 확신과 부동성을 보여준다. …… 그것은 평화와 평안과 자신감의 상징이다."[29] 나는 스즈키의 주장에 전적으로 동의하는 것은 아니다. 특히 십자가가 수직성과 수평성 둘 다를 갖추고 있음을 지적하고 싶다. 그러나 그가 앉아서 명상하거나 땅에 옆으로 누워서 명상하는 붓다의 이미지를 설명한 것은 인상적이면서 설득력이 있다.

현대인은 정복하려는 사고방식을 갖고, 열망 가득한 삶 또는 적극적으로 무엇인가 추구하는 삶을 산다. 스즈키는 우리에게 그런 삶에서 벗어나 평정심을 수행할 것을 권고한다. 그것은 하루하루 다가오는 삶을 받아들이고 평온하게 사는 것이다. 이것이 그가 수직성보다 수평성을 더 높이 평가하는 중요한 이유다. 스즈키에 의하면 수평성은 삶에 대한 비경쟁적 접근 또는 매 순간을 있는 그대로 받아들이는 것을 상징한다. 반면 수직성은 삶을 붙들고 매 순간에 결과를 통제하는 것을 상징한다. 붓다는 고통을 탐욕스런 태도의 결과라고 가르쳤다. 우리는 평안하고 평화로운 삶을 원한다. 그러려면 우리는 삶이 평온하게 다가오도록 내버려 두는 법을 배워야 한다. 우리가 삶을 장애물로 보고 극복하기 위해 '붙잡고 대결하는' 것이 아니라, 단지 선물로서 받아들이는 것이다.

복음서에는 제자들과 배를 타고 갈릴래아 호수를 건너다가 잠든 예수의 이야기가 있다. 갑자기 거센 풍랑이 일어서 작은 배에 물이 가득 찬다. 그런데 예수는 맹렬한 폭풍우 속에서 뱃머리에 옆으로 누워서 잠들어 있다. 이것은 거의 유머러스한 화두와 같다. 제자들은 겁에 질려 예수를 깨운다. "스승님, 저희가 죽게 되었는데도 걱정되지 않으십니까?" 예수는 한마디 말로써 바람을 잠재웠다. "잠잠해져라. 조용히 하여라!" 그리고 제자들을 향해 돌아서서 꾸짖는다. "왜 겁을 내느냐? 아직도 믿음이 없느냐?"(마르코복음 4장 35-41절) 이 이야기는 우리에게 아주 간단한 방식으로 평정심을 수행하는 지혜를 준다. 거센 바람을 꾸짖는 예수는 명령한다. "잠잠해져라. 조용히 하여라!" 평정심은 일상이라는 폭풍우 속에서 내적 고요함을 지키며 사는 것이다. 그것은 마음챙김 또는 관상기도의 결과다. 우리가 격렬한 삶의 폭풍우에 직면했을 때, 도망치거나 고통을 겪지 않는 것처럼 태연한 척할 필요는 없다. 우리는 폭풍우 속에서 평정심을 수행함으로써 고요함과 평화를 유지하는 기법만 익히면 된다. 그렇게 함으로써 예수가 그랬듯 우리도 자기가 지닌 평화를 우리 주변의 타인들과 나눌 수 있다. 평화로운 평정심의 수행을 세계로 확장해 나갈 수 있는 가능성은 무한하다. 이것이 그리스도교 성인과 불교 보살의 영역이다.

풍랑으로 위태로운 배에서 평화롭게 자고 있는 예수에 대한 이 이야기는 내가 봤던 옆으로 누워 있는 불상을 떠올리게 한다. 스즈키가 붓다의 '수평성'이라고 언급한 것이다. 옆으로 누워 있는 붓다처럼, 잠자는 예수는 완전한 평정심, 즉 평화와 평안과 자신감을 상징한다. 예수는 사랑 가득한 자신의 현존 안에서 편히 쉬라고 초대한다. 그리고 '모든 것이 잘 될 것'이라는 확신을 가지라고 가르친다.

토머스 머튼은 동양을 여행하면서 『토머스 머튼의 아시아 저널*The Asian Journal of Thomas Merton*』에 아래 글을 기고했다. 그것은 그의 생애 마지막 여행이었다. 그는 스리랑카의 폴론나루와에서 옆으로 누워 있는 거대한 불상들에 완전히 매료되어 자신이 변모했다고 토로했다. 머튼을 변화시킨 우연한 만남에 대한 이야기를 읽으면, 그가 정신과 영혼의 아주 깊은 곳에서 마침내 깨달은 의식이라는 새로운 경지에 올랐다는 느낌을 받는다. 결국 그는 자기 안에서 옆으로 누워 있는 붓다를 발견한 것이다.

> 나는 맨발로 평온하게 〔옆으로 누워 있는〕 붓다에게 다가갈 수 있다. 나는 젖은 풀과 모래를 디디고 서 있다. 그리고 비범한 표정에 스민 침묵. 고결한 미소. 거대하지만 미묘한. 모든 가능성으로 충만하고, 아무것도 묻지 않으며, 모든 것을 알고 있고, 아무것도 거부하지 않는 그 평화는 정서적 체념이 아니다. 〔오히려 그것은〕 중관中觀, mādhyamika. 실체가 있다는 것에도 집착하지 않고 실체가 없다는 것에도 집착

하지 않는 중도의 관점과 공空, śūnyatā. 일체 만물에 고정 불변하는 실체가 없음의 평화다. …… 확고한 견해가 필요한 교조주의자들에게 그런 평화와 침묵은 위협적일 것이다. 〔그러나〕 나의 마음은 밀려오는 안도와 감사로 벅차올랐다. …… 그 불상들을 보면서 나는 불현듯 사물을 반쯤 가리고 보았던 습관적 시야에서 완전히 벗어나게 되었다. 그것은 거의 강제적이었다. 그리고 내면의 평온과 명료함이 그 바위들로부터 터져 나오는 것처럼 분명해졌고 확실해졌다. …… 나는 막연히 찾아다니던 것을 보았고 〔이제는〕 안다. 그밖에 무엇이 남아 있는지 모르겠으나, 나는 지금 보았고, 표면을 뚫고 들어갔으며, 그림자와 가면을 넘어섰다. 이것이 진정한 아시아다.[30•]

토머스 머튼은 일주일 후, 1968년 12월 10일에 방콕에서 샤워를 하다가 감전으로 사망했다. 그날 아침 10시에 그는 마르크시즘과 수도회 정신에 대한 학회에 참석했다. 그는 정오 무렵에는 켄터키주 겟세마니 수도원으로 돌아간 제자이자 절친한 수도자인 패트릭 하트 수사에게 편지를 썼다. 편지의 마지막 구절은 이렇다. "이 축일에 그대들 모두를 떠올리네. 그리고 성탄절이 다가오면서 겟세마니가 그립네. …… 이만 마쳐야겠네. 모두에게 사랑의 인사를 전해 주게."[31•] 패트릭 하트는 『토머스 머튼의 아시아 저널』 후기에서 이렇게 썼다. "마침내 그가 겟세마니 수도원으로 돌아온 것은 성탄절이었다. 그는 수도원 성당 옆에 묻혔다. 켄터키에서 27년간 수도 생활을 했던 그에게 친숙했을 나무 손잡이가 바라보이는 곳이었다."[32•]

토머스 머튼은 붓다처럼 누운 채 지상의 삶을 마쳤다. 그는 땅의 어둠 속에 그리스도와 함께 잠들었다. 그렇게 모든 것이 시작된 고향으로 돌아갔다. '사물을 반쯤 가리고 보았던 시야'는 내적 명료함을 통해 불현듯 완전히 자유로워졌다. 마침내 그가 완전한 평정심을 맛본 것이다. "그밖에 무엇이 남아 있는지 모르겠으나, 나는 지금 보았고, 표면을 뚫고 들어갔으며, 그림자와 가면을 넘어섰다."[33•] 평정심은 '그림자와 가면을 넘어서', 즉 고통 너머로 우리를 이끈다. 고통은 하느님으로부터 단절되거나 멀리 있다고 착각하도록 우리에게 속임수를 쓴다. 반면 평정심은 있는 그대로의 삶을 즐길 수 있게 한다. 그곳에는 어떤 장식도 가면도 없고 어제도 내일도 없다. 평정심은 현재를 충만하게 살아가는 삶이다. 그것은 이것 또는 저것으로부터 자유롭고 최종적으로 '모든 것이 잘 될 것'을 믿는 자유다.

여정과 발우

나는 2004년 초에 녹야원 사원에 머물렀다. 그때 나는 태이를 비롯한 승단과 함께 정규 의례에 해당하는 식사에 참여하는 특권을 얻었다. 우리는 탁발용 발우鉢盂. 사찰에서 사용하는 승려의 공양 그릇를 손에 들고 명상을 하며 걸었다. 그리고 새로 완공된 '평화의 바다 명상센터'로 들어갔다. 잠시의 침묵과 독송을 마치고, 마음을 다해 주의를 기울여 식사를 했다. 나는 비슷한 점이 많은 수도원의 엄숙한 행렬 및 전례행사를 떠올렸다. 그것들은 가톨릭 신자이며 도미니코회 수도자인 내 인생의 중요한 일과였다. 나는 세계의 다양한 종교의 영성생활에서 의식, 상징, 전례가 지닌 중요성을 재발견했다. 언제나 의식의 심오하고 의미심장한 침묵을 통해서만 적절하게 표현될 수 있는 영성생활의 차원이 있을 것이다. 나는 형식을 갖춘 그 식사에 참가했던 체험을 회상하곤 한다. 그러면서 나는 두 전통이 지닌 공통점이 얼마나 많은지를 깨달은 것에 감사하며 미소를 짓는다.

우리 모두는 영성여정을 걷는 중이다. '영성여정'과 같은 용어를 인식하든 그렇지 않든 상관없이 그러하다. 우리 각자는 거대한 행렬의 일부로서 참가한다. 우리는 그렇게 여정을 함께하면서 펼쳐지는 미래를 향해 나란히 걷는다. 오래전에 토머스 머튼은 영성여정을 한 본인의 인생체험을 기도문으로 작성했다.

저의 주 하느님. 저는 어디로 가야 할지 모릅니다. 저는 제 앞에 길을 알지 못합니다. 저는 그것이 어디서 끝날지 명확하게 알 수 없습니다. …… 단지 제가 아는 것은 …… 제가 그 길을 알지 못하더라도 당신이 저를 바른 길로 인도하리라는 것입니다. 그러므로 저는 언제나 당신을 믿습니다. 비록 제가 길을 잃고 죽음의 그림자가 드리우더라도. 저는 두려워하지 않을 것입니다. 당신이 언제나 저와 함께 있기 때문입니다. 그리고 당신은 위험에 직면해 있는 저를 결코 홀로 남겨 두지 않을 것이기 때문입니다.[1•]

영성적 행렬과 걷기명상은 마음의 내적인 여정을 반영하는 외적인 수행이다. 이 수행은 더욱 마음을 다해 하느님과 함께 떠나는 여정에 참여하도록 우리를 인도한다. 그 여정은 삶의 궁극적 실재와 친교를 나누는 것이다. 우리는 조용히 명상을 하며 산책을 즐길 수 있다. 그것은 숲에서 이루어지는 것일 수도 있고, 강둑을 따라 이어지는 것일 수도 있으며, 심지어는 번잡한 도시의 보도를 따라가는 것일 수도 있다. 우리에게 그런 능력이 생겼다면 영성생활이 궤도에 올랐다는 청신호다. 태이가 세련된 단순함으로 가르치듯이, 조용히 걷기명상을 할 때 우리는 바쁘고 조급한 마음을 현재 순간이라는 고향으로 돌아가 쉬게 한다. 이렇게 수행하면 다시 숨을 돌릴 수 있다. 토머스 머튼이 지적하듯, 그것은 우리에게 신뢰하며 살아가는 방법을 가르쳐 주고 두려움으로 마비된 우리를 자유롭게 한다. 인생여정을 가다 보면 안식처가 있다. 우리는 그곳에서 그때까지 거쳐 온 구불구불한 길을 되돌아볼 수 있다. 그리고 오늘 서 있는 그 자리까지 우리를 데려다준 내적이고 외적인 영성여정에 감사할 수 있다. 극히 운이 좋다면 태이가 우리에게 상기시켰던 것처럼 "나는 도착했다. 나는 고향에 있다."라고 깊이 숨을 들이쉬면서 말할 수 있을 것이다.

도미니코수도회의 창설자 성 도미니코는 1200년대 초에 첫 제자들을 모았다. 그리고 그는 프랑스 남부의 작은 언덕 꼭대기로 그들을 데려가서는 유럽 각 도시로 둘씩 또는 작은 그룹으로 나누어 파견하면서 예수가 가르친 복음을 전하게 했다. 그들은 순회 설교사이면서 탁발 수도자였다. 즉 유랑하는 동안 구걸을 해야 했다. 그들은 예수의 발자취를 따라 걷는 소명을 받은 남녀 수도자들이었다. 따라서 그들은 하느님이 섭리하는 사랑과 다른 사람이 베푸는 선의를 신뢰하며 유랑했다. 그들은 불교 비구와 비구니가 들고 다니는 발우와 정확히 대응하는 것을 지니지는 않았다. 그러나 그들이 선택한 탁발하는 삶의 방식은 불교 승단 전통과 비슷했다. 성 도미니코는 제자들이 완전한 신뢰를 지니고 여정의 각 단계를 성심성의껏 살면서 언제나 하느님이 그들과 함께 있다는 확신을 갖고 유랑할 것을 지시했다. 성 도미니코는 제자들을 탁발하는 설교사로서 파견했다. 그것은 복음서에 나오는 예수의 중요한 가르침에 근거한 것이었다.

> 예수님께서 열두 제자를 가까이 부르시고 그들에게 더러운 영들에 대한 권한을 주시어, 그것들을 쫓아내고 병자와 허약한 이들을 모두 고쳐 주게 하셨다. …… 가서 '하늘나라가 가까이 왔다.' 하고 선포하여라. 앓는 이들을 고쳐 주고 죽은 이들을 일으켜 주어라. …… 너희가 거저 받았으니 거저 주어라. 전대에 금도 은도 구리 돈도 지니지 마라. 여행 보따리도 여벌 옷도 신발도 지팡이도 지니지 마라. …… 어떤 고을이나 마을에 들어가거든, 그곳에서 마땅한 사람을 찾아내어 떠날 때까지 거기에 머물러라. 집에 들어가면 그 집에 평화를 빈다고 인사하여라. 그 집이 평화를 누리기에 마땅하면 너희의 평화가 그 집에 내리고, 마땅하지 않으면 그 평화가 너희에게 돌아올 것이다. 누구든지 너희를 받아들이지 않고 너희 말도 듣지 않거든, 그 집이나 그 고을을 떠날 때에 너희 발의 먼지를 털어 버려라.(마태오복음 10장 1-14절)

예수가 이 말씀을 하고 많은 세월이 흘렀다. 오늘날 도미니코회 수도자들과 불교의 승려들은 고대 수행법을 현대에 적용시킨 새로운 수행법을 익혀야만 할 것이다. 불교 비구와 비구니들은 탁발용 발우를 사용하고 가톨릭교회 탁발 수도자와 수사와 수녀들은 청빈서원을 한다. 이것도 몇 세기 전과 완전히 동일하지 않을 수 있다. 그러나 그런 상징적 수행법이 유용한 통찰을 제공할 수 있다. 그것은 신뢰와 내적 자유와 감사하는 마음을 지니고 현재 순간을 사는 법에 대한 통찰이다. 그러므로 중요한 것은 고대 전통의 영성수련을 깊이 익히는 것이고, 현대의 영성적 구도자들을 위해 그 안에 숨겨진 가치를 발견하는 것이다.

인도의 힌두교 탁발 고행자saṃnyāsa 또는 베트남의 불교 비구 또는 비구니는 오늘날에도 매일 나가서 그날 양식을 탁발할 수 있을지도 모른다. 하지만 21세기를 사는 서구인으로서 나는 새로운 방법을 찾고자 한다. 고대 수행법을 현대 영성여정과 통합하는 것이다. 예를 들면 매일 수백만 명이 굶주리는 오늘날 세계에서 탁발은 매주 자기의 에너지 일부를 세계 빈곤과 기아 퇴치를 위해 사용하는 것이다. 그러면 탁발용 발우와 청빈 서약이 마음을 다해 이웃과 합일하는 도구가 될 것이다. 그리스도인의 영성 '과제' 중 하나를 언급하면서 예수가 제자들을 파견했던 이야기로 돌아가 보자. 예수는 제자들에게 둘씩 짝지어 이 고장 저 고장으로 가서, 매일 먹을 양식을 위해 탁발하고, 머물 곳을 제공 받게 되면 어디든지 머무르라고 명한다. 그들의 임무는 병자를 고쳐 주고 하느님의 나라가 가까이 왔다고 선포하는 것이다. 그런데 나는 스스로에게 묻는다. "그러면 나는 그것을 어떻게 성심성의껏 지킬 수 있는가?" 오늘날 나는 단순하고 순회하며 마음을 다한 의식을 가진 삶을 어떻게 살 수 있는가? 바로 이 순간 그리고 바로 이곳에서 우리가 하느님 나라의 궁극적 실재를 접할 수 있다는 것을 내가 어떻게 말과 행동으로 보여줄 수 있는가?

고대 수행법은 훌륭한 영성적 가치를 지녔다. 현대에 비해 구식이고 비현실적이라고 가볍게 무시하면 안 된다. 나는 위대한 스승인 에크하르트 신부와 틱낫한 스님에 대한 고찰을 마치면서 이런 방법을 제안한다. 유랑하며 탁발하는 승려 또는 수도자의 이미지는 영성수련을 하며 일상을 살아가길 원하는 이들에게 소중한 가르침이다. 그런 수행이 오늘날 세계를 상쾌하게 만들고 변화시킬 것이다. 다양한 전통의 고대 수행법은 여전히 많은 것을 제공해 준다. 물론 그것들을 현대인들이 이해할 수 있는 언어로 해석해야만 한다. 우리는 그것을 단순히 지나간 시절의 현실성 없는 낭만주의 같은 것으로 무시하면 안 된다.

선구자들과 마찬가지로 우리도 21세기의 영성수련자들이다. 그들처럼 우리도 걸음마다 새롭게 펼쳐지는 길을 걷는 여정에 있다. 마음챙김 수행은 각 단계를 음미하고, 현재의 순간을 온전히 살며, 하느님 나라는 지금에만 존재한다는 인식을 갖도록 가르쳐 줄 것이다. 영성여정의 길은 종종 어둡게 보일 수 있다. 그래서 자신이 올바른 방향으로 나가고 있는지 염려되기도 한다. 머튼이 하느님께 기도할 때 말한 것처럼 "비록 제가 길을 잃고 있을지라도 저는 언제나 당신을 믿을 것입니다." 영성생활의 이미지는 한 걸음 걸어 나갈 때마다 새롭게 펼쳐지는 길이다. 그것은 강한 신뢰를 갖고 인생을 살아가는 것이다. 걱정에 사로잡힌 강박으로부터 벗어나 염려를 내려놓는 것이다. 염려는 아직 일어나지도 않은 미래에서 안전을 추구하고, 앞에 놓인 길에 대한 초조함으로 에너지를 낭비하도록 유혹하기 때문이다. 이것이 오늘날 세계에 아주 중요한 영성적 가르침이다. 우리는 개인과 국가의 안전을 우상으로 숭배하는 시대에 살고 있다. 우리는 안전하고 확실하다고 느껴지는 모든 것을 숭배한다. 유랑하며 탁발하는 정신을 갖고 삶을 사는 사람은 '한 번에 하루'를 여행한다. 현재 순간에 완전히 몰입하는 사람은 미래에 대한 보장이 필요 없다. 그것이 자유를 누리며 사는 삶이다. 우리는 영성적 탁발과 신뢰를 지니고 유랑하는 삶을 실천해야 한다. 그것을 통해 우리는 안전에 집착하는 이 세계에 안녕과 평화를 가져오는 역할을 할 수 있다.

예수는 제자들에게 말한다. "지갑도, 여행 보따리도, 여벌 신발도 지니지 마라. …… 어떤 집에 들어가거든, 먼저 그 집에 평화를 빈다고 인사하여라. 그 집이 평화를 누리기에 마땅하면 너희의 평화가 그 집에 내리고, 마땅하지 않으면 그 평화가 너희에게 돌아올 것이다." 세상의 걱정을 내려놓고 정돈된 삶을 통해 여행하는 사람은 저절로 평화롭게 된다. 그런 사람은 이웃과 국가에 평화를 전달하기 위해 특별한 일을 할 필요가 없다. 그 사람이 곧 평화이기 때문이다. 유랑하는 탁발 승려와 수도자의 마음은 자연스럽게 이웃의 마음에 평화를 전파한다. 이런 평화는 예수가 진복팔단에서 선포한 영성적 가난의 열매다(마태오복음 5장 3절). 유랑하는 탁발 승려와 수도자의 마음은 가난하고 의심하지 않기 때문에 이 세계에 안녕과 조화와 평화의 씨를 뿌리는 힘을 갖는다. 그 씨앗은 히브리어로 샬롬shalom. 안녕, 평안, 평화를 뜻하는 이스라엘의 인사말에 해당한다. 우리 중에 많은 사람이 태이, 달라이 라마, 캘커타의 마더 데레사, 평화 순례단, 간디, 그리고 오늘날의 많은 영성 대가들의 삶과 가르침에 스며 있는 평화를 보았다.

예수는 제자들에게 문을 열어 환영하는 집이면 어디든지 머물면서 차려 주는 음식을 먹으라고 지시한다. 오늘날 우리가 낯선 사람의 집 문을 두드리고 하룻밤 묵게 해 달라고 하면, 아마도 하룻밤을 구치소에서 보내야 할 것이다. 시대는 그렇게 변했다. 그러나 예수의 이런 말씀은 심오한 지혜로 충만하다. 특히 그것은 종교간 대화의 여정을 시작하는 우리에게 도움이 된다. 예수는 물어보기가 반드시 쉽지만은 않은 어려운 질문을 하도록 우리를 초대한다. 예를 들면 다른 전통의 영성세계로 여정을 떠나, 그곳에서 형제자매로 받아들여지고, 고대의 지혜와 진리가 차려진 주인의 식탁에서 영성적으로 배불리 먹는다는 것은 무엇을 의미하는가? 그것은 한 번도 먹어본 적이 없는 음식일 수도 있다. 마찬가지로 자신이 속한 신앙 전통이라는 집에 다른 이들을 초대한다는 것은 무엇을 의미하는가? 또한 가장 은밀한 성소에 그들을 초대하고 수세기에 걸쳐 조상들이 전해 준 영성적 빵으로 그들을 배불리 먹인다는 것은 무엇을 의미하는가? 우리가 지닌 고대의 가르침 중 일부를 다시 고려해야 하는 수고로움이 예상되더라도 그런 위험을 감수할 의향이 있는가? 환대란 일방통행이 아니다. 그것이 의미하는 바와 그것이 어떻게 보일지를 완전히 이해하기 전에 친교를 실천하는 위험을 감수할 것인가?

예수는 위험을 무릅쓰고 미지의 세계로 걸어 들어가라고 제자들을 파견한다. 더구나 예수는 그들을 빈손으로 파견한다. 그것은 제자들이 자신과 전혀 다른 이들과 더불어 일상생활과 일용할 양식을 나누게 하기 위함이다. 이것은 참된 대화의 장을 열기 위해 아주 중요하다. 우리는 남의 집에 들어갈 때, 말하려는 진실을 혀끝에 미리 새겨 놓아서는 안 된다. 우리는 그저 이웃에게 진실을 드러낼 기회가 올 때까지 기다려야 한다. 우리는 가난한 탁발 승려 혹은 수도자로 들어가서 말씀과 빵을 나누는 일에 마음을 열고 현재 순간의 은총과 진리에 집중하면 된다. 문이 열리고 환대하는 마음으로 주인이 건네준 시원한 물로 먼지 덮인 발을 씻으면서, 우리 모두는 그 순간 예수의 말씀대로 인사를 건네야 한다. "이 집에 평화가 있기를. 하늘나라가 가까이 왔습니다." 이 말씀은 위대한 계시다. 이것은 분열된 세계를 치유할 수 있는 친교의 말씀이다. 불교도와 그리스도인, 힌두교인과 불가촉천민, 무슬림과 유대인이 함께 대화 테이블에 앉았다고 하자. 우리는 그때 너무 많은 말을 할 필요가 없다.

감사하는 마음이 우리 마음을 꽉 채울 것이기 때문이다. 에크하르트는 영성생활 전체를 한 단어 혹은 한 구절로 "고맙습니다."라고 요약했다. 그때 우리는 서로의 눈을 바라보며 미소 지을 수 있다. 서로에게 준비된 선물을 주고받으면, 우리는 자연스럽게 다양한 몸짓과 언어를 사용하는 감사의 표현만 하면 된다. 우리는 하느님의 나라가 가까이 왔다는 것을 의심의 여지없이 알게 될 것이다. 그리고 우리는 여정을 시작했던 곳으로부터 멀리 떨어져 왔지만, 결국 고향에 돌아왔다는 것을 알게 될 것이다. 수행자와 전통에 따라 고향은 서로 다르고 고유하지만 여정만은 하나다. 우리가 함께 그 길을 걷는 것을 발견하는 것은 큰 기쁨이다.

영성순례는 마침내 고향으로 돌아오는 것 외에는 어떤 목적도 없다. 영성순례는 고향으로 돌아가기 위해 유랑하는 탁발 승려 혹은 수도자의 인생여정으로 시작한다. 이것은 불교 선종禪宗의 유명한 그림인 십우도十牛圖. 선의 수행단계 또는 깨달음의 단계를 소와 동자의 비유로 표현한 10개의 그림에 훌륭하게 묘사된 바다. 그림들에 묘사된 영성여정의 끝은 지리적으로는 출발점과 같은 장소다. 그러나 내면의 풍경은 크게 달라졌다. 루벤 하비토는 말한다.

> 10번째 〔마지막〕 단계는 충만함과 완성이다. …… 시장으로 돌아온 것이다. 우리는 일상의 구체적 어려움으로 돌아온 것이다. 그럼에도 이제 우리는 그것들과 함께 살아갈 수 있고, 그것들 한가운데에서 바르게 살 수 있고, 유머감각을 지닐 수 있다. 우리가 어려움을 초월하는 방법은 회피하는 것이 아니라 자유와 유머와 수용을 지닌 새로운 감각으로 그 안으로 곧장 뛰어드는 것이다.[2•]

종교간 대화는 우리가 이 놀라운 진리를 경험할 좋은 기회다. 나는 이것을 경험했다. 나는 불교와 인도 신비주의의 세계로 유랑하며 탁발하는 것이 그리스도교 신앙생활의 중요한 부분임을 알게 되었다. 나를 빈손으로 파견한 것은 예수이고, 가난한 탁발생활은 성 도미니코 영성의 전통이다. 내가 종교간 대화를 하는 동안 가정과 사원과 모스크와 회당에서 나를 초대했다. 나는 그곳에서 내가 지닌 것과 다른 다양한 언어와 이야기를 들었다. 나는 전혀 맛본 적이 없는 음식을 차려 놓은 식탁에 초대받기도 했다. 나는 영성전통이 다른 형제자매들과 함께 기도하고 찬가를 불렀다. 그들의 영성세계도 그리스도교 전통 의식처럼 아름다운 의식으로 표현되었다. 나는 새 친구들과 함께 예수의 성경과 성가를 나누었다. 그들도 같은 것을 나와 나누었다. 나는 축복된 교류를 통해 뿜어져 나오는 조화를 마음 깊은 곳에서 들을 수 있었다. 내가 삶의 무상성無償性을 멋지게 경험할수록, 내 마음이 탁발을 위한 발우가 됨을 깨닫기 시작했다.

나는 종교간 대화의 여정 덕분에 더 나은 예수의 제자가 되었다고 확신한다. 여기서 '더 나은'이 적절한 표현이 아닐 수 있다. 나는 다른 영성전통의 가르침과 수행을 통해 예수의 가르침을 비추어 보았고, 이제는 살아 있는 예수 그리스도를 보다 명확하게 볼 수 있게 되었다고 해야 할 것 같다. 여전히 나는 유랑하는 순례자다. 때로는 내가 시작했던 그날만큼이나 길이 어둡고 불확실하게 느껴진다. 그러나 자신의 현존과 예수의 현존과 하느님의 현존과 붓다를 비롯한 시대를 초월한 많은 남녀 선인들의 현존을 느끼면서 나는 그들과 함께 걷는다. 현존은 현재 순간을 성심성의껏 살아가면 살아갈수록 더 현실화 된다. 태이는 내가 현재 이 순간에 머무는 법을 익히도록 도와주었다. 태이는 자신의 마음과 영성전통의 문을 내게 열어 주었다. 그 덕분에 나는 내 자신의 영성여정에서 더 온전하게 고향으로 돌아올 수 있었다.

> 우리가 "고향, 정다운 고향"이라고 말할 때, 그곳은 어디인가? 우리가 깊이 들여다보는 수행을 하면 그것을 깨닫는다. 모든 곳이 내 고향이다. …… "들어라. 들어라. 이 멋진 소리가 나를 참된 고향으로 데려다준다." 붓다의 목소리, 종소리, 성령의 숨, 석양, 모든 것이 우리를 참된 고향으로 돌아오라고 부른다. 그대가 고향으로 한번 돌아가면, 그대는 마땅히 누려야 할 평화와 기쁨을 만끽할 것이다. 그대가 그리스도인이라면 예수 그리스도를 고향으로 느낄 것이다. 예수를 그대의 고향으로 생각하는 것은 매우 편안하다. 그대가 불교도라면 붓다를 그대의 고향으로 생각하는 것이 합당하다. 그대의 고향은 지금 여기에서 성취된다. 그리스도가 그곳에 있다. 붓다가 그곳에 있다. 수행은 그들과 만나는 방법이고, 그대의 고향과 만나는 방법이다.[3]

이 글을 마치면서 나는 깊은 감사의 마음으로 말할 수 있다. "나는 도착했다. 나는 고향에 돌아왔다." 나는 지금 어느 때보다도 그것을 복수로 말하고 싶다. "우리는 도착했다. 우리는 고향에 돌아왔다." 이것은 결코 여정이 끝났다는 것을 의미하지 않는다. 그것은 이제 막 시작했을 뿐이다. 오늘은 구원의 날이다. 이 순간이 영원한 현재다. 인생은 엄청난 은총이며, 엄청난 놀람이다. 동시에 감사하는 마음은 우리에게 헌신과 희망을 갖고 여정을 지속할 수 있는 활력을 준다. 그렇다. 우리는 고향에 돌아왔다. 그러나 앞으로 나아갈 길도 멀다. 그렇기에 우리는 한 발짝 내딛고 웃으면서 감사한다. 예수와 붓다 그리고 에크하르트와 태이 및 그 밖의 다른 많은 이들과 함께 오늘도 여정은 계속 펼쳐진다. 우리가 그 길을 함께 걷기 때문이다.

이 책을 번역하면서 '함께 가자 우리 이 길을'이라는 민중가요가 입가에 맴돌았다. 고 김남주 선생이 민족통일을 염원하고 지은 시에 곡을 붙인 노래다.

함께 가자 우리 이 길을
셋이라면 더욱 좋고 둘이라도 함께 가자
앞서가며 나중에 오란 말일랑 하지 말자
뒤에 남아 먼저 가란 말일랑 하지 말자
둘이면 둘 셋이면 셋 어깨동무 하고 가자
……
가다 못 가면 쉬었다 가자
아픈 다리 서로 기대며
(『함께 가자 우리 이 길을』, 미래사, 1991)

민족통일을 염원하는 이 시에 곡을 붙인 노래가 1980-1990년대 노동운동과 사회운동에서는 투쟁가로, 2002년 월드컵에서는 응원가로, 그리스도교에서는 개사하여 복음성가로, 심지어 북한에서는 군인들의 애창가로 불렸다. 노래는 하나지만 부르는 사람에 따라 투쟁가, 응원가, 복음성가, 군인 애창가 등으로 다양한 역할을 했다.

인도 성전 『리그베다』(1.164.46)에는 “실재는 하나인데, 현자들은 [그것을] 다양하게 부른다.eka sad viprā bahudhā vadanti”라는 게송이 있다. 이것을 “궁극적 절대 존재 혹은 신은 하나인데, 종교들이 다양하게 이름 붙인다.”라고 해석하곤 하지만 내 생각은 다르다. 오히려 ‘해탈 혹은 구원을 원하는 마음’, ‘영성여정을 걷는 마음’은 하나인데, 종교들이 다르게 이름 붙인다고 해석하는 편이 좋다.

종교간 대화는 서로가 같음이 아니라, 서로가 다름을 인정하고 받아들이는 것에서 시작한다. 종교간 대화가 유익하려면 서로가 얼마나 같은가를 논하기보다는, 서로가 얼마나 다른가를 솔직하게 이야기해야 한다. 그것이 서로를 당황하게 만들 수도 있다. 본문 가운데 알제리에서 순교한 수도자와 고통스러운 십자가 형상에 대해 불교도가 솔직하게 견해 표명을 한 것이 좋은 실례다. 그런 솔직함이 우리를 당혹하게 만들지만 결국 함께 걷는 영성여정에서 수행을 성숙시킨다.

그것은 히말라야 산맥의 봉우리를 등정하는 산악인이 각자 목표하는 곳은 다르지만, 갈림길이 나오는 베이스캠프까지 함께 오르는 것에 비유할 수 있다. 그들은 함께 걷는 동안 등정 기술과 등정 루트에 대한 정보를 교환하고 서로를 격려한다. 그리고 갈림길에서 등정에 성공하도록 상대를 축복한다. 이것이 브라이언 신부를 비롯한 종교간 대화에 투신하는 이들이 추구하는 삶이다.

그들은 전통, 언어, 고향, 걷는 길도 다르다. 불교도는 열반과 붓다를, 그리스도인은 하느님 나라와 그리스도를 향한 영성여정에 있다. 틱낫한 스님도 본문에서 이 점을 분명히 한다.

> 그대가 그리스도인이라면 예수 그리스도를 고향으로 느낄 것이다. 예수를 그대의 고향으로 생각하는 것은 매우 편안하다. 그대가 불교도라면 붓다를 그대의 고향으로 생각하는 것이 합당하다.

그럼에도 불교도와 그리스도인은 고유한 목소리를 내면서도 합창을 하며 아름다운 화음을 만들 수 있고, 상대가 고유한 목소리를 잘 내도록 도울 수도 있다. 즉 힘든 영성여정에서 아픈 다리를 서로 기대며 쉬었다가 갈 수 있다. 또는 길을 잃고 방황할 때 서로에게 조언을 구하고, 일부 구간에서는 손을 잡고 걸을 수도 있다.

상대로부터 도움을 받고 상대가 건네는 이야기가 즐거워 발걸음이 가벼울 수도 있지만 주의할 점도 있다. 첫째는 함께 여정을 걷는 동안 갈림길이 반드시 나온다는 것이다. 둘째는 경전과 수행법은 그 종교가 지향하는 목적지를 위해 최적화되어 있다는 것이다. 이 둘은 종교간 대화에 투신하는 이에게 무엇보다 중요하다. 그러므로 상대 수행법에서 도움을 받을 수 있지만, 항상 깨어 있으면서 갈림길을 주시해야 한다. 내가 수업시간에 학생들에게 건넸던 우스개 소리가 있다.

그리스도인이 불경과 참선에 도움을 받으며 성심성의껏 하느님께 기도해서 구원을 받았는데, 열반과 붓다가 눈앞에 있다면 어떤 심정이겠는가? 반대로 불교도가 성경과 관상에 도움을 받으며 성심성의껏 참선수행해서 해탈을 성취했는데, 하느님 나라와 그리스도가 눈앞에 있다면 어떤 심정이겠는가?

종교간 대화에서 '다양성 속에 일치'는 내가 이웃 종교에 동화되거나, 내 종교로 상대를 동화시키는 일치가 아니다. 그것은 다양한 종교전통에 다양한 진리가 있음을 인정하고 평화로운 공존을 하자는 초대다. 이런 취지로 가톨릭교회는 제2차 바티칸 공의회에서 「비그리스도교와 교회의 관계에 대한 선언 : 우리시대*Nostra aetate*」(1965년 10월 28일)를 반포했다.

가톨릭교회는 이들 종교에서 발견되는 옳고 거룩한 것은 아무것도 배척하지 않는다. 그들의 생활양식과 행동 방식뿐 아니라 그 계율과 교리도 진심으로 존중한다. 그것이 비록 가톨릭교회에서 주장하고 가르치는 것과는 여러 가지로 다르더라도, 모든 사람을 비추는 참 진리의 빛을 반영하는 일도 드물지는 않다.(「우리시대」2항)

종교간 대화의 목적은 "진리 추구" 및 "평화로운 공존"이다. 그리고 대화의 기본자세는 진실함과 겸손함과 솔직함이다. 단순히 대립을 피하기 위해 겉으로만 대화하는 척하거나, 남을 설득시키려는 전략적 의도에서 대화하거나, 상대방의 입장을 배려하지 않는 분별력 없는 솔직함은 피해야 한다. 그것을 위해 첫째는 자신의 종교와 신앙에 대한 확신이 필요하다. 둘째는 공통점이 있기 때문이 아니라, 다른 점이 있기에 대화가 필요하다는 것을 인지해야 한다. 셋째는 종교 다원주의 혹은 혼합주의를 경계해야 한다.

브라이언 신부는 종교간 대화에서 '관대함'과 '평정심'을 강조했다. 그것은 대화에서 말하기보다 듣는 것에 중점을 두고, 외부 자극에 시시때때로 반응하기보다 고요한 마음 상태를 유지하는 것이다. 독자도 '관대함'과 '평정심'으로 책을 다 읽고, 틱낫한 스님처럼 "나는 도착했다. 나는 고향에 돌아왔다."라고 외치길 바랄 뿐이다.

마지막으로 번역서 출판을 위해 수고하신 불광출판사 직원분들, 특히 김선경 선생님과 권순범 선생님께 감사한다. 불교계 출판사에서 가톨릭교회 신부가 저술한 책을 번역·출판하기로 기획했다는 것만으로도 놀랐다. 게다가 전문번역가도 아닌 내게 신부라는 이유로 번역 의뢰를 한 것에 더 놀랐다. 그러나 제8장 2절인 "연민, 위험을 무릅쓴 사랑"을 번역하면서, 번역서 기획과 번역 의뢰 자체가 불광출판사의 연민 실천이며 종교간 대화를 위한 멋진 시도라고 확신했다. 출판사가 위험을 무릅쓴 사랑을 실천한 것이 분명하기 때문이다.

덧붙여서 번역작업에 도움을 준 이들에게 감사드린다. 성바오로딸회 이선우 마르타 수녀님과 윤경재 한의원 요셉 원장님께 감사한다. 그리고 동국대학교 인도철학과 출신 최지연 박사님과 류현정 박사님께도 감사한다. 전자는 그리스도교 입장에서, 그리고 후자는 불교 입장에서 번역 용어와 본문 내용을 검토하고 조언해 주었다. 이분들 덕분에 본 번역서가 불교도뿐 아니라 그리스도인에게도 좀 더 쉽게 읽혀질 수 있게 되었다.

머리말

1• Thich Nhat Hanh, *Going Home: Jesus and Buddha as Brothers* (New York: Riverhead Books, 1999), 202.

2• 에크하르트 시대의 영성운동과 사회상황에 대한 간략하면서도 통찰력이 돋보이는 개괄로서는 다음 책이 있다. Richard Woods, OP, *Eckhart's Way* (Wilmington, Del.: Michael Glazier, 1986), chs. 1, 3.

3• Frank X. Tuoti, "Thomas Merton: The Awakening of the Inner Self," *MONOS* [Tulsa, Okla.] 10, no. 1, ed. Patrick Eastman (January/February 1998): 1에 인용된 토머스 머튼의 말이다.

4• 당대에 가장 유명한 신비주의자는 『단순한 영혼의 거울(*The Mirror of Simple Souls*)』의 저자 마르그리트 포레트(Marguerite Porete)였다. 그녀는 1310년 파리에서 유죄판결을 받고 사형되었다. 에크하르트도 그녀의 영향을 받았음이 틀림없다. *Eckhart's Way*, 75를 볼 것.

5• 그는 이단자로 정죄된 적이 없을 뿐만 아니라, 도미니코수도회는 공식적으로 마이스터 에크하르트 신부의 시복 및 시성을 공식적으로 추진 중이다.

1장

1• Thich Nhat Hanh, *Living Buddha, Living Christ* (New York: Riverhead Books, 1995), 118-19.

2• Timothy Radcliffe, OP, "Vowed to Mission: A Letter to the Order" (Rome: General Curia of the Order of Preachers, 1994), 6.

3• Thich Nhat Hanh, *Living Buddha, Living Christ*, 9.

4• Meister Eckhart, OP, *Meister Eckhart: Sermons and Treatises*, 3 vols., ed. and trans. Maurice O'C. Walshe (Shaftesbury: Element Books, 1979), #22: p. 177. 이하에서 월시의 책에 수록된 마이스터 에크하르트의 설교를 참조할 경우에는 '*Eckhart*' 다음에 설교 번호(#)와 쪽수를 덧붙여서 표시한다.

5• 플럼 빌리지는 틱낫한 스님이 남부 프랑스에 만든 불교 사원이자 영성수련센터다.

6• Thich Nhat Hanh, *Touching Peace: Practicing the Art of Mindful Living* (Berkeley, Calif.: Parallax Press, 1992), 3-4.

7• *Eckhart, #* 22: p. 179.

8• *Acts of the General Chapter of the Order of Friars Preachers*, Caleruega, Spain, 1995 에서.

9• Shunryu Suzuki, *Zen Mind, Beginner's Mind* (New York: Weatherhill, 1970), 21.

10• 「비그리스도교와 교회의 관계에 대한 선언 : 우리시대(Nostra aetate)」(1965년 10월 28일), 『제2차 바티칸 공의회 문헌』(한국천주교주교회의, 2018) 제2항.

11• 성 요한 바오로 2세, "전교 주일 담화(2002년 10월 20일)"(한국천주교중앙협의회 번역, https://cbck.or.kr/Notice/12000178?page=380), 제5항.

12• 2004년 2월 2일 칠레의 산티아고에서 열린 라틴아메리카와 카브리해 도미니코수도회 관구 회의의 강연.

13• 2001년 2월 7일부터 12일까지 태국 방콕의 방나에서 열린 도미니코수도회의 종교간 대화에 참여하는 수도자들을 위한 메시지. Chrys McVey, OP, Conferencia Interprovincial Dominicana en America Latina y el Caribe, 2004에서 인용.

14• Thich Nhat Hanh, *Living Buddha, Living Christ,* 6-7.

2장

1• Thich Nhat Hanh, *Going Home: Jesus and Buddha as Brothers* (New York: Riverhead Books, 1999), 84.

2• "붓다는 중도(中道)의 수행을 통해 해탈을 성취했다. 붓다의 중도 가르침이 팔정도다. 그것은 불교도의 삶의 계율이다." 팔정도는 "바르게 보기. 바르게 생각하기. 바르게 말하기. 바르게 행동하기. 바르게 생활하기. 바르게 정진하기. 바르게 깨어 있기. 바르게 집중하기"다. *The Usborne Encyclopedia of World Religions* (London: Usborne Publishing, 2001), 39에서 인용. 틱낫한 스님은 다음과 같이 말한다. "'다섯 가지 마음챙김 수행'이라고도 불리는 '다섯 가지 훌륭한 규칙'은 생명 존중, 관대함, 책임지는 성행동, 깊이 말하고 듣기, 건강에 유익한 것만 먹기다. 이것들은 가정과 사회의 행복에 크게 기여할 수 있다." Thich Nhat Hanh, *Living Buddha, Living Christ* (New York:

Riverhead Books, 1995), 91에서 인용. 그리고 아래를 참조할 것. Thich Nhat Hanh and the Dharmacarya Council of Plum Village, *The Revised Pratimoksha* (San Jose: Unified Buddhist Church, 2004) 그리고 Thich Nhat Hanh, *Stepping into Freedom: An Introduction to Buddhist Monastic Training* (Berkeley: Parallax Press, 1997).

3• Thich Nhat Hanh, *Living Buddha, Living Christ*, 113-14.

4• Thich Nhat Hanh, *Going Home*, 84.

5• 성 이레네오, 「이단자를 거슬러」(Against Heresies 4.20.5-7), 『성무일도』(한국천주교주교회의, 2011), 1449-1452쪽에서 인용.

6• Thich Nhat Hanh, *Touching Peace: Practicing the Art of Mindful Living* (Berkeley, Parallax Press, 1992), 1-2.

7• Thomas Philippe, *The Fire of Contemplation* (New York: Society of St. Paul, 1981), 47.

8• Brother Lawrence of the Resurrection, *The Practice of the Presence of God*, trans. J. Delaney (New York: Doubleday, 1977), 61-68.

9• Thich Nhat Hanh, *Going Home*, 194.

10• Bernard McGinn, *The Mystical Thought of Meister Eckhart* (New York: Crossroad, 2001), 132에 인용된 Meister Eckhart, Sermon Pr. 4.

11• McGinn, *Mystical Thought*, 132에 인용된 Meister Eckhart, *The Talks of Instruction*.

12• Meister Eckhart, OP, *Meister Eckhart: Sermons and Treatises*, 3 vols., ed. and trans. Maurice O'C. Walshe (Shaftesbury: Element Books, 1979), #8: 74.

13• *Eckhart*, #93: p. 319.

14• *Eckhart*, #49: pp. 38-39를 볼 것.

15• *Eckhart*, #25: p. 198.

16• Thich Nhat Hanh, *Going Home*, 9-10.

17• Ruben L. F. Habito, *Healing Breath: Zen Spirituality for a Wounded Earth* (Dallas: Kannon Zen Center Publications, 2001), 124.

18• *Eckhart*, #8: pp. 72-73.

19• Thich Nhat Hanh, "The Essence of the Records of Master Lin Chi." 이것은 2004년 1-3월의 동안거를 위해, 태이가 작성하여 승단에 배포한 출판되지 않은 자료다.

20• Thich Nhat Hanh, *Going Home*, 38.

21• Richard Woods, OP, "Recovering Our Dominican Contemplative Tradition"(2002년 5월 28일 텍사스 산 안토니오에서 열린 미국 남부 도미니코수도회 관구회의에서 발표), 11.

22• 위의 책 11-12에 인용된 Meister Eckhart, *Talks of Instruction*, p. 19.

23• *Eckhart*, #50: p. 46.

24• McGinn, *Mystical Thought*, 134-35에 인용된 마이스터 에크하르트의 설명.

25• *Eckhart*, #79: p. 230.

26• Thich Nhat Hanh, *Going Home*, 155-56.

27• Habito, *Healing Breath*, 125.

28• Thich Nhat Hanh, *Going Home*, 40-41.

29• 위의 책.

30• David Wagoner, *Poetic Medicine,* ed. John Fox (New York: Tarcher-Putnam, 1997), 192.

31• 성 요한 바오로 2세, "전교 주일 담화(2002년 10월 20일)"(한국천주교중앙협의회 번역, https://cbck.or.kr/Notice/12000178?page=380), 제5항.

32• Thomas Merton, *Life and Holiness* (New York: Image Books, 1962), 12.

33• Thich Nhat Hanh, *Going Home*, 136-37.

34• 위의 책, 42.

35• 아우구스티누스, 『고백록』, 성염 역주, 경세원, 2016, 383-384쪽(10장 27).

36• *Eckhart*, #69: pp. 165, 169.

37• Thich Nhat Hanh, *Call Me by My True Names: The Collected Poems of Thich Nhat Hanh* (Berkeley, Calif.: Parallax Press, 1999), 118-19.

38• Thich Nhat Hanh, *Living Buddha, Living Christ*, 22.

39• Henry David Thoreau, W*alden Or, Life in the Woods* (Boston: Shambhala, 1992), 72.

40• Thich Nhat Hanh, *My True Names*, 183.

41• 티모시 래드클리프의 강연에 인용된 바실 흄 추기경의 글.

42• 아우구스티누스, 『고백록』, 성염 역주, 경세원, 2016, 55쪽(1장 1).

43• Thomas Merton, OCSO, *Thoughts in Solitude* (Boston: Shambhala, 1993), 43.

44• 아바타라(avatāra)는 인도철학의 전문용어다. 역사적 사건 또는 신화 이야기에서 신이 몸을 취해 화신(化身)이 되는 것을 가리킨다. "비슈누(Viṣṇu)는 지상의 정의를 세우기 위해 인간의 모습을 한 크리슈나(Kṛṣṇa)로 화신했다. 아바타라는 천상 또는 높은 의식에서 우리가 가진 수준의 의식으로 강림했다. 그것은 우리를 더 높은 수준의 의식으로 고양시키기 위한 것이었다."(Bede Griffiths, *A New Vision of Reality* [New Delhi: Harper Collins, 1992], 141)

45• Thich Nhat Hanh, *Living Buddha, Living Christ*, 166.

46• Anthony DeMello, 원문을 확인할 수 없음.

47• *Eckhart*, #32b: p. 241.

48• 위의 책.

49• Walshe, vol. 3, #7: p. 20에 인용된 Meister Eckhart, *Talks of Instruction*.

50• Thich Nhat Hanh, *Going Home*, 41.

51• 위의 책, 36.

52• Woods, "Recovering Our Dominican Contemplative Tradition," 5.

53• *Light from Light*, ed. Dupreand and Wiseman, 199에 인용된 Jan van Ruusbroec, *The Spiritual Espousals*.

54• Ruben L. F. Habito, *Living Zen, Loving God* (Boston: Publications, 2004), 51에 인용된 하쿠인 선사의 찬가. 하쿠인 찬가의 번역은 텍사스 댈러스에 있는 '마리아 칸논 선 센터'에서 하비토와 제자들이 찬가를 부를 때 사용하는 버전을 기반으로 조금 수정하였다.

55• *Liturgy of the Hours*, 1:288에 인용된 St. Irenaeus, *Against Heresies* 4.20.4-5.

56• 여래(如來)로 번역되는 타타가타(tathāgata)는 두 단어의 복합어다. 첫째, '타타(tathā)'다. '그처럼' 혹은 '그와 같이'를 뜻한다. 둘째는 '가타(gata)'다. '가다'를 뜻하는 동사다. "타타가타, 즉 여래는 그와 같이 간 사람, 또는 실재에게로 간 사람, 실재를 아는 사람, 진리를 아는 사람이다. ……붓다는 이 진리를 깨달은 사람이었다."(Griffiths, *New Vision of Reality*, 138)

57• Thich Nhat Hanh, *Living Buddha, Living Christ*, 180-81.

58• Thich Nhat Hanh, *Going Home*, 33.

59• 위의 책, 35.

60• *The Prayers of St. Catherine of Siena*, ed. Suzanne Noffke, OP (New York: Paulist 1983), Prayer #19: p. 180.

3장

1• Thich Nhat Hanh, *Living Buddha, Living Christ* (New York: Riverhead Books, 1995), 15-16.

2• Thich Nhat Hanh, *Going Home: Jesus and Buddha as Brothers* (New York: Riverhead Books, 1999), 48.

3• Ruben L. F. Habito, *Healing Breath: Zen Spirituality for a Wounded Earth* (Dallas: Maria Kannon Zen Center Publications, 2001), 38.

4• Thich Nhat Hanh, *Living Buddha, Living Christ*, 16.

5• Bede Griffiths, *Return to the Center* (Springfield, Ill.: Templegate, 1976), 129.

6• Thich Nhat Hanh, *Living Buddha, Living Christ*, xvi.

7• 위의 책, 20.

8• '생명의 증여자'는 니케아 콘스탄티노플 신경에서 "주님이시며 생명을 주시는 성령"이라는 형식으로 나오는 성령의 칭호 중 하나다.

9• *Dominican Ashram* (Nagpur, India: Seminary Hill, 1993-94)에 인용된 쟝-피에르 랭탕 신부의 말.

10• 도미니코수도회 창설자인 성 도미니코는 "곳간에 쌓아 둔 씨앗은 썩고, 땅에 심은 씨는 많은 열매를 맺는다."라고 한다.

11• Thich Nhat Hanh, *Living Buddha, Living Christ*, 21.

12• Thich Nhat Hanh, *Going Home*, 69.

13• Meister Eckhart, OP, *Meister Eckhart: Sermons and Treatises*, 3. vols., ed. and trans. O'C. Walshe (Shaftesbury: Element Books, 1979), #23: p. 181.

14• *Eckhart*, #62: p. 111.

15• Thich Nhat Hanh, *Going Home*, 5.

16• Thich Nhat Hanh, "The Essence of the Records of Master Lin Chi.", p. 3. 이것은 2004

년 1-3월의 동안거를 위해, 태이가 작성하여 승단에 배포한 출판되지 않은 자료다.

17• 위의 책, 194.

18• *Eckhart*, #66: p. 144.

19• "다시 태어난다."라는 구절은 요한복음 3장 1-10절에 나오는 "위로부터 태어나야 한다."(3절, 7절)는 구절에 근거한다. 그리스도교의 일부 교파는 이 구절을 예수 그리스도를 받아들이고 그리스도인이 되기 위한 선택을 강조하기 위해 이용한다. "다시 태어난다."는 것을 일생일대에 한 번만 일어나는 사건으로 이해하는 것이 그들의 독특한 해석이다. 그러나 이 본문은 매 순간 그리스도가 건네는 새 생명을 받아들이며 살라는 초대로 이해할 수도 있다. 이것은 태이의 제자들이 마음챙김의 삶을 추구하는 방식이다. 그것은 새롭게 시작하는 수행을 통해 가능하다. 또한 그것은 쇄신과 화해를 위해 시간을 정해 놓는 것을 포함한다. 그리고 영적으로 다시 태어나기 위해 시간을 갖는 것도 크게 다르지 않다.

20• *Eckhart*, #1: p. 1.

21• Thich Nhat Hanh, *Living Buddha, Living Christ*, 181.

22• Thich Nhat Hanh, *Living Buddha, Living Christ*, xiii에 인용된 데이비드 스타인들-라스트의 말.

23• 상호의존적 존재에 대한 태이의 가르침은 제5장에서 살펴볼 것이다.

24• Thich Nhat Hanh, *Going Home*, 5.

25• *Eckhart*, #70: pp. 174-75; #83: pp. 252-53.

26• *Eckhart*, #65: p. 135.

27• Thomas Merton, *Conjectures of a Guilty Bystander* (New York: Doubleday, 1966), 142.

28• Thich Nhat Hanh, *Touching Peace: Practicing the Art of Mindful Living* (Berkeley, Calif.: Parallax Press, 1992), 8.

29• Thich Nhat Hanh, *Living Buddha, Living Christ*, 112-13.

30• 위의 책, 10.

31• *Meister Eckhart: Sermons and Treatises*, ed. and trans. Walshe, 3:20에 수록된 Meister Eckhart, OP, *The Talks of Instruction*.

32• Thich Nhat Hanh, *Going Home*, p.194.

33• Thich Nhat Hanh, *Living Buddha, Living Christ*, 155.

34• *Eckhart*, #12: p. 103.

35• See also John 5:42; 15:9, 13, 17, 19, 26; 21:15; and 1 John 2:5; 3:1, 11, 16; 4:8, 10, 16, 18-19.

36• 베데 그리피스 신부의 강연인 "동양의 신비주의와 그리스도교의 신앙"에서 인용. 이 강연은 1985년 5월에 호주의 디킨 대학교에서 있었으며, 카세트테이프에 녹음되었다.

37• Thich Nhat Hanh, *Going Home*, 155-56, 158, 160.

38• 위의 책, 67-68.

39• 위의 책, 68.

40• *Eckhart*, #5: p. 50.

41• *Eckhart*, #12: p. 103.

42• *Meister Eckhart: The Essential Sermons, Commentaries, Treatises and Defense*, trans. and intro. by Edmund Colledge, OSA, and Bernard McGinn (New York: Paulist Press, 1981), 242에 수록된 Meister Eckhart, *Of the Nobleman*.

43• Thich Nhat Hanh, *Going Home*, 68, 70.

44• *Eckhart*, #62: p. 113.

45• *Meister Eckhart: Sermons and Treatises, ed. and trans. Walshe*, 3:78에 수록된 Meister Eckhart, OP, *The Book of Divine Comfort*.

4장

1• Thich Nhat Hanh, *Going Home: Jesus and Buddha as Brothers* (New York: Riverhead Books, 1999), 138.

2• 위의 책, 103-4.

3• St. Seraphim of Sarov, *St. Seraphim of Sarov*, ed. Valentine Zander, trans. Sr. Gabriel Anne, SSC (Crestwood, N.Y.: St. Vladimir's Seminary Press, 1999), 92.

4• Meister Eckhart, OP, *Meister Eckhart: Sermons and Treatises*, 3 vols., ed. and trans. Maurice O'C. Walshe (Shaftesbury: Element Books, 1979), #88: p. 282 and #60: pp. 104-5.

5• *Eckhart*, #60: p. 105.

6• *Eckhart*, #31: p. 229.

7• *Eckhart*, #19: p. 160.

8• Bernard McGinn, *The Mystical Thought of Meister Eckhart* (New York: Crossroad Co., 2001), 44. 버나드 맥긴은 에크하르트의 신비주의 저술을 다루는 최신 연구에 대한 영어로 쓰인 훌륭한 개요에서 에크하르트의 고유한 신비주의를 "근거의 신비주의"라는 명칭으로 범주화한다. 그는 말한다. "에크하르트가 말하는 근거(grunt)는 아주 다양한 방식으로 사용된다. 그러나 '근거'라는 말의 의미론적 기본 의도는 언제나 하나의 목표에 맞추어져 있다. 그것은 에크하르트가 말한 '부분이 없는 일자一者' 안에서 하느님과 인간의 명료하게 구분되지 않는 정체성을 실현하는 것이다."(47쪽)

9• McGinn, *Mystical Thought*, 45에 인용된 Meister Eckhart, Sermon Pr. 15.

10• Thich Nhat Hanh, *Living Buddha, Living Christ* (New York: Riverhead Books, 1995), 138-39에 인용된 The Buddha, *Udana* viii, 3.

11• Richard Woods, *Eckhart's Way* (Wilmington, Del.: Michael Glazier, 1986), 44.

12• *Eckhart*, #2: p. 16.

13• *Eckhart*, #94: p. 323.

14• Thich Nhat Hanh, *Going Home*, 9.

15• *Catechism of the Catholic Church* (Washington, D.C.: U.S. Catholic Conference, 1994), no. 2009, p. 487. 서양은 '창조된 은총'과 '성화 은총'의 결과인 신화를 말하는 경

향이 있다. 반면 동양은 '창조되지 않은 은총' 또는 '내재'에 중점을 둔다. 그러나 두 전통 모두 신화를 다룬다. "그리스도의 은총은 무상의 선물이며, 하느님께서 우리 영혼을 죄에서 치유하여 거룩하게 하시려고 성령을 통해서 우리의 영혼 안에 불어넣어 주시는 당신 생명이다. 이 은총은 세례로써 받는 성화 은총(聖化恩寵, gratia santificans) 또는 신화 은총(神化恩寵, gratia deificans)이다. 이 은총은 우리 안에서 성화 활동의 샘이 된다."(『가톨릭 교회 교리서』, 1999항)

16• Thich Nhat Hanh, *Living Buddha, Living Christ*, 123.

17• *Eckhart*, #47: pp. 27-29.

18• John Meyendorff, *Byzantine Theology: Historical Trends and Doctrinal Themes*, 2nd ed. (New York: Fordham University Press, 1983), 164-65.

19• *Eckhart*, #70: p. 173.

20• *Meister Eckhart: The Essential Sermons, Commentaries, Treatises and Defense, trans. and intro*. Edmund Colledge, OSA, and Bernard McGinn (New York: Paulist Press, 1981), 241에 수록된 Meister Eckhart, *Of the Nobleman*.

21• Juan G. Arintero, OP, *The Mystical Evolution in the Development and Vitality of the Church*, 2 vols., trans. Jordan Aumann (St. Louis: B. Herder Book Co., 1949), 1:7. 존 메이엔도르프는 후안 아린테로와 같은 점을 강조했다. 즉 신격화된 인간은 "인간의 특성을 잃지 않는다. 오히려 정반대다. 이런 특성들은 그들이 창조된 신적 원형에 접촉함으로써 더욱 현실적이고 확실해진다."(Meyendorff, *Byzantine Theology*, 164)

22• *Eckhart*, #20: p. 164.

23• *Eckhart*, #88: p. 283.

24• 2004년 3월 14일, 캘리포니아 에스콘디도에 있는 녹야원 사원에서 설법한 내용.

25• McGinn, *Mystical Thought*, 45에 인용된 Meister Eckhart, Sermon Pr. 15.

26• *Eckhart*, #7: p. 66.

27• 『도덕경』, 25장.

28• *Eckhart*, #94: p. 323.

29• Thich Nhat Hanh, *Going Home*, 148 and 6-7.

30• Frank Kacmarcik, Obl.S.B., and Paul Philibert, OP, *Seeing and Believing: Images of Christian Faith* (Collegeville, Minn.: Liturgical Press, 1995), 42. 또한 Thomas Aquinas, *Summa Theologiae* II, 1.3.4.c.를 볼 것.

31• *Eckhart*, Sermons 43과 49를 볼 것.

32• Thich Nhat Hanh, *Living Buddha, Living Christ*, 142.

33• *Eckhart*, #30: p. 227.

34• *Eckhart*, #33: p. 247.

35• Thich Nhat Hanh, *Going Home*, 99.

36• 위의 책, 43.

37• 위의 책, 146.

38• Thich Nhat Hanh, *Living Buddha, Living Christ*, 138.

39• *Meister Eckhart*, ed. Colledge and McGinn, 243에 수록된 Meister Eckhart, *Of the*

Nobleman.

40• Thich Nhat Hanh, *Going Home*, 90.

41• *Swami Abhishiktananda: The Man and his Teaching*, ed. Vandana (New Delhi, ISPCK, 1986), 54에 인용된 Odette Baumer-Despeigne, "The Lord's Prayer as a Way of Initiation"에서 아비식타난다.

42• St. Catherine of Siena, *The Dialogue*, trans. and intro. Suzanne Noffke, OP (New York: Paulist Press, 1980), 211 n. 112.

43• 『가톨릭 교회 교리서』, 1997-98항.

44• McGinn, *Mystical Thought*, 117에 인용된 Eckhart, *Commentary on the Gospel of John* (no. 117).

45• *Eckhart*, #6: p. 55.

46• *Eckhart*, #6: p. 61.

47• *Eckhart*, #45: p. 15.

48• *Eckhart*, #14b: p. 127.

49• 역자 주 : 주님 만찬 성목요일 성유축성 미사 때 올리브 기름과 발사믹을 섞어 축성한 성유로, 세례성사 · 견진성사 · 신품성사 등에 사용된다. 그것을 바름으로써 세례를 받은 사실 혹은 그리스도와 일치한 사실이 인호로 새겨진다. 인호는 세례성사 · 견진성사 · 신품성사를 받은 자에게 새겨지는 소멸될 수 없는 표지를 말한다.

50• *Eckhart*, #4: p. 45.

51• *Eckhart*, #69: p. 165.

52• Thich Nhat Hanh, *Going Home*, 44.

53• *Eckhart*, #21: p. 172.

54• Thich Nhat Hanh, *Going Home*, 11.

55• 위의 책, 158.

56• McGinn, *Mystical Thought*, 128.

57• 위의 책.

58• Thich Nhat Hanh, *Living Buddha, Living Christ*, 88.

59• 위의 책, 28-29.

60• Thich Nhat Hanh, *Going Home*, 5.

61• "Five Mindfulness Trainings Recitation Ceremony"에서. Thich Nhat Hanh, *Going Home*, 133-34를 볼 것.

62• Thich Nhat Hanh, *Going Home*, 158.

5장

1• *Meister Eckhart: Sermons and Treatises*, ed. and trans. Maurice O'C. Walshe (Shaftesbury: Element Books, 1979), 3:76에 수록된 Meister Eckhart, OP, *The Book of*

Divine Comfort.

2• 위의 책, 77.

3• Bernard McGinn, *The Mystical Thought of Meister Eckhart* (New York: Crossroad, 2001), 72에 인용된 Meister Eckhart, Latin Sermon XLIX.3, n.511.

4• 베데 신부가 사용한 '구별됨(differentiation)'이라는 용어는 이 장의 내용을 이해하는 데 중요한 역할을 한다. 그것은 하느님의 일치 안에 다름(otherness)을 지시하는 용어다.

5• 베데 그리피스 신부는 '동양의 신비주의와 그리스도교의 신앙'이라는 제목의 카세트테이프를 녹음했다. 그것은 1985년 5월 호주의 디킨 대학교에서 한 강연 내용이다.

6• 중세의 다른 신학자들인 토마스 아퀴나스과 알베르투스 마그누스 그리고 마르그리트 포레트와 같은 신비가들도 저술에서 이런 용어를 사용한다. 그러나 "삼위일체의 신성한 내적 끓음(bullitio, 하느님의 내적 끓음)과 창조적 끓어넘침(ebullitio) 사이의 가장 중요한 관계로까지 논의를 확장시킨 저자는 없었다. …… [이것은] 에크하르트가 새롭게 구성한 '폭발성의 은유'다. 그것은 흐름의 형이상학을 설명하기 위한 에크하르트의 새로운 은유다."(McGinn, *Mystical Thought*, 74)

7• *Eckhart*, #12: p. 106.

8• *Eckhart*, #29: p. 221.

9• *Eckhart*, #60: p. 105.

10• *Meister Eckhart*, ed. and trans. Walshe, 3:76에 수록된 Eckhart, *Divine Comfort.*

11• 이 논의에서 시간적 선후를 언급하는 것은 단지 명확성을 위한 것이다. 리처드 우즈는 에크하르트의 구별되기 이전의 신성(undifferentiated Godhead)과 구별된 삼위일체(differentiated Trinity)의 차이를 주석한다. 에크하르트가 말하고자 한 것은 신성(神性, Godhead)이 하느님보다 시간적으로 앞섰다는 것이 아니다. 단지 "논리적인 앞섬"을 말하는 것이다. 그는 이 중요한 차이에 대한 에크하르트의 글을 인용한다. "모든 것은 신성에서 하나다. 그것에 대해서는 이론의 여지가 없다. [삼위일체] 하느님(God)은 활동한다. 그러나 [구별되기 이전의] 신성(神性, Godhead)은 활동하지 않는다."(*Eckhart* #56: p. 81) Richard Woods, *Eckhart's Way* (Wilmington, Del.: Michael Glazier, 1986), 46을 볼 것.

12• *Eckhart* #56: p. 81.

13• Griffiths, "Eastern Mysticism and Christian Faith." 또한 Bede Griffiths, *A New Vision of Reality* (India: Indus and Harper Collins, 1992), 158-59를 볼 것. 불교 교의인 공성(空性)에 대한 스즈키의 설명은 D. T. Suzuki, *Mysticism: Christian and Buddhist* (New York: Harper & Row, 1957), 6, 29-38을 참조할 것. 열반은 깨달음에서 비롯되는 자유다. 그것은 깨달음이 없는 존재의 끝없는 순환, 즉 윤회를 초월할 때 성취된다. 슌야타, 즉 공성의 '역동적 텅 빔'은 열반과 윤회의 명확한 대립 너머에 있다. 그곳에서는 모든 것이 하나다.

14• Thich Nhat Hanh, *Living Buddha, Living Christ* (New York: Riverhead Books, 1995), 41-42.

15• 달라이 라마는 말한다. "불교에서는 흘러넘침과 흘러넘치는 힘 사이에는 특별한 관계가 있다고 여긴다. 그리고 흘러넘침은 그것의 운명이 다했을 때 끝난다고 여긴다. 흘러

넘침은, 비록 어떤 경우에는 스스로 사라지기도 하지만, 그것의 근원으로 다시 재흡수된다고 보는 견해도 있다." *The Good Heart: A Buddhist Perspective on the Teachings of Jesus* (Boston: Wisdom Publications, 1996), 120에서 인용.

16• *Eckhart*, #33: p. 247.

17• *Eckhart*, #6: p. 66.

18• *Eckhart*, #56: p. 82.

19• Griffiths, *New Vision*, 64에 인용된 *Chandogya Upanishad* 6:12.

20• 성 토마스 아퀴나스의 『신학대전(*Summa Theologiae*)』은 "하느님으로부터 [모든 피조물이] 세상으로 나오는 길(exitus a Deo)과 세상으로부터 [모든 피조물, 특히 인간의 최종 목적인] 하느님에게로 돌아가게 하는 길(reditus ad Deum)로 구성된다." Robert Barron, *Thomas Aquinas: Spiritual Master* (New York: Cross- road, 1996), 25에서 인용. 마리-도미니크 셰누는 『신학대전』이 취하는 구조의 중심에 있는 흘러넘침과 복귀, 즉 발원과 귀환이라는 신플라톤주의적 운동을 발견하고 조명한 인물 가운데 한 명으로 인정된다. M.-D. Chenu, OP, *Aquinas and His Role in Theology*, trans. Paul J. Philibert, OP (Collegeville, Minn.: Liturgical Press, 2002), ch. 5를 볼 것.

21• Griffiths, "Eastern Mysticism and Christian Faith."

22• Griffiths, New *Vision*, 172-74.

23• Robert Barron, "The Christian: Missionary of Hope," *Chicago Studies* 33 (August 1994): 140. "발타자르"는 신학자 한스 우르스 폰 발타자르를 지칭한다.

24• *Johhanes Tauler: Sermons*, trans. Maria Shrady (New York: Paulist Press, 1985), 36-37에 수록된 John Tauler, OP, "Sermon One - Christmas."

25• Thich Nhat Hanh, *Living Buddha, Living Christ*, 70.

26• *Eckhart*, #22: pp. 177-79.

27• Thich Nhat Hanh, *Living Buddha, Living Christ*, 42.

28• St. Catherine of Siena, *The Dialogue*, trans. and intro. Suzanne Noffke, OP (New York: Paulist Press, 1980), ##21-22, pp. 64-65.

29• *Catherine of Siena: Passion for Truth, Compassion for Humanity*, ed. Mary O'Driscoll (New York: New City Press, 1993), 24에 수록된 St. Catherine of Siena, "Letter to Thomas della Fonte." 성녀 가타리나는 이렇게 적는다. "자신이 아무것도 아님(nothing)을 깨달으면, 우리는 겸손해진다. 그러면 뜨겁게 불타오르는 [그리스도의] 열린 마음속으로 들어갈 수 있다. …… 그리고 [그리스도의 마음은] 결코 닫히지 않는다."

30• 로마 가톨릭교회의 성사 중에서 [하느님과] 화해를 위한 성찬기도문 제1양식을 조금 변형시킨 것이다.

31• Griffiths, *New Vision*, 173.

32• T. S. Eliot, *Four Quartets*, "Little Gidding" (San Diego: Harcourt Brace Jovanovich, 1943), 58-59.

33• 베데 그리피스 신부가 1989년 인도 샨티바남 아쉬람에서 행한 대중강의. 이 내용이 담긴 카세트테이프는 아쉬람에서 베데 신부와 함께 수행했던 파스칼린 코프 수녀가 제공한 것이다.

34• 오데트 바우머-데스페뉴와의 인터뷰에 인용된 스와미 아비식타난다의 주님의 기도에 대한 고찰 가운데 일부다. 오테드 바우머-데스페뉴와의 인터뷰는 Sr. Pascaline Coff, OSB, *Bulletin of Monastic Interreligious Dialogue* 51 (October 17, 1994): 20에서 다룬다.

35• *Meister Eckhart*, ed. and trans. Walshe, 3:76-77에 수록된 Eckhart, *Divine Comfort*.

36• *Eckhart*, #69: p. 165.

37• Thich Nhat Hanh, *Going Home* (New York: Riverhead Books, 1999), 98.

38• Thich Nhat Hanh, *Living Buddha, Living Christ,* 36. 태이는 말한다. "정교회의 삼위일체 교의에 따르면, 성부는 아들을 낳는 신성의 근원이다. 그는 말씀, 즉 로고스와 함께 성자 안에 살아 있는 성령을 낳는다. 이것은 붓다, 다르마, 승단의 불이(不二)적 본성과 매우 유사하다."(pp. 123-24)

39• Cyprian Smith, *Meister Eckhart: The Way of Paradox* (New York: Paulist Press, 1987), 61.

40• *Eckhart*, #13a: pp. 110-11.

41• *Eckhart*, #96: p. 334.

42• *Meister Eckhart*, ed. and trans. Walshe, 3:77에 수록된 Eckhart, *Divine Comfort*.

43• Thich Nhat Hanh, *Going Home*, 9-11.

44• *Eckhart*, #1: p. 1.

45• Thich Nhat Hanh, *Going Home*, 146.

46• 위의 책, 138.

47• 위의 책, 104-5.

48• 위의 책, 155.

49• Smith, *Way of Paradox*, 76.

50• 431년에 열린 에페소 제3차 세계 공의회는 아래와 같이 선언했다. "우리는 한 분의 그리스도, 한 분의 성자, 한 분의 주님을 믿는다. '말씀'이 마리아에게서 당신의 신성을 이끌어 내셨기 때문이 아니라, 이성적 영혼을 부여받은 거룩한 육체를 마리아에게서 얻으셨기 때문에 마리아는 하느님의 어머니(theotokos)이며, 하느님의 말씀이 그 위격에서 육체와 결합하였기에 사람의 몸으로 나셨다고 일컬어진다." 『가톨릭 교회 교리서』 제466항을 참조할 것.

51• *Eckhart*, #1: p. 5; #2: p. 15.

52• *Eckhart*, #90: p. 301.

53• *Eckhart*, #88: p. 281.

54• 버나드 맥긴은 에크하르트가 흘러넘침을 위한 전제조건으로서의 근거(즉 순수한 가능성)와 되어 가는 하느님의 실질적 근원인 성부를 미세하게 구분한 것에 주의 깊게 주목한다(*Mystical Thought*, 82). 에크하르트는 탈출기를 주석하면서 언급한다. "성부 안에 있는 산출(産出)의 가능성은 부성(父性)보다 본질이다."(82) 이 논의를 위해 우리는 에크하르트가 자주 그랬던 것처럼 성부와 근거(grunt)를 같은 의미로 사용할 것이다. 즉 그것은 본질적 성부 혹은 구별되기 이전의 성부 또는 신성을 지칭하는 것이다. 그러나 이것이 에크하르트가 신성과 삼위일체에서 구별된 하느님의 위격을 자주 구분했다는

사실을 부정하는 것은 아니다.

55• 에크하르트는 근거에 대해 말할 때 '적막한 사막'을 다양한 방식으로 사용하곤 한다. "영원의 참된 말은 인간이 곧 사막이 되는 고독 속에 있을 때 들린다."(*Eckhart*, #4: p. 42) "그것이 하느님을 똑바로 붙들고 있는 [영혼 안에 있는] 빛이다. …… 그것은 출산하는 행위에서 그를 붙잡는다. …… 그것은 구별이 전혀 보이지 않는 적막한 사막으로 들어가길 원한다."(#60: pp. 104-5) 또한 McGinn, *Mystical Thought*, 35-52를 볼 것.

56• *Eckhart*, #70: p. 175. 맥긴은 자신이 에크하르트의 '흐름의 형이상학'이라고 이름 붙인 것을 설명하기 위해 전체 장을 할애한다(*Mystical Thought*, 71-113). 에크하르트는 발원과 귀환 또는 하느님으로부터 흘러나와서 하느님에게로 돌아가는 스콜라적 개념으로 시작한다. 에크하르트는 삼위일체의 내적인 역동성 안에서 영원히 일어나는 흘러넘침이 창조 때에 일어나는 흘러넘침으로 재현되거나 수반한다는 관념을 더욱 발전시킨다. 이것은 이 장의 뒷부분에서 보다 자세히 다룰 것이다.

57• *Eckhart*, #1: pp. 3, 5; #3: p. 33. 에크하르트가 어떤 때에는 영혼 안에서 말씀의 탄생을 말하고, 또 다른 어떤 때에는 [영혼 안에서] 성자의 탄생을 말하는 것에 주목할 필요가 있다. 그것은 하나이며 동일한 것이다. 그는 설교에서 둘을 결합하여 말한다. "말씀이 영혼 안에서 말하고 영혼이 살아 있는 말씀 안에서 응답할 때, 성자는 영혼 안에 살아 있다."(#36: pp. 265-66)

58• *Eckhart*, #88: p. 279.

59• Thich Nhat Hanh, *Living Buddha, Living Christ*, 40.

60• 영혼의 근거에서 신의 말씀이 태어남은 인간 안에서 역사하는 하느님의 행위다. 태이는 말한다. "불교도는 붓다를 스승 혹은 형제로 생각하지, 신으로 생각하지 않는다."(*Living Buddha, Living Christ*, 40) 양자가 궁극적 차원과 역사적 차원의 만남을 암시하지만, 종교간 대화를 위해서는 두 종교전통이 완전히 똑같이 말하지 않는다는 점에 주목해야만 한다.

61• *Eckhart*, #19: pp. 157-58.

62• *Eckhart*, #77: p. 220.

63• *Eckhart*, #80: p. 237.

64• McGinn, *Mystical Thought*, 57.

65• Suzuki, *Mysticism: Christian and Buddhist*, 17.

66• 위의 책, 18.

67• *Eckhart*, #2: p. 20.

68• *Eckhart*, #2: p. 15.

69• *Eckhart*, #1: p. 3.

70• *Eckhart*, #2: pp. 16-17.

71• *Eckhart*, #96: p. 333.

72• Timothy Radcliffe, OP, "Letter to Our Brothers and Sisters in Initial Formation"(May 1999). 도미니코수도회의 다른 공동체 형제들에게 보내는 사목서한의 내용.

73• *Eckhart*, #2: p. 15.

74• Thich Nhat Hanh, *Going Home*, 66-67.

6장

1• Meister Eckhart, OP, *Meister Eckhart: Sermons and Treatises*, 3 vols., ed. and trans. Maurice O'C. Walshe (Shaftesbury: Element Books, 1979), #54: p. 72 and #14b: p. 124.

2• Donald Goergen, OP, *Jesus, Son of God, Son of Mary, Immanuel* (Collegeville, Minn.: Liturgical Press, 1995), 27.

3• 성 토마스 아퀴나스와 스콜라 신학자의 형이상학에서 드러나는 그리스도교 신학은 하느님의 필연적 존재(동사 : esse)와 피조물의 우연적 존재(명사 : ens)를 구분한다. 달리 말하면 하느님은 존재할 수밖에 없는 반면, 피조물은 하느님의 존재로부터 자신의 존재를 부여받는다. 이 점에 있어서, 에크하르트의 가르침은 성 토마스 아퀴나스의 가르침을 따른다. *Summa Theologiae* II, 1.3.4.c를 볼 것.

4• *Eckhart*, #79: p. 232.

5• *Meister Eckhart: Sermons and Treatises*, ed. and trans. Walshe, 3:80-81에 수록된 Meister Eckhart, OP, *The Book of Divine Comfort*.

6• Bernard McGinn, *The Mystical Thought of Meister Eckhart* (New York: Crossroad, 2001), 117에 인용된 Meiser Eckhart, *Commentary on the Prologue of the Gospel of John* (no. 106).

7• McGinn, *Mystical Thought*, 117에 인용된 Meister Eckhart, Proc. Col. II.

8• *Eckhart*, #20: p. 166.

9• *Meister Eckhart: Sermons and Treatises*, ed. trans. Walshe, 3:241에 수록된 Meister Eckhart, *Of the Nobleman*.

10• Thich Nhat Hanh, *Going Home: Jesus and Buddha as Brothers* (New York: Riverhead Books, 1999), 9.

11• Thomas Merton, *New Seeds of Contemplation* (New York: New Directions Books, 1961), 2-3.

12• Thich Nhat Hanh, *Going Home*, 149-51.

13• *Eckhart*, #18: p. 148.

14• Cyprian Smith, OSB, *The Way of Paradox: Spiritual Life as Taught by Meister Eckhart* (New York: Paulist Press, 1987), 62-63.

15• Merton, *New Seeds*, 3.

16• *Eckhart*, #22: p. 179.

17• Thich Nhat Hanh, *Going Home*, 137.

18• "Morning Has Broken," text by Eleanor Farjeon(1881-1965), *The Children's Bells* (London: Oxford University Press, 1957). Music: Bunessan, Gaelic: Arr. by Marty Haugen(b. 1950) (GIA Publications, 1987).

19• *Eckhart*, #14b: p. 127.

20• *Eckhart*, #22: pp. 177-79.

21• Joseph Milne, "Eckhart and the Word," *Eckhart Review* [Oxford: The Eckhart

Society] no. 11 (Spring 2002): 11.

22• Thich Nhat Hanh, *Living Buddha, Living Christ* (New York: Riverhead Books, 1995), 34.

23• 위의 책, 35.

24• 위의 책.

25• Thich Nhat Hanh, *Going Home*, 152-53.

26• 캘커타의 마더 데레사 수녀는 1976년 펜실베니아주 필라델피아에서 열린 세계성체대회에서 이 이야기를 했다. Servant Cassettes가 제작한 카세트테이프에서 인용.

27• 이 주제를 다루기에는 본서의 지면이 충분치 않다. 피에르 테야르 드 샤르댕의 저술은 우주론적 그리스도론의 함축적 의미를 처음으로 깊게 탐구한 것이다.

28• Bede Griffiths, *The Marriage of East and West* (Springfield, Ill.: Temple gate Publishers, 1982), 195.

29• *Eckhart*, #33: pp. 247-49.

30• *Eckhart*, #51: p. 49.

31• Thich Nhat Hanh, *Going Home*, 153-54.

32• Bede Griffiths, 1989 *satsang* talk.
역자 주 : 인도철학은 몸을 조대(粗大)요소로 구성된 몸과 미세(微細)요소로 구성된 몸과 원인이 되는 몸으로 구분한다. 첫째 조대한 몸(sthūla-śarīra)은 땅 · 물 · 불 · 바람 · 허공이라는 조대한 물질요소로 구성되어 오감으로 지각되는 육체다. 둘째 미세한 몸(sūkṣma-śarīra)은 오감으로 지각되지 않는 미세한 물질요소로 구성된다. 셋째 원인이 되는 몸(kāraṇa-śarīra)은 조대한 몸과 미세한 몸이 생기는 근원이면서 최종적으로 그곳으로 귀환하는 근거다.

33• His Holiness the Dalai Lama, *The Good Heart: A Buddhist Perspective on the Teachings of Jesus* (Boston: Wisdom Publications, 1996), 121에서 로렌스 프리먼 신부.

34• *Good Heart*, 119에서 달라이 라마.

35• Bede Griffiths, 1989 *satsang* talk.

36• *Eckhart*, #53: p. 64.

37• Thich Nhat Hanh, *Going Home*, 145.

38• 위의 책, 107.

39• 폴 필리베르와의 2004년 5월 담화에서.

40• *Eckhart*, #49: p. 37 and #77: p. 220.

7장

1• Thich Nhat Hanh, *Living Buddha, Living Christ* (New York: Riverhead Books, 1995), 48.

2• 사성제는 붓다의 근본 가르침이다. 사성제는 (1) 모든 것은 고통이고, (2) 고통의 근원은 욕망과 집착이며, (3) 욕망과 집착은 극복될 수 있는데, (3) 그 극복의 길은 팔정도

를 따르는 것이라는 가르침이다. Susan Meredith and Clare Hickman, *The Usborne Encyclopedia of World Religions* (London: Usborne Publishing, 2001), 38에서.

3• His Holiness the Dalai Lama, *The Good Heart: A Buddhist Perspective on the Teachings of Jesus* (Boston: Wisdom Publications, 1996), 181. 불교 용어 해설에서.

4• Thich Nhat Hanh, *Going Home: Jesus and Buddha as Brothers* (New York: Riverhead Books, 1999), 124-25.

5• 위의 책, 125-26.

6• Dalai Lama, *Good Heart*, 54.

7• *Meister Eckhart: Sermons and Treatises*, 3 vols., ed. and trans. Maurice O'C. Walshe (Shaftesbury: Element Books, 1979), 3:64에 수록된 Meister Eckhart, OP, *The Book of Divine Comfort*.

8• 위의 책, 71.

9• 위의 책, 66.

10• *America* (December 7,1996): 9에 인용된 Elizabeth Barrett Browning의 "Aurora Leigh," book vii에서.

11• "하느님이 언제 그대의 하느님인가?"라고 에크하르트는 묻는다. "그대가 오직 그만을 원할 때, 그대는 멋진 그를 발견할 것이다. 하지만 그대가 그를 벗어난 다른 곳으로 유혹하는 것을 원한다면, 그때는 그가 그대의 하느님이 아니다."(*Eckhart* #74: p. 203)

12• *Eckhart*, #22: p. 177.

13• Bernard McGinn, *The Mystical Thought of Meister Eckhart* (New York: Crossroad, 2001), 133. 에크하르트는 이욕을 언급하기 위해 다른 용어들을 사용한다. 즉 '떠나기', '놓아주기', '내려놓기', '분리하기', '포기하기', '형태를 갖추지 않기', '변형시키기', '되려하지 않기'다.

14• *Meister Eckhart*, ed. and trans. Walshe, 3:120-21에 수록된 Eckhart, *On Detachment*.

15• *Eckhart*, #3: p. 33.

16• *Meister Eckhart*, ed. and trans. Walshe, 3:70에 수록된 Eckhart, *Divine Comfort*.

17• *Eckhart*, #13a: p. 112.

18• Thich Nhat Hanh, *Going Home*, 153.

19• *Eckhart*, #49: p. 37.

20• *Eckhart*, #77: p. 220.

21• *Eckhart*, #87: p. 271.

22• *Eckhart*, #13b: pp. 117-18.

23• *Eckhart*, #12: p. 104.

24• *Eckhart*, #74: p. 204.

25• *Meister Eckhart*, ed. and *trans. Walshe*, 3:67에 수록된 Eckhart, *Divine Comfort*.

26• 위의 책, 65-66.

27• Thich Nhat Hanh, "Liberation from Suffering," *The Mindfulness Bell* no. 19 (May-August 1977): 1.

28• *Eckhart*, #2: p. 17.

29• *Meister Eckhart*, ed. and trans. Walshe, 3:66-67에 수록된 Eckhart, *Divine Comfort*.
30• *Eckhart*, #68: p. 158.
31• Thich Nhat Hanh, *Going Home*, 91.
32• McGinn, *Mystical Thought*, 45에 인용된 Meister Eckhart, Sermon Pr. 5b.
33• *Eckhart*, #2: pp. 20-21.
34• *Eckhart*, #1: p. 7.
35• *Eckhart*, #69: p. 169.
36• *Eckhart*, #6: pp. 56-59.
37• 앞 장에서 언급했듯이, 이것은 루카복음 15장 11-32절에 있는 탕자의 비유의 주제다. 회개와 참회라는 용어의 자세한 의미는 다음을 참조할 것. *The New World Dictionary-Concordance to the New American Bible* (New York: World Publishing, 1970), 520.
38• *Eckhart*, #2: p. 21.
39• Thich Nhat Hanh, *The Miracle of Mindfulness: A Manual on Meditation* (Boston: Beacon Press, 1975), 15.

8장

1• Thich Nhat Hanh, *Going Home: Jesus and Buddha as Brothers* (New York: Riverhead Books, 1999), 36-37.
2• Thich Nhat Hanh, *Living Buddha, Living Christ* (New York: Riverhead Books, 1995), 84.
3• His Holiness Dalai Lama, *The Good Heart: A Buddhist Perspective on the Teachings of Jesus* (Boston: Wisdom Publications, 1996), 68.
4• Thich Nhat Hanh, *Living Buddha, Living Christ*, 10-11.
5• *Catherine of Siena: Passion for the Truth, Compassion for Humanity*, ed. Mary O'Driscoll, OP (New York: New City Press, 1993), prayer no.19, p. 83에서 시에나의 성녀 가타리나.
6• 이것은 도미니코수도회의 전 총장인 뱅상 드 쿠에농글이 1977년 8월 4일 멕시코 아메차메카의 산 루이스 벨트란 수도원에서 도미니코의 수련자들이 수도원 규칙을 받아들이는 예식을 할 때 한 설교다.
7• Meister Eckhart, OP, *Meister Eckhart: Sermons and Treatises*, 3 vols., ed. and trans. O'C. Walshe (Shaftesbury: Element Books, 1979), #95: p. 328.
8• Bartolomé de Las Casas, *History of the Indies*, trans. and ed. Andree Collard (New York: Harper & Row, 1971), book III, ch. 129, p. 257.
9• 위의 책, prologue, p. 5.
10• Etty Hillesum, *An Interrupted Life and Letters from Westerbork* (New York: Henry Holt and Co., 1996), 226-27.
11• Dalai Lama, *Good Heart*, 68.

12• Bill Pelke, "Group Travels to Speak against the Death Penalty," by Khalid Moss, *Dayton Daily News*, May 16, 2001에서 인용.
13• Thich Nhat Hanh, *Going Home*, 73.
14• 위의 책, 164.
15• Dalai Lama, *Good Heart*, 68.
16• Thich Nhat Hanh, *Going Home*, 32.
17• Ruben L. F. Habito, *Living Zen, Loving God* (Boston: Wisdom Publications, 2004), 77.
18• Dalai Lama, *Good Heart*, 53-54.
19• Thich Nhat Hanh, *Going Home*, 37.
20• 위의 책, 165.
21• 위의 책.
22• *The Gethsemani Encounter: A Dialogue on the Spiritual Life by Buddhist and Christian Monastics*, ed. Donald Mitchell and James Wiseman, OSB (New York: Continuum, 1997), 231.
23• Fenton Johnson, *Keeping Faith: A Skeptic's Journey* (Boston: Houghton Mifflin, 2003), 19.
24• *Gethsemani Encounter*, 232.
25• 위의 책.
26• 위의 책.
27• 위의 책, 132. 돔 아르망 베일외의 설교에서.
28• 위의 책, 233.
29• Johnson, *Keeping Faith*, 19.
30• *Gethsemani Encounter*, 234.
31• Thich Nhat Hanh, *Going Home*, 164.
32• Thich Nhat Hanh, *Living Buddha, Living Christ*, 91.
33• 위의 책.
34• 위의 책, 67.
35• *Eckhart*, #13a: p. 110.
36• Dalai Lama, *Good Heart*, 68.
37• Thich Nhat Hanh, *Living Buddha, Living Christ*, 78.
38• *Gethsemani Encounter*, 133.

9장

1• Meister Eckhart, OP, *Meister Eckhart: Sermons and Treatises*, 3 vols., ed. and trans. Maurice O'C. Walshe (Shaftesbury: Element Books, 1979), #24a: p. 188.
2• *Meister Eckhart: Sermons and Treatises*, ed. and trans. Walshe, 3:89에 수록된 Meister

Eckhart, OP, *The Book of Divine Comfort*.

3• *Meister Eckhart*, ed. and trans. Walshe, 3:120-21에 수록된 Meister Eckhart, *On Detachment*.

4• *Eckhart*, #55: p. 78.

5• Thich Nhat Hanh, *Living Buddha, Living Christ* (New York: Riverhead Books, 1995), 117.

6• *Gateless Gate*, trans. and commentary by Zen Master Koun Yamada (Tucson: University of Arizona Press, 1979), 31.
『무문관』의 저자인 무문 혜개(無門慧開, 1183년-1260년)는 임제종(臨濟宗)의 개조(開祖)인 임제(臨濟) 선사의 15대 법손(法孫)이고, 임제종 양기파(楊岐派)의 개조인 양기(楊岐) 선사의 8대 법손이다. 그의 가르침은 임제종과 조동종 모두에 영향을 주었다.

7• *Eckhart*, see #7: p. 66 and #88: p. 283.

8• *Eckhart*, #11: p. 98.

9• 1980년 2월 24일 강론에서. Oscar A. Romero, *Dia a Dia con Monseñor Romero* (San Salvador: Arzobispado de San Salvador, 1999), 365.

10• *Eckhart*, #82: p. 245.

11• Thich Nhat Hanh, *Living Buddha, Living Christ*, 157.

12• *Gateless Gate*, 31.

13• Thich Nhat Hanh, *Living Buddha, Living Christ*, 152-53.

14• 위의 책, 153.

15• David Steindl-Rast, OSB, *Living Buddha, Living Christ*, xvii-xviii.

16• Thich Nhat Hanh, *Going Home: Jesus and Buddha as Brothers* (New York: Riverhead Books, 1999), 46.

17• D. T. Suzuki, *Mysticism: Christian and Buddhist* (New York: Harper and Row, 1957), 145.

18• *The New Dictionary of Catholic Social Thought* (Collegeville, Minn.: Liturgical Press, 1994), 909에 인용된 성 교황 요한 바오로 2세의 *Solicitudo Rei Socialis*.

19• 위의 책, #40, p. 916.

20• Thich Nhat Hanh, *Going Home*, 36-37.

21• Thomas K. Tewell, "The Cross is Empty!" *The Living Pulpit* (Jan.-Mar. 2002): 48.

22• 위의 책.

23• Ruben Habito, *Living Zen, Loving God* (Boston: Wisdom Publications, 2004), 83-84.

24• Beatrice Bruteau, *Radical Optimism* (New York: Crossroad, 1993), 98-99.

25• *Eckhart*, #25b: p. 194.

26• Thich Nhat Hanh, *Going Home*, 32.

27• 위의 책, 37.

28• *The Gethsemani Encounter: A Dialogue on the Spiritual Life by Buddhist and Christian Monastics*, ed. Donald Mitchell and James Wiseman, OSB (New York: Continuum, 1997), 232.

29• 1979년 1월 1일 강론. Archbishop Oscar A. Romero, *The Church Is All of You*, ed. James R. Brockman, SJ (Minneapolis: Winston Press, 1984), 55.
30• 1979년 7월 22일 강론. 위의 책, 91.
31• 1979년 11월 11일 강론. 위의 책, 100.
32• 1980년 3월 24일 강론. 위의 책, 110.
33• 마하트마 간디는 아힘사, 즉 비폭력 운동을 주창했다.
34• Thich Nhat Hanh, *Going Home*, 161.
35• 좌선은 선불교 전통에서 앉아서 하는 명상법이다. 여기서 언급된 선 명상 흘은 오시다 신부의 영성지도 하에 일본 타카모리에 있었다.
36• St. Catherine of Siena, *The Dialogue*, trans. and intro. Suzanne Noffke, OP (New York: Paulist Press, 1980), no. 13, p. 167에서 '온화한 거울'이란 개념을 빌려왔다.
역자 주 : 시에나의 성녀 클라라의 거울 이미지는 거울을 바라보는 이의 본래의 온전함과 아름다움, 그리고 전체에 연결된 건강하고 생명력 있는 모습을 보여 주면서도 지금 흐트러진 모습도 함께 보여 주어 본래 모습을 회복하게 하는 역할을 한다. 창조된 모든 존재는 거울의 이미지를 갖고 있다. 그것을 통해 하느님과 이웃과 어떻게 연결되어 살아가야 하는지를 잘 비추어 준다. 성녀의 '거울 영성'은 '바라봄의 영성'이 발전된 형태다. 거울은 대상의 이미지를 받아들이고, 그 대상의 이미지를 참되게 비추는 역할을 한다.
37• 이 장을 쓰고 있을 때(2004년 6월), 성 교황 요한 바오로 2세는 과거 가톨릭교회가 종교재판에 동참한 것에 대한 사과와 공개적 회개를 표명하는 메시지를 발표했다. 과거에 벌어진 학대의 상처를 치유하려면, 그런 유형의 의사표시가 필요하다.
38• *Santo Domingo: Conclusions*, Message of the IV Conference to the Peoples of Latin America and the Caribbean, IV General Conference of the Latin American Bishops (October 12-28, 1992), #3.

10장

1• *Meister Eckhart: Sermons and Treatises*, 3 vols., ed. and trans. Maurice O'C. Walshe, (Shaftesbury: Element Books, 1979), 3:95에 수록된 Meister Eckhart, OP, *The Book of Divine Comfort.*
2• Thich Nhat Hanh, *Living Buddha, Living Christ* (New York: Riverhead Books, 1995), 3.
3• 위의 책, 3-4.
4• 위의 책, 72.
5• Meister Eckhart, OP, *Meister Eckhart: Sermons and Treatises*, 3 vols., ed. and trans. O'C. Walshe (Shaftesbury: Element Books, 1979), #13a: p. 110.
6• His Holiness the Dalai Lama, *The Good Heart: A Buddhist Perspective on the Teachings of Jesus* (Boston: Wisdom Publications, 1996), 49.

7• 제2장의 미주2를 볼 것.

8• Thich Nhat Hanh, *Going Home: Jesus and Buddha as Brothers* (New York: Riverhead Books, 1999), 161.

9• *Eckhart*, #9: pp. 86-87.

10• *Eckhart*, #66: p. 146.

11• *Eckhart*, #69: p. 167.

12• Thich Nhat Hanh, "Liberation from Suffering," *The Mindfulness Bell* no. 19 (May-August 1977): 1-3.

13• 위의 책, 1.

14• *Meister Eckhart: Sermons and Treatises*, ed. and trans. Walshe, 3:12에 수록된 Meister Eckhart, *The Talks of Instruction*.

15• 위의 책.

16• *Eckhart*, #11: pp. 93, 95-96.

17• *Eckhart*, #43: p. 4.

18• *Meister Eckhart*, ed. and trans. Walshe, 3:71에 수록된 Eckhart, *Divine Comfort*.

19• 위의 책, 64-65. 남성 대명사는 더 포괄적으로 바뀌었다.

20• 위의 책, 65.

21• Thich Nhat Hanh, *Living Buddha, Living Christ*, 49.

22• Julian of Norwich, *Julian of Norwich : Showings,* trans. Edmund Colledge, OSA, and James Walsh, SJ (New York: Paulist Press, 1978), p. 225.

23• 위의 책.

24• Thich Nhat Hanh, *Going Home*, 165-66.

25• Thich Nhat Hanh, "The Four Immeasureable Minds," *The Mindfulness Bell* no.18 (January-April 1997): 5.

26• Dalai Lama, *The Good Heart*, 67-68.

27• Thich Nhat Hanh, *Living Buddha, Living Christ*, 84-85.

28• D. T. Suzuki, *Mysticism: Christian and Buddhist* (New York: Harper & Row, 1957), 150.

29• 위의 책, 150-51.

30• Thomas Merton, *The Asian Journal of Thomas Merton* (New York: New Directions Books 1973), 233-36.

31• 위의 책, 257.

32• 위의 책.

33• 위의 책, 236.

맺음말

1• Thomas Merton, *Thoughts in Solitude* (Boston: Shambhala, 1993), 89.

2• Ruben Habito, "The Zen Ox-Herding Pictures," *Maria Kannon Zen Journal* 5, no. 2 (1996): 5.

3• Thich Nhat Hanh, *Going Home: Jesus and Buddha as Brothers* (New York: Riverhead Books, 1999), 41-42.

지금 이 순간에 대한 탐구

깨어있음

2021년 12월 31일 초판 1쇄 발행
2022년 2월 25일 초판 2쇄 발행

지은이 브라이언 피어스(Brian J. Pierce) • 옮긴이 박문성
발행인 박상근(至弘) • 편집인 류지호 • 편집이사 양동민
책임편집 권순범 • 편집 이상근, 김재호, 양민호, 김소영 • 디자인 쿠담디자인
제작 김명환 • 마케팅 김대현, 정승채, 이선호 • 관리 윤정안
펴낸 곳 불광출판사 (03150) 서울시 종로구 우정국로 45-13, 3층
대표전화 02) 420-3200 편집부 02) 420-3300 팩시밀리 02) 420-3400
출판등록 제300-2009-130호(1979. 10. 10.)

ISBN 978-89-7479-987-8 (03200)
값 22,000원